KGE
교회사 전집

중세신학

폴커 레핀 지음
이준섭 옮김

호서대학교 출판부

저자 폴커 레핀 (Volker Leppin)

예나(Jena)대학교에서 교회사 교수 역임
現 튀빙엔(Tübingen)대학교 교회사 교수
작센(Sachsen) 학술재단 회원
연구 관심주제: 후기 중세 신학과 경건, 종교개혁시대, 계몽주의

역자 이 준 섭

호남신학대학교(Th.B.), 동 신학대학원(M.Div./Th.M.)
독일 베델의 부퍼탈 신학대학(Kirchliche Hochschule Wuppertal/Bethel) 박사학위(Dr. Theol.)
現 호남신학대학교 역사신학 교수(중세교회사)

Volker Leppin

Theologie im Mittelalter

Kirchengeschichte
in Einzeldarstellungen
I-11

Herausgegeben von
Ulrich Gäbler, Johannes Schilling
Begründet von
Gert Haendler und Joachim Rogge

EVA

Evangelische Verlagsanstalt

발 간 사

풍성한 결실의 계절 만추(晩秋)에 기다리던『KGE 교회사 전집』15권을 발간했습니다. 이는 그 동안 우리 교회사 학계의 소원 하나가 이루어진 것이어서 마음이 쾌한 것이 그지없습니다.

우선 돈독한 신앙과 학문적 열정으로 4년여에 걸친 지난한 번역의 작업을 묵묵히 감내해온 열일곱 분의 번역자께 존경과 감사의 말씀을 드립니다. 또한 발간이 되기까지 노고를 아끼지 않은 한국과 독일의 출판사 대표, 한국개신교단의 총회장님들, 그리고 한국과 독일의 가교가 되어준 네 분의 독일 학자들께도 심심한 감사의 말씀을 올립니다. 그러고 보니 '모든 것이 협력하여 선을 이루는'(롬 8:28) 일이 바로 여기서 이루어졌습니다.

이 전집은 교회사 전반을 아주 상세하게 기록한 문헌 자료로서도 그 의미가 클 뿐만 아니라, 높은 학문적 성취로 그 가치를 크게 인정받고 있습니다. 그렇기 때문에 이 전집은 교회사와 같은 신학의 분야는 말할 것도 없고 로마사와 같은 서양사 분야, 또는 중세 지성사와 같은 인문학 분야의 연구를 진작하고 견인할 것으로 기대를 모으고 있습니다. 또한 영성을 형성하고 길러내는 데에도 큰 기여를 할 것입니다. 저는 이 일에 힘쓰신 번역자 및 관계자 여러분의 숭고한 뜻과 호서대학교 출판부의 도움을 역사의 한 기록으로 남겨 소중히 보전하고자 합니다.

앞으로도 한국의 교회사학자 여러분께서는 학문적 열정으로 한국 교회와 신학 연구 및 교육 발전에 크게 기여하실 것을 축원하는 바입니다.

호서대학교 총장 / 철학박사

강일구

추 천 사

2011년 봄에 두란노아카데미에 의해 출판된『기독교 고전총서』는 영미권 출신 학자들이 즐겨 사용해 온 LCC (Library of Christian Classics)를 기본으로 한 교회사 관련 원전 번역 시리즈의 한글번역으로, 한국교회사학회 회원 학자들의 적극적인 참여와 원로교회사가들의 오랜 염원이 맺은 결실이었습니다.

이번에 번역된『KGE 교회사 전집』은 세계교회사를 독일학자들의 시각에서 정리한 시리즈이기에 이 가치를 잘 아는 독일권 유학 학자들의 오랜 염원의 결실이라고 믿어집니다. 물론 세계교회사를 다룬 책은 단행권과 시리즈로 다양하게 있고 번역된 것도 많이 있지만, 이 전집만큼 방대한 분량의 전집은 일찍이 없었습니다. 또한 교회사의 각 시기와 분야에서 최고 수준의 독일 학자들이 교회사 전체를 심도있게 다룬 것이라, 독일권 학자들의 교회사에 대한 관점을 더 잘 이해하고 나눌 수 있는 기회가 될 것입니다. 이번 출판을 크게 기뻐하며,『KGE 교회사 전집』을 적극적으로 추천합니다.

『기독교 고전총서』가 두란노출판사의 당시 대표 故 하용조 목사님의 배려가 없이 나올 수 없었던 것처럼,『KGE 교회사 전집』은 호서대학교 강일구 총장님의 결단과 후원 없이 불가능한 일이었습니다. 척박한 출판문화와 현실 가운데서도 문서사역의 가치를 새롭게 하시고 교회사 연구의 외연을 확장시켜 주신 두 분께 특별한 감사를 드리며 독일과 한국의 후원자들께 깊은 감사를 드립니다. 또한 보다 적절한 단어와 표현을 찾아내며 독자들에게 그 원 뜻을 전하고자 노고를 아끼지 않으신 번역자 교수님들과 이 시리즈의 일체 진행을 맡으셨던 염창선 교수님의 수고에 큰 존경과 감사를 표합니다. 한국교회사학회를 통해 이룬 이 두 가지의 귀중한 번역 자료를 보면 전자는 교회사의 주요 인물들의 글을 통해 교회사를 관통하는 주요주제들을 배우는 것이라면, 후자는 교회사 전체를 아우르며 정리해 주는데 다수에게 익숙해져 있는 교회사의 주요 내용들을 새로운 관점으로 소개하고 있어 두 자료의 활용도는 상호보완적입니다. 따라서『KGE 교회사 전집』은 독일어 자료의 활용이 제한되어 있을 수 있는 학자들이나 학생들, 교회사 일반 독자들을 고려할 때 참으로 의미있고 유익한 성과입니다.

『KGE 교회사 전집』은 다수의 한국교회와 교인들이 간과하고 있는 교회 역사에 대한 다양하면서도 깊고 넓은 이해를 제공할 것이며, 어리석고 무지한 인간들의 역사가운데 면면히 흐르고 있는 교회를 향한 하나님의 뜻을 깨닫고 그것을 현실화해야 할 성도의 마땅한 의무를 되새길 수 있는 귀한 기회를 마련해 줄 것으로 기대됩니다.

횃불트리니티 신학대학원대학교 총장

이 정 숙

감 사 의 글

하나의 일을 이루기 위해서는 수많은 준비 작업이 필요한데 이 시리즈의 출판을 위해 애쓰신 많은 분들께 지면을 통해 감사를 드립니다. 먼저 이 책을 출판하도록 적극적으로 도와주시고 출판되는 일을 가능하게 하신 호서대학교의 강일구 총장님께 진심으로 감사드립니다. 강 총장님의 결단이 없었더라면 이 책이 출판되지 못했을 것입니다.

이와 함께 출판 작업에 애쓰신 호서대학교 고중세문헌연구소와 호서대학교 출판부 담당자 여러분께 감사드립니다. 특히 이 시리즈의 편집을 위해 수고해주신 호서대학교 고중세문헌연구소장이신 염창선 교수님께 감사드립니다.

다음으로 감사드릴 분은 독일에서 이 시리즈의 출판을 위해 애쓰신 분으로, 이 시리즈의 번역을 맨 먼저 저에게 제안한 신실한 친구인 욥스트 렐러 박사(Dr. Jobst Reller)에게 감사를 드립니다. 그는 독일출판사에 내야할 인세를 독일루터교연합회(Die Vereinigte ev.-lutherische Kirche Deutschlands)와 노이엔데텔스아우(Neuendettelsau)에 있는 독일 바이에른 루터교의 선교부(Die Mission EineWelt)의 도움을 받아 해결해 주었습니다. 또한 이 책의 출판을 위해 계속 독일의 출판사와 연락을 취하면서 자기 일처럼 수고해주었습니다.

또한 독일 라이프치히(Leipzig)에 있는 출판사인 Evangelische Verlagsanstalt의 A. 바이트하스 박사(Fr. Dr. Annette Weidhaas)에게 감사드립니다. 번역 출판의 판권 문제에 관하여 애를 써주셨고 출판의 지연에도 불구하고 인내를 가지고 응원해주셨습니다.

세 번째로 감사드려야 할 분들은 이 시리즈의 번역을 맡아 수고해 주신 여러 교수님들입니다. 강의와 연구 그리고 학교의 행정일로 매우 바쁘신 가운데도 귀한 시간을 내어 주신 교수님들께 감사드립니다.

네 번째로 이 시리즈의 출판을 위해 재정적으로 후원해주신 많은 독지가들입니다. 이 분들의 정성스런 후원이 있었기에 출판에 많은 도움을 받을 수 있었습니다.

마지막으로 이 시리즈의 출판을 위해 번역위원회를 결성하고(2011년 10월 21일에 열린 한국교회사학회 임시임원회) 번역위원으로 수고 하신 배재대학교의 이성덕 교수님, 협성대학교의 한정애 교수님, 호남신학대학교의 홍지훈 교수님께, 번역 추진을 위해 보이지 않은 많은 수고를 해주신 것에 심심한 감사를 드립니다.

독일 루터교 연합회와 바이에른주 루터교 선교부에 이 시리즈 번역의 성사를 위해 대한예수교장로회(통합) 박위근 총회장님, 기독교대한성결교회 주남석 총회장님, 기독교한국루터회 엄현섭 총회장님께서 추천서를 써주신 것에 감사드립니다. 실로 이 시리즈 번역은 한국의 여러 교단과 여러 신학대학교수들, 그리고 독일의 루터교회가 함께 일구어 낸 글로벌한 에큐메니컬 운동의 열매입니다.

이 시리즈가 신학대학교와 대학원에서 그리고 목회자와 교회사에 관심을 가진 많은 평신도들에게 좋은 양식이 되고 한국신학교육 발전에 큰 진전을 이루는 일이 되리라 믿습니다.

KGE 번역위원장 / 평택대학교 교수
김 문 기

한국어판 서문

이 한국어판 『KGE 교회사 전집』은 독일 라이프찌히에 있는 출판사(Evangelische Verlagsanstalt)에 의해 'Kirchengeschichte in Einzeldarstellungen'이란 제목으로 1978년에 첫 출판된 『테르툴리아누스부터 암브로시우스까지』(I/3, Gert Haendler, 조병하 역) 이래 현재까지 나온 36권 중 우선 15권만 선별하여 번역한 것이다. 번역에 동참한 17명의 교회사학자들과 더불어 한국교회사학회와 호서대학교 고중세문헌연구소 및 호서대학교 출판부가 2011년 12월부터 2015년 11월까지 오랜 기다림과 수고 끝에 얻은 소중한 학문적 결실이다.

이 전집은 신학, 교회사 및 일반 서양사를 배우는 학생들은 물론 그것을 가르치는 자들과 이 분야에 관심이 있는 자들을 염두에 두고 집필되었으며, 1세기 기독교 시초부터 현대까지 시대를 대표하는 인물들과 중요한 신학개념들이 이해하기 쉽도록 설명되어있다. 또한 단순한 개론서 수준을 넘어선 이 전집은 대학(원) 강의교재 및 연구 자료로 사용하기에도 매우 적합할 것이다. 더욱이 시대연구나 신학주제들을 좀 더 심화하려는 독자들에게는 별도로 수록된 역사자료에 대한 도표, 연대표, 색인, 도서목록 및 지도들이 큰 도움이 될 것이다.

이제야 비로소 오랜 산고 끝에 결과물을 손에 넣게 된 것은 오직 학문적 동기로 번역에 동참하신 교회사학자들과 이 일이 가능하도록 실제적인 도움을 준 여러 손길들에게도 참으로 감사할 일이다. 물론 이런 감사가 몇 마디 문장으로 다 표현될 수는 없으나, 도움을 주신 고마운 분들과 기관들의 큰 뜻을 감사의 마음을 담아 여기에 적어둠으로써 길이 기억될 발자취로 남기고자 한다.

감사의 마음을 표하고 싶은 단체 및 기관으로는 호서대학교(강일구 총장)와 한국교회사학회(이정숙/ 김문기 회장), 독일 루터교연합(VELKD) 및 독일 바이에른 루터교 선교부인 'Mission Eine Welt'가 있으며, 개인적으로 힘을 모아주신 고마운 분들 - 남신현(카페포레 사장), 이계자(서울소망교회 권사), 이종목(안산광림교회 권사), 장광석(해창평화교회 목사), 정하성(평택대학교 교수), 차광선(호서대학교 교수), 채재수(전 우원건설회장), 한정희(전남대학교 교수) - 께도 감사드린다.

이 일이 진행되기 위해서 먼저 학자적 안목과 열정에서 번역사업을 흔쾌히 허락하시고 적극적으로 지원해주신 본교 강일구 총장님께 큰 감사를 드리며, 시작단계에서 독일 출판사 측에 추천서를 써주신 한국루터대학 엄현섭 총장님과 기독교대한성결교회 주남석 총회장님과 예수교장로회(통합) 박위근 총회장님, 그리고 독일과 한국 측에 다리 역할을 해주신 한국 루터대학교 M. 리노 교수님(Prof. Malte Rhinow)과 독일 라이프찌히대학교 P. 찜머링 교수님(Prof. Peter Zimmerling)과 특히 J. 렐러 박사님(Dr. Jobst Reller)과 독일 출판사의 A. 바이트하스 박사님(Fr. Dr. Annette Weidhaas)께도 깊은 감사를 드린다. 마지막으로 KGE 번역위원위원장 김문기 교수님(평택대)과 15명의 번역자들에게도, 끝으로 이 사업의 실질적인 손과 발이 되었던 호서대학교 출판부 김애리 팀장에게도 진심으로 감사드린다.

이렇게 여러 손길들을 통해 이루어진 이『KGE 교회사 전집』이 교회사 연구에 기여하고, 한국교회의 일꾼들을 배양하는 교재로 사용되며, 교회의 역사와 전통의 중요성을 널리 알리는데 쓰인다면, 번역에 열정을 바친 학자들과 이 훌륭한 뜻에 마음을 보탠 손길들에게 더 큰 기쁨이 되기에 한국어 번역본 출판을 계기로 이번 일의 품과 꼴을 밝힌다.

KGE 편집인 / 호서대학교 고중세문헌연구소장

염 창 선

번 역 지 침

1. 번역 기본 지침사항

- 표기법은 기본적으로 '국립국어원'의 맞춤법을 따랐다.
- 한글성경 인용의 경우, 개역개정판을 기본으로 하고, 그 외의 성서인용은 출처를 밝혔다.
- 원서에서 사용한 부호를 가능하면 그대로 사용했다.
- 역자가 필요에 따라 첨가한 '역자 주'(각주와 설명) 표기는 각주나 본문에 표기했다.
- 각주 번호는 통일성을 위해 각 장별로 새로 시작했다.
- 외래어는 처음 1회에 한하여 한글과 병기하고, 그 후는 한글 번역만 사용했다.
- 인명과 지명이 외래어인 경우, 기본적으로 '한국교회사학회 용어(인명 • 지명) 통일 원칙'을따랐다.
- 그 외 기본적인 외래어는 '국립국어원 - 외래어 표기법'을 따랐다.

2. '국립국어원' 외래어 표기법 (1986년 문교부 고시)

1) 언어별 표기법이 공유하는 공통적인 특징

- 현지에 해당하는 국가에서 쓰는 언어 표기를 쓰는 것을 원칙으로 한다.
- 경음(ㄲ, ㄸ, ㅃ, ㅉ)과 격음(ㅋ, ㅌ, ㅍ, ㅊ)이 대립하는 언어가 아닌 경우 격음으로 쓴다.
- ㅈ, ㅉ, ㅊ 다음에는 [j] 발음이 들어간 이중 모음(ㅑ, ㅒ, ㅕ, ㅖ, ㅛ, ㅠ)은 쓰지 않는다.

2) 일반적인 외래어 표기법

- 외래어는 국어의 현용 24자모만으로 적는다.
- 외래어 1음운은 원칙적으로 1기호로 적는다.

- 받침에는 'ㄱ, ㄴ, ㄹ, ㅁ, ㅂ, ㅅ, ㅇ'만을 쓴다.
- 파열음 표기에는 경음을 쓰지 않는 것을 원칙으로 한다.
- 이미 굳어진 외래어는 관용을 존중하되 그 범위와 용례는 따로 정한다.

3) 독일어 표기법

- 독일어의 표기세칙은 기본적으로 영어의 표기 세칙을 준용한다.
- [r]
  ① 자음 앞의 [r]는 '으'를 붙여 적는다.
  ② 어미의 [r]와 '- er[ər]'는 '어'로 적는다.
  ③ 복합어 및 파생어의 선행 요소가 [r]로 끝나는 경우는 위의 ②규정을 준용한다.
- 어말의 파열음은 '으'를 붙여 적는 것을 원칙으로 한다.
- 철자 'berg', 'burg'는 '베르크', '부르크'로 통일해서 적는다.
- [ʃ]
  ① 어말 또는 자음 앞에서는 '슈'로 적는다.
  ② [y], [ø] 앞에서는 'ㅅ'으로 적는다.
  ③ 그 밖의 모음 앞에서는 뒤따르는 모음에 따라 '샤, 쇼, 슈' 등으로 적는다.
- [ɔy]로 발음되는 äu, eu는 '오이'로 적는다.

4) 라틴어 표기법

- y는 '이'로 적는다.
- ae, oe는 각각 '아이', '오이'로 적는다.
- j는 뒤의 모음과 함께 '야', '예'등으로 적으며, 어두의 'L+모음'도 '야', '예'등으로 적는다.
- s나 t 앞의 b와 어말의 b는 무성음이므로[p]의 표기 방법에 따라 적는다.
- c와 ch는 [k]의 표기 방법에 따라 적는다.
- g나 c 앞의 n은 받침 'o'으로 적는다.
- v는 음가가 [w]인 경우에도 'ㅂ'으로 적는다.

5) 그리스어 표기법

- y는 '이'로 적는다.
- ae, oe, ou는 각각 '아이', '오이', '우'로 적는다.
- c와 ch는 [k]의 표기 방법에 따라 적는다.
- g, c, ch, h 앞의 n은 받침 'ㅇ'으로 적는다.

역 자 서 문

5년 전 독일 유학을 마치고 한국으로 돌아와 선생으로의 삶을 시작했다. 무엇을 새롭게 시작한다는 것은 설레임과 동시에 쉽지 않은 여정이라는 막연한 생각이 들었다. 오랜 세월 모교를 떠났다가 다시 돌아와 보니 정들었던 교정보다 낯선 광경들만이 나를 반기는 것 같았다. 그럼에도 여전히 변하지 않은 것은 학생들이 있었고, 선생님들이 계셨다. 그들을 바라보니 유학생활을 통해 지칠 만도 했는데 왠지 저맘때의 신학을 막 시작하였던 신앙적 열정과 학문을 향한 열정이 다시 일어났다.

그러한 열정이 채 가시기도 전에 본서의 번역에 대한 의뢰가 들어왔다. 아직도 국어와 독일어 사이에 허덕이는 나에게 이 번역의 의뢰는 큰 도전이었다. 그럼에도 지금까지 도전적인 삶을 살았던 나로선 도전한다는 것 자체만으로도 삶의 가치를 부여했기에 지난 겨울방학부터 본서를 한 땀 한 땀 번역하여 지금에 이르렀다. 번역하는 과정 중에 때론 엄청난 장애물을 만나 그것을 극복하기 위해 몸부림을 치기도 했고, 때론 정말 새로운 학문적인 이해를 했다는데 즐거움을 느끼기도 했으며, 나의 무지함을 아는 시간도 되었다. 그러나 100미터 달리기 선수가 도전을 마치고 새로이 달리려고 출발선으로 다시 돌아오듯 또 다시 출발선에 서 보려고 본서의 출판을 기다려 본다.

본서를 번역하는데 많은 도움을 준 몇몇 사람들에게 짧지만 감사하고자 한다. 무엇보다 먼저 부족한 저를 믿고 쾌히 번역을 허락해주고 출판을 감당해준 호서대 출판부에 감사를 전한다. 다음으로 번역된 텍스트를 교정과 수정을 해준 사랑하는 제자들, 이윤창 전도사와 최서윤 전도사에게 감사드린다. 그리고 나그네와 같은 삶에서 좋은 친구가 되어주었고, 유학생활 동안 우리 가족에게 친구 이상의 후원자가 되어준 저의 잊지 못할 친구 도로코프 블라드미르(Dorokhov Vladimir)에게 감사드린다. 마지막으로, 나의 사랑하는 아내 주연, 나의 분신과도 같은 사랑하는 아들들 희찬, 희성 그리고 희준에게 나의 작은 땀을 바치고자 한다.

광주 양림골 호신대에서

이 준 섭

목 차

제2장
학문적인 세계 인식에 대한 초창기 전문화 (1050 - 1200)

제3장
대학 신학의 시작과 아리스토텔레스에 대한 관계 규정 (1200 - 1277)

제4장
14세기 신학의 새로운 길들 (1300 - 1350)

제5장
오랜 동안 15세기의 이중적 상황들에서의 신학의 다양한 형태 (1350-1500)

머 리 말

한 출판사가 개신교신학을 공부하는 학생들을 위해 한정된 시리즈에서 한권의 특별한 책을 중세 신학사로 계획하는 일은 특별한 일이다. 그래서 나는 이 작업을 마치며 먼저 안네테 바이드하스(Annette Weidhas) 박사에게 감사를 드리고자 한다. 왜냐하면 그녀는 이 작업을 독려해 주었으며 그 탄생을 위해 전문적으로, 지속적으로 그리고 대단히 고무적으로 동행해주었기 때문이다. 또한 편집자 울리히 케블러(Urich Gäbler)와 요한네스 실링(Johannes Schilling), 꼼꼼히 정독해준 엘리자벳 네이엔휴이스(Elisabeth Neijenhuis)에게 감사를 표하고자 한다. 그들은 이 책을 잘 출판된 '검은 색깔의 시리즈'로 만들어주었고 그것의 탄생을 지원해주었다.

빽빽한 공간에서 훈련을 받고 있는 신학생들에게 신학사 중 7세기 동안의 사상에 대한 이해를 제공하려는 이러한 시도 자체는 나에겐 대단한 도전이다. 여기서 나는 다루어져야 할 모든 저자들의 체계를 광범위하게 설명하려는 의도를 전혀 가질 수 없었다. 토마스 아퀴나스와 같은 영향력 크고 많이 연구된 인물에 대해서 전체 책에 할애할 수 있는 공간은 결코 충분하지 않다. 오히려 내게는 다른 신학자들과 마찬가지로 토마스 역시 그들의 강조점을 집중적으로 다룰 때 비로소 무엇이 그들을 신학적으로 움직이게 했고 그들 자신이 신학 사상의 움직임을 어디서 풍요롭게 했는지가 인식될 것이다. 이러한 진행이 중세 사상의 생생함을 인식케 하고, 그것의 동인에 대한 이해를 낳게 하며, 아마도 자료들 자체에 관한 독서의 관심을 불러일으킨다면 이 책은 목적에 도달한 것이다.

이 책에서 진행되었던 많은 세부항목들은 동료들과 협력자들과 나눈 대화의 결과이다. 특히 인고 클리츠(Ingo Klitzsch)는 페트루스 아벨라르드(Petrus Abaelard)에 관한 장을 위해 큰 공을 세웠고 나와 함께 그 장을 완성하기 위해 대단히 애썼다. 동료들 중 특히 지속적으로 우정을 가지고 대화의 상대자가 되어준 베른트 함(Berndt Hamm)은 중세에 관해서 나를 고무시켜 주었다. 그러나 마지막으로 감사하지 않을 수 없는 사람들은 많은 학생들인데, 그들은 나의 중세 강좌들에 활발하게 참여해주어 그것들이 강좌 시간 동안 즐겨 논쟁되고, 이것을 그들의 개신교 신학 공부를 위한 성과있는 공헌으로 알도록 계속적으로 입증해 주었다.

예나(Jena)에서 2007년 부활절에

폴커 레핀 (Volker Leppin)

약 어 목 록

AV	Archa Vebi. Jahrbuch der internationalen Gesellschaft für theologische Mediävistik
BFSMA	Bibliotheca Franciscana scholastica Medii Aevi
BGPhMA	Beiträge zur Geschichte der Philosophie und Theologie des Mittelalters
BHTh	Beiträge zur historischen Theologie
Boeth.	Boethius/Boethii
BSIH	Brill's Studies in Intellectual History
c.	caput
CA	Confessio Augustana
CChr.CM	Corpus Christianorum. Continuatio mediaevalis, Turnhout 1971 ff.
CChr.SL	Corpus Christianorum. Series Latina, Turnhout 1954 ff.
Comm	Commentarius
CSEL	Corpus scriptorum Ecclesiasticorum Latinorum, Wien 1866 ff.
d.	distinctio
De Antichristo	De Christo et adversario suo Antichristo
De civ.	De civitate Dei
De eccl.	De ecclesia
De euch.	De eucharistia
De inc. V.	De praedestinatione
De praed.	De praedestinatione
De trin.	De trinitate
DH	Denzinger, Heinrich, und Hünermann, Peter(Hg.): Kompendium der Glaubensbekenntnisse und kirchlichen Lehrentscheidungen, Freiburg u. a. 402005

Ep.	epistola
HBM	Herders Bibliothek der Philosophie des Mittelalters
In Boeth. De Trin.	In Boethii De Trinitate
inq.	inquisitio
l.	liber
m.	membrum
MM	Miscellanea mediaevalia
Mon.	Monologion
MThS.S	Münchener theologische Studien. Systematische Abteilung
p.	pars
PhB	Philosophische Bibliothek
PhMed	Philosophes médiévaux
PL	Patrologia Latina
Praef.	Praefatio
Prooem.	Prooemium
Prol.	Prolog
Pros.	Proslogion
q.	quaestio
QGPRK	Mirbty Carl (Hg.), Quellen zur Geschichte des Papsttums und des römischen Katholizismus.Bd. 1: Von den Anfängen bis zum Tridentinum, völlig neu bearbeitet von Kurt Aland, Tübingen 61967.
Rom	epistola Pauli ad Romanos
SC	Sources chretiennes
Sent	Commentarius in quattuor libros sententiarum
Serm. cant.	Sermo super canticum canticorum
SHCT	Studies in the History of Christian Thought bzw. Traditions
SMRT	Studies in Medieval and Reformation Thought
STGMA	Studien und Texte zur Geistesgeschichte des Mittelalters
S. th.	Summa theologiae
Summa Hai.	Summa Halensis
SuR	Spätmittelalter und Reformation
tit.	titulus
tr.	tractatus
TSB	Theologia Summi boni
un.	unica
VGI	Veröffentlichungen des Grabmann-Instituts
VIEG	Veröffentlichungen des Institutes für Europäische Geschichte Mainz

참 고 문 헌

Ⅰ. 원전수집본 (및 번역)

Corpus Christianorum. Continuatio mediaevalis, Turnhout 1971 ff. (CChr.CM).

Corpus Christianorum. Series Latina, Turnhout 1954 f. (CChr.SL).

Corpus scriptorum Ecclesiasticorum Latinorum, Wien 1866 ff. (CSEL).

Denzinger, Heinrich und Hünermann, Peter (Hg.): Kompendium der Glaubensbekenntnisse und kirchlichen Lehrentscheidungen, Freiburg u. a. [40]2005.

Flasch, Kurt (Hg.): Mittelalter, Stuttgart 1988 (= Bubner, Rüdiger [Hg.], Geschichte der Philosophie in Text und Darstellung. Bd. 2).

Lutz-Bachmann, Matthias (Hg.): Herders Bibliothek der Philosophie des Mittelalters, Freiburg/ Breisgau 2005 ff.

Mirbt, Carl (Hg.), Quellen zur Geschichte des Papsttums und des römischen Katholizismus. Bd. 1: Von den Anfängen bis zum Tridentinum, völlig neu bearbeitet von Kurt Aland, Tübingen [6]1967.

Niederbacher, Bruno u. Leibold, Gerhard (Hg.): Theologie als Wissenschaft im Mittelalter. Texte, Übersetzungen, Kommentare, Münster 2006.

Patrologiae cursus completus. Series Latina, hg. v. J. P. Migne, Paris 1844-1855 (PL).

Ritter, Adolf Martin/Lohse, Bernhard/Leppin, Volker (Hg.): Mittelalter, Neukirchen-Vluyn 2001 (Kirchen- und Theologiegeschichte in Quellen 2)

Sources chrétiennes, Paris 1952 ff. (SC).

Wöhler, Hans-Ulrich (Hg.): Texte zum Universalienstreit. 2 Bde., Berlin 1992.1994.

Für über diese Auswahl hinausgehende Quellenverweise s. Schönberger, Rolf u. Kible, Brigitte (Hg.), Repertorium edierter Texte des Mittelalters aus dem Bereich der Philosophie und angrenzender Gebiete, Berlin 1994.

Abaelard: CChr.CM 11-15; 190; Sic et Non. A critical edition, hg. v. B. Boyer u. R. McKeon, Chicago/London 1976; Dialogus inter Philosophum, Iudaeum et Christianum, hg. v. Rudolf Thomas, Stuttgart/Bad Cannstatt 1970; Historia calamitatum. Texte critique avec une introduction, hg. v. Edmé R. Smits, Groningen 1983. - Übersetzungen: Theologia summi boni. Lat.-dt., übers. u. hg. v. Ursula Niggli, Hamburg 1991; Scito te ipsum. Lat.-dt., übers. u. hg. v. Philipp Steger, Hamburg 2006 (PhB 578); Die Leidensgeschichte und der Briefwechsel mit Heloisa, übers. u. hg. v. Eberhard Brost, Heidelberg [3][1963]; Expositio in epistolam ad Romanos. Lat.-dt., übers. u. hg. v. Rolf Peppermüller, Freiburg u. a. 2000 (Fontes christiani 26); Gespräch eines Philosophen, eines Juden und eines Christen. Lat.-dt., übers. u. hg. v. Hans-Wolfgang Krautz, Darmstadt 1995.

Albertus Magnus: Opera Omnia. 38 Bde., hg. v. August und Emil Borgnet, Paris 1890-1899; Opera omnia, Münster 1951 ff. (kritische Ausgabe, zitiert als Editio Colonensis) - Übersetzungen: Buch über die Ursachen und den Hervorgang von allem aaus der ersten Ursache, übers. u. hg. v. Henryk Anzulewicz, Hamburg 2006 (PhB 580); Über den Menschen, übers. u. hg. v. Henryk Anzulewicz, Hamburg 2004 (PhB 531); Ausgewählte Texte. Lat.-dt., hg. u. übers. v. Albert Fries, Darmstadt [3]1994.

Alexander von Hales: Glossa in quattuor libros Sententiarum Petri Lombardi. 4 Bde., Quaracchi 1951-1957 (BFSMA 12-15); Quaestiones disputate „antequam esset frater". 3 Bde., Quaracchi 1961 (BFSMA 19-21); s. auch Summa Halensis.

Alkuin: PL 100 f.; Liber contra haeresim Felicis, hg. v. Gary B. Blumenshine, Vatikan 1980; Commento al Cantico dei cantici, hg. v. Rossana E. Guglielmetti, Florenz 2004 (Millennio medievale 52).

Anselm von Canterbury: Anselmi Cantuariensis Archiepiscopi Opera Omnia, hg. v. FranzS. Schmitt, 6 Bde., Seckau u. a. 1938-1961 (= 2 Bde., Stuttgart/Bad Cannstatt 1984); Monologion. Lat.-dt., hg. u. übers. v. Franz S. Schmitt, Stuttgart/Bad Cannstatt 1964; Proslogion. Lat.-dt., hg. u. übers. v. Franz S. Schmitt, Stuttgart/Bad Cannstatt [2]1984; Kann Gottes Nicht-Sein gedacht werden? Die Kontroverse zwischen Anselm von Canterbury und Gaunilo von Marmoutiers, hg. u. übers. v. Burkhard Mojsisch, Mainz 1989 (excerpta classica 4); Cur Deus homo? Lat.-dt., hg. u. übers. v. Franz S. Schmitt, München 1956.

Aristoteles: Aristoteles Latinus, hg. v. G. Verbeke u. a., Leiden 1939 ff. (auch als CD Rom).

Berengar: CChr.CM 84.

Berhard: Bernhard von Clairvaux, Sämtliche Werke. Lateinisch/deutsch. 10 Bde., Innsbruck 1990-1999.

Biel, Gabriel: Collectorium circa quattuor libros Sententiarum. 5 Bde., gh. v. Wifried Werbeck und Udo Hofmann, Tübingen 1973-1984; Canonis missae Expositio. 5 Bde., hg. v. Heiko Augustinus Oberman u. a., Wiesbaden 1963-1976.

Bonaventura: Opera omnia. 10 Bde., Quaracchi 1882-1902; Opere, Lat.-italienisch, hg. v. Jacques-Guy Bougerol u. a., Rom 1990 ff.; Übersetzungen: Collationes in hexaemeron. Lat.-dt., hg. u. übers. v. Wilhelm Nyssen, München [2]1979; De triplici via. Lat.-dt., hg. u. übers. v. Marianne Schlosser, Freiburg u. a. 1993; Quaestiones disputatae de scientia Christi, Lat.-dt., hg. u. übers. v. Andreas Speer, Hamburg 1996 (PhB 446); Itinerarium mentis in Deum. Lat.-dt., hg. u. übers. v. Marianne Schlosser, Münster 2004; Breviloquium, hg. u. übers. v. Marianne Schlosser, Einsiedeln 2006.

Bradwardine: THOMAE | BRADWARDINI | ARCHIEPISCOPI OLIM | CANTUARIENSIS | DE CAUSA DEI; | CONTRA PELAGIUM, | ET DE VIRTUTE CAUSARUM, |(...) LIBRI TRES, London: Johannes Billius 1618 (= Frankfurt 1964).

Crispin: Gilbert Crispin, Disputitio iudaei et christiani. Disputatio christiani cum gentili de fide Christi. Lat.-dt., hg. v. Karl-Werner Wilhelm und Gerhard Wilhelmi, Freiburg u. a. 2005 (HBM 1).

Dietrich von Freiberg: Opera omnia. 4 Bde., hg. v. Kurt flasch u. a., Hamburg 1977-1985; Übersetzungen: De accidentibus. Lat.-dt., hg. u. übers. v. Burkhard Mojsisch, Hamburg 1994 (PhB 472); De intellectu et intelligibili, hg. u. übers. v. Burkhard Mojsisch, Hamburg 1980 (PhB 322).

Duns Scotus: Opera Omnia. Editio Nova iuxta editionem Waddingi XII tomos continentem. 26 Bde. Paris 1891-1895; Opera Omnia, hg. v. P. C. Balić u. a., Vatikan 1950 ff; Opera Philosophica, Hg. v. Girard J. Etzkorn u. a., St. Bonaventure/N.Y. 1997 ff.; Übersetzungen: Abhandlung über das erste Prinzip. Lat.-dt., hg. u. übers. v. Wolfhang Kluxen, Darmstadt [3]1994; Über die Erkennbarkeit Gottes. Lat.-dt., hg. u. übers. v. Hans Kraml, Hamburg 2000; Pariser Vorlesungen über Wissen und Kontingenz. Lat.-dt., hg. u. übers. v. Joachim R. Söder, Freiburg u. a. 2005 (HBM 4)

Eckhart, Meister: Die deutschen und lateinischen Werke, Stuttgart 1936 ff.

Eriugena: PL 122; CChr.CM 31. 50. 161-165; Commentaire sur l'Évangile de Jean, hg. V. Édouard Jeauneau, Paris 1999 (SC 180); Omelia sul prologo di Giovanni, hg. v. Marta Cristiani, Mailand [3]1997.; Glossae divinae historiae. The biblical glosses of John Scottus Eriugena, hg. v. Jhon J. Contreni u. Pádrag P. O'Neill; Übersetzung: De divisione naturae, hg. u. übers. v. Ludwig Noack, Hamburg [3]1994.

Gilbert Porreta: The Commentaries on Boethius by Gilbert of Poitiers, hg. v. Nikolaus M. Häring, Toronto 1966 (Studies and Texts 13).

Gottschalk: Œuvres théologiques et grammaticales de Godescalc d'Orbais, hg. v. D. C. Lambit, Löwen 1945 (Spicilegium Sacrum Lovaniense 20).

Gregor von Rimini: Lectura super primum et secundum Sententiarum, hg. v. Damasus Trapp u. Venicio Marcolino. 7 Bde., Berlin 1981-1987 (SuR 7-12).

Heinrich von Gent: Summa quaestionum ordinariarum, Paris 1520 (= St. Bonaventure/N.Y. 1943); Opera omnia, hg. v. Raymond Macken u. a., Löwen u. a. 1979 ff.

Hrabanus Maurus: PL 107-112; CChr.CM 100. 174; Übersetzungen: De institutione clericorum, übers. u. hg. v. Detlev Zimpel. 2 Bde., Turnhout 2006 (Fontes christiani 61); Rabanus Maurus zum Kennenlernen, hg. v. Stephnie Haarländer, Darmstadt 2006.

Hugo von St. Viktor: PL 175-177; CChr.CM 176 f.; Übersetzung: Mystische Schriften, hg. v. Paul Wolff,

Trier 1961.

Hus, Jan: Opera omnia, hg. v. Amedeo Molnár u. a., Prag 1959 ff.; Tractatus de ecclesia, hg. v. S. Harrison Thomson, Cambridge 1956.

Joachim von Fiore: Opera omnia, hg. v. Robert E. Lerner u. a., Rom 1995 ff.; Liber de Concordia Noui ac Veteris Testamenti, hg. v. E. Randolph Daniel, Philadelphia 1983; Enchiridion super Apocalypsim, hg. v. Edward Kilian Burger, Toronto 1986; Liber figurarum, hg. v. Leone Tondelli, Turin ²1953.

Lanfrank: PL 150.

Lehrverurteilung von 1277: Aufklärung im Mittelalter? Die Verurteilung von 1277. Das Dokument des Bischofs von Paris, hg. v. kurt Flasch, Mainz 1989 (excerpta classica 6).

Nikolaus von Autrecourt: His Correspondence with Master Giles and Bernard of Arezzo. A Critical Edition from the two Parisian Manuscripts with an Introduction, English Translation, Explanatory Notes and Indexes, hg. v. Lambertus M. de Rijk, Leiden u. a. 1994 (=STGMA 42).

Nikolaus von Kues: Opera Omnia, Leipzig u. a. 1932 ff.; Übersetzung: Philosophisch-theologische Werke. Lat.-dt. 4 Bde., Hamburg 2002.

Paltz, Johannes von: Werke, hg. v. Christoph Burger u. a. 3 Bde., Berlin u. a. 1983-1989 (SuR2-4).

Paschasius Radbertus: CChr.CM 16. 56. 56A-C.85. 94. 96; Vom Leib und Blut des Herrn, übers. v. Hans-Urs von Balthasar, Trier 1988.

Petrus Lombardus: PL 191; Sententiae in Ⅸ libris distinctae. 2 Bde., Grottaferrata (Rom) 1971. 1981 (Spicilegium Bonaventurianum 4)

Ratramnus: PL 121; De corpore et sanguine Domini. Texte original et notice bibliographique, hg. v. J. N. Bakhuizen van den Brink, Amsterdam/London 1974 (Verhandelingen der koninklijke Nederlandse Akademie van den Wetenschapen, ad. Letterkunde. NR 87); De praedestinatione Dei, hg. v. Timothy Roland Roberts, Diss. Ann Arbor/Michigan 1978.

Summa Halensis: Summa theologica seu sic ab origine dicta „Summa Fratris Alexandri“. 4 Bde., Quaracchi 1924-1948.

Thomas von Aquin: Opera omnia. 25 Bde., Parma 1852-1873 (= New York 1948-1950); Opera omnia, Paris 1871-1880 („Vivès“-Ausgabe); Opera omnia iussu Leonis XIII edita cura et studio Fratrum Praedicatorum, Rom 1882 ff. („Editio Leonina“); Opera omnia. 7 Bde., hg. v. Roberto Busa, Stuttgart/Bad Cannstatt 1980. Übersetzungen: Die deutsche Thomas-Ausgabe, hg. v. Katholischen Akademikerverband, Salzburg u. a. 1934 ff.

Wilhelm von Ockham: Opera Philosophica. 8 Bde., hg. v. Juvenalis Lalor u. a., St. Bonanenture/N.Y. 1974-1988; Opera Politica, hg. v. Hilary Seton Offler, Manchester 1956 ff.; Opera Theologica. 10 Bde., hg. v. Juvenalis Lalor u. a. Bd. 1-10, St. Bonaventure/N.Y. 1967-1986; Melchior Goldast, Monarchia S. Romani Imperii. Bd. 2, Frankfurt 1614, 392-974(Dialogus); Übersetzungen: Texte zur Theologie und Ethik. Lat.-dt., hg. u. übers. v. Volker Leppin u. Sigrid Müller, Stuttgart 2000; Texte zur Theorie der Erkenntnis und der Wissenschaft. Lat.-dt., hg. u. übers. v. Ruedi Imbach, Stuttgart 1984; Texte zur politischen Theorie. Exzerpte aus dem Dialogus, übers. u. hg. v. Jürgen Miethke, Stuttgart 1995.

Wyclif: Latin Works, hg. v. der WyclifSociety, London 1884-1922; De Christo et suo adversario Antichristo. Ein polemischer Traktat Johann Wyclif's, hg. v. Rudolf Buddensieg, Gotha 1880; Tractatus de Trinitate, hg. v. Allan duPont Breck, Denver/Col. 1962; Trialogus, hg. v. Gotthard Victor Lechler, Oxford 1869.

Ⅲ. 개론서 및 보조자료

Andresen, Carl/Ritter, Adolf Martin (Hg.), Handbuch der Dogmen- und Theologiegeschichte. Bd. 1: Die Lehrcntwicklung im Rahmen der Katholizität, Göttingen ^{2}1999.

Beierwaltes, Werner: Platonismus im Christentum, Frankfurt/M. 1998.

Berger, David und Vijgen, Jorgen (Hg.); Thomisten-Lexikon, Bonn 2006.

Chevalier, Jacques: Histoire de la pensée. Bd. 3: De Saint Augustin à Saint Thomas, Bd. 4: De Duns Scot à Suarez, Paris 1992.

Delgado, Mariano und Fuchs, Gotthard(Hg.): Die Kirchenkritik der Mystiker. 3 Bde., Fribourg /Stuttgart 2004 f. (Studien zur christlichen Religions- und Kulturgeschichte 2-4).

Evans, Gillian R. (Hg.): The Medieval Theologians. An introduction to theology in the medieval period, Oxford 2002.

Evans, Gillian R.: Philosophie und Theologie Ⅱ : Mittelalter, Stuttgart 1994.

Flasch, Kurt: Das philosophische Denken im Mittelalter. Von Augustin bis Macchiavelli, Stuttgart ^{2}2001.

Gerwing, Michael: Theologie im Mittelalter. Personen und Stationen theologisch-spiritueller Suchbewegung im mittelalterlichen Deutschland, Paderborn ^{2}2002.

Grabmann, Martin: Die Geschichte der scholastischen Methode. 2 Bde., Freiburg im Breisgau 1909.1911 (= Berlin 1988).

Harnack, Adolf von: Lehrbuch der Dogmengeschichte. 3 Bde., Tübingen ^{4}1909 (= Darmstadt 1990).

Heinzmann, Richard: Philosophie des Mittelalters, Stuttgart u. a. 1995.

Kandler, Karl-Hermann: Christliches Denken im Mittelalter bis zur Mitte des 14. Jahrhunderts, Leipzig 1993 (Kirchengeschichte in Einzeldarstellungen 1/11).

Köpf, Ulrich (Hg.): Theologen des Mittelalters, Darmstadt 2002.

Kretzmann, Norman/Kenny, Anthony/Pinborg, Jan (Hg.): The Cambridge History of Later Medieval Philosophy from the Discovery of Aristotle to the Desintegration of Scholasticism 1100-1600, Cambridge 1982.

Leff, Gordon: Medieval Thought. St. Augustine to Ockham, London 1958.

Leinsle, Ulrich Gottfried: Einführung in die scholastische Theologie, Paderborn u. a. 1995.

Libera, Alain de: Denken im Mittelalter, München 2003.

Libera, Alain de: Die mittelalterliche Philosophie,, Paderborn u. a. 2005.

Maurer, Armand: Medieval Philosophy, Toronto ^{2}1982.

McGinn, Bernard: Geschichte der christlichen Spiritualität. 3 Bde., Würzburg 1993-1997.

Schmaus, Michael: Handbuch der Dogmengeschichte. 4 Bde. in mehreren Faszikeln, Freiburg I. Br. 1951 ff.

Schulthess, Peter und Imbach, Ruedi: Die Philosophie im lateinischen Mittelalter. Ein Handbuch mit einem bio-bibliographischen Repertorium, Düsseldorf u. a. ²2000.

Stegmüller, Friedrich (Hg.): Repertorium Biblicum Medii Aevi. 11 Bde., Madrid 1950-1980.

Stegmüller, Friedrich (Hg.): Repertorium commentariorum in Sententias Petri Lombardi. 2 Bde., Würzburg 1947.

Sturlese, Loris: Die deutsche Philosophie im Mittelalter. Von Bonifatius bis zu Albert dem Großen (748-1280), München 1993.

Vignaux, Paul: Philosophie au Moyen-Âge, précédé d'une "Introduction autobiographique" et suivi de "Histoire de la pensée médiévale et problèmes contemporaines", Paris 2004.

Vorländer, Karl: Geschichte der Philosophie. Mit Quellentexten. Bd. 2: Mittelalter und Renaissance, Reinbek bei Hamburg 1990.

Vries, Josef de: Grundbegriffe der Scholastik, Darmstadt ³1993.

Ⅳ. 전문서적과 주요 주제 수집본

Amargier, Paul A.: Une église du renouveau. Réformes et réformateurs de Charlemagne à Jean Hus, Paris 1998.

Berndt, Rainer: La théologie comme systeème du monde. Sur l'evolution des sommes théologiques de Hugues de Saint-Victor à saint Thomas d'Aquin, in: Revue des sciences philosophiques et théologiques 78 (1994), 555-572.

Courtenay, William J.: Capacity and Volition. A History of the Distinction of Absolute and Ordained Power, Bergamo 1990 (= Quodlibeta 8).

Dales, Richard C.: The Intellectual Life of Western Europe in the Middle Ages, Leiden u. a. ²1992.

Dinzelbacher, Peter: Christliche Mystik im Abendland. Ihre Geschichte von den Anfängen bis zum Ende des Mittelalters, Paderborn 1994.

Emery, Kent Jr.: Monastic, Scholastic and Mystical Theologies in the Later Middle Ages and Beyond, Aldershot 1996.

Fichtenau, Heinrich: Ketzer und Professoren. Häresie und Vernunftglaube im Hochmittelalter, München 1992.

Flach, Kurt und Jeck, Udo Reinhold (Hg.): Das Licht der Vernunft. Die Anfänge der Aufklärung im Mittelalter, München 1997.

Fried, Johannes (Hg.): Schulen und Studium im sozialen Wandel des hohen und späten Mittelalters, Sigmaringen 1986 (Vorträge und Forschungen 30).

Garcia, Mariano Fernández: Lexicon Scholasticum Philosophico-Theologicum, Quaracchi 1910.

Gemeinhardt, Peter: Die Filioque-Kontroverse zwischen Ost- und Westkirche im Frühmittelater, Berlin u. a. 2002 (Arbeiten zur Kirchengeschichte 82).

Gibson, Margaret T.: ‚Artes' and Bible in the Medieval West, Aldershot 1993 (Collected Studies Series 399).

Glorieux, Palémon: La littérature quodlibétique de 1260 à 1320. 2 Bde., Le Saulchoir 1925; Paris 1931 (Bibliothèque thomiste 5. 21).

Grabmann, Martin: Mittelalterliches Geistesleben. Abhandlungen zur Geschichte der Scholastik und Mystik. 3 Bde., München 1926-1956 (= Hildesheim 1975).

Hamelin, Alonzo Mario: L'école franciscaine de ses débuts jusqu'à l'occamisme, Louvain 1961 (Analecta mediaevalia Namurcensia 12).

Hamm, Berndt: Promissio, Pactum, Ordinatio. Freiheit und Selbstbindung Gottes in der scholastischen Gnadenlehre, Tübingen 1977 (BHTh 54).

Jorissen, Hans: Die Entfaltung der Transsubstantiationslehre bis zum Beginn der Hochscholastik, Münster/W. 1965 (Münsterische Beiträge zur Theologie 28/1).

Koch, Josef: Kleine Schriften, Rom 1973.

Lang, Albert: Die theologische Prinzipienlehre der mittelalterlichen Scholastik, Freiburg im Breisgau 1964.

Langer, Otto: Christliche Mystik im Mittelalter. Mystik und Rationalisierung - Stationen eines Konflikts, Darmstadt 2004.

Le Goff, Jacques: Der Gott des Mittelalters. Eine europäische Geschichte. Gespräche mit Jean-Luc Pouthier, Freiburg I. Br. u. a. 2005.

Le Goff, Jacques: Die Intellektuellen im Mittelalter, Stuttgart ^{4}2001.

Leff, Gordon: Paris and Oxford Universities in the Thirteenth and Fourteenth Centuries. An institutional and intellectual history, New York u. a. 1968.

Leppin, Volker: Die christliche Mystik, München 2007.

Lerner, Robert (Hg.): Neue Richtungen in der hoch- und spätmittelalterlichen Bibelexegese, München 1996.

Libera, Alain de: Der Uninersalienstreit. Von Platon bis zum Ende des Mittelalters, Paderborn u. a. 2005.

Lubac, Henri de: Exégèse médiévale. Les quatre sens de l'écriture. 4 Bde., Paris 1959-1964.

Maierú, Alfonso: Uninersity Training in Medieval Europe, Leiden 1994.

Mandrella, Isabelle: Das Isaak-Opfer. Historisch-systematische Untersuchung zu Rationalität und Wandelbarkeit des Naturrechts in der mittelalterlichen Lehre vom natürlichen Gesetz, Münster 2002 (BGPhMA.NF 62).

Marschler, Thomas: Auferstehung und Himmelfahrt Christi in der scholastischen Theologie bis zu Thomas von Aquin. 2 Bde., Münster 2003 (BGPhMA.NF 64,1-2).

McGinn, Bernard: Die Mystik im Abendland. 3 Bde., Freiburg u. a. 1994-1999.

McGrath, Alister E.: The Bible in the Early Middel Ages, Atlanta/Georgia 1959 (= Atlanta 1986).

Murray, Alexander Victor: Reason and Society in the Middle Ages, Oxford 1990.

Pannenberg, Wolfhart: Analogie und Offenbarung. Eine kritische Untersuchung zur Geschichte des Analogiebegriffs in der Lehre von der Gotteserkenntnis, Göttingen 2007.

Perler, Domminik/Rudolph, Ulrich (Hg.): Logik und Theologie. Das Organon im arabischen und im lateinischen Mittelalter, Leiden/Boston 2005 (STGMA 84).

Perler, Dominik: Theorien der Intentionalität im Mittelalter, Frankfurt/M. ^{2}2004 (Klostermann Seminar 3).

Perler, Dominik: Zweifel und Gewißheit. Skeptische Debatten im Mittelalter, Frankfurt/M. 2006 (Philosophische Abhandlungen 92).

Rieger, Reinhold: Contradictio. Theorien und Bewertungen des Widerspruchs in der Theologie des Mittelalters, Tübingen 2005 (BHTh 133).

Rüegg, Walter: Geschichte der Universität, in Europa. Bd. 1: Mittelalter, München 1993.

Ruh, Kurt: Geschichte der abendländischen Mystik. 4 Bde., München 1990-1999.

Saarinen, Risto: Weakness of the Will in Medieval Thought. From Augustine to Buridan, Leiden 1994 (STGMA 44).

Sæbø, Magne (Hg.): Hebrew Bible/Old Testament. The History of its Interpretation. Bd. 1: From the Beginnings to the Middle Ages (until 1300). Teil 2: The Middle Ages, Göttingen 2000.

Smalley, Beryl: The study of the Bible in the Middle Ages, Oxford 1952.

Vergers, Jacques: Les universités au Moyen-Âge, Paris 1973.

V. 장별 도서목록

제1장

Allott, Stephen: Alcuin of York, c. A. D. 732 to 804. His life and letters, York 1974.

Angenendt, Arnold: Das Frühmittelalter, Stuttgart [3]2001.

Ansorge, Dirk: Johannes Scottus Eriugena. Wahrheit als Prozeß. Eine theologische Interpretation von „Periphyseon", Innsbruck/Wien 1996 (Innsbrucker Theologische Studien 44).

Beierwaltes, Werner: Eriugena. Grundzüge seines Denkens, Frankfurt 1994.

Bouhout, Jean-Paul: Ratramne de Corbie. Histoire lettéraire et controverses doctrinales, Paris 1976.

Bullough, Donald A.: Alcuin. Achievement and Reputation, Leiden u. a. 2004.

Carabine, Deidre: John Scottus Eriugena, New York 2000.

Depreux, Philippe und Judic, Bruno (Hg.): Alcuin, de York à Tours. Écriture, pouvoir et réseaux dans l'Europe de haut Moyen Âge, Rennes 2004.

Dunn, Michael und McEvoy, James (Hg.): History and Eschatology in John Scottus Eriugena and his Time, Löwen 2002.

Ernst, Joseph: Die Lehre des hl. Paschasius Radbertus von der Eucharistie. Mit besonderer Berücksichtigung der Stellung des hl. Rabanus Maurus und des Ratramnus zu derselben, Freiburg 1896.

Fahey, J. F.: The Eucharistic Teaching of Ratram of Corbie, Mündelein 1951.

Felten, Franz J. und Nichtweiß, Barbara (Hg.): Hrabanus Maurus. Gelehrter, Abt von Fulda und Erzbischof von Mainz, Mainz 2006.

Ferrari, Michele: Il „Liber sanctae crucis" di Rabano Mauro. Testo - immagine - conesto, Bern u. a. 1999 (Lateinische Sprache und Literatur des Mittelalters 30).

Fleckenstein, Josef: Die Hofkapelle der deutschen Könige. Bd. 1: Die Karolingische Hofkapelle, Stuttgart 1959 (Schriften der Monumenta Germaniae Historica 16/1).

Ganz, D.: Corbie in the Carolingian Renaissance, Sigmaringen 1990.

Heil, Wilhelm: Alkuinstudien. Bd. 1: Zur Chronologie und Bedeutung des Adoptianismusstreites, Düsseldorf 1970.

Houwen, Luuk A. J. R. und Mackonald, Alasdair A. (Hg.): Alcuin of York, Scholar at the Carolingian court, Groningen 1998.

Jolivet, Jean: Godescalc d'Orbais et la Trinité. La méthode de théologie à l'époque carolingienne, Paris 1958.

Koch, Josef (Hg.): Artes liberales. Von der antiken Bildung zur Wissenschaft des Mittelalters, Leiden/Köln 1976.

Marenbon, John: From the Circle of Alcuin to the School of Auxerre. Logic, Theology and Philosophy in the Early Middle Ages, London 1981.

McEvoy, James (Hg.): Iohannes Scottus Eriugena. The Bible and Hermeneutics, Löwen 1996.

McGinn, Bernard u. a. (Hg.): Eriugena. East and West, Notre Dame 1994.

Nägle, August: Ratramnus und die hl. Eucharistie. Zugleich eine dogmatisch-historische Würdigung des ersten Abendmahlsstreites, Wien 1903.

O'Meara, John J.: Eriugena, Oxford 1988.

Picker, Hanns-Christoph: Pastor doctus. Klerikerbild und karolingische Reformen bei Hrabanus Maurus, Mainz 2001 (VIEG 186).

Rudnick, Ulrich: Das System des Johannes Scottus Eriugena. Eine theologisch-philosophische Studie zu seinem Werk, Frankfurt/M. 1990.

Schrimpf, Gangolf: Das Werk des Johannes Scottus Eriugena im Rahmen des Wissenschaftsverständnisses seiner Zeit, Münster 1982 (BGPhMA,NF 23).

Schrimpf, Gangolf: Der Beitrag des Johannes Scottus Eriugenazum Prädestinationsstreit, in: Heinz Löwe (Hg.), Die Iren und Europa im Frühen Mittelalter, Stuttgart 1982, 819-865.

Schrimpf, Gangolf: Die ethischen Implikationen der Auseinandersetzung zwischen Hraban und Gottschalk um die Prädestinationslehre, in: Archiv für Geschichte der Philosophie 68 (1986), 153-173.

Vielhaber, Klaus: Gottschalk der Sachse, Berlin 1956.

Zimpel, Detlev: Hrabanus Maurus, De institutione clericorum libri tres. Studien und Edition, Frankfurt u. a. 1996 (Freiburger Beiträge zur mittelalterlichen Geschichte 7).

제2장

Acklin Zimmerman, Beatrice: Die Gesetzesinterpretation in den Römerbriefkommentaren von Peter Abaelard und Martin Luther. Eine Untersuchung auf dem Hintergrund der Antijudaismusdiskussion, Frankfurt a. M. 2004.

Aubé, Pierre: Saint Bernard de Clairvaux, Paris 2003.

Baltzer, Otto: Die Sentenzen des Petrus Lombardus. Ihre Quellen und dogmengeschichtliche Bedeutung, Leipzig 1902 (= Aalen 1972).

Baron, Roger: Science et sagesse chez Hugues de Saint-Victor, Paris 1957.

Barth, Karl: Fides quaerens intellectum. Anselms Beweis der Existenz Gottes im Zusammenhang seines theologischen Programms, Zollikon [2]1958.

Bauer, Dieter R., Fuchs, Gotthard (Hg.): Bernhard von Clairvaux und der Beginn der Moderne, Innsbruck/ Wien 1996.

Berndt, Rainer (Hg.): Schrift, Schreiber, Schenker. Studien zur Abtei Sankt Viktor in Paris und den Viktorinern, Berlin 2005 (Corpus Victorinum. Instrumenta 1).

Bonanni, Sergio P.: Parlare della trinità. Lettura della Theologia Scholarium di Abelardo, Rom 1996.

Brague, Rémi (Hg.): Saint Bernard et la philosophie, Paris 1993.

Bredero, Adriaan H.: Bernhard von Clairvaux. Zwischen Kult und Historie. Über seine Vita und ihre historische Auswertung, Stuttgart 1996.

Brower, Jeffrey E. und Guilfoy, Kevin (Hg.): The Cambridge Companion to Abelard, Cambridge 2004.

Cantin, André: „Ratio“ et „auctoritas“ dans la première phase de la controverse eucharistique entre Bérenger et Lanfranc, in: Revue augustienne 20 (1974), 155-186.

Clanchy, Michael T.: Abaelard. Ein mittelalterliches Leben, Darmstadt 2000.

Colish, Marcia L.: Peter Lombard. 2 Bde., Leiden 1994 (BSIH 41).

Corbin, Michel: Prière et raison de la foi. Introduction à l'œuvre de Saint Anselm de Cantorbéry, Paris 1993.

Corbin, Michel: La grâce et la liberté chez saint Bernard de Clairvaux, Paris 2004.

Cowdrey, Herbert Edward John: Lanfranc. Scholar, monk and archbishop, Oxford/New York 2003.

Delhaye, Philippe: Pierre Lombard. Sa vie, ses œuvres, sa morale, Montreal 1961.

Deme, Daniel: The Christology of Anselm of Canterbury, Aldershot 2003.

Dinzelbacher, Peter: Bernhard von Clairvaux. Leben und Werk des berühmten Zisterziensers, Darmstadt 1998.

Dreyer, Mechthild: More mathematicorum. Rezeption und Transformation der antiken Gestalten wissenschaftlichen Wissens im 12. Jahrhundert, Münster 1996 (BGPhMA.NF 47)

Dronke, Peter (Hg.): A History of Twelfth Century Western Philosophy, Cambridge 1988.

Ehlers, Joachim: Hugo von St. Viktor. Studien zum Geschichtsdenken und zur Geschichtsschreigung des 12. Jahrhunderts, Wiesbaden 1973.

Elm, Kaspar (Hg.): Bernhard von Clairvaux. Rezeption und Wirkung im Mittelalter und in der Neuzeit, Wiesbaden 1994.

Ernst, Stephan: Gewißheit des Glaubens. Der Glaubenstraktat Hugos von St. Viktor alsZugang zu seiner theologischen Systematik, Münster 1987 (BGPhMA.NF 30).

Ernst, Stephan: Ethische Vernunft und christlicher Glaube. Der Prozeß ihrer wechselseitigen Freisetzung in der Zeit von Anselm von Canterbury bis Wilhelm von Auxerre, Münster 1996 (BGPhMA.NF 46).

Ernst, Stephan: Petrus Abaelardus, Münster 2003 (Zugänge zum Denken des Mittelalters 2).

Evans, Gillian R.: Alanus of Insulis. The Frontiers of Theology in the Later Twelfth Century, Cambridge 1983.

Evans, Gillian R.: Bernard of Clairvaux, New York/Oxford 2000.

Evans, Gillian R. und Luscombe, David Edward: Anselm, Aosta, Bec and Canterbury, Sheffield 1996.

Gammersbach, Suitberg: Gilbert von Poitiers und seine Prozesse im Urteil der Zeitgenossen, Köln 1959.

Ganz, Peter u. a. (Hg.): Auctoritas und Ratio. Studien zu Berengar von Tours, Wiesbaden 1990 (Wolfenbütteler Mittelalterstudien 2).

Gasper, Giles E. M.: Anselm of Canterbury and his Theological Inheritence, Aldershot 2004.

Georges, Tobias: Quam nos divinitatem nominare consuevimus. Die theologische Ethik des Peter Abaelard, Leipzig 2005 (Arbeiten zur Kirchen- und Theologiegeschichte 16).

Gerken, Alexander: Theologie des Wortes. Das Verhältnis von Schöpfung und Inkarnation bei Bonaventura, Düsseldorf 1963.

Gibson, Margaret T.: The Case of Berengar of Tours, in: Studies in Church History 7 (1971), 61-68

Gibson, Margaret T.: Lanfranc of Bec, Oxford 1978.

Grane, Leif: Peter Abaelard. Philosophie und Christentum im Mittelalter, Göttingen 1969.

Habrias, Henri: Petit dictionnaire à l'usage des lecteurs novices d'Abélard, Nantes 2001.

Haering, Nikolaus: Chartres and Paris Revisited, in: James Reginald O'Donnell(Hg.), Essays in Honour of Anton Charles Pegis, Toronto 1974, 268-329.

Haskins, Cbarles Homer: The Renaissance of the Twelfth Century, Cleveland u. a. [15]1970.

Hattrup, Dieter: Ekstatik der Geschichte. Die Entwicklung der christologischen Erkenntnis- theorie Bonaventuras, Paderborn u. a. 1993 (Paderborner theologische Studien 23).

Haubst, Rudolf: Vom Sinn der Menschwerdung. Cur Deus homo, München 1969.

Heller, Dagmar: Schrifrauslegung und geistliche Erfahrung bei Bernhard von Clairvaux, Würzburg 1990.

Hofmeier, Johann: Die Trinitätslehre des Hugo von St. Viktor, München 1963 (MThS.S 25).

Holopainen, Toivo J.: Dialectic and theology in the Eleventh Century, Leiden 1996 (STGMA 54).

Hopkins, Jasper: A Companion to the Study of St. Anselm, Minnesota 1972.

Hopkins, Jasper: Anselm's Debate with Gaunilo, in: Analecta Anselmiana 5 (1976), 25-53.

Jolivet, Jean: La théologie chez Abélard, Paris 1969 (Études de philosophie médievale 57).

Jolivet, Jean: La théologie d'Abélard, Paris 1997.

Jolivet, Jean/Libera, Alain de: Gilbert de Poitiers et ses contemporaines. Aux origines de la logica modernorum, Neapel 1987.

Jolivet, Jean/Habrias, Henri (Hg.): Pierre Abélard, Rennes 2003.

Kandler, Karl-Hermann: Die Abendmahlslehre Kardinals Humbert und ilre Bedeutung für das gegenwärtige Abendmahlsgespräch, Hamburg 1971 (Arbeiten zur Geschichte und Theologie des Luthertums 24).

Kapriev, Georgi: (...) ipsa vita et veritas. Der „ontologische Gottesbeweis" und die Ideenwelt Anselms von Canterbury, Leiden u. a. 1998 (STGMA 61).

Kienzler, Klaus: Glauben und Denken bei Anselm von Canterbury, Freiburg 1981.

Knoch, Wendelin: Die Einsetzung der Sakramente durch Christus. Eine Untersuchung zur Sakramententheologie der Frühscholastik von Anselm von Laon bis zu Wilhelm von Auxer-re, Münster 1983 (BGPhMA.NF 24).

Knoch, Wendelin: Die Frühscholastik und ihre Ekklesiologie, Paderborn 1992.

Köpf, Ulrich: Religiöse Erfahrung in der Theologie Berngards von Clairvaus, Tübingen 1980.

Landgraf, Artur Michael: Dogmengeschichte der Frühscholastik. 4 Bde., Regensburg 1948.

Leclercq, Jean: Bernhard von Clairvaux. Ein Mönch prägt seine zeit, München u. a. 2005.

Leclercq, Jean: Wissenschaft und Gottverlangen. Zur Mönchstheologie des Mittelalters, Düsseldorf 1963.

Leclercq, Jean: Recueil d'études sur Saint Bernard et ses ecrits. 5 Bde., Rom 1962-1992.

Longère, Jean: L'abbaye parisienne St-Victor au Moyen Ages, Paris 1991.

Luscombe, David Edward: The school of Peter Abelard. The influence of Abelard's thought in the early scholastic period, London 1969 (Cambridge Studies in medieval Life and Thought 14).

Luscombe, David Edward: Peter Abelard, London 1979.

MacDonald, Allan John: Lanfranc. A Study of His Life, Works and Writings, London [2]1944.

McGinn, Bernard: The Calabrian Abbot. Joachim of Fiore in the History of Western Thought, New York 1985.

Maiolo, Bruno: Gilberto Porretano,, Rom 1979.

Mercher, Hans: Schriftauslegung als Weltauslegung. Untersuchungen zur Stellung der Schrift in der Theologie Bonaventuras, München u. a. 1971 (VGI.NF 15).

Mews, Constant: Peter Abelard, Aldershot 1995.

Mews, Constant: Reason and Belief in the Age of Roscelin and Abelard, Aldershot 2002.

Montclos, Jean de: Lanfranc et Bérenger. La controverse éucharistique du XIe siècle, Löwen 1971 (Spicilegium sacrum Lavonaniense 37).

Nielsen, Lauge Olaf: Theology and Philosophy in the Twelfth Century. A Study of Gilbert Porreta's Thinking and the Theological Expositions of the Doctrine of the Incarnation during the Period 1130-1180, Leiden 1982 (Acta Theologica Danica 15).

Niggli, Ursula (Hg.): Peter Abaelard. Leben - Werk - Wirkung, Freiburg 2003 (Forschungen zur europäischen Geistesgeschichte 4).

Nollier, Inès: Abélard. Le philosophe du Christ, Paris 1984.

Peppermüller, Rolf: Abaelards Auslegung des Römerbriefes, Münster 1972 (BGPhMA.NF 10).

Perkams, Matthias: Liebe als Zentralbegriff der Ethik nach Peter Abaelard, Münster 2001 (BGPhMA.NF 58).

Perkams, Matthias: The Origins of the Trinitarian Attributes potentia, sapientia, benignitas, in: AV 1 (2004) 25-41.

Plasger, Georg: Die Not-Wendigkeit der Gerechtigkeit. Eine Interpretation zu „Cur Deus homo " von Anselm von Canterbury, Münster 1993 (BGPhMA.NF 38).

Poirel, Dominique: Hugues de Saint-Victor, Paris 1998.

Pranger, M.B.: Bernard of Clairvaux and the Shape of Monastic Thought, Leiden 1994 (BSIH 56).

Reeves, Majorie: Joachim of Fiore and the Prophetic Future, New York 1976.

Riedl, Matthias: Joachim von Fiore. Denker der vollendeten Menschheit, Würzburg 2004 (Epistemata. Reihe

Philosophie 361).
Rosemann, Philipp W.: Peter Lombard, Oxford 2004.
Rydstrøm-Poulsen, Aage: The Gracious God. Gratia in Augustine and the Twelfth Century, Kopenhagen 2002.
Schabel, Christopher (Hg.): Theological quodlibeta in the Middle Ages. The Thirteenth Century, Leiden 2006.
Scherb, jürgen Ludwig: Anselms philosophische Theologie. Programm - Durchführung - Grundlagen, Stuttgart 2000 (Münchener philosophische Studien. NF 15).
Schmidt, Martin Anton: Gottheit und Trinität nach dem Kommentar des Gilbert Porreta zu Boethius, De Trinitate, Basel 1956 (Studia Philosophica. Suppl. 7).
Schönberger, Rolf: Anselm von Canterbury, München 2004.
Schütz, Christian: Deus absconditus - Deus manifestus. Die Lehre Hugos von St. Viktor über die Offenbarung Gottes, Rom 1967 (Studia Anselmiana 57).
Sicard, Patrice: Diagrammes médièvaux et exégèse visuelle. Le Libellus de formatione arche de Hugues de Saint-Victor, Paris 1994 (Bibliotheca Victorina 4).
Southern, Richard W.: Saint Anselm. A portrait in a landscape, Cambridge 1990.
Stickelbroeck, Michael: Mysterium venerandum. Der trinitarische Gedanke im Werk des Bernhard von Clairvaux, Münster 1994 (BGPhMA.NF 41).
Sweeney, Eileen: Logic, Theology, and Poetry in Boethius, Abelard and Alan of Lille. Words in the absence of things, New York 2006.
Tavard, George H.: Transiency and Permanence. The Nature of Theology According to St. Bonaventure, St. Bonaventure/N. Y. 1954.
Troncarelli, Fabio: Gioacchino da Fiore. La vita, il pensiero, le opere, Rom 2002.
Van den Eynde, Damien: Essai sur la succession et la date des écrits de Hugues de St. Victor, Rom 1960.
Van Elswijk, H. C.: Gibert Porreta. Sa vie, son oeuvre, sa pensée, Löwen 1966 (Spicilegium sacrum Lovaniense 33).
Verger, Jacques und Jolivet, Jean: Le siècle de Saint Bernard et Abélard, Paris 2006.
Wannenmacher, Julia Eva: Hermeneutik als Heilsgeschichte. De septem sigillis und die sieben Siegel im Werk Joachims von Fiore, Leiden/ Boston 2005 (SHCT 118).
Weingart, Richard E.: The Logic of Divine Love. A Critical analysis of the Soteriology of Peter Abailard, Oxford 1970.
Winkler, Gerhard B.: Bernhard von Clairvaux. Die eine und umfassende Kirche - Eingeit in der Vielfalt, Innsbruck u. a. 2001.

제3장

Aertsen, Jan A.: Nature and Creature. Thomas Aquina's way of Thought, Leiden u. a. 1988 (STGMA 21).
Barbellion, Stéphane-Marie: Les „preuves " de l'existence de Dieu. Pour une relecture des cinq voies de Saint

Thomas d'Aquin, Paris 1999.
Berger, David: Thomas von Aquins, Summa theologiae', Darmstadt 2004.
Bernath, Klaus (Hg.): Thomas von Aquin. 2 Bde., Darmstadt 1978. 1981.
Bianchi, Luca: L'errore di Aristotele. La polemica contro l'eternità del mondo nel XIII secolo, Florenz 1984.
Bougerol, Jacques-Guy: Introduction à Saint Bonaventure, Paris 1988.
Boyle, Leonard E.: Facing Histoty. A different Thomas Aquinas, Louvain 2000 (Textes et Études du Moyen Âge 13).
Brams, Jozef und Vanhamel, Willy: Guillaume de Moerbeke. Recueil d'études à l'occasion du 700e anniversaire de sa mort, 1286, Löwen 1989 (Ancient and Medieval Philosophy I,7).
Butterworth, Charles E./ Kessel, Blake Andree: The Introduction of Arabic Philosphy into Europe, Leiden 1994.
Carpenter, Charles: Theology as the Road to Holiness in Saint Bonaventure, New york 1999.
Chenu, Marie-Dominique: Das Werk des heiligen Thomas von Aquin, Köln [2]1982 (Die deutsche Thomas-Ausgabe, 2. Ergänzungsbd.).
Chenu, Marie-Dominique: Thomas von Aquin, Reinbek bei Hamburg [10]2004.
Congar, Yves: Thomas d'Aquin. Sa vision de théologie de l'église, London 1984.
Corvino, Francesco: Bonaventura de Bagnoregio francescano e pensatore, Bari 1980 (Saggi 53).
Craemer-Ruegenberg, Ingrid: Albertus Magnus, hg. v. Henryk Anzulewicz, Leipzig 2005 (Dominikanische Quellen und Zeugnisse 7).
Cullen, Christopher: Bonaventure, New York u. a. 2006.
Dales, Richard C.: The Problem of the Rational Soul in the Thirteenth Century, Leiden 1995 (BSIH 65).
Davidson, Herbert Alan: Alfarabi, Avicenna and Averroes on Intellect. Their cosmologies, theories of active intellect and theories of human intellect, New York/ Oxford 1992.
Davies, Brian: The Thought of Thomas Aquinas, Oxford 1992.
Emery, Gilles: La Trinité créatrice. Trinité et création dans les commentaires aux „Sentences "de Thomas d'Aquin et de ses précurseurs Albert le Grand et Bonaventure, Paris 1995 (Bibliothèque thomiste 47).
Erni, Raymund: Die Theologische Summe des Thomas von Aquin in ihrem Grundbau. 4 Bde., Luzern 1949.
Flasch, Kurt (Hg.): von Meister Dietrich zu Meister Eckhart, Hamburg 1984.
Flores, Juan Carlos: Henry of Ghent. Metaphysics and the Trinity, Löwen 2006 (Ancient and medieval Philosophy 1,36).
Gauthier, René-Antoine: St. Thomas d'Aquin, „Somme contre les Gentils". Introduction, Paris 1993.
Gilson, Étienne: Die Philosophie des hl. Bonaventura, Darmstadt 1960.
Gilson, Étienne: Le thomisme. Introduction á la philosophie de Saint Thomas d'Aquin, Paris [6]1972.
Gössmann, Elisabeth: Metaphysik und Heilsgeschichte. Eine theologische Untersuchung der Summa Halensis, München 1964 (MGI. Sonderbd.).
Gradl, Stefan: Deus beatitudo hominis. Eine evangelische Annäherung an die Glückslehre des Thomas von Aquin, Löwen 2004.

Guldentops, Huy und Steel, Carlos (Hg.): Henry of Ghent and the Transformation of Scholastic Thought, Löwen 2003 (Ancient and medieval philosophy 1,31).

Hayoun, Maurice-Ruben/ Libera, Alaine de: Averroès et l'averroisme, Paris 1991.

Heinzmann, Richard: Thomas von Aquin. Eine Einführung in sein Denken, Stuttgart u. a. 1994.

Hellmann, John A. Wayne: Ordo. Untersuchung eines Grundgedankens in der Theologie Bonaventuras, München u. a. 1974 (VGI.NF 18).

Hipp, Stephen A.: „Person" in Christian Tradition and in the Conception of Saint Albert the Great. A systematic study of its concept as illuminated by the mysteries o the Trinity and the incarnation, Münster 2001 (BGPhMA.NF 57).

Hissette, Roland: Enquête sur les 219 articles condamnés à Paris le 7 mars 1277, Löwen 1977 (PhMed 22).

Hoenen, Maarten J.F.M. und Libera, Alain de: Albertus Magnus und der Albertismus. Deutsche philosophische Kultur des Mittelalters, Leiden u. a. 1995 (STGMA 48).

Honnefelder, Ludger (Hg.): Albertus Magnus und die Anfänge der Aristoteles-Rezeption im Mittelalter. Von Richardus Rufus bis zu Franciscus de Mayronis, Münster 2005 (Subsidia Albertina 1).

Hoping, Helmut: Weisheit als Wissen des Ursprungs. Philosophie und Theologie in der „Summa contra gentiles" des Thomas von Aquin, Freiburg u. a. 1997.

Horst, Ulrich: Die Gaben des Heiligen Geistes nach Thomas von Aquin, Berlin 2001 (VGI 46).

Jorissen, Hans: Der Beitrag Alberts des Großen zur theologischen Rezeption des Aristoteles am Beispiel der Transsubstantiationslehre, Münster 2002 (Lectio Albertina 5).

Kandler, Karl-Hermann (Hg.): Dietrich von Freiberg. Neue Perspektiven seiner Philosophie, Theologie und Naturwissenschaft, Amsterdam u. a. 1999(Bochumer Studien zur Philosophie 28).

Kenny, Anthony John Patrick: Thomas von Aquin, Freiburg u. a. 1999.

Köpf, Ulrich: Die Anfänge der theologischen Wissenschaftstheorie in 13. Jahrhundert, Tübingen 1974 (BHTh 49).

Kretzmann, Norman und Stump, Eleonore (Hg.): The Cambridge Companion to Aquinas, Cambridge 1993.

Kühn, Ulrich: Via caritatis. Theologie des Gesetzes bei Thomas von Aquin, Göttingen 1965.

Laarmann, Matthias: Deus, primum cognitum. Die Lehre von Gott als dem ersterkannten des menschlichen Intellekts bei Heinrich von Gent, Münster 1999 (BGPhMA 52).

Leinsle, Ulrich G.: Res et signum. Das Verständnis zeichenhafter Wirklichkeit in der Theologie Bonaventuras, München 1976 (VGI.NF 26).

Macken,, Raymond: La théorie de l'illumination divine dans la philosophie de Henri de Gand, o. O. 1972.

Marcolino, Venicio: Das Alte Testament in der Heilsgeschichte. Untersuchung zum dogmatischen Verständnis des Alten Testaments als heilsgeschichtliche Periode nach Alexander von Hales, Münster 1970 (BGPhMA.NF 2).

Marrone, Steven P.: The Light of Thy Countenance. Science and knowledge of God in the thirteenth century. 2 Bde., Leiden 2001.

Mathieu, Luc: La trinité créatrice d'après Saint Bonaventure, Paris 1992.

Mensching, Günther: Thomas von Aquin, Frankfurt/New York 1995.

Metz, Wilhelm: Die Architektonik der Summa Theologiae des Thomas von Aquin. Zur Gesamtsicht des thomasischen Gedankens, Hamburg 1998 (Paradeigmata 18).

Meyer, Gerbert/Zimmermann, Albert: Albertus Magnus. Doctor universalis 1280/1980, Mainz 1980 (Walberberger Studien. Philosophische Reihe 6).

Mojsisch, Burkhard: Die Theorie des Intellekts bei Dietrich von Freiberg, Hamburg 1977.

Mostert, Walter: Menschwerdung. Eine historische und dogmatische Untersuchung über das Motiv der Inkarnation des Gottessohnes bei Thomas von Aquin, Tübingen 1978 (BHTh57).

Müller, Alfons: Die Lehre von der Taufe bei Albert dem Großen, München u. a. 1967 (VGI.NF 2).

Nocke, Franz Josef: Sakrament und personaler Vollzug bei Albertus Magnus, Münster 1967 (BGPhMA 41,4).

Pesch, Otto Hermann: Die Theologie der Rechtfertigung bei Martin Luther und Thomas von Aquin, Mainz [2]1985 (Walberberger Studien. Theologische Reihe 4).

Pesch, Otto Hermann: Thomas von Aquin. Grenze und Größe mittelalterlicher Theologie. Eine Einführung, Mainz 1988.

Principe, Walter H.: The Theology of the hypostatic Union in the Early Thirteenth Century. Bd. 2: Alexander of Hales' theology of the hypostatic union, Toronto 1967 (Studies and Texts. Pontifical Institute of medieval Studies 12).

Putallaz, Francois-Xavier: Profession philosophe: Siger de Brabant, Paris 1997.

Ratzinger, Joseph: Die Geschichtstheologie des heiligen Bonaventura, St. Ottilien [2]1992.

Rose, Miriam: Fides caritate formata. Das Verhältnis von Glaube und Liebe in der Summa Theologiae des Thomas von Aquin, Göttingen 2007.

Scheeben, Christian: Albertus Magnus, Köln [2]1955.

Schlosser, Marianne: Cognitio et amor. Zum kognitiven und voluntativen Grund der Gotteserfahrung nach Bonaventura, Paderborn 1990 (VGI.NF 35).

Schneider, Johannes: Das Gute und die Liebe nach der Lehre Albert des Großen, München u. a. 1967 (VGI. NF 3).

Schneider, Michael: „Christus ist unsere Logik! "Zur Verhältnisbestimmung von Theologie und Nachfolge bei Bonaventura, Köln 1999 (Edition Carlo 35).

Schönberger, Rolf: Thomas von Aquin zur Einführung, Hamburg 1998 (Junius Einführung 178).

Schönberger, Rolf: Thomas von Aquins ‚Summa contra gentiles', Darmstadt 2001.

Schütz, Ludwig: Thomas-Lexikon, Paderborn [2]1895 (= Stuttgart 1958).

Senner, Walter (Hg.): Albertus Magnus. Zum Gedenken nach 800 Jahren. Neue Zugänge, Aspekte und Perspektiven, Berlin 2001 (Quellen und Forschungen zur Geschichte des Dominikanerordens. N.F. 10).

Speer, Andreas (Hg.): Thomas von Aquin: Die Summa theologiae. Werkinterpretationen, Berlin/ New York 2005.

Torrell, Jean-Pierre: Magister Thomas. Leben und Werk des Thomas von Aquin, Freiburg u. a. 1995.

Van Steenberghen, Fernand: Maître Siger de Brabant, Louvain/Paris 1977.

Vanhamel, Willy (Hg.): Henry of Ghent. Proceedings of the International Colloquium on the occasion of the 700th anniversary of his death (1293), Löwen 1996 (Ancient and medieval philosophy 1, 15).

Wawrykow, Joseph Peter: The Westminster Handbook to Thomas Aquinas, Louisville 2005.

Weber, Hubert Philipp: Sünde und Gnade bei Alexander von Hales. Ein Beitrag zur Entwicklung der theologischen Anthropologie im Mittelalter, Innsbruck 2003 (Innsbrucker Theologische Studien 63).

Weinandy, Thomas G.: Aquinas on Scripture. An introduction to his Biblical commentaries, London 2005.

Weisheipl, James: Thomas d'Aquino and Albert, His Teacher, Montreal 1980.

Wieland, Georg: Untersuchungen zum Seinsbegriff im Metaphysikkommentar Alberts des Großen, Münster 1971 (BGPhMA.NF 7).

Zimmermann, Albert (Hg.): Die Auseinandersetzungen an der Pariser Universität im XIII. Jahrhundetr, Berlin/ New York 1976 (MM 10).

Zimmermann, Albert (Hg.): Albert der Große. Seine Zeit, sein Werk, seine Wirkung, Berlin/ New York 1980 (MM 14).

제4장

Bannach, Klaus: Die Lehre von der doppelten Macht Gottes bei Wilhelm von Ockham, Wiesbaden 1975 (VIEG 75).

Beckmann, Jan P.: Wilhelm von Ockham, München 1995.

Biard, Joël: Guillaume d'Ockham et la théologie, Paris 1999.

Bonansea, Bernardino M.: Man and His Approach to God in John Duns Scotus, Lanham 1983.

Boulnois, Olivier u. a. (Hg.): Duns Scot à Paris 1302-2002, Turnhout 2004.

Brunner, Fernand: Maître Eckhart. Approche de l'Œuvre, Genf 1999.

Büchner, Christine: Gottes Kreatur - „ein reines Nichts"? Einheit Gottes als Ermöglichung von Geschöpflichkeit und Personalität im Werk Meister Eckharts, Innsbruck 2005 (Innsbrucker Theologische Studien 71).

Burger, Maria: Personalität im Horizont absoluter Prädestination. Untersuchungen zur Christologie des Johannes Duns Scotus und ihrer Rezeption in modernen theologischen Ansätzen, Münster 1994 (BGPhMA. NF. 40).

Courtenay, William J.: Schools and Scholars in Fourteenth-Century England, Princeton/N.J. 1987.

Cross, Richard: Duns Scotus, New York 1999.

Cross, Richard: Duns Scotus on God, Aldershot 2005.

Dettloff, Werner: Die Entwicklung der Akzeptations- und Verdienstlehre von Duns Scotus bis Luther, Münster 1963 (BGPhMA 40,2).

Dreyer, Mechthild und Ingham, Mary B.: Johannes Duns Scotus zur Einführung, Hamburg 2003 (Junius Einführungen 288).

Enders, Markus: Das mystische Wissen bei Heinrich Seuse, Paderborn 1993 (VGI.NF 37).

Finkenzeller, Josef: Offenbarung und Tehologie nach der Lehre des Johannes Duns Scotus. Eine historische und systematische Untersuchung, Münster 1960 (BGPhMA 38,5).

Flasch, Kurt: Meister Eckhart. Die Geburt der „Deutschen Mystik " aus dem Geist der arabischen Philosophie, München 2006.

Gilson, Étienne: Johannes Duns Scotus. Einführung in die Grundlagen seiner Lehre. Übers. v. W. Dettloff, Düsseldorf 1959.

Gnädinger, Louise: Johannes Tauler. Lebenswelt und mystische Lehre, München 1993.

Haas, Alois Maria: Nim din selves war. Studien zur Lehre von der Selbsterkenntnis bei Meister Eckhart, johannes Tauler und Heinrich Seuse, Freiburg/S. 1971.

Halverson, James L.: Peter Aureol on Predestination. A challenge to late medieval thought, Leiden u. a. 1998 (SHCT 83).

Honnefelder, Ludger (Hg.): John Duns Scotus. Metaphysics and Ethics, Leiden 1996 (STGMA 53).

Honnefelder, Ludger: Duns Scotus, München 2005.

Imbach, Ruedi: Deus est intelligere. Das Verhältnis von Sein und Denken in seiner Bedeutung für das Gottesverständnis bei Thomas von Aquin und in den Pariser Quaestionen Meister Eckharts, Fribourg 1976 (Studia Friburgensia. NF 53).

Ingham, Mary B.: Johannes Duns Scotus, Münster 2006 (Zugänge zum Denken des Mittelalters 3).

Junghans, Helmar: Ockham im Lichte der neueren Forschung, Berlin/Hamburg 1968 (Arbeiten zur Geschichte und Theologie des Luthertums 21).

Kelley, Carl Franklin: Meister Eckhart on Divine Knowledge, New Haven 1977.

Kern, Udo: Die Anthropologie des Meister Eckhart, Hamburg 1994.

Kern, Udo: „Gottes Sein ist mein Leben". Philosophische Brocken bei Meister Eckhart, Berlin u. a. 2003 (Theologische Bibliothek Töpelmann 121).

Kraml, Hans und Leibold, Gerhard: Wilhelm von Ockham, Münster 2003 (Zugänge zum Denken des Mittelalters 3).

Krey, Philipp D. W. (Hg.): Nicolaus of Lyra. The senses of scripture, Leiden u. a. (SHCT 90).

Langer, Otto: Mystische Erfahrung und spirituelle Theologie. Zu Meister Eckharts Auseinandersetzung mit der Frauenfrömmigkeit seiner Zeit, München/Zürich 1987 (Münchener Texte und Untersuchungen zur deutschen Literatur des Mittelalters 91).

Leff, Gordon: William of Ockham. The Metamorphosis of Scholastic Discourse, Manchester 1975.

Leppin, Volker: Geglaubte Wahrheit. Das Theologieverständnis Wilhelms von Ockham, Göttingen 1995 (Forschungen zur Kirchen- und Dogmengeschinchte 63).

Leppin, Volker: Wilhelm von Ockham. Gelehrter - Streiter - Bettelmönch, Darmstadt 2003.

Leppin, Volker und Schiewer, Hans J. (Hg.): Meister-Eckhart-Jahrbuch 1 (2007).

Libera, Alain de: La mystique rhénane. D'Albert le Grand à maître Eckhart, Paris ^{2}1994.

Manstetten, Reiner: Esse Deus. Meister Eckharts christologische Versöhnung von Philosophie und Religion und ihre Ursprünge in der Tradition des Albendlandes, Friburg 1993.

McCord Adams, Marilyn (Hg.): The Philosophical Theology of John Duns Scotus, Ithaca/ N. Y. 1990.

McGinn, Bernard: The mystical Thought of Meister Eckhart. The man from whom God hid nothing, New York 2001.

Mieth, Dietmar: Die Einheit von vita activa und vita contemplativa in den deutschen Predigten und Traktaten Meister Eckharts und bei Johannes Tauler. Untersuchungen zur Struktur des christlichen Lebens, Regensburg 1969 (Studien zur Geschichte der katholischen Moraltheologie 15).

Mieth, Dietmar: Meister Eckhart. Mystik und Lebenskunst, Düsseldorf 2004.

Miethke, Jürgern: Ockhams Weg zur Sozialphilosophie, Berlin 1969.

Miethke, Jürgern: De potestate papae. Die päpstliche Amtskompetenz im Widerstreit der politischen Theorie von Thomas von Aquin bis Wilhelm von Ockham, Tübingen 2000 (SuR. NF 16).

Mojsisch, Burkhard: Meister Eckhart. Analogie, Univozität und Einheit, Hamburg 1983.

Müller, Sigrid: Handeln in einer kontingenten Welt. Zu Begriff und Bedeutung der rechten Vernenft (recta ratio) bei Wilhelm von Ockham, Tübingen/Basel 2000 (Tübinger Studien zu Theologie und Philosophie 18).

Pannenberg, Wolfhart: Die Prädestinationslehre des Duns Scotus im Zusammenhang der scholastischen Lehrentwicklung, Göttingen 1954 (Forschungen zur Kirchen- und Dogmengeschichte 4).

Panzig, Eric: Gelâzenheit und Abegescheidengeit. Eine Einführung in das theologische Denken des Meister Eckhart, Leipzig 2005.

Rub, Kurt: Meister Eckhart. Theologe, Prediger, Mystiker, München [2]1989.

Schröcker, Hubertus: Das Verhältnis der Allmacht Gottes zum Kontradiktionsprinzip nach Wilhelm von Ockham, Berlin 2003 (VGI 49).

Spade, Paul Vincent: The Cambridge Companion to Ockham, Cambridge 1999.

Speer, Andreas und Wegener, Lydia (Hg.): Meister Eckhart in Erfurt, Berlin/New York 2005 (MM32).

Sturlese, Loris: Meister Eckhart. Ein Porträt, Regensburg 1994.

Tachau, Katherine H.: Vision and Certitude in the Age of Ockham. Optics, Epistemology and the foundation of semantics 1250-1345, Leiden 1988 (STGMA 22).

Vossenkuhl, Wilhelm und Schönberger, Rolf (Hg.): Die Gegenwart Ockhams, Weingeim 1990.

Wetter, Friedrich: Die Trinitätslehre des Johannes Duns Scotus, Münster 1967 (BGPhMA 41, 5).

Williams, Thomas (Hg.): The Cambridge Companion to Duns Scotus, Cambridge 2003.

Zum Brunn, Émilie u. a.: Maître Eckhart á Paris. Une critique médiévale de l'ontothéologie. Les Questions parisiennes n^0 1 et n^0 2 d'Eckhart. Études, textes et traductions, Paris 1984 (Bibliothèque de l'école des hautes études. Section des sciences religieuses 86).

제5장

Aertsen Jan A. und Pickavé, Martin (Hg.): „Herbst des Mittelalters"? Fragen zur Bewertung des 14. und 15. Jahrhunderts, Berlin/ New York 2004 (MM 31).

Benrath, Gustav Adolf: Wyclifs Bibelkommentar, Berlin 1966.

Blumenberg, Hans: Säkularisierung und Selbstbehauptung. Erweiterte und überarbeitete Neuausgabe von „Die Legitimität der Neuzeit“, erster und zweiter Teil, Frankfurt ^{3}1985.

Bolliger, Daniel: Infiniti Contemplatio. Grundzüge der Scotus- und Scotismusrezeption im Werk Huldrych Zwinglis. Mit ausführlicher Edition bisher unpublizierter Annotationes Zwinglis (SHCT 107).

Boor, Friedrich de: Wyclifs Simoniebegriff. Die theologischen und kirchenpolitischen Grundlagen der Kirchenkritik John Wyclifs, Halle 1970 (Arbeiten zur Kirchengeschichte und Religionswissenschaft 3).

Brown, D. Catherine: Pastor and Laity in the Theology of Jean Gerson, Cambridge u. a. 1987.

Burger, Christoph: Aedificatio, Fructus, Utilitas. Johannes Gerson als Professor der Theologie und Kanzler der Universität Paris, Tübingen 1986 (BHTh 70).

Burrows, Mark S.: Jean Gerson and De consolatione theologiae (1418). The consolation of a biblical and reforming theology for a disordered age, Tübingen 1991 (BHTh 78).

Courtenay, William J.: Adam Wodeham. An Introduction to His Life and Writings, Leiden 1978.

Dahm, Albert: Die Soteriologie des Nikolaus von Kues von den Anfängen seiner Verkündigung bis zum Jahre 1445. Ihre Entwicklung von seinen frühen Predigten bis zum Jahre 1445, Münster 1997 (BGPhMA.NF 48)

Daly, Lowrie J.: The Political Theory of John Wyclif. The moral binding power of civil law, Chicago 1962.

Dolnikowski, Edith Wilks: Thomas Bradwardine. A view of time and a vision of eternity in fourteenth century thought, Leiden u. a. 1995 (SHCT 65).

Ernst, Wilhelm: Gott und Mensch am Vorabend der Reformation. Eine Untersuchung zur Moralphilosophie und-theologie bei Gabriel Biel. Leipzig 1972 (Erfurter Theologische Studien 28).

Evans, Gillian R.: John Wyclif. Myth and reality, Oxford 2005.

Fiorentino, Francesco: Gregorio da Rimini. Contingenza, futuro e scienza nel pensiero tardomedievale, Rom 2004.

Flasch, kurt: Nikolaus Cusanus, München 2001.

Flasch, Kurt: Nikolaus von kues. Geschichte einer Entwicklung. Vorlesungen zur Einführung in siene Philosophie, Frankfurt/M. 1998.

Frost, Stefanie: Nikolaus von Kues und Meister Eckhart. Rezeption im Spiegel der Marginalien zum Opus tripartitum Meister Eckharts, Münster 2006 (BGPhMA.NF 69).

Fumagalli Beonio Brocchieri, Mariateresa und Simonetta, Stefano: John Wyclif. Logica, politica, teologia, Tavarnuzze 2003 (Millenio medievale 37).

Gestrich, Helmut und Kremer, Klaus (Hg.): 600 Jahre Nikolaus von Kues. 1401-2001, Trier 2003.

Gössmann, Elisabeth: Antiqui und Moderni im Mittelalter. Eine geschichtliche Standortbestimmung, Paderborn 1974 (VGI. NF 23).

Grosse, Sven: Heilsungewißheit und Scrupulositas im späten Mittelalter. Studien zu Johannes Gerson und Gattungen der Frömmigkeitstheologie seiner Zeit, Tübingen 1994 (BHTh 85).

Hamm, Berndt: Frömmigkeitstheologie am Anfang des 16. Jahrhunderts. Studien zu Johammes von Paltz und seinem Umkreis, Tübingen 1982 (BHTh 65).

Hamm, Berndt: Was ist Frömmigkeitstheologie? Überlegungen zum 14. bis 16. Jahrhundert, in: Hans-Jörg Nieden u. Marcel Nieden (Hg.), Praxis pietatis. FS Wolfgang Sommer, Stuttgart 1999, 9-45.

Haubst, Rudolf: Streifzüge in die cusanische Theologie, Münster 1991.

Hilsch, Peter: Johannes Hus,Prediger Gottes und Ketzer, Regensburg 1999.

Hudson, Anne (Hg.): From Ockham to Wyclif, Oxford 1987 (Studies in Church History. Subsidia 5).

Izbicki, Thomas M. (Hg.): Nicholas of Cusa and his Age. Intellect and spirituality, Leiden 2002 (SHCT 105).

Kaluza, Zenon: Nicolaus d'Autrecourt, in: Histoire littéraire de la France 42, fasc. 1, Paris 1995.

Kandler, Karl-Hermann: Nikolaus von Kues. Denker zwischen Mittelalter und Neuzeit, Göttingen 1995.

Kenny, Anthony (Hg.): Wyclif in His Times, Oxford 1986.

Kenny, Anthony: Wyclif, Oxford u. a. 1985.

Köpf, Ulrich und Lorenz, Sönke (Hg.): Gabriel Biel und die Brüder vom gemeinsamen Leben. Beiträge aus Anlaß des 500. Todestages des Tübinger Theologen, Stuttgart 1998 (Contubernium 48).

Krieger, Gerhard: Subjekt und Metaphysik. Die Metaphysik des johannes Buridan. Münster 2003 (BGPhMA. NF 65).

Kristeller, Paul Oskar: Humanismus und Renaissance. 2 Bde., München 1974-1976.

Kristeller, Paul Oskar: Die Philosopie des Marsilio Ficino, Frankfurt/ M. 1972.

Lauster, Jörg: Die Erlösungslehre Marsilio Ficinos. Theologiegeschichtliche Aspekte des Renaissanceplatonismus, Berlin u. a. 1998 (Arbeiten zur Kirchengeschichte 69).

Leff, Gordon: Gregory of Rimini. Tradition and Innovation in Fourteenth Century Thought, Manchester 1961.

Leff, Gordon: Bradwardine and the Pelagians. A Study of His „De causa Dei" and Its Opponents, Cambridge 1957.

Lentzen-Deis, Wolfgang: Den Glauben Christi teilen. Theologie und Verkündigung bei Nikolaus von Kues, Stuttgart u.a. 1991(Praktische Theologie heute 2).

Levy, Ian C.: John Wyclif. Scriptural Logic, Real Presence and the Parameters of Orthodoxy, Milwaukee 2003.

Levy, Ian C. (Hg.): A Companion to John Wyclif. Late medieval theologian, Leiden 2006.

McGrath, Alister E.: The Anti-Pelagian Structure of „Nominalist" Doctrines of Justification, in: Ephemerides theologicae Lovanienses 57 (1981), 107-119.

McGuire, Brian Patrick (Hg.): A Companion to Jean Gerson, Leiden 2006.

Metz, Detlef: Gabriel Biel und die Mystik. Stuttgart 2001 (Contubernium 55).

Meuthen, Erich: Nikolaus von Kues, Münster ^{7}1992.

Michael, Bernd: Johannes Buridan. Studien zu seinem Leben, seinen Werken und zur Rezeption seiner Theorien im Europa des späten Mittelalters. 2 Bde., Diss. Berlin 1985.

Molnár, Amadeo: Jan Hus, témoin de la vérité, Paris 1978.

Oberman, Heiko Augustinus (Hg.): Gregor von Rimini. Werk und Wirkung bis zur Reformation, Berlin/ New York 1981 (SuR 20).

Oberman, Heiko Augustinus und James, Frank A. (Hg.): Via Augustini. Augustine in the Later Middle Ages, Renaissance and Reformation. FSDamasus Trapp, Leiden 1991 (SMRT 48).

Oberman, Heiko Augustinus: Der Herbst der mittelalterlichen Theologie, Zürich 1965 (Spätscholastik und Reformation 1).

Oberman, Heiko Augustinus: Werden und Wertung der Reformation. Vom Wegestreit zum Glaubenskampf, Tübingen ^{3}1989 (Spätscholastik und Reformation 2).

Oberman, Heiko Augustinus: Archbishop Thomas Bradwardine. A Fourteenth-Century Augustinian. A Study of his Theology and its Historical Context, Utrecht 1958.

Ouy, Gilbert: Gerson bilingue. Les deux rédactions, latine et francaise, de quelques oeuvres du chancelier parisien, Paris 1998.

Posthumus Meyjes, Guillaume H. M.: Jean Gerson - Apostle of Unity. His church politics and ecclesiology, Leiden 1999 (SHCT 94).

Ritter, Gerhard: Studien zur Spätscholastik. 3 Bde., Heidelberg 1921-1927.

Roth, Ulli: Suchende Vernunft. Der Glaubensbegriff des Nicolaus Cusanus, Münster 2000 (BGPhMA.NF 55).

Saak, Eric Leeland: High Way to Heaven. The Augustinian Platform between Reform and Reformation 1292-1524, Leiden u. a. 2002 (SMRT 89).

Santos Noya, Manuel: Die Sünden- und Gnadenlehre des Gregor von Rimini, Frankfurt/M. u. a. 1990.

Schüssler, Hermann: Der Primat der heiligen Schrift als theologisches und kianonistisches Problem im Spätmittelalter, Wiesbaden 1977 (VIEG 86).

Seibt, Ferdinand (Hg.): Jan Hus. Zwischen Zeiten, Völkern, Konfessionen, München 1997 (Veröffentlichungen des Collegium Carolimun 85).

Spinka, Matthew: John Hus' Concept of the Church, Princeton 1966.

Spinka, Matthew: John Hus. A Biography, Princeton 1968.

Stallmach, Josef: Ineinsfall der Gegensätze und Weisheit des Nichtwissens. Grundzüge der Philosophie des Nikolaus von Kues, Münster 1989.

Thurner, Martin: Gott als das offenbare Geheimnis nach Nikolaus von Kues, Berlin 2001 (VGI 45).

Thurner, Martin(Hg.): Nicolaus Cusanus zwischen Deutschland und Italien. Beiträge eines Symposiums in der Villa Vigoni, Berlin 2002 (VGI 48).

Vannier, Marie-Anne (Hg.): La naissance de Dieu dans l'âme chez Eckhart et Nicolas de Cues, Paris 2006.

Vooght, Paul de: L'hérésie de Jean Huss. 2 Bde., Louvain 21975 (Bibliothéque de la Revue d'histoire ecclésiastique 34.35).

Weier, Reinhold: Das Thema vom verborgenen Gott von Nikolaus von Kues qu Luther, Münster 1967 (Buchreihe der Cusanus-Gesellschaft 2).

Werner, Ernst: Jan Hus. Welt und Umwelt eines Prager Frühreformators, Weimar 1991.

Wilks, Michael: Wyclif. Political Ideas and Practice, Oxford 2000.

Zimmermann, Albert (Hg.): Antiqui und Moderni. Traditionsbewußtsein und Fortschrittsbewußtsein im späten Mettelalter, Berlin/New York 1974 (MM 9).

도입

중세 신학사와 개신교신학

'중세'라는 용어는 이미 그 이름으로 인해 개념 자체가 중세 이전과 중세 이후에 따라 입장을 취했다는 것을 보여준다. 특히 중세는 고대에 대한 새로운 인문주의적 이해였는데 고대의 이상적 시기 이후 인문주의 이전까지 지나온 세월인 중간기(medium aevum)로 간주되었고, 그것은 인문주의자들과 황금의 천년을 거치면서 이루어진 표준적 모형들과의 구분이었다. 이에 따라 중세에 대한 일반적 이해가 이루어질 수 있다. 즉 고대의 종극과 근대의 시작 사이의 시간을 말하는 것이다. 그러나 그에 상응해서 발생하는 문제는 중세의 출발점이 애매하다는 것이다. 또한 우리가 고대 혹은 고대의 종극을 어떻게 이해하고 근대의 시작과 근대의 고유한 시간을 어디에 둘 것인지에 관한 일 역시 애매하다는 것이다. 과거의 것과의 구분은 실제로 스콜라신학과 스콜라철학과 관련이 있는데 그 실례는 로테르담의 에라스무스(Erasmus von Rotterdam)의 짤막한 비난조 어투에 잘 나타나 있다:

> "이 같은 괴변은 셀 수 없이 많은 스콜라주의자들의 길을 훨씬 더 날카롭게 첨예화 시킨다. 우리는 실재론자들, 유명론자들, 토마스주의자들, 알베르투스주의자들, 오캄주의자들, 스코투스주의자들의 미로보다 더 빠르게 스콜라주의자의 미궁 속에서 발견될 테고 그들 모두는 아니더라도 그들 일부는 상당히 잘 알려진 사람들이다."[1]

종교개혁자들은 중세의 학문적 신학으로부터 벗어나려는 과정에 참여했고, 그 과정을 여전히 첨예화시켰다. 뚜렷하게 인식될 수 있는 최초의 개혁은 비텐베르크 대학에서 시작되었고 직접적으로 학문적 신학에 연관되어 있었다.

> "우리의 신학과 아우구스티누스는 하나님의 도움으로 진보를 훌륭하게 이루어 나갈 것이고 우리의 대학을 지배할 것이다. 아리스토텔레스는 점점 하강하여 영원히 몰락할 것이다. 놀라운 사실은 명제집에 관한 강의가 거부되어 어떠한 사람

---

1) Laus stultitiae; Erasmus von Rotterdam, Ausgew hlte Schriften. 8 Bde. Lat.-dt. Bd. 2, Darmstadt 1975, 132-134: "Iam has subtilissimas subtilitattes subtilores etiam reddunt tot scholasticorum viae, ut citius e labyrinthis temet explice, quam ex involucris Realium, Nominalium, Thomistarum, Albertistarum, Occanistarum, Scotistarum, et nondum omnes dixi, sed praecipuas dumtaxat."

도 수강자를 고대할 수 없을 것이고, 수강자들은 이 같은 신학에 관해서 읽지 않고, 다만 성서에 관해서, 아우구스티누스의 서적들에 관해서 혹은 교회의 권위를 가르치는 또 다른 선생들의 서적들에 관해서만 읽으려고 할 것이다. 안녕히 계십시오! 그리고 저를 위해 기도해주십시오!"[2)]

그래서 루터는 1517년 3월 수도회 형제인 요한네스 랑(Johannes Lang)에게 기쁜 마음으로 편지를 썼고, 몇 달 후 9월 4일에 중세 신학적 아리스토텔레스주의를 포함하고 있는 스콜라신학과 논쟁을 해야만 했다. 이 같은 자기 구분은 오랜 기간 동안 개신교의 측면에서 중세신학에 관한 부정적인 견해를 심어주었을 뿐만 아니라 더 폭넓게는 오늘날에도 영향을 미치고 있다.

종교개혁적 역사서술의 최초의 노력과 관련하여 이미 마티아스 플라키우스 일리리쿠스(Mathias Flacius Illyricus, † 1520-1575)에게 드러나지만 적지 않은 이해의 차이를 발견할 수 있다. 수집된 필사본들에서 볼 수 있듯 그는 중세에 정통한 전문가였으나 중세는 그에게 있어서 신학적으로 적그리스도의 통치시대였다. 얼마 되지 않는 대응세력들만 이 같은 전체의 어두운 그림(Gesamtbild)을 벗어나려 애를 썼을 뿐이고 진리의 증인들(testes veritatis)은 벌써 적그리스도에 맞서 싸우면서 얼마간 종교개혁적 입장을 선취했다. 따라서 우리는 특수한 경우에서만, 바로 그럴 경우 종교개혁의 전(全)역사의 지평에서 고유한 입장에 중세적인 것의 진가를 인정할 수 있었다. 이것은 굳이 전체적으로 그 시기의 본질적인 이해와 관련시키지 않고서도 개신교주의 내부에서 몇몇 중세의 저자들인 클레르보 베른하르트(Bernhard von Clairvaux) 혹은 요한네스 타울러(Johannes Tauler)와 같은 신비주의자들을 적용시킬 수 있는 길을 열었다. 그들은 정통 개혁주의와 경건주의에 자극제를 제공한 신비주의자들이었다. "종교개혁 이전 개혁자들"[3)]이라는 진술과 더불어 칼 울만(Carl Ullmann)이 종교개혁과 전적으로 다른 시대 속에서 종교개혁 전(全)단계를 시발점으

2) WA.B 1,99,8-13 (Nr. 41): "Theologia nostra et S. Augustinus prospere procedunt et regnant in nostra universitate Deo operante. Aristoteles descendit paulatim inclinatus ad ruinam prope futuram semipiternam. Mire fastidiuntur lectiones sententiariae, nec est, ut quis sibi auditores sperare possit, nisi theologiam hanc, id est bibliam aut S. Augustinum aliumve eccleasticae autoritatis doctorem velit profiteri. Vale et ora pro me."

3) Carl Ullmann, Reformatoren vor der Reformation. 2 Bde., Hamburg 1841-42.

로 삼아 20세기 연구에 있어 영향력 있는 그림을 만들었을 때 그 같은 역사적 이해는 19세기까지 가장 영향력 있는 일반적인 견해들 중 하나였다.

하이코 오버만(Heiko A. Obermann)과 또 다른 학자들의 연구는 20세기 60년대 이후에야 비로소 개신교 측에서의 새로운 연구 가능성을 열었다. 그때 중세와 종교개혁과의 관계를 묻는 질문은 쉽게 생각할 수 있는 이유로 지속되었으나 이 같은 질문과 더불어 상황은 울만의 견해와는 사뭇 다르게 바뀌었다. 이때의 변화란 직능적·유비적 해석의 형태에서 통시적, 공시적으로 진행된 해석의 형태로 변경을 말하는 것이었다. "종교개혁 이전 개혁자들"이라는 구상이 함의적이든 해설적이든 신학적 체계로 인해 종교개혁 신학과 유비적 관계를 드러내고 있는 개별 인물들을 살피려 했을 때 공시적인 관점에서 발전 과정을 고려했던 근원적인 질문이 중요했다. 말하자면, 이것은 유사성에 관한 질문에서 의존성에 관한 질문이 되었고, 규범적인 질문 방향에서 역사·기술적인 질문이 되었다. 이것 역시 "종교개혁 이전 개혁자들"이라는 개념과 더불어 이루어진 모든 평가에 따르면 결국 울만과 그의 계승자들의 경우와 마찬가지로 서로 다른 사유의 형태들은 원칙상 일반적인 종교개혁 형태를 보다 더 협소하게 실현한 것으로 평가되었을 뿐만 아니라 보다 더 오랜 발전 과정에서 시기적절한 변화로 설명될 수 있었다는 것을 의미한다.

플라키우스(Flacius)의 원격작용에서뿐만 아니라 울만과 그의 계승자들의 경우도 마찬가지로 종교개혁과 관련될 수 있는 중세 신학 대변자들을 그 시기의 대척자(Antipoden)로 생각할 것이 아니라 그들을 공시적으로(synchron) 이 시기에 편입시켰다는 것이 시기적절성과 깊은 관련을 가지고 있기에 '시기적절성'(Zeitgem keit)은 여기서 중요한 문제이다. 즉 오버만이 특별하게 관심을 가졌던 리미니의 그레고리(Gregor von Rimini, † 1300-1358) 혹은 토마스 브라드워딘(Thomas Bradwardine, † 1349)과 같은 인물이 그들이다. 그도 그럴 것이 이들은 루터나 아우구스티누스와 대단히 유사한 은총론적 표현을 드러내고 있고 그것을 넘어서 그레고리(Gregor)로부터 오늘날 대단히 논쟁을 일으키고 있는 학문적인 발달 과정을 루터에게 논리적으로 연결시키고 있기 때문이다. 이 두 사람은 어쨌든 14세기 신학을 대표할 만한 사람들이며, 그들의 조건에서 옥캄의 신학과 철학이 증대되어 수용된 것을 설명될 수 있고, 그들의 상호관계 속에서 근본적인 위치를 지니고 있다.

그런데 우리는 중세의 역사 연구를 일차적으로 실행했다. 그 연구는 개신교의 연구 방향을 의도적으로 숨겨두려했던 것이 아니라 일정하게 미리 규정된 것 없이 중세신학을 연구하려 했다는 것이다. 그리고 이러한 작업이 중세 연구의 대화를 위한 개신교 연구의 특별한 공헌일 수 있다는 것은 대략 보여준 듯하다. 로마·가톨릭 신학의 중세연구(Medi vistik)가 역사적 자료들에서 검증되고 발전된 근본 신학적, 교리적, 윤리적 관점에 따라 입장을 취했던 반면에, 중세의 신학적인 연구 역시 개신교 영역에서든 신조학(Konfessionskunde)의 영역에서든 에큐메니칼 신학의 영역에서든 조직신학적 과제였다. 그러나 여기서는 교회사 영역만을 다룰 것이며, 일반적 연구방향이 아닌 역사·기술적인 연구방향에서 주로 다루려 한다.[4] 비록 개신교 연구자들이 그들 자신의 정체성을 인정하고 머물러있다 하더라도 중세신학이 개신교 신학을 위해 표준이 되었던 것이 아니라 반대로 규범신학의 발전을 위해 부정적인 배경이 되었다는 것 자체는 역사적인 정확한 이해가 부정적인 입장의 규범화로 말미암은 부담을 벗어난다 해도 신학적 체계와 역사적 정리의 앞선 규범적인 이해를 파악하도록 하는 자유를 제공할 것이다. 어쨌든 적합한 개념화를 시도하는 일은 얼마나 강력하게 신앙고백의 특징이 중세와 친숙한 관계를 유지하는데 제한적으로 머무르고 있는지를 보여준다. 놀랍게도 이것은 성찬식에 사용되었던 개념들에서 잘 드러나 있는데, 성만찬을 개신교 전통에선 저녁만찬(Abendmahl)으로, 로마-가톨릭의 전통에선 성체성사(Euharistie)로, 그리고 교회 일치를 추구하는 데서는 주의 만찬(Herrenmahl)으로 표기한다. 또한 '주의 만찬'과 '성체성사'라는 개념이 기본 개념(Quellenbegriffe)이기에 그것은 다음 세대에선 포기해 버릴 수 있는 적절치 않은 신앙고백적인 제한일 수도 있고, 그런 까닭에 우리는 앞서 언급했던 세 가지 모든 개념들을 사용되었던 진술로 이용할 수 있을 것이다.

그러나 그와 관련하여 중세신학의 자료에 적절히 접근하여 파악하려는 노력은 관심을 가진 역사가들의 놀이터(Spielwiese) 이상의 것이어야만 한다. 또 다른 것과 낯선 것의 앎 역시 우리의 확신을 넘어서는 식견을 열어주는 한 곧바로 신학적 대화를 위한 공헌일

4) 중세신학에 대한 교회 역사적 접근방법과 조직적-신학적 접근 방법 사이의 관계규정에 대해서는 다음 참조하라: Volker Leppin, Vom Umgang mit Geschichte. Fragen eines Kirchenhistorikers an Bardo Weiβ, in: AV 3(2006), 151-164.

수 있다고 생각할 바로 그때야 비로소 그것은 하나의 진정한 신학적 과제일 수 있다. 중세 신학 이해는 신학적 반성의 공간을 열어주었고, 중세신학과 분리해서 종교개혁적 신학을 행한 것처럼 그 공간은 신 인식과 인간 구원에 공헌한 바로 그 방식에 따라 자체적으로 인정해 줄 수 있다. 중세신학은 로마-가톨릭 신학에서도, 개신교 신학에서도 오늘날의 사유로는 또 다른 전제조건들에서 출발하는 신학적 사유의 가능성을 제시해준다. 그러나 오늘날 신학이 하나님에 관한 인간의 모든 진술이 불충분하다는 것을 신학적 겸손 안에서 자각한다면 개신교 신학은 언어적 기호로 부연 설명을 할 수 있을 것이다. 우리가 근대의 고유한 사상의 지평을 넘어 올바르고 정확하게 생각되었던 것을 원칙적으로 제외시키지 않는다면 중세는 신학적 사유의 시대로 유익하게 평가받을 수 있게 되고 그 시대는 그 고유한 입장을 상대화하고 아마도 전자의 입장 혹은 후자의 입장에서 평가될 것이다. 중세 연구는 오늘날의 신학이해를 위해 대단히 중요한 공시적인 교회일치운동의 대화를 이끌어 줄 어느 정도의 통시적인 실현이다. 양측이 건전한 자의식을 융통성 없이 관찰의지 속으로 빠뜨리지 않고 기독교 세계관에 특별한 공헌을 제공해야만 하는 상호 파트너로 인정한다면 이것은 비로소 올바르게 진행되어 중세연구는 지평 확장과 더불어 사상의 복잡성을 고려한 사유의 장이 될 것이다.

개신교 신학으로서는 매번 쉽게 접근할 수 없는 중세신학에 들어 있는 고차원의 철학적 사유로 인해 복잡함에 빠지게 될 것이다. '기독교 철학'에 대한 로마-가톨릭적 구상은 이 같은 밀접한 관계성에 의미를 부여하려 시도한다. 비록 우리가 명증적 태도를 취하고 있는 구상을 일반적으로 따르지 않기를 원한다고 하더라도 그것 역시 오늘날 여전히 다양하게 철학적 질문들을 통해서 이루어진 신학적 중세 연구를 고려한 가장 중요한 과제들에 속하는데, 그 과제들은 신학보다 철학의 근대적인 우위를 중세로 되돌려 놓으려는 것이 아니라 중세사상가들의 진정한 신학적 관심을 유도하는 일이다.

그것 역시 중세사상을 이해하려는 오늘날의 시도가 고전적인 교리사에서 폭넓게 독립해야만 한다는 것을 의미한다. 근대 교리사 기술은 18세기 계몽주의의 발전 덕택이었고, 교리의 자기반성의 한 형태였다. 그것이 후대에 지속적으로 영향을 미친 결과는 시간을 초월하여 가치 있는 기독교 진리들의 주장들과 반대로 기독교 학습과정의 역사성을 제시해 왔고, 그 결과 교리의 학문체계를 사라지도록 하지는 않았으나, 그것을 대단히 상대화시킨 것으로 여겨졌다. 또한 신학이 자체적으로 교리사를 신학의 한 분야로 가진 이후 신학은 그 가르침들이 역사적 발생과정에서 일어났다는 것을 알게 된다. 그렇게 발생되고 특히 19세기 광범위한 계획들로 진행된 교리사는 배경들을 비판적으로 해설하려는 기독교 교리의 제한적인 존속에 관해 현재 최종적인 질문 정도에 따라서 그 발생 범위조차도 실용적인 방법에 남아 있을 뿐이다. 그런데 기독교 교리가 수세기를 거치면서 이 같은 질문들에 대해서 대답해야 했음에도 전혀 언급되지 않았다. 또한 유사한 대답들이 종종 수세기 동안 서로 다른 입장들을 근대 신학에서 나온 상위개념 아래 두려고 했다는 사실 역시 올바르게 언급되지 않았다. 만일 기독교의 근대적, 신앙 고백적으로 방향 잡힌 이해에서 발전되었던 중세의 갈등들이 대립들과 범주들의 편에서 분석되고, 또한 우리가 로마가톨릭주의, 루터주의 혹은 칼빈주의를 제한적인 중세 입장들 안에서 우선 반복적으로 생각한다면 중세의 성만찬론을 다루는데서 반복적으로 발생한 것과 유사한 일들은 더욱 심하게 일어날 것이다.

그 같은 방식은 역사적인 사건을 올바르게 평가하지 못하도록 하기 때문에 연구되고 설명된 진술들을 그 역사적 맥락에 둠으로써 결과적으로 극복되어야 한다. 이는 전통 정신사와 역사적으로 제공된 텍스트들에 관한, 오늘날까지 체계적으로 진행된 해석들을 행하듯 이것 역시 신학사 홀로 정신적 발전에서 벗어나 있는 플롯을 더 이상 재구성할 수 있는 것이 아니다. 그 사상을 그 시대에 편입시켜서, 말하자면 교회사 전반에 삽입시켜서 이해할 수 있다는 것을 말해주는 것이다. 따라서 바로 이 책은 “단일연구의 교회사” 시리즈에서 적절한 위치를 찾았고, 비록 르네상스 신학과 철학의 대변자들, 즉 쿠사누스의 니콜라우스(Nikolaus von Kues, 1401-1464)와 같은 사람들이 15세기에 속한다 하더라도 그들은 전체 구상에 따라 다른 책에서 다루어지도록 한 것이다(II/2).

그와 관련된 요구를 올바로 평가하는데 발자취를 찾아가는 일은 다음 연구의 과제가 될 것이고, 중세신학의 많은 부분은 외견상 조롱받았던 에펠탑과 같은 특징에도 불구하고 중세신학이 사회의 일부라는 사실은 그 흔적들에서 알게 될 것이며, 사회 속에서 생각되고 표현되며 진술되었다. 신학과 동떨어져 있는 현실과 관련하여 신학의 일차적 진술을 행하는 것은 개별적인 입장들에서만 도달할 수 있다. 그러나 적어도 어떠한 면에서 일반적인 사회현실과 신학과의 연결이 이루어지고 있다. 특히 이 일은 저자들의 편에서 이루어진다. 신학자들은 그들의 전기 단지 부분적으로 우리에게 알려진 를 가진 사람들이고, 그것은 그들과 중세의 삶의 현실과 연계시켜 준다. 중세신학자들이 신학을 훈련받은 방법은 그것을 사회제도의 테두리 속에서 행한 것과 깊은 관계를 가지고 있다. 사회적인 제도들은 카롤링거왕조든, 수준 높은 중세의 성당학교든, 중세 말엽의 대학이든 혹은 설교단이든 선택적일 것이다. 이 모두는 진술 방식과 그 사회에 관한 저자의 입장도 바꾸어 놓는다. 그리고 최종적으로는 신학까지도 바꾸어 버린다. 이러한 방법론적인 근본 입장이 이 책의 목차를 구성했고, 이 책에서는 중세사상가들을 일반적으로 당시의 사회적 위치에서 탐구하고 설명하고자 했다. 그렇게 해야 중세사상을 보다 더 예리하게 살펴볼 수 있을 뿐만 아니라 종교적 운동으로 진행되었던 희망이 가시화될 것이다. 또한 그들이 수세기를 거쳐 그 당시보다 앞서서 행한 신론에 관해서 대답하려는 기독교적인 노력의 일부라는 사실을 인식하게 될 것이다. 사유의 움직임은 그 경우 대립각을 이루는데, 대표적으로 11세기와 12세기 수도원신학과 스콜라신학 사이의 대립이다. 그러나 이 역시 일련의 발전을 보여주고 있으며, 그 발전은 수도원 제도에서 이루어진 지식의 연대성으로부터 대학 발생에 이르기까지 신학을 주도하며, 평신도를 식견에 따라, 또한 상황들에 따라 저자를 생산해 내기도 했다. 이 같은 발전은 연구의 실용적 한계인 1500년과 함께 끝나는 것이 아니라 종교개혁과 계몽주의 안에서 평신도들의 책임의 성장에도 더 폭넓게 이어지고 있다. 이로써 중세가 지나가버리고 동떨어진 시기로 생각되지 않을 뿐만 아니라 여전히 오늘날의 신학 사상을 규정하고 있는 근본적인 문제들에 관여했던 시대로 여긴다면 이 연구는 이미 그 목적에 충분히 도달한 것이라 생각된다.

제1장

초기 중세 전통의 보존과 전통을 넘어서는 과정: 주교들, 수도사들 그리고 카롤링거 왕조

A 고대 후기와 중세 사이의 오랜 변화

통상적으로 고대와 중세 - 대단히 폭넓게 - 의 경계를 민족 대이동의 시기로 설정해야만 한다면 우리는 "고대 세계의 해체"[1]를 곧바로 중세의 출발점으로 선택해야만 할 것이다. 이로써 투르의 그레고리(Gregor von Tours, ca 538-594)가 적절히 논점으로 제기했던 교육 전통에 대한 한 가지 문제가 직접적으로 제공되었다.

> "갈리아 지방에서 훌륭한 학문들을 위한 진흥책이 점차 쇠락하고, 소위 몰락으로 이해되었기에 일상적으로 일어났던 것들은 산문이나 운문들로 표현해보려는 뛰어난 문법가의 수사학에서 찾아볼 수 없었다. 그러나 많은 것, 즉 악과 선은 일어났고, 그것은 이교도들의 야만성과 맞물려 있었으며, 왕들의 분노가 커지게 되었고, 잘못된 신앙인들로 인해 교회들은 공격을 받기도 했지만 정통 신앙인들에 의해서 보호를 받았다. 그리스도에 대한 신앙은 많은 사람들 안에서 빛났으나 적지 않은 사람들에게서는 식어 가기도 했으며, 경건한 자들은 성지들을 풍요롭게 장식했으나 무신론자들은 그것을 약탈했다. 그래서 몇몇 사람들은 반복해서 그것의 부족함을 탄식하면서 말했다. 학문의 진흥책이 우리들에게 서서히 쇠락하게 되었고 우리 시대에 일어났던 일을 민중들 중 누구도 양피지에 기록할 수 있는 자가 없다는 사실이 슬프도다!"[2]

고귀한 로마 원로원 가문의 후예인 그레고리가 지적했던 전통의 단절 문제는 고대로부터 중세로의 변화를 위한 중요한 교육사적인 문제이다. '민족 대이동'은 고대 교육의

---

1) WAB 1,99,8-13 (Nr. 41): "Theologia nostra et S. Augustinus prospere procedunt et regnant in nostra universitate Deo operante. Aristoteles descendit paulatim inclinatus ad ruinam prope futuram semipiternam. Mire fastidiuntur lectiones sententiariae, nec est, ut quis sibi auditores sperare possit, nisi theologiam hanc, id est bibliam aut S. Augustinum aliumve eccleasticae autoritatis doctorem velit profiteri. Vale et ora pro me."

2) WAB 1,99,8-13 (Nr. 41): "Theologia nostra et S. Augustinus prospere procedunt et regnant in nostra universitate Deo operante. Aristoteles descendit paulatim inclinatus ad ruinam prope futuram semipiternam. Mire fastidiuntur lectiones sententiariae, nec est, ut quis sibi auditores sperare possit, nisi theologiam hanc, id est bibliam aut S. Augustinum aliumve eccleasticae autoritatis doctorem velit profiteri. Vale et ora pro me."

보존을 위해 전수된 학교제도들의 기능을 광범위하게 마비시켰고, 새로운 제도들은 겨우 흔적 정도 발견될 뿐이었으나 그 외에 또 다른 시도들도 있었다. 529년 베이숑(Vaison)의 공의회가 교회 사제들을 위해 학교를 설립하도록 추천했을 때 교육 프로그램은 명확하게 종교적 관심사에 제한되어 있었다. 이것은 일반적으로 성서와 성인전들을 독서하는 일이었다. 그래서 중세 정신사의 일부는 크든 적든 또 다른 문화 속으로의 여행을 통해 만날 수 있는 고대 유산들에 대한 재발견의 역사이기도 하다. 즉 그 상당 부분은 12세기 경 아리스토텔레스 전집들 혹은 15세기 플라톤 작품들이 차지하고 있다. 중세 세계가 엄청난 도태과정을 통해 사라지게 되었을 때 중세 세계는 고대 교육 전통에 대해 어느 정도 의미를 지니고 있었다. 단지 얼마 되지 않은 기능적인 제도들은 고대에서 중세로 그 같은 문화적 변천에 있어 적절했다. 고대로부터 중세까지 계속된 외적인 실존 외에도 문자로의 보존 역시 그 변천에 중요했을 것이다. 기독교 제국과 함께 발생되었고 상당히 온전하게 보존되어 있는 이 같은 제도들은 주교들과 수도사들에게 있어서 근본적으로 변화에 적절했다.

주교들의 권력 투쟁 과정들 속에서 도시 통치의 고유한 형태들이 형성되었다는 사실, 즉 로마제국의 붕괴와 더불어 그들에게 예속된 권리가 감소된 것으로 생각했던 가문들에게 주교의 지위는 대단히 매력적이었다. 그 시기에 폭넓게 퍼져있는 무지한 통치자들의 실례들에서 볼 수 있듯 비록 이 같은 임무가 원칙적으로 설교단에 위임되었을지라도 이와 관련된 행정기관의 임무는 이미 외부적인 요인들에 의해 문자로 정확하게 보존되어 유지되었다. 그럼에도 뛰어난 주교들 특히 세빌라의 이시도르(Isiodor von Sevilla, ca 560-636) - 는 그들 각각이 그 시기의 중요한 교육 담당자였음이 드러난다.

수도원들은 문자화의 일반적인 몰락 시기에 문자화의 얼마 남지 않은 장소가 될 수 있었다. 그 근본적 이유는 그들의 영적인 문제들에 대한 보다 더 근접한 관심 때문이었다. 성서 독서 혹은 요한네스 카시안(Johannes Cassian, ca 430/5)의 수도원에서처럼 그에 의해 편찬된『교부들의 대화집』(Collationes patrum)의 독서에 있어서는 그것이 의무화되었던 곳에서 적어도 얼마 되지 않은 범위 내에서라도 텍스트의 현존이 불가피했다. 물론 수사들의 본질 자체는 중세 초 많은 변화들에 예속되었고 누르시아의 베네딕트(Benedikt von Nursia, ca 480-547년 이후) 이후 계속적으로 이상적인 발전상의 의미에 적절하다.[3) 『스승의 규칙서』(Regula Magistri)를 모범으로 하여 베네딕트에 의해 저술된 규칙서가 중요하게 되었는데, 그것은 카롤링거 왕조의 부산물이다. 중세 초기 동안 수많은 혼합형 규칙서들을 거론할 수 있으나 그것들의 기원은 베네딕트가 아닌 중세 초 아일랜드·스코틀랜드의 선교 이후 아일랜드의 수도원과 지엽적인 전통들과 요구들을 충족하려는 데서 이루어졌다. 수도원이 특히 그들의 영적인 목적에 부합했고 그 목적과 더불어 문자화를 의무화했는지는 결코 명확하지 않았다.

그래서 우리는 투르의 그레고리에 의해 저술된 전통의 단절을 대표적으로 늙고 죽어간 사회 엘리트들 중 어떤 대변자의 사라진 진술로 전혀 생각할 수 없다. 부식될 수 있는 재료들에 기록해 두었던 고대 텍스트들이 사라져 버렸을 것이라고 추측하는 것은 중세 초 동안 일반적인 일이었다. 주교 위치와 수도원은 그것들을 보존할 수 있는 기회를 제공했으나 여기서 또한 내용상 여과되면서 훨씬 더 빈약하게 된 가느다란 바늘귀와 같았다. 그것들은 기독교적인 상황에서 필요로 한 것들만 전해져 내려왔다. 그러므로 사상적으로 중세에 계속해 이어졌던 고대는 이미 기독교적 재해석을 통해서 진행되었고, 그 재해석은 새로운 세계상과 더불어 적합하지 않은 것처럼 보이는 것들을 잘라 없앴다. 고대 교육의 몰락에 대해서 개탄한 증인으로 위에서 언급되었던 투르의 그레고리 역시 다음과 같이 진술했다.

> "그러므로 우리에게 필요한 것은 하나님의 교회를 설립하고 완전한 신앙 인식을 향한 단순한 감정들의 거룩한 입증에 있어 두려워한 것을 기술하고 말하는 것을 따르는 것이다. 말하자면 우리는 속기 쉬운 우화들을 기억으로 가져올 수 없고, 또한 우리는 주님의 결정으로 인해 영원한 죽음의 심판에 속하지 않기 위해선 하나님에게 적대적인 철학의 지혜를 따르지 않는 것이다."[4)]

---

3) Vgl. KiE I/5,98 f.

4) WAB 1,99,8-13 (Nr. 41) : "Theologia nostra et S. Augustinus prospere procedunt et regnant in nostra universitate Deo operante. Aristoteles descendit paulatim inclinatus ad ruinam prope futuram semipiternam. Mire fastidiuntur lectiones sententiariae, nec est, ut quis sibi auditores sperare possit, nisi theologiam hanc, id est bibliam aut S. Augustinum aliumve eccleasticae autoritatis doctorem velit profiteri. Vale et ora pro me."

이 같은 상황은 중세의 교육이 사회적 교구사제들과 수사들에 의해서 제공되었던 - 으로든 내용상으로든 처음부터 기독교 교육으로만 생각될 수 있었고 실현될 수 있도록 만들었다.

B 고대 후기 전통들과 그것들의 기독교화

1. 학문에 대한 고대 교육규범

자유 7과목(septem artes liberales)의 교육 구상은 전례된 요소들에 속했거나 혹은 보다 더 적절히 말해선 완성미이다. 처음에 키케로(Cicero)에게서 만날 수 있는 개념은 자유로운 로마인들의 경이로운 숙련미를 다루려고 했던 것과 깊은 관련성이 있었다. '아홉 분야의 책들'(Disciplinarum libri novem)이라는 이름을 통해서 알 수 있듯이 바로(Varro, 기원전 116-27)의 최초로 전해진 종합적 설명은 그것과 관련된 지식의 전승을 위해 중요하지 않다. 문법, 수사학 그리고 변증법을 제외하고도 기하학, 지리학, 천문학, 음악, 의학, 건축 등이 있다. 오히려 중세 후기 7과목들에 온전한 집중 - 의학과 건축 없이 언급된 것들 - 을 중요한 완성으로 파악했고 마르티아누스 카펠라(Martianus Capella)의 알레고리적 교과서인『연금술과 문헌학의 혼인』(De nuptiis Mercurii et Philologiae)에서 학예과목들의 들러리로 연금술과 문헌학이 나타나 중요하게 되었다. 대략 한 세기 이후 보에티우스(Boethius, ca 480-524)는 수학B. 자연과학 분야들에 대한 개념인 '네 과목'(Quadrivium) - 기하학, 지리학, 천문학, 음악 - 을 형성했고, 세빌라의 주교인 이시도르는 최종적으로 '세 과목'(Trivium) - 문법, 수사학, 변증법 - 을 통합했다.

그러므로 이 같은 고대 교육 프로그램의 최종적인 체계화는 기독교적 상황에서 비로소 발생했다. 이것은 기독교적으로 받아질 수 있었던 것을 전제로 했다. 비록 이 같은 프로그램 속에『음악에 관하여』(De musica)란 저서가 보존되어 있음에도 불구하고 이에 대해서 아우구스티누스가 계획한 학과목들(artes)의 백과사전적 모음집을 저술했던 사실은 매우 의미있는 일이다.[5] 카시오도르(Cassiodor, ca 485 - ca 588)가 정치에서 은퇴한 후 자신의 농가에 설립했던 수도원 비바리움(Vivarium)을 위해 '제도집'(Institutiones)이라는 제목 아래

5) Retractationes I, 1 c. 5, 6; CSEL 36,27,12-28,7.

2부로 구성된 교과서를 집필했다는 것은 내용적으로 보다 더 풍성하게 한 것이고, 그것들 중 하나는 성서연구(divinae litterae), 또 다른 하나는 세속문헌(saeculares litterae), 즉 학과목의 프로그램에 헌정되었다. 그것과 더불어 영적인 지식과 세속적인 지식을 아주 밀접하게 상호 연결하려고 했던 계획을 실행했다. 동시에 카시오도르의 수도원은 수도원제도가 중세의 중요한 교육을 담당하도록 했던 시발지들 중 하나였음을 말해주었다. 비록 비바리움 자체가 아마도 설립자의 죽음 이후에도 몇 년 간 존속했을지라도 중요한 분할 장소들 중 하나는 고대 교육 유산을 중세에 전달하기 위해 존재할 뿐이다. 그것은 카시오도르 작품 필사본과 그것들과 관련된 중세 작품들의 비교적 빈번한 인용에서 찾아볼 수 있다. 당연히 우리도 카시오도르와 그의 수도원을 분리해서 보아서는 안된다. 마찬가지로 남쪽 갈리아 지방에서 시간적으로 보다 이른 시기에 어떤 것이 시작될 수 있다는 것은 중요한 가치를 지녔다. 프랑크족의 공격으로부터 도망친 북쪽 갈리아 지역 출신 귀족들은 소위 "피난민들의 수도원"[6]으로 몰려들어 고대 교육 발전에 기여했다. 마실리아(Massilia)와 요한네스 카시안의 수도원과 똑같이 그들 중에서 레리눔(Rerinum)이 출현했다. 콜롬반(Columban d. J., ca 543-615/6) 이후 아일랜드와 스코틀랜드 선교와 더불어 그렇게 형성된 수도원들도 중앙 유럽 지역에 자리를 잡았고, 그때 8세기 초 보덴제(Bodensee) 근처에 설립된 성 갈리아 수도원은 모범적인 곳이 되었다.

이미 언급된 세빌라의 이시도르는 고대 교육과 중세교육 사이의 그 같은 출입구였음을 설명해주었던 것은 수도원들이 유일한 것이 아님을 보여준다. 폭넓게 고대 후기의 세속적 지식과 영적인 지식을 수집했고 어원학적 개념분석을 통해서 이루려고 시도했던 그의 특별한 어원론(Etymologiae)은 후세대들에게 정의에 관련되는 규정들의 보고가 되었다. 동시에 그것들은 지식에 대해 체계적으로 접근하는 일보다 오히려 부분적으로 모아서 접근하는 일에 속하는 것이었다. 그것들이 폭넓게 확장되었다는 사실은 영국의 수사인 베다 베네라빌리스(Beda Venerabilis, ca 672-735)가 어원론을 알고 있었다는 사실에서 드러나며, 베다는 그의 주요 저작인『영국인들의 교회역사』(Historia ecclesiastica gentis Anglorum) 외에도 학과목의 학사 프로그램을 위한 많은 교과서들을 저술했고, 그 외에도

6) F. Prinz, Frühes Möchtum im Frankenreich, München/Wien 1965.

고대의 완성을 연대기 작품들에서 성육신 이후 기독교 달력에 적용했다.

2. 신플라톤 전통

중세의 사상적인 상황은 단지 간접적으로 그리고 대부분 이미 기독교화된 형식에 따라 변화된 채 플라톤을 중세에 전달했다는 것을 통해서만 근본적으로 이해가 가능하다. 12세기까지 티마이오스의 일부만이 오리지널 텍트스로 전해지고 있었고, 중세 사람들은 가장 중요한 신플라톤주의 철학자인 플로티누스(Plotin)를 실제적으로는 전혀 알지 못했다. 중세 동안 신플라톤 사상의 중요한 전승자들은 아우구스틴 포르피리오스(Augustin Porphyrios, 234-305이전)를 제외하고도 프로클로스(Proklos, 421-485)와 특히 디오니시우스 아레오파기타(Dionysius Areopagita)가 있다.

포르피리우스는 중세에 아리스토텔레스 철학과 플라톤 철학 사이에 근본적인 갈등을 일으켰던 문제 제기를 전해주려 했던 것보다 오히려 중세 동안 고유한 신플라톤적 구상으로 인해 그다지 많은 관심을 받지 않았다. 보에티우스가 라틴어로 번역했던 아리스토텔레스의 범주론 '서론'(Isagoge)에서 포르피리우스 아리스토텔레스의 폭넓은 작품인 Topik I,4 - 6에 의존하여 는 주어와 서술어가 나온 간단한 문장들의 가능한 진술내용을 체계화했던 아리스토텔레스의 범주들의 그룹에 따라 대략적으로 공간 혹은 시간, 논리적 개념들을 정리했다. 문자적으로 진술될 수 있는 질료들을 다루는데, 여기에는 범주론에서처럼 어떤 문장이 어떠한 질문에 답할 수 있는 지가 아니라 문장의 주어가 어떠한 방식으로 서술어를 서술할 수 있는지를 다루고 있다. 또한 그때 보편개념(universalia)으로 정리되었던 다섯 개의 서술어들은 속(genus), 종(species), 구분(differentia), 고유성(proprium)과 우유성(accidens)으로 구성되어 있다. 그러나 이와 같은 보편개념의 존재가치에 관한 문제 제기 또한 동시적으로 이루어지게 되었다. 말하자면 '인간'이라는 종의 실례에서 표현했을 때 플라톤적-신플라톤적 입장에서 자체적으로 인간성이 있는지 혹은 아리스토텔레스의 의미에서 지성을 파악할 수 있는 작업을 통해서 전체적인 보편 개념에 의해 정돈되었던 수많은 인간들만 있는지에 관한 문제였다. 중세에 항상 반복적으로 이루어졌던 '보편논쟁'의 문제는 이 같은 문제 제기와 함께 발생했다.

특히 13세기와 14세기 도미니크 수도원에서 신플라톤주의의 독창적인 저술가로 활동한 프로클로스는 비교적 폭넓은 전승으로 이루어질 수 있었던 르네상스를 경험했다. 하지만 그의 작품 안에 흔적들을 지니고 있었던 고대 후기 저자 디오니시우스를 바탕으로 하여 발달시켰던 활동은 보다 더 주목할 만한 일이었으며, 사도행전 17장 34절에 나타난 파울의 아레오바고 언급을 통해서 그의 개종을 알았던 그리스 사람 디오니시우스와 그를 전통적으로 동일시했다. 이 같은 증명이 정확하지 않을 수 있다는 사실은『디오니시우스 전집』(Corpus Dionysiacum)에 포함된 작품들 -『천상위계론』(De caelesti hierarchia),『교회위계론』(De ecclesiastica hierarchia),『신명론』(De divinis nominibus) 그리고『신비신학』(De mystica theologia) - 이 프로클로스의 체계를 전제한다는 것을 통해서 입증되었고, 5세기 말 이전에 저술되었을 것이라고 추측하기는 확실히 어렵게 되었다. 아마도 이 작품들은 그리 오래되지 않아서 저술되었을 것이다. 왜냐하면 그것들은 최초로 안디옥의 세베루스(Severus von Antiochien, † 538)에게서 518/528년경 언급되고 있기 때문이다.

디오니시우스는 신플라톤 사상에 아주 강력한 뿌리를 박고 있었기 때문에 경우에 따라 이교도적으로, 비기독교적으로 분류되기도 하는, 기독교에서 역사적으로 이용하기 쉽지 않은 기본개념을 전제로 하고 있다. 왜냐하면 저자는 문헌적인 암시를 통해서 대단히 명확하게 기독교 전통 범주의 일부로 인식하고 있음을 제시해주고 있기 때문이다. 물론 그는 그의 작품에서 폭넓게 신플라톤 견해들을 받아들였고 확장, 발전시켰다. 특히 위격 이전의 일자로서 하나님에 관한 그의 설명은 신플라톤주의에 고정되어 있다. 하나님은 바로 일자이기에 하나님은 구분되는 개념적인 언어로 적절하게 파악될 수 없다. 하나님은 "극도로 빛나는 어두움"(ὑπέρψωτος γνόψος)이다.

이 같은 하나님 규정은 어떻게 하나님에 관한 일반적인 진술이 가능한지에 관한 질문을 던진다. 디오니시우스는 그 질문에 대한 대답을 위해 다시금 신플라톤적 구분인 부정 진술과 상징 진술, 긍정 진술과 부정 진술 사이의 구분을 따른다. 부정 진술은 결국 하나님에 관한 인간의 언어적인 한계를 만나도록 한다. 왜냐하면 인간에 의해 붙여진 하나님 자체에 관한 다양한 모든 명칭들이 일자를 제시하는 정도에 따라 그것들이 얼마나 불충분한지를 제시해주기 때문이다. 명칭들의 언어적인 구분이 명칭들을 다른 것으로 생각한 반면에, 그것들은 사물의 영역에서만 이와 같은 것을, 마찬가지로 하나님을 제시해주어야만 한다. 다양성으로 인해 일자를 표기하는 어려움을 고려해서 부정의 길(via negationis), 부정의 진술이 제시되고 있다.

> "훨씬 더 상승해서 우리는 영혼도 영도 모든 근원자가 아니라고 말한다. 우린 그것에 관해서 상상력, 의미, 이성 혹은 사유로 진술할 수도 없고 그것을 이성과 사유와 동일선상에 둘 수도 없으며 그것을 진술할 수도 생각할 수도 없다. 그것은 숫자도 순서도 큰 것도 작은 것도 유사성도 비유사성도 아니고 닮음도 닮지 않음도 아니다. 그것은 확고한 자리도 없고 움직이지도 않으며 정지해 있지도 않는다. ... 그것은 모든 규정, 명명과 인식으로부터 벗어나 있다."[7] 개념들이 하나님을 긍정적으로 이해할 수 없다면 그것들은 물론 부정적인 진술형태로만 가능할 수 있다. 하지만 발현의 길(via eminentiae)만큼 적게 상승형태의 개념들(초월의 자산)을 하나님에 관한 전형적인 이해로 이끌 수 있다.

이 같은 이해는 또한 전혀 의도되어서도 안 되고 의도될 수도 없다. 왜냐하면 하나님 자체는 모든 구체화에 앞서 있기 때문이다. 그래서 하나님에 관한 유일하고 적절한 접근은 신플라톤주의에 기대어 생각되는 존재의 단계를 통해서 개념적인 것들과 이성을 넘어서 이루어지는 직접적인 관계만으로 이루어져야 한다. 존재의 단계는 한편으로는 사람과 하나님 사이에 서있고, 다른 한편으로는 사람과 하나님과 관계를 맺게 해준다. 이러한 계급구조는 전례를 집례하는 세 가지 직분 - 성직자, 사제, 주교 - 에 반영된 삼분법으로 항상 반복해서 분류되어 있다. 마찬가지로 하나님과의 관계를 향한 길은 정화(purificatio)와 조명(illuminatio)을 거쳐 연합(unio)으로 인도되는 세 가지 길이다. 이로써 디오니시우스의 사상은 신비적으로 인식될 수 있고, 동방에서뿐만 아니라 요한네스 스코투스 에리우게나

7) WAB 1,99,8-13 (Nr. 41): "Theologia nostra et S. Augustinus prospere procedunt et regnant in nostra universitate Deo operante. Aristoteles descendit paulatim inclinatus ad ruinam prope futuram semipiternam. Mire fastidiuntur lectiones sententiariae, nec est, ut quis sibi auditores sperare possit, nisi theologiam hanc, id est bibliam aut S. Augustinum aliumve eccleasticae autoritatis doctorem velit profiteri. Vale et ora pro me."

(Johannes Scotus Eriugena, ca 810 - ca 880)를 통해 라틴어로 번역된 서방에서도 폭넓은 기독교 신비주의를 대단히 심도 있게 만들었던, 지속적인 본보기가 되었다. 서방에서는 작품들의 저자가 모험적인 질문, 모든 연대기적 질문을 무시하는 날조된 진술을 통해서 3세기에 파리의 순교자 디오니시우스와 동일시되었고 이 같은 조합을 통해 그는 - 프랑스 역사에서 왕들의 무덤 지역으로 대단히 중요한 - 파리 근교 성 데니스 수도원의 수호성인이 되었다. 이러한 사실은 아우구스티누스의 권위에 뒤쳐지지 않는 권위를 그에게 제공해주었다. 그리고 그와 더불어 중세에 신플라톤주의가 아우구스티누스에게서보다 훨씬 순수한 형태로 전수되었고, 그는 그 스스로 열중했던 다양한 사유형태들 중 하나의 형태를 소개했다.

3. 아리스토텔레스 전통

중세의 정신사에서 중요한 인물은 보에티우스(Boethius, ca 480 - 524)였다. 보에티우스는 저명한 로마가문 출신으로 510년부터 테오드리히 대제(Theoderich des Groβen) 치세 동안 지도자로 활동을 하면서 고대 로마 사회에서 민족대이동으로의 변천과정을 특별한 방식으로 상징화했던 인물이었다. 하지만 그에게 522년 높은 지위의 공직을 부여했던 동고트족 통치자의 총애는 그리 오래가지 않았다. 보에티우스는 반란 혐의를 받게 되었고 524년에 교수형을 당했다. 상당한 의미를 지니지만 특별히 기독교적인 인상을 부여하지 못한 주요 작품『철학의 위안에 관하여』(De consolatione Philosophiae)는 그의 옥중생활 동안 쓰여졌다.

그의 아리스토텔레스 작품들 번역은 훨씬 더 훌륭한 성과물이었다. 그럼에도 보에티우스는 결코 순수한 아리스토텔레스주의자는 아니었다. 오히려 그는 본래 플라톤과 아리스토텔레스의 전 작품들을 라틴어로 번역하는 계획을 실행코자 노력했다. 그러나 그는 매우 경미하게 까다로운 계획을 완수했으며, 번역작업은 아리스토텔레스의 논리학의 일부인『기관들』(organons)에서, 그리고 위에서 언급했듯이 포르피리오스의『서설』(Isagoge)에서 이루어졌다. 그럼으로써 결정적인 진보가 이루어졌다. 이때부터 아리스토텔레스는 특히 논리학자로 알려지게 되었고, 이는 또한 세기를 거치면서 부분적으로 그리고 간접적으로 알려졌다. 12세기까지 논리학 이해에 영향을 끼쳤던 '고대 논리학'(Logica Vetus)은 아리스토텔레스의 범주론에 관한 저술들과『해석에 관하여』(De interpretatione)라는 작품, 포르피리오스의『서설』과 보에티우스의 논리학 저술들을 포함했다. 12세기가 되어서야 비로소 아리스토텔레스의 분석론, 그의『논제』(Topik), 그리고 괴변적인 반박이 덧붙여졌다. 그러므로 그 작품들은 아리스토텔레스적 학문 개념을 설립했고 논쟁을 발생시켰다. 따라서 아리스토텔레스는 수세기를 거치면서 단지 극소수의 흔적들로만 알려졌다. 그러나 보에티우스 덕택에 그는 어쨌든 알려졌고, 그의 논리학은 중세 초 학습 과정을 만들어냈다.

C 카롤링거 르네상스의 교육 동인

민족적인 대그룹들이 이동했을 뿐만 아니라 특히 새롭게 설립했던 소위 민족의 대이동을 통해서 뚜렷하게 되었던 전통 단절에 따른 새로운 국면으로 신학에서는 고대의 학문성을 공유해야 한다는 요구가 제기되었다. 이것이 카롤링거 왕조 르네상스의 결과이다.[8] 이러한 요구는 적절하고 근본적인 고대 이상으로의 회귀를 의미하는 것으로, 모든 삶의 영역의 교정에 대한 요구에 따라 문화에 영향을 미쳤다. 특히 그 요구는 문화적으로 일치되었는데, 즉 모든 카롤링거 왕조에서 필사의 형태로 퍼져있었던 카롤링거 소문자의 외적 특징과 일치되었다. 또한 신학에 대한 응답을 받아들였고 신학을 촉진시켰던 초창기에는 수도원 제도 혹은 주교제도를 고려하지 않을 수 있다는 것과 관련되어 있었다. 오히려 칼 대제의 궁정학교가 주도했고 - 잘못 이해된 개념으로 어떤 고정된 교육기관이 아니라 - 또한 그가 전 유럽에서 초빙하고 교류하여 상호 고무시켰던 박식한 자들의 그룹이 있었다. 그들 중 중심인물은 요크(York) 출신이자 영국의 문화에 관해서 박식했던 알퀸(Alkuin)이었고, 그런 문화가 베다(Beda Vernerabilis)와 같은 사상가를 탄생시킬 수 있었다. 알퀸은 특별히 독창적인 사상가는 아니었지만 궁정에서 그의 위치를 통해서 대단히 실용적으로 활동할 수 있었을 것으로 여겨진다. 그가 신적인 진리의 해명을 위한 수단으로 세

8) Vgl. KiE I/7.

속적인 지식의 7단계를 서술한 동시에, 이를 순수한 세속적인 지혜의 전제로 이루었던 세 과목에 도입한 것은 매우 의미 있는 일이다. 고대의 유산인 철학과 기독교제국은 서로 조화롭게 연결되어 있었다. 이 같은 계획은 “거룩하고 나뉠 수 없는 삼위일체 믿음에 관하여”(De fide santae et individuae Trinitatis)라는 작품의 표현에서 찾을 수 있으나, 이 작품은 삼위일체론을 해명하기 위해 아리스토텔레스의 범주론을 이용하도록 하는 요구를 결코 해결하지는 못했다. 왜냐하면 이는 포괄적인 면에서 아우구스티누스의 문자적인 재진술에 국한되어 있었기 때문이다. 그럼에도 800년경의 신학을 위한 새로운 출발의 표현으로서 이 작품은 고대의 신학 논쟁에 참여했던 파트너로 있었다는 것, 특히 그것을 전승해 줄 뿐만 아니라 그것 자체를 형성했다는 데 뚜렷한 의미를 갖고 있다. 보편적인 기독교 진리는 고대의 교리들과 신학들을 통해서 정해졌을 뿐만 아니라 당시의 고유한 상황에 따라 새롭게 해결되고 획득되어야만 한다.

신학에 대한 이 같은 새로운 노력은 칼 대제 통치 아래 있던 프랑스의 완전히 새로운 요구인데, 그것은 기독교 진리를 위한 책임을 위임받은 상황에 서 있고, 그 상황 - 스페인의 주교들을이 변호했던 새로운 양자론에 관한 논쟁을 제외하고라도 - 은 비잔틴과의 두 가지 상징적인 논쟁에서 드러나고 있다. 그것들은 필리오케 논쟁(Filioque)과 성상 논쟁이다. 필리오케 논쟁에서 칼 대제는 다양한 텍스트에 제시된 381년 니케아 - 콘스탄티노플 신조를 재교정하는 과정에서 아버지와 아들(filioque)로부터 성령의 발현이 설명되었던 이 같은 텍스트를 시행할 수 있도록 프랑스의 신학을 위해 변호를 했다.[9] 성산 논쟁에서 794년 프랑크푸르트 공의회는 의식적으로 787년 니케아 공의회의 결정에 반대 입장을 취했고, 이러한 입장은 미묘한 이해의 차이를 가진 전통적인 장소에서의 성상숭배를 진실한 예배와 구분해 공손한 숭배로 합법화했다. 프랑스의 국가공의회는 고대 에큐메니칼 공의회의 전통에 서 있어야하는 요구와 더불어 시행했던 공의회에 대해선 반대 입장을 취했던 것이다. 이로써 중부 유럽은 신학 지도에 위치하게 되었다.

9) KiE I/7, 96 f.

D 수도원 세계와 궁정학교 사이의 긴장 관계에 있어서의 신학

1. 성만찬('최초의 성만찬 논쟁')에서 실재론과 상징론에 관한 라트람누스(Ratramnus)와 라드베르투스(Radbertus) 간 논쟁

한편으로는 내용적으로 상당한 여정을 거치면서 아우구스티누스에 의해서 신플라톤적으로 채색된 고대 유산과, 또 다른 한편으로는 교육의 방법론적으로 예리한 아리스토텔레스의 논리학적 시행 사이에 놓여있던 지형은 반복적으로 새롭게 근본적으로, 그리고 에큐메니칼적인 연관성으로 신학을 숙고하도록 하는 요청이 발생되었던 이 같은 상황에서 두 가지 날카로운 논쟁으로 이끌었다. 이는 한편으로는 주의 만찬에 관한 논쟁이며, 다른 한편으로는 예정론에 관한 논쟁이다. 언급된 궁정학교는 신학을 위한 반성의 장소 및 판정의 장소로서 중요한 역할을 했다.

우리는 이 같은 논쟁들을 인식하려는 교리적 심사숙고로부터 고전적인 교리 설명 안에서 자유로워지기 위해 이 논쟁들을 명확하게 해야 할 필요가 있다. 이런 관점에서 카롤링거 왕조 시대의 이 같은 논쟁은 최초의 성만찬 논쟁으로 간주되며, 이어서 11세기 베렝가르(Berengar)와 더불어서 두 번째 성만찬 논쟁이 이루어졌고, 최종적으로 종교개혁 시대의 성만찬 논쟁에서 절정에 이르렀다. 성만찬에 관한 근본적인 질문들은 계속해서 있어왔고, 실제적으로 계속해서 반복되는 문제 상황들이 오히려 개념들을 발생시켰던 것은 이 같은 설명에 적절하며, 이는 오늘날 상위 개념 아래 교리적으로 되돌아보는 데서 파악될 수 있다. 하지만 바로 그때 잘못된 이해에 대한 두려움 또한 엄습할 것이다. 오늘날의 관점에서 통일된 상위 개념은 결과적으로 시간적 제약으로 인해 서로 다른 문제 상황을 숨겨둘 수 있으며, 수세기 동안 이루어진 성만찬 논쟁사의 구조는 그 개념적 정위를 통해서 비역사적이 될 수 있는 위험, 즉 구체적인 상황을 무시할 수 있는 위험에 처하게 될 것이다. 따라서 성만찬 문제에 있어서 상당한 부분들에 발생했던 후대 신앙고백적인 논쟁들의 투영으로 '최초의 성만찬 논쟁'은 항상 반복적으로 곧바로 사용되기도 했고 오용되기도 했다. 우리는 일반적으로 파스카시우스 라드베르투스(Paschasius Radbertus, † 895)를 실재론의 대변자로, 반대로 그의 반대자인 라트람누스(Ratramnus, † 870)를 성만찬의 상징적 의미 대표자로 생각하면서 루터와 츠빙글리의 충돌이 이미 몇 세기 전 그들에게서 나타났다고 볼 수 있다. 실제적으로 실재 임재와 상징설의 상대역은 그렇게 간단하게 분류될 수 없거니와 우리는 논쟁 파트너의 차별된 진술 의도도 쉽게 파악하기 힘들다. 이들 모두 그 상징적인 의미가 아우구스티누스를 통해 오래 전에 형성되었던 것처럼, 이들의 사상은 주의 만찬이 갖는 상징적인 의미에 의해 영향을 받게 되었다. 아우구스티누스는 주의 만찬을 위해 실재(res)와 표지(signum)로 구분을 시도했으며, 그것들의 관계를 차별해서 규정했다. 표지, 빵 그리고 포도주는 본질적인 실재, 즉 그리스도 안에서 구원을 제시했을 뿐만 아니라 이것을 또한 신앙인들에게 효과적으로 계속해서 전수했다. 그렇게 생각하는 것은 신플라톤적 상징적 이해의 배경 앞에서는 문제가 될 수 없을 뿐만 아니라 자명한 일이 된다. 따라서 상징성 혹은 임재의 선택은 전혀 제시되지 않고 있다.

물론 이 같은 신학적 반성 담론 외에 경건사에 보다 더 강력하게 귀속될 수 있는 담론도 있었다. 이러한 담론에는 성만찬 요소들에 나타나는 그리스도의 기적적인 현존의 강조가 핵심부에 자리 잡고 있었다. 이는 아우구스티누스의 스승인 암브로시우스(Ambrosius)에게서도 나타나지만, 대 그레고리(Gregor der Große)에게서, 특히 그의 이름으로 전승된 『대화집』(Dialogen)에서 발견된다.[10] 한편으로 이 같은 경건의 강도, 다른 한편으로 그것을 설명하고 명백히 하려는 어려움은 라트람누스-라드베르투스 논쟁 초창기부터 있었고 이 같은 논쟁을 이해하려는 적절한 시도로써 라틴어로 성만찬 사건을 표현하는 일이 논쟁 초창기부터 있었다. 이름인즉 파싸시우스와 동행했던, 좀메(Somme) 근처 코르비(Corbie) 수도원 수도원장인 라드베르투스 - 이것은 또한 고대에 대한 카롤링거 르네상스에 완성된 재고의 한 표현이다 - 는 베스트팔렌에 자매 수도원인 코르베이(Korvey)의 수도원 원장으로 있었던 그의 초창기 문하생인 바린(Warin)으로부터 성만찬론에 대한 설명을 요구 받는 엄청난 도전 앞에 서게 되었다. 이는 수사들을 위한 성육신 사건을 설명하는 일이거니와 선교지역에서 기독교 예배의식과 경건의 핵심부에 관해 외부로부터 이해될 수 있는 설명이다. 이러한 관심에서 831/833경 "주님의 몸과 피에 관하여"(De corpore et sanguine

10) 대화록에 관해서 아직도 반론을 결코 제기하지 못했던 그레고리의 저작성의 문제에 대해서는 다음을 보라! Francis Clark, The Pseudo-Gregorian Dialogues. 2 Bde., Leiden 1987(SHCT 38); ders., The "Gregorian" Dialogues and the Origins of Benedictine Monasticism, Leiden/Boston 2003 (SHCT108).

Domini)라는 저술이 나왔고, 그 작품은 주로 성만찬 사건의 이해를 위한 영적인 지침서와 기본서가 되었다. 라드베르투스가 그것을 843/844년경 다시금 수정 보완했고 대머리 칼(Karl der Kahle) 왕에게 헌정했을 때 이 논문 역시 이 같은 동일한 특징을 유지했다.

라드베르투스는 이 작품에서 교부로부터 전승된 가르침의 기초 위에 성만찬의 현상들에 대한 특별한 문안들(propria verba)을 찾아보려는 주목할 만한 시도를 명확하게 했다.[11] 성체의 요소들에 그리스도 육신의 실제적인 임재가 틀림없다는 것은 그를 찾지도 않은 종합적인 논증의 전제 조건이었고, 그는 이것을 하나님의 전능함으로 커다란 어려움 없이 설명할 수 있었다.[12] 그는 몸의 현존 양식에 대해 진술하는 것을 보다 더 어렵게 해버렸다. 육신은 마리아(Maria)가 낳았고, 십자가를 졌으며, 다시 부활하였던 것 이외에는 어떠한 것도 아니었을 것이다.[13] 그것은 자신의 견지에선 구원론적으로 변경할 수 없었다. 그는 실재에 따라 알렉산드리아의 아타나시우스의 사유 형태, 즉 사람이 하나님이 될 수 있기 위해선 하나님이 육신을 입으셨다는 것과 연관시킨다. 하지만 그는 이 같은 헬라 교부를 전혀 알고 있지 않았을 것이다. 그는 "성육한 말씀으로 하나님을 통해 육신이 하나님, 말씀보다 앞서기 위해 말씀이 육신이 되었고 우리 가운데 살았다."[14]는 견해에 따라 포이티어의 힐라리우스(Hilarius von Poitier, † 367/8)[15]의 사상을 수용했다. 그에 따르면 이는 실제적으로 살을 먹고 피를 마시는 것이 구원에 필수적이라는, 모든 각각의 사람들의 헌신의 의미에서 다루어졌다.[16] 다른 한편으로 그에게 있어서 그리스도 자신이 여기에 엮여 있었다고 소개하는 것은 전혀 불가능한 일인 것처럼 보였다.[17] 이러한 긴장은 그를 어려운 개념 규정으로 인도했다. 성만찬 사건은 동시에 - 신앙의 전제 조건 아래[18] - 완전한 실재성(veritas)과 드러나는 상징(figura)이어야 했고, 그는 이를 완전히 희미하거나 비실제적

---

11) CChr. CM 16,6,84-7,92.

12) CChr. CM 16,30.

13) CChr. CM 16,15,51f.

14) "Verbum caro factum est et habitavit in nobis, ut per Deum Verbum carne factum caro proficeret in Deum Verbum"(CChr. CM 16,19,154-156).

15) Hilarius von Poitiers, De Trinitate I. 11; SC 443,224,19-226,20.

16) CChr. CM 16,19,154-163.

17) CChr. CM 16,27,24.

18) CChr. CM 16,35,21-40.

인 현존 이상으로 다시금 명확하게 이해했다.[19] 실제적으로 빵과 포도주가 그리스도의 피와 살이 된다는 점에선 그 사건은 사실이지만 제의적인 실행[20]과 각각의 요소들[21]과 관련해서는 상징이다. 이는 단지 신비적 사건[22], 신앙으로 받아들여질 수 있는 비밀들[23]의 지평에서만 생각될 수 있다. 성만찬 사건의 개념적인 이해를 위한 노력은 여기서 한계에 부딪히게 되었고, 라드베르투스는 또한 이를 분명히 했다. 그에 의하면 이성(Ratio)과 인식(scientia)은 최종적으로 그리스도에 관한 믿음에 따라 정리될 수 있고 이는 정면으로 대치될 수 없다.[24]

이는 힘든 선교 지역 수사들의 경건을 위한 영적 지침서의 독특한 필적과 같았으며, 그리스도 현존의 가능성을 제시하고 제의적 절차를 설명하는 일은 수사들의 주요 질문이었다. 그러나 그것은 대단히 뛰어난 요한네스 스코투스 에리우게나(Johannes Scotus Eriugena)를 비롯한 다른 학자들에 의해 요구된 새로운 논증적인 표준과 일치하지는 않았다. 또한 흐라바누스 마우루스(Hrabanus Maurus, 783 - 856)가 참여했던 라드베르투스의 논제들에 대한 논쟁은 이미 소논문으로 출간된 이후 곧바로 시작되었고 대략 10년 후 또 다시 눈에 띄게 활활 타올랐다. 라드베르투스는 843년 성탄절 혹은 844년 부활절에 대머리 칼 왕에게 그 소논문의 수정보완판을 헌정했고, 그것은 몇 가지 성만찬의 기적 사건들에 관한 설명을 첨가시켜서 육신의 실재에 관한 강조를 위한 훨씬 더 강력한 화법을 제시했다. 이것이 왕의 설명 요청을 해결해주려 했던 것인지 이것보다 앞서서 이루어진 일이었는지는 명확하지가 않다. 그리고 라드베르투스가 아마도 그에게 불리한 해결책을 예방하려고 했는지조차도 명확하지 않다. 하여간 칼은 특히 이때 성만찬론에 대한 소논문을 질문들에 대해 설명하도록 주문했고, 그 질문들은 그에게 미해결인 채로 남아있었던 것처럼 보였다. 그리 얼마 되지 않아 반복되었다는 점에서 철저하게 또한 영적인 의미에서 왕의 시민들을 위해 책임을 지려는 중세 왕의 요구는 신학에 훌륭한 성과를 이루게 된다. 신학적 담론은

19) CChr. CM 16,29,46: "Non enim omnis figura umbra vel falsitas".
20) CChr. CM 16,28,36-42.
21) CChr. CM 16,66,15.
22) CChr. CM 16,28,23 f.
23) CChr. CM 16,21,32.
24) CChr. CM 16,30,91-31,95.

단지 학문적인 특징들과 관련되었던 것이 아니라 제국의 권력구조의 일부이고 궁정에 결정적인 동력원을 발견케 한다.

특별히 라트람누스에게 왕의 주문이 이루어졌다. 그는 코르비 수도원 수사였고, 842년 이후 수도원 원장은 라드베르투스였다. 실제적으로 분명한 의문은 라드베르투스의 수도원 원장직 퇴임 전 847년경 이루어졌었다면 라트람누스는 그의 수도원 원장을 신학적으로 평가해야만 했는가! 그 주문은 상징적인 진술에 따라 라트람누스가 주의 만찬에서 그리스도의 몸이 신비로이 혹은 실재로 경험하게 되는지[25]를 설명해야하는 일임을 의미했다. 파스카시우스가 라드베르투스와 함께 하려고 했던 것은 이미 문제 제기를 통해서 나누어졌고, 라트람누스 자신의 소논문은 라드베르투스의 소논문보다 훨씬 더 높은 일관성과 개념을 강조했으나, 확실히 왕의 질문에는 적절치 않았다. 왜냐하면 그는 처음부터 성만찬의 명칭을 '신비'(mysterium)로 확정했고, 게다가 문제된 입장, 즉 그리스도의 현존이 실재 안에 일어난다는 것으로 해석했다. 때문에 이로 인해 신비가 은폐되지 않고 신비로움의 실재성을 계속해서 유지하고 있음을 의미했다.[26] 그는 실재와는 반대로 곧바로 '주님의 몸과 살에 관하여'라고 제목이 붙여진 그의 소논문에서 상징을 통한 신비의 개념을 대치시켰다.[27] 그에 의하면 이 같은 구분 뒤에 다시금 실재와 상징과의 아우구스티누스적 구분, 즉 성만찬(sacramentum)이 있었다.[28] 왜냐하면 진리가 실재라는 의미로 이해된 채 실재의 숨김없고, 명백한 통보, 즉 그것들의 질료적인 인지로 간주되었기 때문에[29] 선택은 빠르게 결정되었다. 빵과 포도주의 외적인 속성들만이 인식적으로든 가시적으로든 명백하다. 그러나 그리스도는 바로 그때 진리 안에 현존할 수 있는 것이 아니라 단지 상징 안에만 현존할 수 있는 것이다. 라트람누스는 이것을 또한 주석적으로 제정보고에서 명확하게 했다. 이미 십자가의 죽음 이전 그리스도가 빵이 그의 몸이라고 설명했다면 그는 그것과 더불어 육신적인 몸과 실제로 동일한 것으로 생각할 수 없었고, 그것은 여전히 십

25) Ratramnus, De corp. V; ed. Bakhuizen 44,6 f.

26) Ratramnus, De corp. V; "sine cuiuscumque velatione" ; ed. Bakhuizen 44,8.

27) Ratramnus, De corp. VI; ed. Bakhuizen 44,14.

28) Ratramnus, De corp. XXXVI; ed. Bakhuizen 52,19 f.

29) Ratramnus, De corp.VIII; ed. Bakhuizen 44,23 f.

자가의 죽음에만 제한된다.[30)]

그런데 주의 만찬에서 그리스도의 몸과 피가 질료적으로 현존하지 않는다는 부정적인 대답은 라트람누스의 견해를 명확하게 파악한 것이 아니다. 왜냐하면 여전히 또 다른 개념 쌍 - 육과 영 - 은 진리 - 상징이라는 대립 쌍과 상응하기 때문이다. 그리고 영적으로, 믿음으로, 그리스도는 성만찬 안에 실제적으로 현존한다. 물론 라트람누스에 의하면 히브리서 11장 1절("믿음은 바라는 것의 실상이요 보지 못한 것들의 증거이니라")에 따라 어떠한 인식을 전제로 하지 않은 한 질료적인 현존의 의미에서 진리의 부재는 신비(mysterium)를 향한 신앙적인 관심의 실현이었다.[31)] 그와 반대로 라트람누스는 진정한 현존이라는 의미를 신앙에 요구된 복잡함의 단일성(veritatis simplicitas)[32)]으로 간주했다. 비록 아우구스티누스가 라트람누스에게 신플라톤적 사유 전제들을 전달해주었음에도 불구하고 그는 주로 신플라톤적인 사유 전제들을 시발점으로 하고 있는 영과 육의 대립을, 또한 몇 세기 이후 츠빙글리가 루터를 반론하려고 했던 성서 구절과 함께 강조했다. "살리는 것은 영이니 육은 무익하니라."(요6:63)[33)]

모든 육의 의미 혹은 몸의 의미에 대한 명확한 구분은 대단히 예리하다 하더라도 파스카시우스 라드베르투스와의 차이는 궁극적으론 단지 미세한 차이가 있을 뿐이다. 왜냐하면 라드베르투스 자신은 라트람누스가 그에 의해서 구상된 대립적인 견해로 이것을 종속시켜 버렸던 만큼 그렇게 살아있는 몸의 현존을 결코 주장하지 않았을 것이기 때문이다. 그런데 역으로 라트람누스에 의하면 영적인 현존의 의미가 그리스도의 임재를 주도적인 측면에서 강조하는 길이었다. "몸의 빵과 몸의 포도주의 피복 아래 그리스도의 영적인 몸과 육신의 피가 그곳에 현존하고"[34)], 특히 이것은 "불가시적 본질"[35)]에 따라 현존한다. 게다가 이 같은 맥락에서 라트람누스는 "실제로"(vere)[36)]라는 술어를 사용했으나 그것

30) Ratramnus, De corp.XXVIIIF; ed. Bakhuizen 50,12-29..

31) Ratramnus, De corp XI; ed. Bakhuizen 45,21-29.

32) Ratramnus, De corp XIV; ed. Bakhuizen 46,24.

33) Ratramnus, De corp XXXI; ed. Bakhuizen 51,7 f.

34) Ratramnus, De corp XVI; ed. Bakhuizen 47,8f.: "sub velamento corporeipanis corporeique vini sipituale corpus Christi spiritualisque sanquis existit.."

35) Ratramnus, De corp XLIX; ed. Bakhuizen 55,14: "secundum invisibilem substantiam"

36) Ratramnus, De corp XLIX; ed. Bakhuizen 55,14.

은 진리와는 다른 어떤 것을 의미해야 하고, 실재적 인식의 의미에서가 아니라 영적 임재의 실재성의 강조로 이해될 수 있다. 그러나 여기에서 이루어진 성만찬 요소들의 변화는 육적이 아니라 영적인 동시에 비유적으로 발생되었다.[37] 빵과 포도주의 육적인 현존, 그리고 몸과 피의 영적인 현존과의 분류와 상응해서 그것의 하나는 입에 받아들이고, 다른 하나는 신앙인들의 영(mens)[38], 특히 기념(memoria)의 형태로 받아들인다.[39] 라드베라투스가 또한 무시하려고 했던 그리스도 육신의 분쇄 사상은 후자에게서보다 훨씬 더 뚜렷하게 사변적인 것으로부터 벗어나 있었다. 라트람누스는 가능성, 즉 비유적인 의미가 그리스도의 진정한 몸일 뿐만 아니라 신비적인 몸에 관련되어야 하고 교회가 세상과 관련되어야 하기 때문에 곧바로 성만찬 요소들의 비유적인 의미가 그리스도와 그리스도인들과 관련하여 그것들에게 중요한 역할을 제공했다는 점을 서술했었다.[40] 라드베르투스의 소논문보다 훨씬 더 강력하게 추상적인 문제에 대해 사상적인 해결책을 겨냥하고 있었던 그의 소논문에서 하나의 부수적인 생각으로 여기서 영적인 실행이 인식되었다. 그 실행은 그리스도와 그의 교회 사이에 성만찬을 통하여 전달되는 내적인 관계를, 물질적인 임재로써 이해하여 더욱 명확하게 한 것이다.

그러나 물론 여기에서는 왕의 질문에 대한 대답이 중심에 있었다. 그리고 라트람누스의 기대는 그리스도 자체가 아버지의 우편에 앉아 있는 반면에[41], 세상에서 그리스도교가 마리아에 의해서 탄생된 그리스도의 몸의 형상(imago)과 함께 만족해야만 하는지[42]를 의미했다. 이로써 라드베르투스에 대한 모순은 명확하게 서술되었으나, 두 사람의 견해들을 그들의 의도에 따라 서로 구분된 강조점들의 대변자들보다 더 적게 근본적으로 정리할 수 있었다. 라드베르투스가 상징보다는 실재를 강조했다면 라드베르투스는 실재보다는 상징을 강조했다. 왕에 의하면 질료는 그것과 더불어 처리되었으나 그것은 왕의 차원 혹은 교회적인 차원에서 어떠한 결정으로도 나오지 않았다. 비로소 몇 세기 이후 이러한

37) Ratramnus, De corp XVI; ed. Bakhuizen 47,6 f.

38) Ratramnus, De corp XLIV; ed. Bakhuizen 54,22-26.

39) Ratramnus, De corp XCIX; ed. Bakhuizen 68,22.

40) Ratramnus, De corp XCVIII; ed. Bakhuizen 68,16 f.

41) Ratramnus, De corp XCIV; ed. Bakhuizen 67,6-8.

42) Ratramnus, De corp LXXXIX; ed. Bakhuizen 65,3-18.

논쟁과 관련한 입장 정리들이 뒤따랐다. 그러나 라트람누스와 관련된 베렝가르(Berengar)는 변경된 경건사적, 신학적 전반 상황에 따라 판정되었다. 실재 임재는 관철되었다.

2. 예정론 논쟁

예정론 논쟁은 작센의 수사 고트샬크(Gottschalk, ca 806 - ca 870)를 통해서 유발되었다. 그는 풀다(Fulda) 수도원의 흐라바누스 마우루스(Hrabanus Maurus)의 문하생으로 양육되었고 이미 이와 관련하여 수도원 원장과 한 가지 어려운 갈등에 빠져 있었다. 왜냐하면 그는 수도원을 떠나면서 부모로부터 유산들을 받아 내려는 소원을 가지고 있었기 때문이다. 그가 실제로 풀다를 떠난 이후 그는 다시금 오르바이스(Orbais)에 있는 수도원에 입회했다. 여기서 그는 아우구스티누스의 작품들을 명실상부 보다 더 집중적으로 연구했고 훈련된 논리학자 - 또한 그의 저술들은 문법적으로 보존되어 있고, 그것들은 그가 당시의 학문적인 모범에 힘쓰려했다는 것을 보여주는 것이다 - 로서 그의 가르침을 예정론(이것이 중세 초 인정을 축소하지 않고서도 이미 세빌라의 이시도르(Isidor von Sevilla)가 가르쳤던 것처럼[43]) 그것은 선한 자의 선택과 마찬가지로 악한 자의 형벌을 하나님의 행위로 기술했던 이중 예정론(genmina praedestinatio)이라는 것과 다르지 않은 것으로 이해할 수 있었다. 아우구스티누스를 그렇게 읽는 일은 가능했고 전적으로 일관된 일이었다. 그러나 그러한 이해의 전제조건들은 원죄로 말미암아 곤란하게 된 인간의 예상되고 빚을 진 운명이 형벌이고 선택이 기대치 않은 사건을 설명해주었던 아우구스티누스의 기본 명제들을 단지 만족스럽지 못하게 파악했을 뿐만 아니라 특히 악한 자에 대한 그의 개인적인 신플라톤 개념을 공유하지 않았고, 그는 이것을 선의 결핍으로 이해했고 그래서 형벌을 고유한 행동으로써가 아니라 긍정적 선택 행위의 부정적인 뒷면으로 진술해야만 했다. 이와 같은 견해들의 차이는 곧바로 고트샬크가 당시 사람을 통해서 이와 같은 새로운 세계상과 대비되었지만 명백히 그것과 더불어 제공된 문제들을 충분히 지배할 수 없었다는 것에서 드러난다. 대머리 칼 궁정학교의 주도적인 인물인 요한네스 스코투스 에리우게나(Johannes

---

43) Isidor von Sevilla, Sententiae VI; CChr. SL 111,103.

Scotus Eriugena)는 선의 결핍으로서 악에 관한 신플라톤적 이해를 기초로 해서 순수한 선이신 하나님이 전혀 악을 원할 수 없는 것으로 설명했다. 고트샬크의 예정론은 신플라톤적으로 생각되었기에 신 이해에 있어서 실패했다. 고트샬크는 신 이해에 관해 다루었던 문제를 인식했으나 그는 다시금 신플라톤적 사상 내에서 방어될 수 없었던 것이 아니라 예정의 이중 의미를 신의 의지의 일치로 변경시켜야만 했다.

> "그렇지만 선택된 자들이 자유롭게 되고 구원을 받게 되는 하나님의 자비와 형벌을 받게 되는 자가 적절하게 심판을 받게 되고 형벌을 받게 되는 진리를 위한 하나님의 예정은 이중 예정이다. 그러나 그것이 둘로 멀리 떨어져 있는 것이 적절하지 않은 것이 아니라 적절하기 때문에 그것은 이중 예정이 아니라 하나의 예정이다."[44]

이와 같은 일치는 또한 내재적 삼위일체의 배분을 통해서 의문되지 않은 것이 아니라 오히려 고트샬크는 "모든 삼위일체"(totius trinitatis)의 사역에 관해서 다루었던 것을 강조했다.[45] 그러므로 그는 하나님의 일치를 주장하기 원했으나 그럼에도 또한 외부로 향하는 하나님의 의지작용의 이중성을 주장하기 원했다.

그로 인해 특별히 하나님이 악을 원했는지에 관한 근본적인 질문은 예정의 이중적 특징에 관한 결정적인 질문과 똑같이 부족하게 답변되었다. 하나의 그러한 가르침은 경건과 반대에 서있었고, 그것에 대한 요인들은 아우구스티누스적 예정론으로부터 시작했고 신앙인들을 움직이고 그들에게 동기를 일으키는 일은 궁정학교를 중심으로 그룹화된 무리들의 관심이었다. 따라서 에리우게나 외에도 또한 흐라바누스 마우루스가 초기에 고트샬크를 대항하여 진행했던 것은 앞서 진행된 개인적 갈등에만 있었던 것이 아니었다. 마인츠(Mainz)의 대주교로 그는 고트샬크가 여기서 848년에 정죄 받고 독일 루드비히

---

44) WAB 1,99,8-13 (Nr. 41): "Theologia nostra et S. Augustinus prospere procedunt et regnant in nostra universitate Deo operante. Aristoteles descendit paulatim inclinatus ad ruinam prope futuram semipiternam. Mire fastidiuntur lectiones sententiariae, nec est, ut quis sibi auditores sperare possit, nisi theologiam hanc, id est bibliam aut S. Augustinum aliumve eccleasticae autoritatis doctorem velit profiteri. Vale et ora pro me."

45) De praed.; ed Lambot 340,14-17.

(Ludwig) 제국에서 추방되도록 하는데 역할을 했다. 그는 랑스의 힌크마르(Hinkmar von Reims, ca 806 - 882)의 수중에 위임되었고 그의 비호 아래 849년 쿠이에르츠(Quierzy)에서 마찬가지로 정죄 받고 수도원 감옥으로 보내졌다. 그때 순수하게 내부의 신학적인 논쟁 이상의 것에 관해서 다루었고, 그것이 신앙의 갱신에 대한 요구로 이루어졌다면 어떠한 사상적인 테두리 안에서 제국 교회가 움직여야만 했는가라는 질문에 관해서 다루었다. 이와 같은 질문의 의미는 별로 중요하지 않은 수사를 대항하여 두 개의 프랑크 제국의 중요한 목소리가 발생되었다는 것을 통해서 강조되었다.

3. 새로운 이성화 법칙에 대한 요구 앞에 선 수도원과 궁정학교 사이의 신학

내용적으로 그리고 방법론적으로 고찰해보자면 둘의 갈등은 한편으로는 이성적인 논증과 경험적인 논증의 올바른 정리를 위한 노력의 표현이고, 다른 한편으로는 권위적인 논증의 올바른 정리를 위한 노력의 표현이기도 하다. 고트샬크와 몇 가지 견지에서 라트람누스 또한 신학의 스타일을 변호했고 그는 신학의 대상으로 논리학의 도구의 정확한 이용에 영향을 미쳤다. 반면에, 라드베르투스는 완전히 전통으로 이어지는 사유방식을 대표했고 856년 논쟁의 결과로 쓰여진 서신에서 성만찬 소논문에서보다 훨씬 더 명확하게 프레두가르드(Fredugard)에서 드러내 보여주고 있다. 여기서 그에게 성서 본문과 예배의식은 결정적인 논증이 되었다. 그는 미사법의 제시로 "(성만찬)이 당신을 전적으로 사랑했던 아들, 우리 주 예수 그리스도의 몸과 피가 된다는 것"[46]을 모든 백성들 가운데서 교회가 요구한다는 것을 강조했고, 이것을 모든 사람들과 함께 기도하나 믿지 않은 것이 불법이라고 설명했다. 의심이 불가피하다. 비록 육신의 눈이 영으로 믿게 되는 것을 볼 수 없었다 하더라도 말이다.[47] 이와 같은 전통의 유지는 또한 다른 사람들에 의해서 공유되었다. 발렌시아(Valence) 공의회는 855년 논리적인 발언의 소개를 통해서 기독교 가르침에

46) CChr. CM 16,170,808-811.

47) CChr CM 16,170,814-818.

악영향을 미칠 것을 강력하게 반대했다.[48)]

물론 여기서도 요한네스 스코투스 에리우게나는 이목을 끄는 비판의 중심에 서있었다. 그가 동일하게 두 사람에 대해서 강력하게 비난했다 하더라도 사실상 그는 방법론적인 견지에 있어선 라드베르투스에게보다 고트샬크에게 더 근접해 있었던 입장을 취했다. 860년경 그에 의해서 쓰여진 주요작품인『Periphyseon』에 따르면 철저하게 근대적인 신학의 의미, 그리고 발전되고 있는 논리학에 관심을 둔 신학의 의미에서 그에게 적절한 것이었다. "말하자면 그것이 이성의 능력을 통해서 지켜진 진리가 아니라면 어떠한 것도 나에겐 진정한 권위로 존재할 수 없는 것처럼 보인다." 그러나 그는 덧붙여서 "저술들에서 거룩한 교부들은 진리를 다음 세대가 이용하도록 추천했다."[49)] 이와 같은 첨가문장은 이성에 관심을 둔 신학이 계시와 교회 전통과의 대립 관계에서 생각되어진 것이 아니라 그것과 함께 하나로 생각된다는 것을 보여주는 것이다. 에리우게나는 다른 사람은 제외하고라도 디오니시우스 아레오파기타(Dionysius Areopagita)의 신플라톤 사상에 영향을 받았고 디오니시우스의 작품을 대머리 칼 왕의 요구에 따라 라틴어로 번역했다. 왜냐하면 세인트 데니스의 힐두인(Hilduin von St. Denis)의 번역이 대단히 어려워서 이해할 수 없었기 때문이다. 아레오파기타의 노선에서 그는 하나님의 인식불능 사상과 더불어 부정신학을 변호했으나 하나님 자체가 스스로 규정된 계시들과, 신의 현현을 통해서 나타났고, 그렇게 사람들에게 드러났던 것을 제시했고 그 사람은 하나님을 인식할 수 없다는 것이다. 이와 같은 배경에 앞서 에리우게나는 계시 이해를 위한 철학의 성향들을 적절하게 사용했다. 이성을 수단으로 한 라드베르투스나 다른 사람들과 마찬가지로 전통에 관심을 가진 신학자들이 계시를 이해하기 위한 수단으로 생각했으나 필요에 따라 이해의 한계들이 하나님의 신비들을 고려해서 인정했고 명명했다. 그 반면에 에리우게나, 라트람누스 혹은 고트샬크와 같은 신학자들은 실질적인 결과에서 모든 차이들이 있음에도 이해의 도움으로 믿어지는 것의 완전한 이해를 주장했다. 특별히 주의 만찬에 관한 논쟁은 한편으로는신학의 복잡함에 대한 서로 다른 입장 정리를, 다른 한편으로는 교리적-이성적 이해를 보여준

48) DH 625. 631. 633.

49) Periphyseon l. 1; CChr. CM 161,98,3056-3059: "nil enim aliud videtur mihi esse vera auctoritas, nisi rationis virtute reperta veritas et a sanctis patribus ob posteritatis utilitatem litteris commendatA"

다. 이것을 당장 서로 다른 사회적인 지평들과 관련시킬 수 없다. 고트샬크와 마찬가지로 라드베르투스는 수도원 신학의 대변자였고 그럼에도 내용상 상당한 차이를 안고 있었다. 물론 수도원의 테두리를 넘어섰고 이로써 사회적으로 이 시기의 근본적으로 주목할 만한 현상들이었던 카롤링거 왕조의 궁정학교는 신학의 이성화와 그에 앞서 이루어지는, 다가오는 세기에 점점 더 강력하게 사상에 영향을 미치는 논리적인 이해의 이점들을 위해 어느 정도 진일보해가는 기능을 했다. 특히 궁정학교의 이러한 의미는 분명히 신학에 내재하고 있는 어떠한 전통도 지속되지 못하도록 했다. 그럼에도 주의 만찬에 관한 논쟁을 이러한 면에서 설명할 수 있을 것이다. 그러나 이로 인해 예정론에 관한 논쟁은 또한 궁정학교에 대단히 중요한 의미를 지닌다고 할 수 있을 것이다. 왜냐하면 언급된 것처럼 고트샬크의 논제들은 황폐한 것으로 기독교인의 삶에 대한 신앙인들의 모든 행동 양식에 대해서 받아들여져야만 했기 때문이다. 카롤링거 왕조의 포괄적인 개혁 프로그램은 전체 제국에 신앙을 가진 자들을 기독교 신앙과 행동의 책임으로 받아들이려는 시도와 더불어 789년 "일반적인 권고"(Admonitio generalis)에 삽입했다. 모든 시대와 그것과 더불어 또한 그것에서 다루려 하는 것보다 앞서 발생했던 하나님의 종말의 피안적인 선포의 종속을 매우 강력하게 대변했던 신학은 이와 같은 관계에서 유익할 수 없었다. 그런데 갈등의 서로 다른 노선들을 특히 여기에서 근거로 삼은 것은 납득할 수 있다. 궁정의 요구들과는 반대로 자유로웠던 라트람누스는 라드베르투스와 대항하는 것과 마찬가지로 코트샬크의 장점인 날카로운 변증을 이용할 수 있었다. 이와 반대로 에리우게나에 의하면 라드베르투스를 대항한 모든 거부적 태도들에도 불구하고 고트샬크에게 한계를 지적하도록 요구받았고, 그는 독창적이고 영적인 구상으로 이를 행했으며 신앙인의 동기에 관한 궁정의 관심과 일치로 이 일을 행했다. 우수한 기관에서 교육의 집중은 논증의 표준에 있어서 커다란 진보들을 유도했으나 그것은 신학의 방법론적인 변경에 공헌했을 뿐만 아니라 철저하게 여기서 이루어진 단순한 성과로서가 아닌 독특한 내용들의 강조를 유도했다. 그것이 유일하게 라드베르투스에게 신학을 형성하도록 했던 신앙적인 관심만이 전부가 아니었다는 것은 단순하게 신학의 증가하는 이성화와 사물지향성을 결과로 갖게 되었던 것이 아니라 복잡한 요구 상황들을 증가시켰고, 신학은 그 요구 상황들을 따라야만 했다.

제2장

학문적인 세계 인식에 대한 초창기 전문화 (1050-1200)

A 새로운 학교들과 스콜라신학 및 수도원신학의 대립

1. 성당학교들과 수도원학교들

카롤링거 왕조 르네상스로부터 출발해서 이루어진 교육의 본질에 대한 자극들은 9세기 중세신학의 첫 번째 전성기를 이끌었으나, 그리 오랜 동안 지속적인 영향을 미치지 못했다. 서프랑크 제국에서보다 동프랑크 제국에서 일어났던 카롤링거 왕조의 몰락과 더불어 또한 대단히 중요하고 핵심적인 위치를 차지하는 궁정학교의 현존은 전혀 확실한 확장을 이루지 못했다. 그럼에도 불구하고 그것을 넘어서 수도원들은 그것들의 교육 기능의 부담들로 인해 중대한 변화를 경험했다. 영적인 동기가 수도원 생활을 결정하려고 할 때는 개별적으로 얼마 되지 않아 일괄적으로 논쟁될 수 있었으나 그럼에도 경제적인 동기는 수도원 생활을 두 가지 견지 아래 위협을 받았다. 먼저, 경제적인 성장을 이루지 못한 재단을 통해서 외부적으로 시행되고 또한 경제적으로 의존하지 않은 봉건제도(feudum)로서 수도원의 매력은 근본적으로 영적 - 아버지의 기능으로 인해 이러한 이름을 유지했던 수도원 원장의 기능이 다양하게 평신도들을 통해서 시행될 수 있도록 했으나, 그 평신도들은 수도원 생활에 참여하지 않았고 그들의 경제적인 유익의 견지에서만 우선적으로 생각했다. 다음으로 봉헌된 어린 소년의 제도에서 소년으로서 수도원의 입문 또한 한편으로 영적인 동기 보다는 오히려 유산의 적절한 관리를 위한 부모들의 관심에 기인했고 다른 한편으로 유산에 대한 경제적인 책임에 입문하지 않은 후손들의 공급에 기인했다. 그것은 많은 경우 당시의 자녀들을 수도원에 입문하도록 유도했고, 육체적인 제약들로 인해 그들을 양친의 영주권에 위임하는 것을 적합한 것으로 생각하지 않았다. 그러한 제약들을 '벙어리', '절름발이'와 같은 것으로 표시한 별명들은 이러한 과정의 표현이다. 이러한 육체적 제약들이 우수한 문화적인 업적들 - 라이세나우(Reichenau)의 절음발이 헤르만(Hermann, 1013 - 1054)의 세계 편년기와 마찬가지로 벙어리 노트케르(Notker, ca. 840 - 912)의 시들 - 과 더불어 진행될 수 있었다 하더라도 이러한 제도는 수도원 입문을 위해 긍정적인 이유와 다르게 부정적인 이유의 특혜를 의미했다. 특히 수도원에서 평신도의 영향행사에 있어서 교정하려는 그 운동, 즉 클루니(Cluny)의 운동 또한 수도원의 일차적이고 영적인 과제에 대한 재숙고를 하긴 했으나 그것의 교육 과제에 대해선 재숙고하지 않았다. 우리는 예배의식과 기도의 집중이 학교의, 특히 학문적인 실행을 위한 결코 어떠한 공간도 허락하지 않았음을 거의 극단적으로 말할 수 있다. 고전적인 베네딕트 수도원과는 달리 클루니가 수도원 입문을 위해 계획되어 있지 않았던 그러한 문하생들 역시 가르칠 수 있었던 외부학교를 소유하고 있지 않았다는 것이 이에 대해서 잘 말해준다. 그래서 10세기 교육 진흥에 대한 전제조건들은 전체적으로 카롤링거 왕조 이전 시기에서보다 더 근본적으로 좋지 못했고, 신학적인 진행은 광범위하게 전승해주는 것과 성서 주석의 미미한 확장, 보통 난외주(Marginalglossen) 혹은 행간 주석들(Interlinearglossen) 사이의 성서 본문의 주석 형태로 제한되었었다.

11세기에야 비로소 학문적인 활동의 새로운 움직임이 일어났다. 그때 두 가지 발전의 실타래가 결합되어 있었다. 신학에 대한 새로운 관심에서 비롯하는 보편적 제한 조건들로서 11세기의 영향력 있는 사건들이 극히 새로운 갈등을 일으켰다는 사실을 언급해야만 할 것이다. 1054년 상호 파문으로 절정에 다다랐고 주도적인 사람들을 통해 이와 맞물려 있었던 동로마와의 새로운 갈등, 그리고 작센의 황제들 및 교회 자유의 사상에 영향을 받은 개혁 교황권 사이에 주교 임명권에 관한 서임권 논쟁. 그러한 논쟁들은 합법적인 필요성을 낳게 했다. 가장 눈에 띄게는 실바의 훔베르트 추기경(Humbert von Silva Candida)의 『시몬니즘에 대항한 세 권의 책들』(Libri tres adversus Simoniacos)에서 높은 신학적, 교회법적 이용과 더불어 주교임명권에 관한 황제 권력 남용의 불법성을 증명하려 시도했다. 새로운 교육의 동인들을 위한 사회적 자양분을 형성했던 또 다른 발전은 유럽의 도시들을 폭넓게 발전하도록 했고, 고대 로마의 도시 구조는 이탈리아 외부의 많은 지역들에서 중세 초 광범위하게 붕괴되었다. 이때 지방 통치세력과 대주교 교회들 주위로 아마도 스파이어(Speyer)와 같이 때때로 계획적으로 세워졌던 새로운 도시들이 발전하게 되었고, 그곳은 사제들 주도 아래 교회와 관련된 도시로서 계획적으로 고안되었다.

하인리히 7세의 카놋사에 굴욕에서 상징적으로 보여주는 서임권 논쟁의 정점이 있는 2년 후 1079년 교황 그레고리 7세(1073 - 1085)의 훈령은 두 개의 현상들 - 투쟁적인 개혁 교황권력과 도시의 발전들 - 이 얼마나 밀접하게 관련되어 있는지를 보여주고 있다. 그것은 신학적 반성을 위해 이미 이시도르에게서 인지할 수 있는 주교들의 책임의 제도화를 향한 - 특히 프랑스 지역에서 드러나는 - 경향을 더욱 강화시켰고, 그것들의 사회적인 배양소들은 더 이상 수도원의 존재였던 것이 아니라 이러한 학교들이 그것들의 삶의 현실을 고려하여 밀접하게 연결되어져 있었던 도시의 상황들이었다.

반면, 제도화의 관점은 또한 지나치게 강조되지는 않았다. 학교들은 그것들을 형성했던 사람들에 의존해서 폭넓게 머물러 있었다. 당시 사람들은 지정된 학교들을 찾았던 것이 아니라 지정된 선생을 찾았다. 그것 또한 12세기 초 백여 명의 학생들을 작은 도시 라온(Laon)으로 이동하도록 했던 중요한 학교들 중 하나였을 것이고, 그것인즉 그 학교의 유명한 선생 라온의 안셀름(Aselm von Laon)이 있었다. 가장 영예롭게는 확실한 학습 전통이 샤르트르(Chartres)에서 발전되었고, 그곳에서 풀베르트(Fulbert, 960 - 1028), 이보(Ivo, † 1116), 그리고 샤르트르의 티에리(Thierry von Chartres, † 1150)가 세대를 거치면서도 철저하게 지속되는 전문적인 지식만을 보증했다.

라온이 성서 주석 작업에서 명확한 신학적 중요성을 지니고 있었던 반면에, 샤르트르는 그 시기 대부분 학교들과 마찬가지로 학과목(artes)에 대단히 집중했음을 드러내 보이고 있다. 보에티우스, 아리스토텔레스 그리고 마르티아누스 카펠라(Martianus Capella)에게서 발견할 수 있는 것처럼 학과목들에 대한 지식을 집약시켰고 당시 사람들에게 제공했던 티에리의 『Hepateuchon』를 통해서 알 수 있고 정리되었다. 그러므로 성당학교의 발생은 아리스토텔레스 사상의 이성적 표준을 새롭게 생성시켰음을 의미한다. 그리고 신학의 소급력은 적절하게 신학에서 이러한 표준의 이용에 있어야만 했다.

2. 스콜라신학과 수도원신학

이성적인 표준들에 대한 새로운 이용은 다만 도시 성당학교들에서만 이루어졌던 것은 아니었다. 오히려 전통적인 베네딕트 수도원에서 매우 경쟁적으로 이뤄졌고, 경쟁에 대한 압박은 예외적으로 노르망디(Normandie) 지역에 있는 대단히 유명한 수도원 베크(Bec)에서 우수하고 경쟁력 있는 교육 중심지들의 발전을 이끌었다. 그럼에도 장 르클레르크

(Jeån Leclercq) 이후로 수도원신학과 스콜라신학의 대립으로 기술되었던 대립이 이와 더불어 이루어졌다.

이와 같은 개념 교육의 장점은 중세 중기 - 한편으론 성당학교들, 다른 한편으론 수도원들 - 신학 사상의 서로 다른 사회적 기초를 알리고 그렇게 함으로써 중세의 다양한 신학 형태들을 파악하도록 도움을 줄 수 있다는 데 있다. 또한 서로 다른 이행들이 서로 다른 사회적인 확고함과 관련되어 있었다. 즉 수도원신학은 직접적으로 세속적인 발생 상황에 영향을 받았고 수도원 공동체의 경건을 고취하는 데 도움이 되었다. 예배의식과 성무일도를 가진 수도원의 생활에서 성서 본문들의 강력한 고착에 직면하여 성서 본문의 주석은 수도원신학에서 중요한 역할을 했다. 해석학적 방법들이 성당학교들의 영향을 받게 된 교육 규칙들에서 나왔다하더라도 이는 전적으로 신앙적인 목적에 초점이 맞춰 있었다.

스콜라신학에서 방법론적 사유, 즉 논리적인 사유는 신학적 문제 제기의 조율을 위해 보다 더 커다란 의미를 지니고 있다. 비록 기독교 공동체의 신앙의 목적이라는 관심에서 결코 벗어날 수 없다 하더라도 그럼에도 이를 통해서 제시된 크기는 점점 더 추상적이 될 것이다. 왜냐하면 그것은 구체적인 공동의식 혹은 공동체가 아니라 보편적인 기독교를 다루는 것이기 때문이다. 스콜라신학의 양식은 일차적으로 목회 상담적-호감을 끄는 것이 아니라 신학의 대상에 관한 직접적인 대립에 의해서 해결된 반성들을 다루고 있다. 이와 더불어 관련 대학의 요구를 고려하여 신학 또한 고대 학과목-전통을 통해서 제공된 수단으로 취급되었고, 그 전통은 항상 기독교 전통의 해설에 봉사했다. 스콜라주의의 이해에 대한 마르틴 그라브만(Martin Grabmann)[1]의 정의를 통해 즐겨 계속되는 이성과 계시의 특별한 대립은 구체적으로 역사의 실행에서 대략 몇 가지로 보다 더 단순하게 볼 수 있다. 위에서 열거했던 고대 전통들은 '이성'을 위한 것이고, 그것들은 점점 더 아리스토텔레스적 사유 - 특히 가장 먼저 직접적으로 논리적인 불가타(Logica Vetus)의 범주 안에서 보에티우스의 소논문들을 통해서 전달되었다 - 에 집중되어 있다. 그것은 초창기 스콜라주

1) "스콜라주의의 방법은 사유하는 인간 정신에 초자연적인 진리들을 가져오도록 하기 위해서, 구원 진리의 체계적으로, 조직적으로 정리한 종합적인 설명을 실현하기 위해서, 그리고 계시의 내용들을 반대한 심오한 이론들에서 이성의 입장에서 해결할 수 있기 위해서 계시 진리들에 대한 이성과 철학을 이용하여 신앙 내용을 파악할 수 있도록 하는 것이다."(Grabmann, Geschichte der scholastischen Methode I,36 f.)

의 이후 여기에 영향을 미친 이성화의 심도 깊은 형태를 다루고 있다. 신학의 목적은 결과적으로 체계적이기보다는 덜 해석학적이고, 그 경우 체계화는 수학자들의 방법(more mathematicorum)에 따라 진행된다.[2)]

그렇게 진술된다면 그것은 스콜라신학과 수도원신학을 언급하려 할 때 일반적인 이상형들과 마찬가지로 단지 현실 속에 나타나는 음영들에서만 일치될 수 있는 이상형의 차이점을 다루는 것일 뿐이다. 그것은 12세기 신학 설명을 위해서 고도의 명료함을 가지고 있었다. 스콜라신학의 중요한 대표자인 페트루스 아벨라르드(Petrus Abaelard)가 생애의 대부분을 수도원에서 보냈다는 사실 역시 상호 대립관계를 드러내고 있지만 말이다. 이와 같은 대립은 다음 세대 동안 훨씬 더 확실하게 줄어들었고 수도원신학과 스콜라신학 사이의 경계들은 13세기 이후 대학의 가르침에 수도원들의 높은 참여를 고려하다보면 점점 더 유동적이다. 그 외에도 특히 출판된 소논문과 도시 설교 교단이 속해 있는 또 다른 장소들에서도 일어났다.

B 베렝가르 - 논쟁: 신학의 사변적인 이해('두 번째 성만찬 논쟁')

이러한 방법과 마찬가지로 사회적인 배경으로부터 고전적인 방법에서 스콜라신학의 형태를 대표하는 소위 '두 번째 성만찬 논쟁'은 신학의 논제들을 통해서 발생되었다. 투르의 베렝가르(Berengar von Tours, ca. 1005 - 1088)는 투르에 성 마르틴(St. Martin) 성당학교의 관리자였다. 1048년 베렝가르는 - 요한네스 스코투스 에리우게나의 작품일 것이라는 믿음에서 - 라트람누스의 작품인 '그리스도의 몸과 피에 관하여'를 마주했다. 그는 성만찬 사건을 - 더욱 정확히 말해서 - 그리스도의 현존 형식과 믿는 사람들을 통해서 이를 섭취하는 좁은 의미에서의 성체적인 것 혹은 영적인 것으로[3)] 이해하고 이로써 그리스도 현존의 육체적인 방식의 구분을 근본적으로 다룬다.

---

2) Vgl. 여기에 대해서 대단히 유익한 책은 다음과 같다. Dreyer, More mathematicorum.

3) CChr. CM 84A, 67,1116 f.; 147,1688-1690.

"그리스도는 당신이 외부적인 질료들, 빵과 포도주를 통해서 발생된 육신인 마심과 먹음을 통해서 영적인 먹음과 마심으로 기억될 것이고 그것이 육과 피와 관련하여 영적으로 이루지는 것을 당신으로부터 기대한다."[4)]

그는 '랑프랑에 대항한 처분'(Rescriptum contra Lanfranum)이라는 그의 작품에서 진술했었고 이와 더불어 이미 논증적인 그의 논제들로 인해 발생된 논쟁을 지배했다. 이와 같은 논쟁이 일반적으로 일어났던 것은 간접적으로 라드베르트투스의 입장이 어떠한 범위에서 보편적인 견해가 되었는지를 보여주고, 봉헌 이후 그리스도의 몸이 제단 위에 있었다는 것은 그 견해를 모든 육욕적인 인식에 반대하는 데 필요로 했다. 베렝가르는 이때 이것이 일반적으로 어떻게 가능한지를 설명하려고 애썼다. 새로운 논쟁은 베렝가르가 최소한 추가적인 이유들로 라트람누스의 작품의 의도를 새롭게, 사변적으로 정돈된 상황에 맞추면서 그 의미를 지녔다. 일관적으로 그는 그 시기의 학문들의 도구를 성만찬 사건의 분석에 이용했다. 주의 만찬에서 그리스도의 몸과 피의 육체적인 이용이 아니라 순수하게 성체적인 이용(Nießung)의 이점에 대한 그의 논증은 두 가지 논증들, 즉 논리적 혹은 존재론적 논증으로 분류된다. 이들 모두 아리스토텔레스적인 개념을 사용했다.

논증은 언어적인 분석으로 이루어졌다. 그의 가장 독특한 가르침으로서 베렝가르는 모든 잘못된 의미들에 반대하여 다음과 같이 설명했다.

"빵과 포도주는 교회의 봉헌에서 성만찬인데, 그것은 근본적인 면에서 은유적이 아닌 빵과 포도주라고 불리며, 바로 이와 같은 성만찬인 빵과 포도주는 그리스도의 몸과 피다."[5)]

---

4) WA.B 1,99,8-13 (Nr. 41): "Theologia nostra et S. Augustinus prospere procedunt et regnant in nostra universitate Deo operante. Aristoteles descendit paulatim inclinatus ad ruinam prope futuram semipiternam. Mire fastidiuntur lectiones sententiariae, nec est, ut quis sibi auditores sperare possit, nisi theologiam hanc, id est bibliam aut S. Augustinum aliumve eccleasticae autoritatis doctorem velit profiteri. Vale et ora pro me."

5) WA.B 1,99,8-13 (Nr. 41): "Theologia nostra et S. Augustinus prospere procedunt et regnant in nostra universitate Deo operante. Aristoteles descendit paulatim inclinatus ad ruinam prope futuram semipiternam. Mire fastidiuntur lectiones sententiariae, nec est, ut quis sibi auditores sperare possit, nisi theologiam hanc, id est bibliam aut S. Augustinum aliumve eccleasticae autoritatis doctorem velit profiteri. Vale et ora pro me."

여기에서 결정적인 것은 베렝가르가 빵과 포도주가 비유적인 것이 아니라 근본적인 면에서 빵과 포도주로 머물러 있다는 것인 반면에, 빵과 포도주 그리고 그리스도의 몸과 피의 비유는 보다 더 상세하게 규정되지 않고 있다. 왜냐하면 바로 이것은 비유적인 비교이기 때문이다. 양 혹은 반석으로서 그리스도의 진술이 비유적인 설명을 필요했던 것과 마찬가지로 그리스도가 말할 때 - "이것은 내 몸이니라"[6] - 근본적인 의미에선 빵에 관한 진술이지만 비유적인 의미에선 그리스도의 육체에 관한 진술이라는 것 또한 삽입 용어로 적절하다. 실제적으로 베렝가르는 이와 같은 점에서 주어와 서술어를 구분해서 이해해야만 했다는 것을 명백히 할 수 있었다. 왜냐하면 주어와 술어가 이와 같은 방법에서 표현된 동일한 논리적인 진술을 할 경우 그 문장은 역으로 존재해야만 하기 때문이다. 그러므로 "빵이 그리스도의 몸이다"라고 말할 수 있는 것이 아니라 "그리스도의 몸이 빵이다"라고 말할 수 있어야한다.[7] 외형상 그러한 진부한 사고과정들은 삽입 용어들이 언어 논리의 작용 없이 연구될 수 없다는 것을 드러내고 그것과 더불어 베렝가르의 입장을 설명해주고 있다.

그의 이해를 위해 그가 완전히 언어 논리적인 측면에서 이와 같은 숙고와 더불어 움직이는 것이 중요하며 교리적인 탁상공론으로 봉헌 되지 않기 바란다면 - 혹은 베렝가르를 그것의 희생자로 만들기 원한다면 - 우리는 그를 후대에 이루어진 논쟁의 개념들과 신학사적인 폭넓은 발전에 대한 지식으로 경솔하게 해석할 수 없다. 전자처럼 또한 이와 같은 '두 번째 성만찬 논쟁'은 강력하게 개혁자들의 내부 논쟁의 관점으로 이동하게 되었으나 오랫동안 잊혀져 있었던 '처분'의 재발견이 루터파 논쟁 신학자인 마티아스 플라키우스(Matthias Flacius)의 덕택으로 될 수 있다는 데서도, 고트홀트 에브라임 레싱(Gotthold Ephraim Lessing)보단 적지 않게 1770년 그의 작품 'Berengarius Turonensis'에서 이와 같은 중세 논쟁을 그 시기의 프로테스탄 내부 논쟁의 입장 변호를 위해 이용했다는 데서도 아니다.[8] 영향사적으로 그에게 발견되긴 하지만 결정적이지 못한 개념들을 베렝가르 해석

6) CChr. CM 84A,74,1377-1386.

7) CChr. CM 84A,76,1468-77,1489.

8) CChr. CM 84A,9,Anm. 1.

의 중심으로 적용하고자 한다면 그것은 역사적으로 부적절하다. 이것이 그의 이해를 위해 중요하지도 않는데도 경우에 따라서 그가 의미한 것의 진술로 또한 아우구스티누스의 개념 표지(signum)를 받아 들인다.[9] 이와 같이 사상적으로 현실계와 언어계, 즉 성체적 사건과 현실 구원 사이 관계를 파악하는데 이는 언어철학적인 숙고들에 속한다. 그것에 앞서 베렝가르의 관심에는 한 가지 중요한 분야가 놓여있다. 그는 성서 문장들을 가능한 한 정확하게 언어적인 사용방법에서 분석적으로 이해하고자 했다. 따라서 그는 논증의 많은 부분에서 한편으로는 성서 본문에서 다양한 의미 영역들의 차이점에 대한 중세 주석의 가능성을 이해하고 특징적으로 더 첨예화 된 본질적이고 비본질적인 진술을 구분하는 데 만족해야 했다. 동시에 그는 더 이상 본문의 입장에서 의미 영역들을 받아들인 것이 아니라 한편으로는 문자적, 본질적인 의미에 따라, 다른 한편으로는 비유적인 의미에 따라 본문의 입장을 해석한다. 엄격한 의미에서 주의 만찬의 상징적인 의미를 다룬 것이 아니라 해석학적으로 이루어진 비유적인 의미를 다루고 있다. 베렝가르의 시기에 특히 이때까지 뒤섞여 이해된 것의 분류는 새로운 사변적인 방법들과 더불어 훈련된 그의 사상이 신학의 전승된 형태와 논쟁에서 일어났던 단면이었을 뿐이다. 그리고 정확히 말해서 이것 또한 대단히 적은 이해가 그에게 나타나게 된 이유가 될 것이다.

존재론적인 논증은 이와 같은 논증보다 훨씬 더 설득력이 강하다. 논증 과정에서 그는 계속해서 반복적으로 항상 진술했던 것처럼 그들이 빵과 포도주 또한 봉헌 이후 여전히 의미를 내포하고서 인식적으로 제단에 머무르고 봉헌이 그것의 실존을 완성하지 못한다는 것을 인정하지 않을 수 없다는 것을 그의 적대자들에게 반론을 제기했다.[10] 그러나 바로 이것은 그를 그의 결정적인 논증으로 이끌었다. 그들이 속해있는 것에 또한 본질적으로 머무르지 않는다면 그러한 외부적인 속성들 역시 영구적일 수 없을 것이다. 어떠한 것이 그 속성이고 이와 상응해서 이것 없이 존재할 수 없는 한 어떠한 것은 단지 속성에 불과하다. 왜냐하면 그것은 다음과 같기 때문이다.

9) CChr.CM 84A74,1375. 이와 같은 개념화를 위해 이것은 아우구스티누스에서 대단히 중요한 인용이다. "Sacrificium ergo visibile invisibilis sacramentum, id est sacrum signum est"(De civ. X,5;CChr.SL 47,277,15 f) 랑프랑크의 답서에서 단 한번 만날 수 있다(CChr.CM84,193,166-168).

10) CChr.Cm 84A,641022;65,1065-1070.

"하나님으로 존재하는 진리 자체에선 ... 어떠한 사람도 윤색되지 않고 혹은 자격이 부여되지 않고서 색깔과 어떠한 질을 육체적인 눈으로 볼 수 없다".[11]

그는 또한 이와 같은 존재론적인 규칙을 창조신학적으로 결혼과 관련된 성서구절로 근거를 삼았다. "사람은 하나님이 결합했던 것을 나눌 수 없느니라"(마19,6).[12] 또한 다음과 같은 주의 만찬에 적절했다. 사실 그리스도가 본질적으로 빵과 포도주의 본질의 입장에 취급될 수 있다면 그리스도의 외적인 속성들 역시 이와 같은 요소들의 속성 편에서 취급되어야만 할 것이다. 속성들을 넘어서 본질의 상호 교환은 생각될 수 없다.[13] 다시금 여기서 베렝가르의 의미에 반대한 주의 깊은 대응이 나중의 개념과 제공되었다. 그는 본질과 속성들을 이해함에 있어서, 계속해서 반복적으로 동일한 주제를 둘러싸고 있는 숙고들을 통해 서로 다른 용어들과 더불어 이해했다. 즉 본질은 대체적으로 주체(subiectum) 혹은 본질(essentia)로, 속성들은 형상들(formae), 종들(species) 혹은 질들(qualitates)로 생각된다. 베렝가르는 여전히 초창기 아리스토텔레스주의 교육 체계 속에 있었고, 그에 의하면 이후에 이어지는 논쟁에서처럼 아직 실체(substantia)와 우유(accidens)의 구분은 명확하지 않았다. 라트람누스 역시 이미 경우에 따라서 그리고 부수적으로 실체에 관해서 말할 수 있었던 것처럼 이와 같은 수용은 그에게 있어서 경우에 따라 다르게 언급된 개념들을 제외하고 만날 수 있으나[14] 그것들이 그의 사상을 규정하진 못했다. 게다가 이는 결코 베렝가르가 실체에 관한 개론적인 이해를 직접적으로 아리스토텔레스와 보에티우스의 작품들의 연구에서 이룬 것이 아니라 베렝가르가 단지 암브로시우스의 작품으로 간주했던 알퀸의 히브리어 주석에서 그의 반복적인 인용 문구들 안에 있는 그런 개념들에 대해 가장

11) WA.B 1,99,8-13 (Nr. 41): "Theologia nostra et S. Augustinus prospere procedunt et regnant in nostra universitate Deo operante. Aristoteles descendit paulatim inclinatus ad ruinam prope futuram semipiternam. Mire fastidiuntur lectiones sententiariae, nec est, ut quis sibi auditores sperare possit, nisi theologiam hanc, id est bibliam aut S. Augustinum aliumve eccleasticae autoritatis doctorem velit profiteri. Vale et ora pro me."

12) CChr. CM 84A,144,1595 f.

13) CChr. CM 84A,80,1588-81,1618.

14) Z.BCChr. CM 84A,98,2257-2263;155,1977(substantia);102,60;103,87;139,1386(accidens - 여기서 매번 특징적인 면은 substantia에 대한 반대개념으로서는 아니다).

인상적으로 취급하고 있는 것처럼 보인다.[15] 베렝가르가 근대 연구에서 대체로 정확하게 실체와 우유라는 한 쌍의 개념을 통해 해석하는 것은 그의 작품에서 이와 같은 차이점의 특별한 의미보다, 오히려 그에 의해서 기록된 사건이 나중에 정확한 언어 사용으로, 특히 이와 같은 고안들과 함께 해석되어진 것이라는 지식 덕택일 수 있다. 또 그 고안들은 자체적으로 점차 발전하여 전문화 된 아리스토텔레스적 중세의 언어사용에 있어서 베렝가르가 질료에 따라 의미했던 것이지만 여전히 날카롭지 못하고 단지 영양분으로 표현했던 것을 제시해주고 있다. 본체는 실재의 본질이고, 우유성은 그것의 변화 가능한 속성들이다. 이는 그의 사상에 영향을 미친 개념이 아니지만 아마도 신학적 자료들을 논리적으로 파악한 수고의 결과였고, 이때 실제로 아리스토텔레스의 존재론적인 사상을 성만찬 문제에 사용할 수 있도록 공헌했다.

이와 같은 가르침은 개별적으로는 박식한 자의 특별한 가르침보다 더 훌륭했다. 그것은 이미 초창기부터 전 유럽에 공식적으로 확산되어 있었다. 이는 로마를 향한 베렝가르의 여정이 진행되었다는 것에서 이미 드러난다. 그의 활동은 개혁 교황들의 시기에 이루어졌고, 개혁 교황들은 교리의 모든 질문에 관한 결정으로 교황의 핵심적 권력 이행을 위해 실례로 그를 사용했다. 따라서 개혁 교황권의 중심 인물들 중 실바의 훔베르트 추기경(Humbert von Silva Candida)는 베렝가르에게 로마공의회에 앞서 1059년 신앙고백에 대한 설명을 필요로 했고, 신앙고백은 명백하기 이를 데가 없었다. 동시에 그는 다음과 같이 설명했다.

> "제단 위에 놓여 있는 빵과 포도주는 봉헌 이후 성체일 뿐만 아니라 우리 주님 예수 그리스도의 진정한 몸과 피이고, 진정으로 물질적인 면에서 성체일 뿐만 아니라 사제의 손에 의해서 실제로 움직여지고 부서지며 신앙인들의 이빨에 의해서 분쇄된다".[16]

---

15) CChr. CM 84A,107,240-242(위의 책 226 관련된 근거들의 총화).

16) WA.B 1,99,8-13 (Nr. 41): "Theologia nostra et S. Augustinus prospere procedunt et regnant in nostra universitate Deo operante. Aristoteles descendit paulatim inclinatus ad ruinam prope futuram semipiternam. Mire fastidiuntur lectiones sententiariae, nec est, ut quis sibi auditores sperare possit, nisi theologiam hanc, id est bibliam aut S. Augustinum aliumve eccleasticae autoritatis doctorem velit profiteri. Vale et ora pro me."

교황 니콜라우스 2세(Nikolaus II.)는 이와 같은 철회를 곧바로 이탈리아, 프랑스, 그리고 독일의 도시들에서 공식적으로 알렸다.[17] 이것은 또한 그 사건이 가진 큰 의미를 위한 간접 증거이자 그가 일으켰던 자극을 위한 간접 증거이다.

물론 베렝가르는 투르(Tours)를 향한 그의 귀환 이후 직접적으로 그 철회와 구분했다. 그 논쟁은 성만찬론의 자료적인 질문을 넘어 성당학교들과 수도원학교들에서 발전되었던 새로운 이성적인 표준들을 그들의 신학적 사유 안에 포함시키는 일이 신학자들에게 얼마나 어려웠는지를 명확하게 설명하려는 데서 발생하는 일에 관한 신학적 질문들로 광범위하게 토론되었다. 또한 이를 위해서 별로 유익하지는 못했으나 베렝가르에게서 근대적인 것들에 미래의 이성화와 그의 적대자들에게 권위 있는 전통주의의 대립을 탐구하는 일이 어떻게 발생하는지가 논쟁들 가운데 토론되었다. 랑프랑크(Lanfrank, ca. 1005 - 1089)가 베크 수도원의 지도자였을 때 가장 중요한 교회지도자들과 전문가들 중 한 사람은 이미 베렝가르에게 반론을 제기했던 랑프랑크와 함께 상세하게 소논문에 언급되고 있기 때문이다. 그는 당시 카엔(Caen)에 있는 스테판(Stephan) 수도원 원장이었다. 게다가 노르만인들이 영국 섬들을 점령한지 4년 후인 1070년, 그는 캔터베리의 대주교가 되었다. 그 자신은 그 시기에 베크 지역에 있어서 이성적인 규범들의 부흥에 많은 부분을 차지하고 있었다. 그는 베렝가르에 관한 그 당시 비판을 상세하게 그의 저작 『주님의 몸과 피에 관하여』(De corpore et sanguine Domini)에 진술했다. 그는 매우 날카롭게 베렝가르의 모순을 비판했다.

랑프랑크는 진술들을 적절하게 정리하기 위해서 이러한 상황을 명확하게 해야만 했다. 랑프랑크는 주로 “가톨릭 교회의 적”으로서 베렝가르에 대항하여 “모든 거룩한 교회의 권위”를 옹호하려는 실제적인 논쟁을 다루고 있다.[18] 그러나 랑프랑크 역시 구체적인 상황에서 실바의 훔베르트 추기경을 열렬히 변호했다면 가톨릭 교회는 그때 단지 권위적인 의미에서 이해될 수 없다. 랑프랑크에 따르면 그 사건은 항상 도처에서, 그리고 박식한 원장이 모든 사람들에 의해서 믿어졌던 것으로 레리눔의 빈첸츠(Vinzenz von Lerinum, 450

17) PL 150,411D-412A.

18) PL 150,407A.

이전 사망)에 소급한 보편성의 정의를 이해하는 교회의 보편적인 일치에 기초한다. 그리고 이와 같은 보편적인 가톨릭 신앙은 그리스도의 진정한 육체가 "육적으로, 영적으로 그리고 이해될 수 없는 방법으로"(corporaliter, spiritualiter, incomprehensibiliter) 주의 식탁에 희생된 것으로서 존재한다.[19] 이와 같은 일치로부터 그리고 베렝가르가 실수한 것이라는 그것과 연관된 확신으로부터 유래하듯 랑프랑크에 의해 이성이 신학에 사용될 수 있는지에 관한 질문이 논쟁에서 다루어졌다. 이와 같은 질문은 이성이 신앙의 문제에 어떻게 사용되어야만 하는지에 관해 다루고 있으며 베크 수도원 원장으로서 그곳의 수도원 학교의 설립에 큰 공헌을 했던 그에게 오랜 동안 수긍된 것이었다.

특히 랑프랑크 자신이 11세기 사변적인 학문의 발전에 참여했고 이와 같은 점에서 베크를 도시의 모델로 정향된 교육의 중요한 정식적 중심지로 수도원의 상황을 만들려했던 것에 속하기 때문에 그에게는 베렝가르의 사변적인 방식으로 제시되었던 날카로운 사용 - 그의 눈에서는 남용 - 을 제지하고 교회의 전통과 일치하는 것을 강조해야만 했다. 두 상대자들은 새로운 방법의 길을 진행했지만 베렝가르가 권위들의 주석을 전제로 하는 방법을 대단히 폭넓게 진행했기에 교회의 권위에 상반되게 보였던 반면에, 랑프랑크는 그것을 권위적으로 체계화된 학문에 통합하려고 시도했다. 그는 사변적인 가능성을 이용했던 것을 그의 소논문에서 수사학적 수완을 가지고 드러내 보였고, 그 작품에서 그는 베렝가르의 논증을 불합리함으로 이끌었다. 성만찬의 의미가 정확했다면 지구상의 모든 신앙인들은 지금까지 틀린 것이다. 그러나 모든 신앙인들이 틀렸다면 어떠한 가톨릭적 교회도 없었을 것이다.[20]

실제적인 교회의 교리 결정은 후대의 대주교들에겐 중요한 문제였다. 랑프랑크는 전례된 권위들의 입장을 강조했다. 그 경우 그와 베렝가르 사이에서 성서의 권위는 전혀 논란의 여지가 되지 못했다. 이는 베렝가르에게도 또한 근거가 되었으나 그는 빈번하게 인용된 교부인 아우구스티누스의 도움뿐만 아니라 특히 그 시기의 사변적인 방법으로 그것을 주석하려고 시도했다. 마찬가지로 여기에서도 차이는 드러난다. 랑프랑크에 의하면 베

19) PL 150,435C.

20) PL 150,441A.

렝가르의 태도는 사실상 권위에 의해서 주도된 학문과의 이별을, 용어의 가장 진정한 의미에서 변증에 대한 구원 없는 신뢰를, 그리고 근본적인 이해를 의미했다. "당신은 거룩한 권위들의 무시 아래 변증에서 피난처를 찾았다."[21]라고 랑프랑크는 베렝가르를 향해 비난했다. 이와 같은 것은 올바른 겸손이 부족했던 "거만한 사람"의 죄성과 교만에 대한 표현이다.[22] 더욱이 랑프랑크는 신앙고백에 대한 베렝가르의 신학적 비판에 빠져들었고, 그는 베렝가르와 함께 이단자가 되느니 차라리 신앙인들의 편에서 우매한 자로 남아 있기를 바랬다.[23] 그러나 다시금 이러한 진술들 안에서 이성에 반대한 권위로 신앙고백을 버리려는 것은 오해이다. 랑프랑크는 권위도 이성도 사용하지 않는 경우를 위해서 단지 사상의 유희에서만 이것을 말했고, 이때 어떠한 고유한 논증의 가능성들도 사용하지 않음으로 그는 전적으로 교회에 대한 복종에 위임된 채 남아있었으나 그 또한 여기에 동조했을 것이다.[24] 그럼에도 불구하고 정확히 이와 같은 경우는 여기에 제시되지 않았고, 랑프랑크는 구체적인 토론에서 베렝가르의 사상이 애매하고, 그래서 신적인 빛에 민감하지 못했음을 명백히 했다[25]: 진정한 이성이 아닌 잘못 인도된 이성은 권위와 반대에 위치했던 반면에, 특히 우매하지 않았던 랑프랑크 자신은 권위가 지향된 신학적인 학문의 의미에서 이성적이고 사변적인 방법들의 이용을 선전했다. 그에 따르면 신앙은 "근원자로서 하나님을 통해서, 신적인 저술가를 통해서, 그리고 아주 명확한 이성의 근원들을 통해서"[26] 진실해 진다. 단지 한 가지 영역 - 베렝가르에 의하면 물론 중요한 - 에서 랑프랑크는 이성을 적절한 한계를 두고서 이해했다.

> "믿음으로 사는 의로운 자는 두 개 본질의 근본적인 변화로 빵이 어떻게 육신이 되고 포도주가 피로 바뀌는지를 논증들로 흥분하지 않고 이성과 더불어 이해하

---

21) PL 150,416D: "Relictis sacris auctoritatibus, ad dialecticam confugium facis."

22) PL 150,412D.

23) PL 150,414B-C.

24) PL 150,414B.

25) PL 150,412B: "tenebrosa mens tua"

26) PL 150,414B: "fidem hanc auctore D대, divinis auctoribus et manifestis rationibus veram".

려고 노력한다."[27]

그가 도무지 이해하지 못한 채 남아있던 이러한 영역[28]에서, 그리고 또 다른 영역에서 이성이 철저하게 도움이 되도록 하는 한 신앙을 위한 공간만 남아 있었다. 그리고 정확히 말해서 베렝가르는 이성의 도구를 가지고도 이해 불가능함으로 남겨져 있었던 한계들을 랑프랑크의 이해에 따라 인정하지 않았다. "당신은 숨겨져 있는 것을 당신의 눈으로 볼 필요가 없다."[29] 자체적으로 이성을 사용함으로서가 아니라 죄로 그것의 고유한 한계에 관한 이성의 자기 상승으로 인해서 랑프랑크는 베렝가르 신학에서 영적인 생활과 신앙의 기초의 위험성을 보았다. 그 자신도 영혼 구원을 위해서 교부들의 권위에 머물기를 원했고 그것의 보다 훌륭한 이해를 위해 사변적인 도구를 사용했으나 신학적인 진술들을 위한 명확한 계획으로 그것을 사용하지 않았다.

랑프랑크뿐만 아니라 베렝가르도 이성에 관해 최종적으로는 신학적으로 기인한 이해를 변호했다는 것을 랑프랑크의 비난, 그가 변증으로 도피하려했다는 것에 대한 그의 답변이 보여주고 있다.

> "그것은 대단히 중요한 핵심적인 표현인데, 모든 보호자로 변증을 삼고 그것의 보호자로서 찾고 이성 안에서 보호자를 찾으려는 것이다. 그리고 그가 이성과 관련하여 하나님의 형상에 따라 창조되었기 때문에 그곳에서 보호자를 찾지 못한 자는 그의 명예를 잃을 것이고 매일 하나님의 형상으로 갱신될 수 없을 것이다."[30]

27) WA.B 1,99,8-13 (Nr. 41): "Theologia nostra et S. Augustinus prospere procedunt et regnant in nostra universitate Deo operante. Aristoteles descendit paulatim inclinatus ad ruinam prope futuram semipiternam. Mire fastidiuntur lectiones sententiariae, nec est, ut quis sibi auditores sperare possit, nisi theologiam hanc, id est bibliam aut S. Augustinum aliumve eccleasticae autoritatis doctorem velit profiteri. Vale et ora pro me."

28) PL 150,427A: "quae comprehendi non sunt".

29) PL 150,427A: "Non est enim tibi necessarium ea quae abscondita sunt videre oculis tuis."

30) WA.B 1,99,8-13 (Nr. 41): "Theologia nostra et S. Augustinus prospere procedunt et regnant in nostra universitate Deo operante. Aristoteles descendit paulatim inclinatus ad ruinam prope futuram semipiternam. Mire fastidiuntur lectiones sententiariae, nec est, ut quis sibi auditores sperare possit, nisi theologiam hanc, id est bibliam aut S. Augustinum aliumve eccleasticae autoritatis doctorem velit profiteri. Vale et ora pro me."

그는 고대 교회의 전통을 따랐는데 그것은 이레니우스(Irenäus) 이래로 한편으로 사람의 창조에 관한 보고(창1:26 f)에서 "형상에 따라, 그리고 모양에 따라"(ad imaginem et similitudinem)라는 개념들의 이중성에 대한 질책으로 완전한 모양의 상실을, 다른 한편으로 사람 안에 결핍된 하나님의 형상(imago)의 은신처를 가르쳤다. 특별히 아우구스티누스는 사람의 이성적 본질로 형상을 이해했고 고대에 사람을 중요한 이성적 존재로 정의하는, 이성적인 동물이라는 인간론의 통합을 기독교적 인간론에서 가능케 했다. 물론 사실상 이와 같은 논증은 탁상공론에 불과했다. 왜냐하면 랑프랑크는 그러한 차원에서 이성을 반대했던 것이 아니라 아마도 죄로 인해 그것의 잘못된 사용을 반대했기 때문이다.

베렝가르가 이렇게 진행된 논쟁에도 불구하고 1080년에도 전혀 저항하지 않았던 것은 역사에서 하나의 각주에 불과한데, 그것은 그의 재판과 더불어 가톨릭 신앙을 위한 성찬의 요소들에서 그리스도의 몸의 실재의 필요성을 문서상으로 확정했고 이와 같은 확신을 로마-가톨릭교회와 근대의 루터 교회에 전수해주었다. 여전히 루터는 베렝가르-신앙고백을 중세 교황권에 별로 중요하지 않은 진보들 중 하나로 강조했다.[31] 그러나 아이러니하게도 베렝가르의 자료적인 진술의 거부뿐만 아니라 아리토텔레스적인 것에 의해서 고무된 그의 성만찬의 분석은 계속 영향을 미쳤다. 1079년 그는 신앙고백을 받아들여만 했는데, 그 신앙고백에 따르면 그리스도는 성만찬의 요소들에 "in proprietate naturae et veritate substantiae"로 존재한다.[32] 이와 같은 비난을 한 사람들은 그것을 특히 선한 것으로 생각했고 그를 그 자신의 사유의 범주 안에서 철회하도록 강요했으며, 더욱이 실체의 개념에 가깝도록 유도했다. 이로써 아리스토텔레스적인 전문어는 처음으로 교회 문서를 위해 중요하게 되었다. 1215년 제4차 라테란 공의회가 다음과 같은 진술을 제시한다.

> "신적인 능력을 통해서 빵이 몸으로, 포도주가 피로 본질적으로 바뀌게 되었다면 그리스도의 몸과 피가 빵과 포도주의 형태로 제단의 성체에 진정으로 포함되어

31) WA 26,442,39-443,3.

32) DH 700.

있다."[33]

이와 더불어 화체설을 교리화했을 때 아리스토텔레스의 전문용어는 기독교 교리의 필수요소가 되었다. 언제나 불명확성 안에 있음에도 불구하고 말이다. 여기서 다시금 근본적으로 고대에 될 수 있는 우유들(accidens)은 실체에 대한 반대 개념으로 여겨진 것이 아니라 그것은 종들(species)이다. 이 같은 애매함은 또한 후에 개신교에서 이러한 교리와의 관계에 영향을 미쳤다. 한편으로 루터는 인간적-철학적 설명을 신앙 요소의 일부로 삼은 일을 금지해야 한다는 것을 명확하게 강조했고, 다른 한편으로 여전히 날카롭지 못한 아리스토텔레스주의에 의해서 영향을 받았던 진술, "sub speciebus panis et vini"를 CA 10의 독일어 저술에서 "빵과 포도주의 형태"라는 진술을 통해 파악할 수 있었으며, 따라서 성만찬 요소들에서 그리스도 현존의 루터적인 이해에 관한 설명에 도움을 줄 수 있었다.

C 캔터베리의 안셀름(Anselm von Canterbury): 신학의 이성적인 구상

1. 수도원과 사제직에 있어서 스콜라신학자 안셀름

랑프랑크의 문하생이자 우리가 잘 아는 캔터베리의 안셀름(1033/4-1109) - 혹은 특히 그의 출생지에 따라 헬라어로 아오스타의 안셀름(Anselm von Aosta)이라고 불리기도 한다 - 은 신학의 이성적 구상의 승리자이다. 그는 스콜라신학과 수도원신학의 대립이 단지, 대단히 제한적으로 삶에서 중세신학과 그것의 사회적인 위치의 분석에 적합했다는 것을 분명하게 보여준다. 오랜 방랑시간을 보낸 이후 그는 1060년 베크 수도원에 입문했고, 영국을 향해 떠난 랑프랑크를 대신해서 1063년 수도원학교의 관리자가 되었으며, 1079년 수도원 원장이 되었다. 따라서 그는 거의 수도원학교 운영에 충실했다. 그는 또한 성당학교로 바꾸지 않았던 것이 아니라 즉위 공백 기간 이후 다시금 랑프랑크의 후계자로서 1093

33) WA.B 1,99,8-13 (Nr. 41): "Theologia nostra et S. Augustinus prospere procedunt et regnant in nostra universitate Deo operante. Aristoteles descendit paulatim inclinatus ad ruinam prope futuram semipiternam. Mire fastidiuntur lectiones sententiariae, nec est, ut quis sibi auditores sperare possit, nisi theologiam hanc, id est bibliam aut S. Augustinum aliumve eccleasticae autoritatis doctorem velit profiteri. Vale et ora pro me."

년 캔터베리의 대주교직을 맡았다. 얼마 되지 않는 저서들은 수도원과 사제 사이의 차이점들이 발전에 동인이 되었던 것인지 혹은 오히려 논쟁적으로 혹은 상황적으로 전제되지 않았는지에 관한 질문에 어떠한 대답도 허락하지 않는다. 이것은 보다 철저하게 성서 자료에 기초하고 있는 작품인『왜 하나님이 인간되셨는가』(Cur deus homo, 1098에 완성된 작품)에서보다 강력하게 수도원 측의 초창기 작품들, 특히 신 존재 증명을 포함하고 있는 프로슬로기온(Proslogion)에 이성에 대한 신뢰를 가진 전형적인 스콜라적인 것을 알 수 있도록 하는 가능한 관측일 뿐이다. 후자의 작품은 안셀름이 그의 주교직을 수행하는 동안 강요받았던 두 번의 망명생활(1097-1100;1103-1106) 중 첫 번째 망명생활 시절에 그 작품의 기원을 가지고 있다. 왜냐하면 그는 영국의 수석 대주교 - 요크(York)와 관계에선 논쟁이 있었지만 - 로서 독신생활에 대한 투쟁을 하는 동안뿐만 아니라 주교 임명의 통합에 관한 노르망디의 관습들에 반대하여 개혁된 교회를 위해 왕권 분배에 노력했기 때문이다. 배경들과 진행 형태에 따른 대륙들의 서임권 논쟁에 영국은 많은 다른 변수들이 있었다.

안셀름의 연속적인 창작물에 안셀름 자신이 얼마나 잘 표현되었는지는『왜 하나님이 인간이 되셨는가』라는 작품의 문헌적인 형태에서 또한 드러난다. 대화에 관심을 가졌을 때 이 소논문은 학교의 이상적인 상황을 보여주고 있고, 그것의 사회적인 현실은 아마도 안셀름의 모든 학문적인 수고에 대한 자극제를 제공했다.

2. 안셀름의 방법

안셀름에서 '스콜라적 방법의 아버지'만을 생각한다면 그의 뛰어난 독립성을 좁혀버리는 격이 된다. 왜냐하면 실제로 중세의 사상가는 당장 모든 스콜라주의자들에 의해서 고려되지 않은 자신의 프로필을 획득했던 안셀름만큼 그렇게 실용적으로 방법론적인 질문에 관해서 진술되었기 때문이다. 그의 방법은 그의 작품에서 발견된 두 개의 중요한 문장을 통해서 규정된다. 이해를 추구하는 신앙(fides quaerens intellectum; Pros. Prooemium[34])

34) Aselm, Opera Omnia I,94,7.

그리고 오직 이성을 통해서(sola ratione; Mon. c. 1)[35]. 이러한 표현들과 더불어 신앙, 인식 그리고 이성의 복잡한 관계가 언급되었고, 그것은 오늘날까지 명확하게 설명되지 못하고 있는 실정이다. 이성은 논리적으로 유추할 수 있는 인지적인 능력을 생각했던 반면에, 지성(intellectus)은 심도 있는 인식에 관계된다.

이와 같은 개념적인 차이에 주의한다면 두 개의 표현들의 차이를 의미하고 결코 긴장관계에 서있지 않다는 것이 명백해진다. 오직 이성을 통해서라는 방법론적 고백은 방법뿐만 아니라 학예들을 통해서 영향을 받게 되었듯 단지 이성화의 표본에 관한 형식적인 정형화를 의미할 뿐이다. 따라서 그것은 이미 베렝가르에 의해서 영향을 받았을 수 있을 것이다. 자진해서 저작 혹은 교부들, 원자료의 신학적인 문장들에 추가적인 재수용을 말하지 않고 안셀름이 베렝가르를 넘어 의미하는 것은 이성이 논증방법을 설명할 뿐만 아니라 적합했다는 것이다. 물론 안셀름의 견해에 따라, 또한 권위들에 관한 주의 깊은 이해를 통하여 진행되었던 동일한 신학적인 문장들이다. 명확히 그는『모놀로기온』(Monologion, 독백)과 더불어 형제들의 요구, 즉 "일반적으로 성서의 권위가 어떠한 흥미와 이해를 일깨우지 못했던 것"[36]을 논증해 달라는 요구를 따른다. 그러므로 베렝가르에 의하면 여전히 그의 성만찬 교리의 명확한 기반을 설명해 주었던 자료들을 통해 그 작품을 널리 퍼뜨리기에 앞서 그는 랑프랑크에게 그 작품을 검사받으려 제출했다. 그것은 안셀름이 급진적인 베렝가르 계획에 대해 공식적으로 랑프랑크의 비판을 받아들였다는 것을 결코 이상히 여길 수 없다는 것이다. 그와 반대로 안셀름은 권위들과 더불어 논증되지 않았음에도 불구하고 그의 작품이 내용적으로 성서와 아우구스티누스와 별반 다를 것이 없다는 것을 강조한다.[37] 이 점은 랑프랑크에 의해서 또한 분명해진 것처럼 보인다. 왜냐하면 실제로 그 작품은 유일하게 이성의 논증과 관련된 형태를 지니고 있었기 때문이다.

얼마 후 저술된『프로슬로기온』에 영향을 미쳤던 신앙과 지성과의 관계는 보다 더 복잡하다. 여전히『모놀로기온』이 5장 마지막 부분에서 신론에 관한 이성적인 설명에 기원

35) Aselm, Opera Omnia I,13,11.

36) Mon. Prol.: Anselm, Opera Omnia I,7,7 f: "autoritate scripturae penitus nihil in ea persuaderetur".

37) Ep. 77; Anselm, Opera Omnia III,19913-26.

할 수 있지만 신앙이 사람들을 위해 필수적이라고 한다면[38] "지성을 추구하는 신앙"이라는 진술에서 명확하게 신앙이 전제로 놓여 있다. 이와 같은 진술은 안셀름의 근본적인 계획이 그의 소논문 『프로슬로기온』이라고 그렇게 제목을 붙이는데서 나타난 것처럼 실용적인 특징을 지니고 있었다. 그럼에도 또한 그 표제가 전체 작품이 하나의 호칭이라는 것을 명확히 하는 한 결과적으로 선택된 표제는 실용적인 특징을 가지고 있다.

> "주님, 신앙에게 인식을 제공한 자는 당신이 그것을 유익한 것으로 생각하는 한 우리가 믿는 것처럼 당신이 존재한다는 것을 이해하도록 나에게 제공한다. 우리가 믿는 것은 바로 당신이다."[39]

그래서 『프로슬로기온』의 2장은 이어서 하나님의 실존에 관한 증명을 제공한다. 형식상 소논문이 아니라 기도이다.

여기에서 칼 바르트(1886-1968)는 안셀름에 의해서 "이미 말해지고 이미 수용된 신앙고백의 숙고"[40]가 다뤄졌고, 하나님의 실존에 관한 증명의 외부적인 필요성이 다루어진 것이 아니라 "기독교 진리에 관한 증명의 내적인 필요성"[41]이 다뤄지고 있다는 점을 바르트 자신의 사상 발전에서 계속해서 드러나는 잘못된 이해 가운데 결론을 내려버렸다. 그러나 특별하고 현대적인 신학개념들에서 기인한 그러한 의미는 똑같이 기도형식으로 진술한 안셀름의 논증의 목적을 무시하는 것이다.

> "선하신 주님에 덕분에 나는 일찍부터 당신의 선물을 통해서 믿고 있었던 것을 당신의 계몽으로 말미암아 이해하기에, 내가 당신이 존재한다는 것을 믿지 않기를 원한다

38) Mon. c. 76; Anselm, Opera Omnia I,83 f.

39) WA.B 1,99,8-13 (Nr. 41): "Theologia nostra et S. Augustinus prospere procedunt et regnant in nostra universitate Deo operante. Aristoteles descendit paulatim inclinatus ad ruinam prope futuram semipiternam. Mire fastidiuntur lectiones sententiariae, nec est, ut quis sibi auditores sperare possit, nisi theologiam hanc, id est bibliam aut S. Augustinum aliumve eccleasticae autoritatis doctorem velit profiteri. Vale et ora pro me."

40) Barth, Fides quaerens untellectum 26.

41) Barth, Fides quaerens untellectum 26.

고 하더라도 나는 그것을 이해하는 것 외에는 어떠한 것도 할 수 없었다."[42]

'하나님이 존재한다'라는 진술의 사상적인 상황은 또한 명확하게 신앙에 의해서 해결되었다. 인식을 표현하는 '할 수 없는 것'(Nicht-Können)은 신앙에 속하는 소원과 대치된다. 왜냐하면 지성이 사상적인 필요를 뒤따라오기 때문에 이와 같은 필요성은 의지의 영향에 의해서 그리고 - 안셀름에 따르면 - 의지를 통해서 영향을 받은 신앙에 의해서 해결된다. 그리고 이와 더불어 신앙을 고려한 내적인 필요성의 질문이 아닌 외부적인 필요성에 관한 질문이고, 더욱이 이는 올바른 신앙과 더불어 일치하지만, 부정은 사상적으로 대처할 수 있다. 안셀름이 이에 관해 설명한 것과 마찬가지로 이러한 증명에 따라 하나님을 믿지 않은 사람은 다시 보다 더 훌륭한 통찰을 행하게 될 것이다.

그러나 또한 이와 같은 통찰은 하나님 자체에 따른 덕분이라고 할 수 있다. "te illuminante"라는 어구와 더불어 안셀름은 계몽에 관한 아우구스티누스의 이론을 암시하고 있고, 그것은 모든 인식을 단지 실행한다. 자체적으로 여전히 신앙에 의해서 해결할 수 있는 인식은 하나님의 도움 없이는 전혀 가질 수 없다. 그러므로 안셀름의 방법은 그것이 신앙의 내부적인 필요의 다름 아닌 모사로서 의미를 가지고 그것의 지성적인 요청에 도움을 받을 수 있었던 만큼 바로 그렇게 덧붙여서 독자적인 철학의 위치로서 근대화될 수 있었다. 최초의 모델이 지성을 강조한 것처럼 두 번째 모델은 지성을 대단히 신앙에 의존적으로 두고 있다.

"지성을 추구하는 신앙"이라는 문구에서 양측의 서로 관련된 범위에 대한 관계는 아마도 '추구하다'(quaere)의 관련 개념에 관해 가장 정확하게 탐구될 수 있다. 그것은 실제로 지성을 추구하는 신앙이다. 그리고 이 경우 하나님에 관한 통찰의 의존을 알 수 있는 신앙이며, 그것은 신앙 밖에서 잘못될 수 있다. 이와 같은 의존은 또한 안셀름에 따르면 통찰을 상실하는 것이 아니지만 이성적으로 기인된 진술들로부터 사유를 필요로 하는 상

42) WA.B 1,99,8-13 (Nr. 41): "Theologia nostra et S. Augustinus prospere procedunt et regnant in nostra universitate Deo operante. Aristoteles descendit paulatim inclinatus ad ruinam prope futuram semipiternam. Mire fastidiuntur lectiones sententiariae, nec est, ut quis sibi auditores sperare possit, nisi theologiam hanc, id est bibliam aut S. Augustinum aliumve eccleasticae autoritatis doctorem velit profiteri. Vale et ora pro me."

황은 다시금 그것에 의존하지 않는다. 따라서 신앙은 그것 없이 도달될 수 없는 통찰을 획득할 것이다. 왜냐하면 통찰은 전혀 추구되지도, 결국 그것의 결과에서 또한 바라지도 못하게 되나 신앙 없이 확실한 구성요소를 가질 수 있기 때문이다.

이러한 방법과 더불어 안셀름은 "오직 이성을 통해서만"이라는 진술과 마찬가지로 베렝가르의 입장을 이해했을 뿐만 아니라 결과적으로 진일보했다. 이성적인 입장을 보면, 이때 고대 교회의 권위들과의 논쟁(안셀름의 논증에서 단지 적은 역할을 한다)에 근본적으로 놓여있는 성서 권위의 모사와 이해를 더 이상 도움이 되지 않는다는 것이 아니다. 오히려 그것은 신앙의 영역을 넘어서 보편적인 타당성을 사용한 신앙의 내용을 새롭게 구상하는 데 도움이 된다. 독립적인 전제조건은 그 경우 이성적으로 기원하는 것과 계시에서 인식된 것 사이에 조화를 유지한다. 『왜 하나님이 인간이 되셨는가』에서 안셀름은 보다 자세하게 설명하고 있다.

> "내가 어떠한 보다 높은 권위를 증명하지 못하는 것을 말해야만 한다면 - 내가 그것을 근본적으로 증명할 수 있는 것처럼 보인다고 하더라도 - 이것은 다른 확신을 가지고서 그것으로서 받아들여질 수 없고, 하나님이 나에게 그것을 어떠한 방식보다 더 훌륭하게 계시할 때까지 그것은 나에게 그렇게 보일 것이다."[43]

3. 하나님 증명과 가우닐로(Gaunilo)와의 논쟁

바로 앞 장에서 명확히 한 것처럼 단지 몇 줄만 포함하고 있다 하더라도 안셀름의 방법은 신 존재 증명의 편에서 중세신학에서 가장 많이 토론된 텍스트들 중 하나인 아마도 1077/8년경 쓰여진 『프로슬로기온』에서 다루어졌다. 그의 요지는 1076년 완성된 『모놀로기온』과 비교해서 『프로슬로기온』에서 이해할 수 있는 사상적인 진행과정에 관한 이유를 이해할 수 있을 것이다. 여기서 안셀름은 신 존재 증명을 소개했고, 그 사상적인 전제조건

---

43) WA.B 1,99,8-13 (Nr. 41):"Theologia nostra et S. Augustinus prospere procedunt et regnant in nostra universitate Deo operante. Aristoteles descendit paulatim inclinatus ad ruinam prope futuram semipiternam. Mire fastidiuntur lectiones sententiariae, nec est, ut quis sibi auditores sperare possit, nisi theologiam hanc, id est bibliam aut S. Augustinum aliumve eccleasticae autoritatis doctorem velit profiteri. Vale et ora pro me."

은 존재하는 모든 것들 중에서 가장 고귀한 본질(natura summa omnium quae sunt)[44]로서 하나님의 정의였으며 내용적으로 선의 개념을 가지고 논증했고 신플라톤적으로 채색된 철학적 노선들 위에 있는 다양성의 기초적인 척도로서 일치로 대처했다. 안셀름 역시 선은 다양성의 본질에서 발견된다. 그러나 선의 다양한 표명은 그것을 선하도록 하는 어떠한 것을 통해서 항상 발생해야만 한다. 그러나 결과적으로 선한 것 - 예를 들면 나쁜 도둑의 빠름에 관련해서 선한 말의 빠름 - 의 서로 다른 가치에서 항상 선의 통일된 척도가 기초로 놓여있기 때문에 안셀름에 따르면 선의 모든 다른 표현 형태들을 결과적으로 가장 높은 선의 소급을 할 수 있다는 것은 필수적인 일이나 가장 높은 선은 단지 스스로를 통해서만 선으로 존재할 수 있다.

> "그러나 가장 고귀한 면에서 선하다는 것은 또한 가장 고귀한 면에서 위대하다. 그러므로 가장 고귀한 면에서 선하고 위대하다는 것만 있다. 말하자면 그것은 존재하는 모든 것들 중 가장 고귀한 것이다."[45]

안셀름이 얼마 후 신 존재 증명을 위해서 새롭게 시작했던 것은 단지 많은 존재론적인 전제조건들을 근거로 이와 같은 해결책이 그 자신을 결코 만족시키지 못했다는 것을 보여준다. 『프로슬로기온』의 시작 부분은 논리정연하게 또 다른 중심 개념을 소유하고 있다. "그것을 넘어서는 보다 더 커다란 것이 생각될 수 없는 것(aliquid quo nihil maius cogitari possit)."[46] 『모놀로기온』의 최상급과는 다르게 여기에서 비교급이 주도한다는 것은 매우 중요한 사상적인 의미를 지닌다. 증명은 더 이상 긍정적으로 진행된 가장 높은 상승의 개념으로 작용한 것이 아니라 상승을 상승할 수 없는 한계의 형식 개념으로 작용하고 있다. 이와 같은 변화의 의미는 동사 'cogitari'와 더불어 전적으로 사상적으로 그리고 사유와 더

44) Mon. c. 1; Anselm, Opera Omnia I,13,5.

45) WA.B 1,99,8-13 (Nr. 41):"Theologia nostra et S. Augustinus prospere procedunt et regnant in nostra universitate Deo operante. Aristoteles descendit paulatim inclinatus ad ruinam prope futuram semipiternam. Mire fastidiuntur lectiones sententiariae, nec est, ut quis sibi auditores sperare possit, nisi theologiam hanc, id est bibliam aut S. Augustinum aliumve eccleasticae autoritatis doctorem velit profiteri. Vale et ora pro me."

46) Pros. c. 2; Anselm, Opera Ominia I, 101,5.

불어 제시된 필요성에 따라 고려된 증명이 문제라는 것을 보여주는 관계문에서 설명되고 있다. 처음부터 사상적으로 존재론적인 특징들에 관해서 논증했던 증명이『모놀로기온』에서 중요했다면 존재론적인 영역이 명확히 사유로부터 도달되어야만 하는 것이 증명 자체의 핵심에 속하는 한『프로슬로기온』의 증명은 사상적인 방향을 그의 독특한 구조로 받아들인 셈이 된다. 신 존재 증명을 위한 출발점으로서 명백하게 의식된 사유의 고유성에 목적으로 하는 것을 생각한다면 후에 임마누엘 칸트(Immanuel Kant, 1724-1804)에 의해서 소개된 신 존재 증명의 개념이 안셀름 증명의 특징과는 어울리기 어렵다는 것이 명확하다. 사실 상 칸트는 안셀름의 증명 자체를 안목으로 직접으로 가졌던 것이 아니라 르네 데카르트(Renè Descartes, 1596-1650)가 그에게 제시했던 변형된 것을 접했을 뿐이고 데카르트는 그의 논증에서 순수하게 완전한 존재에 관한 이해의 형태에서 생득관념(idea innata)으로서의 이해가 출발했다 - 그의 논증구조에 따르면『프로슬로기온』의 증명에서 차용했음에도 불구하고『모놀로기온』의 최상급적인 증명에 보다 더 가까웠다.

안셀름이『프로슬로기온』에서 선택했던 길은 "하나님이 없다고 마음에 생각하는 자"라는 시편 14편 1절, 53편 2절에 따라 어리석은 자를 명확하게 반대개념으로 논증하려 했다.[47] 그가 언급한 개념 - aliquid quo nihil maius cogitari posiit - 과 더불어 어리석은 자가 그의 동의를 부인할 수 없는 형식 개념을 인정하면서 그는 이를 행한다. 그가 그의 신 부정에서 어떠한 것 혹은 가장 지고한 것의 실존을 부정한 반면에, 그가 그것을 넘어서 어떠한 것도 생각할 수 없는 어떠한 것의 실존을 부인한다면 그는 그의 고유한 사상의 한계들과 더불어 그의 고유한 유한성을 부인할 것이다. 그러나 또다시 이와 같은 이해를 제시한 것으로 받아들이고 전체적으로 사상의 영역에 머문다면 우리 - 또한 하나님의 부인자로서 - 는 언젠가 그것을 넘어서 어떠한 것도 생각할 수 없는 바로 그 지점을 만나고, 그 경우 그것을 넘어서 어떠한 것도 생각할 수 없는 내용의 완성에 관해서 어떠한 것도 전혀 언급하지 않을 것이다. 바로 여기서 안셀름적인 논증 진행과정에서 사상의 변화는 존재를 끼워 넣은 것이다. 그것을 넘어서 어떠한 것도 생각할 수 없는 어떠한 것을 생각했다면 그것을 생각할 수 있을 뿐만 아니라 존재할 수 있는 것을 덧붙여 생각할 수 있다. 그러나 그와 더불어 그것을 넘어서 어떠한 것도 생각할 수 없

47) Pros. c.. 2; Anselm, Opera Omnia I, 101,5-7.

는 순수하게 생각되는 것은 어떠한 것을 생각할 수 있고, 말하자면 그것을 넘어서 어떠한 것도 생각될 수 없이 존재하는 것을 생각할 수 있다. 따라서 어리석은 자는 그것을 넘어서 어떠한 것도 생각될 수 없는 것을 불가피하게 생각될 수 있는 것으로뿐만 아니라 존재하는 것으로 생각해야만 한다. 그러므로 그는 하나님을 불가피하게 존재하는 것으로 생각해야만 한다.

이와 같은 신 존재 증명을 대부분의 근대 개념들과 나누는 관점은 사유의 필요가 또한 존재의 필요를 발생시킨다는 전제조건이다. 그 경우 안셀름은 그렇게 간단한 문제가 아니기 때문에 그는 생각하는 모든 것을 불가피하게 또한 존재한다는 것으로 단순히 주장했을 것이다. 증명은 단지 상승의 근거로 역할을 한다. 최후의 상승의 편에서 사유 가능성의 한계까지만 사유의 필요는 존재를 지금까지의 한계를 넘어서는 존재로서 생각하도록 이끈다. 실존의 부가는 그것을 넘어서 어떠한 것도 생각될 수 없는 불가피하게 수용되어야 하는 어떠한 것이 도달되어야 한다는 지금까지의 수용을 논박한 것이고, 이와 같이 불가피하게 생각되어야만 하는 것이 존재하는 것의 영역에 빠져들도록 한다는 것을 명백히 한다. 그리고 특히 그것은 이와 같이 존재하는 것 안에 있고, 게다가 그때 하나님은 생각될 수 있는 모든 것보다 훨씬 더 높은 것이다. "그러므로 주님! 당신은 그것을 넘어서 어떠한 크기보다 더 큰 것이 생각될 수 없는 어떠한 것일 뿐만 아니라 당신은 생각될 수 있는 것보다 더 크신 분이다."[48] 일반적인 신 존재 증명과는 상당히 구분되어진 채 부정신학의 근본적인 요소들의 수용을 위한 인도로서 이와 같은 문장이『프로슬로기온』15장에서 비로소 발견되기 때문에 그는 안셀름의 이해를 위해선 전혀 유익하지 못했다. 이와 같은 상승은 안셀름 자신이 그의 증명의 한계를 인식하고 그 증명과 더불어 하나님을 실제적으로 파악할 수 있으나 아마도 이성적으로 그것의 실존을 설명할 수 있다는 요구를 하지 않는다는 것을 다양하게 토론된 기도형식으로 보다 더 높은 차원에서 설명하고 있다.

상승의 형식에 기인하는 그의 복잡한 논증은 수백의 실제적인 탈러가 포함하고 있고 수백의 가능한 탈러보다 그렇게 많지 않은 최소한의 것이 포함하고 있는 칸트의 논증에 따라 접하게 될 수 없을 뿐만 아니라 안셀름의 최초 비판가이자 수사인 마르모르티어의

48) Pros. c. 15; Anselm, Opera Omnia I, 112,14 f.: "ergo domine, non solum es quo maius cogitari nequit, sed es quiddam maius quam cogitari possit".

가우닐로(Gaunilo von Marmoutiers, † 1083)는 그것을 이미 무시했다. 그는 시편에 어리석은 자의 역할을 장난스럽게 받아들이고『어리석은 자에 관한 책』(liber pro insipiente)을 썼다. 그가 여기에서 안셀름의 진술을 모든 것들보다 더 큰 것(maius omnibus)으로 축소시킴으로써[49] 그는 안셀름의 증명의 핵심 내용을 설명했던 상승에 관한 사유의 역동성을 정의에서 제거시켜 버린다. 그가 이와 같은 핵심 내용을 알아차리지 못했다는 것은 그가 안셀름에게 반론을 제기하려는 실례로 보여진다. 안셀름 이후 곧바로 가우닐로에 의해서도 인간의 이해에서 세상의 다른 모든 육지들보다 더 훌륭하고 아름다운 섬은 이성 안에 존재할 뿐만 아니라 실재 안에 존재하지만[50] 그것은 아주 명확하게 무의미한 것이다. 가우닐로의 눈에서뿐만 아니라 그가 그의 대답에서 말했던 것처럼 안셀름의 눈에서도 그렇다는 것이다. 사실상 또한 안셀름에 의해서 겨우 어렵게 해결될 수 있는 가능성의 문제, 즉 그것이 가능하더라도 순수하게 형식적인 개념인 "더 이상 그 보다 더 큰 것이 생각될 수 없는 어떠한 것"을 채우는 것을 요구했던 가우닐로의 논증은 그럼에도 논증의 상호 교환에서뿐만 아니라 11세기 말엽의 학교의 본질이 어떠한 척도에서 강화되었고 새로운 사변적인 능력들에 기초하여 지적인 토론을 시행했는지를 보여준데서 그것의 중요성을 갖는다. 그 논쟁은 또한 어떻게 이 시기의 신학이 이해되어 알게 되기를 원했는지에 대한 실례가 되었다. 안셀름 자체는『프로슬로기온』이『어리석은 자에 관한 책』- 그것에 대한 그 자신의 대답 - 과 더불어 단지 전승되어야만 했다는 것을 염두해 두었다. 다시 한 번 진술된 명제들뿐만 아니라 후세의 상호교환을 통해서 세련된 그것의 표현양식은 전달될 수 있었다.

4. 안셀름의 신 존재 증명

안셀름의 방법의 집중은 신 존재 증명을 제공했던 두 권의 저술들『모놀로기온』과『프로슬로기온』이 또한 일차적으로 신론을 포함했다는 배경에서 이루어졌고, 안세름은 그의 이성 논증에서 나온 그의 대담한 설명에서 신론을 발전시켰다. 따라서 가장 높은 본질이

---

49) Pro insipiente 1; Anselm, Opera Omnia I,125,9.

50) Pro insipiente 6; Anselm, Opera Omnia I,128,14-32.

그것을 통해서 모든 것이 존재를 가지는 것일 때 결국 모든 것이 그의 존재를 전체적으로 최고의 본질로부터 받아들인다는 것을『모놀로기온』에서 전개시킨다. "따라서 불가피하게 그것 없이 어떠한 것도 존재하지 않는다는 것으로 귀결된다. 그것이 만든 것을 제외하고 말이다."[51] 또한 기독교의 창조신앙은 이와 같은 프로그램에 따라 선의 일치에서 계속적인 파생에 존재하고 그것과 더불어 하나님의 일치는 이성적으로 증명되며, 게다가 안셀름은 창조의 방법을 예술적인 이행과 상응하는 과정으로 표현하고 하나님은 그 과정에서 맨 먼저 질료의 형태들을 생각하면서 그것들을 존재에게로 이끈다. 안셀름이 이것을 언어행위로서 제시하고 창조에 기인한 사상을 통해서 설명한다면 우리는 의식적으로 성서의 명확한 인용 없는 논증에서도 성서의 근거를 들 수 있다. "질료를 언급하는 방법과는 다르게 언어의 행위가 이성 자체에 있어 무엇인가?"[52] 그는 이러한 면에서 하나님을 가장 고귀한 삶(summa vita)에서 가장 고귀한 미(summa beatitude)까지 모든 선의 가장 고귀한 상승형태로 진술[53]할 수 있을 뿐만 아니라 삼위일체의 비밀들에까지 강하게 이성적으로 확산될 수 있고, 그러므로 그의 증명에 대해 대단히 인상적이었던 일치를 또다시 신학적으로 구분할 수 있다. 특히 그것은 여기서 - 다시금 요한복음 서론의 로고스 기독론에 대한 전혀 언급되지 않은 내적 성서의 관계에서 - 관련시키려는 창조의 명확한 성서적인 제시 없이 성서적으로 확실한 언어행위이다. 왜냐하면 언어행위에서 하나님은 말씀을 통해서 언급되고, 말씀은 신적인 정신의 일치로 인해 하나님과 일치해야만 한다. 안셀름은 니케아-콘스탄티노플 신조 이후 하나님 아버지와 아들 사이의 관계를 말하고 있는 그 개념과 이와 같은 일치를 보여주고 있다. 4세기에 대단한 논쟁을 일으켰던 기독론적 중심 개념인 ὁομοούσιος의 라틴어 번역 "동일본질"(consubstantialis).[54] 이로써 확장된 삼위일체적인 전개를 유도하는 흔적이 남아 있었다. 말씀으로 아들이 소개되었듯이 그렇게 아버지와 아들의 사랑을 통해서 영이 소개되고 순수한 이성의 프로그램이 이와 더불어 가장 고귀하게 전개되며, 그것은 성서와 신앙고백의 함의적인 제시들이 보여주듯 질료에 따라 순수하게

51) Mon. c. 7; Anselm, Opera Omnia I,22,1: "consequitur ex necessitate, ut praeter ipsam nihil sit nisi ea faciente."

52) Mon. c. 10; Anselm, Opera Omnia I,24,25: "quid aliud est quam rerum quaedam in ipsa ratione locutio."

53) Mon. c. 16; Anselm, Opera Omnia I,31,2-8.

54) Mon. c. 29; Anselm, Opera Omnia I,48,4.

이성적이지 못하고 또한 안셀름의 명확한 신앙고백에서도 전혀 있을 수 없는 일이다.

안셀름은 하나님의 속성 교리, 특히 자신의 편에서 이루어지는 질문들을 이성적으로 지향하는 전개를 통해서 그의『프로슬로기온』에서 삼위일체론의 이성적인 전개를 보충한다. “만일 당신이 육으로 존재하지 않는다면 당신은 어떠한 방법으로 감각적일 수 있는가? 혹은 당신이 어떠한 것도 할 수 없다면 당신은 어떠한 방법으로 전능할 수 있는가? 당신이 감정적이지 않다면 당신은 어떠한 방법으로 자비로울 수 있는가?”[55] 그때 이 논증은 하나님에게 어울리는 개념들의 특수성에서 하나님에게 사용된 개념들을 규정하는데 집중되어 있었다. 유일한 하나님이 전능할 수 있는 것처럼 안셀름이 논리적으로 명확한 이론과 함께 전념한다고 하더라도 신론은 그와 더불어 동시에 문법이고, 그럼에도 하나님의 가능성은 제한되어 있다. 왜냐하면 그는 진실한 것을 잘못되게 만들지 않거나 일어나게 된 것을 일어나지 않게 만들 수 없고, 따라서 원칙을 통해서 불가능한 모순으로부터 한계인 채 남아있기 때문이다.

> “아마도 이것을 할 수 있다는 것은 능력이 아니라 무력인가? 왜냐하면 그것을 할 수 있는 사람은 그에게 유익하지 않고 그가 허락하지 않은 것을 할 수 있다. 그가 그것을 할 수 있으면 있을수록 점점 더 많이 적대관계와 곡해가 그를 반대해서 일어날 수 있다. 그러므로 그러한 능력을 가진 사람은 능력을 통해서가 아니라 무능을 통해서 할 수 있다.”[56]

배열의 가장 중요한 기본 규칙과 하나님과의 연결은 하나님의 고유한 배열을 위한 보호이다. 그러한 반성들은 어떻게 지성과 신앙이 서로 얽혀져 있는지를 설득력 있는 방식으로 제시해준다. 사실상 신론에 관한 논리적이고 날카로운 질문은 논리학자에 의해서

---

55) Pros. c. 6; Anselm, Opera Omnia I,104,21 f.: “quomodo es sensibilis, si non es corpus; aut omnipotens, si omnia non potes; aut misericors simul et impossibilis?”

56) WA.B 1,99,8-13 (Nr. 41): “Theologia nostra et S. Augustinus prospere procedunt et regnant in nostra universitate Deo operante. Aristoteles descendit paulatim inclinatus ad ruinam prope futuram semipiternam. Mire fastidiuntur lectiones sententiariae, nec est, ut quis sibi auditores sperare possit, nisi theologiam hanc, id est bibliam aut S. Augustinum aliumve eccleasticae autoritatis doctorem velit profiteri. Vale et ora pro me.”

이용된 개념들을 적절하게 이해하고 그것과 더불어 하나님에게 어울리는 언어를 발견하도록 도움을 줄 것이다.

5. '왜 하나님이 인간이 되셨는가': 로스켈린(Roscelin)의 자모체계와 유대적 질문들과 논쟁에서 기독론의 이성화에 대한 변론

안셀름의 삼위일체적인 숙고들은 신학의 고유한 구상에서 벗어났던 자극을 곧바로 받아들였다. 90년대 초 수사 요한네스(Johannes)는 안셀름에게 문의했고 그에게 로스켈린의 진술들을 보고했다. 그는 말했다. "만일 세 위격들이 여전히 하나의 실재이고 세 명의 천사들 혹은 세 개의 영혼들처럼 스스로를 위해 존재하는 세 개의 실재가 아니지만 그것들이 의지와 능력을 통해서 완전히 일치한다면 아버지와 영은 아들과 함께 육화되었다."[57] 안셀름은 여기서부터 매우 날카로운 결론을 도출했다. "그는 세 명의 신들을 설명하는 것인지 아니면 그는 그가 말한 것을 이해하지 못한 것인지 둘 중 하나이다."[58] 관련된 자는 평판이 나빠졌던 몇 명의 신학자들과 운명을 같이 한다. 콤피엔의 로스켈린(Roscelin von Compiègne, ca. 1050-1120/5)은 이에 관해서, 그러나 특히 그를 대항하여 썼던 또 다른 사람들의 증거들에 의해 먼저 재구성되어야만 한다.[59] 여기에서 발생된 그림은 모음체계의 당시 움직임에 속하는 변증가를 제시해준다. 삼예학 교육 내에서 이와 같은 사상 방향과 관련된 강조는 어느 정도 지나친 신플라톤적인 형태와 반대로 진정으로 아리스토텔레스의 지속적인 발전의 회복으로서 해석할 수 있는 논리학의 지속적인 발전을 대표했다. 이와 같은 해석은 보편적인 것에 관한 해석에서 이루어졌다. 문법학자들(Vokalisten)은 논리학을 음성 혹은 음성의 방향(flata vocis)의 학문으로 삼았다. 그들이 질료들과 이와 같은 음성의 관계에 대한 명확한 규정을 실행했거나 또한 단지 실행하기를 원하지 않고서 말이다. 이것을 포르피리오스(Porphyrios)에 의해서 중세에 이어진 논리적

57) Ep. 128; Anselm, Opera Omnia III,270,8-271,11: "Si tres personae sunt una tantum res et non sunt tres per se, sicut tres angeli aut tres animae, ita tamen ut voluntate et potentia omnino sint idem; ergo pater et spiritus santus cum filio incanatus est."

58) Ep. 129; Anselm, Opera Omnia III,272,22: "aut tres deos vult constitutere, aut non intelligit quod dicit."

59) 물론 아벨라르드에게 했던 편지가 주목할 만하고, 그것은 라인네스에 의해서 인쇄된 것이다. Nominalismus 62-80.

인 개념, 즉 보편적인 개념으로 이용했다면 이것은 또한 사람들이 사용한 보편적인 개념들이 - 대략 종류들과 장르들과의 관계들 - 단지 "소리"로 다루어졌다는 것을 의미한다. 그리고 이것은 소리를 지향했던 방법론을 통해서 이루어졌다. 보편개념들의 실재가 그것들의 언어적인 실현과 대담한 명칭들에 국한되었다는데서 그 사상을 생각했다면 그리고 이미 보편 논쟁에서 서로 다른 입장들의 표현으로 중세 내부에서 사용되었던 천편일률적인 대립들에 기인한 것이라면 이것은 유명론으로 보인다. 이와 같은 가르침에 따라 보편개념들은 단순히 명칭들 안에 존재한다. 실재론은 보편개념과 대치되고, 실재론은 또한 실재가 언어와 사상 밖에서 보편개념들과 일치하며, 예를 들면 많은 개별적인 사람들이 있을 뿐만 아니라 최소한 신적인 이데아의 세계에서 보편성이 인간 혹은 인간성의 이데아로 있다는 것이 확실해진다.

철학적인 질문을 삼위일체론에 사용했다면 이와 같은 일차적이고 철학적인 질문은 신학적인 문제가 되었다. 개별적인 실재들과 반대로 보편적인 것이 실재 안에 있다면 아버지, 아들 그리고 성령이 참여한 신성의 한 본질은 여전히 설명하기가 쉽지 않다. 그것들은 세 개의 신적인 위격들로 남아 있으나 앞에서 언급한 것처럼 로스켈린은 그것들의 일치를 하나님의 의지와 능력의 일치하는 이론에 관해서 설명하려고 시도했다. 안셀름이 그것을 그에게 비판했던 것처럼[60] 그는 그의 진술인 "자체적으로 따로 떨어져 ... 세 개의 질료들"(tres res ... per se separatim)[61]과 더불어 삼신론을 아마도 변호하지 못했을 것이다. 그러나 그는 이로 인해 1092년 소이송(Soissons)에서 정죄를 받았다.

안셀름은 로스켈린에 반대한 자신의 입장을 단순한 거부로 제한했던 것이 아니라 5단계로 제시된 『말씀의 성육신에 관하여』(De incarnatione Verbi)라는 작품을 저술하는 데까지 이르렀다. 그는 최초의 저술 작업을 아직 베크에 머무는 동안 저술했고 동료들 사이에 통용되었으며, 그 결과 직접적으로 로스켈린의 정죄에 관련한 시간적 상황에서 이루어졌다. 마지막 저술 작업은 캔터베리에서의 대주교 시절 초창기에 시작되었다. 다른 작품들에서보다 더욱 강력하게 - 그것은 특히 삼위일체 신학적으로 의도된 것과 마찬가지로 『모

60) De inc. c. IV; Anselm, Opera Omnia II,16,19-21.

61) De inc. c. II; Anselm, Opera Omnia II,10,23. 동일한 책. 12,17,은 이 경우 안셀름의 첨부가 중요한 문제가 아니라 그가 로스켈린의 진술로서 발견한 진술들이 중요한 문제이라는 것을 명백히 한다.

놀로기온』과 비교해서 주목할 만하다 - 안셀름은 여기서 명확하게 기독교 신앙의 요소를 바탕으로 논증하고 로스켈린은 그가 그리스도인으로 존재하기를 원한다면 그가 세 위격 안에서 하나님의 일치라는 의미에서 삼위일체론을 인정하는 것 외에는 전혀 할 수 없다는 것을 가상의 대담에서 제시한다.[62] 중요 사상은 그 경우 위격들의 보편성(comme)과 독특성(propria)의 구분이었고,[63] 게다가 고대 교회의 삼위일체론에 따르면 독특성이 위격들의 관계(relationes) 안에서 표현되고 있다는 것이다.[64] 이러한 면에서 안셀름은 아버지가 함께 성육화 되지 않고서 이 작품에 주요 관심으로서 또 다른 것들과 구분되는 위격으로 하나님의 아들의 성육신이 가능하다는 것을 설명할 수 있었다. 그럼에도 아들이 협력자로서 성령과 마찬가지로 아버지로서 성육신 안에서 생각될 수 있고 기독교적 지평에서 또한 생각되어야만 하는 한 그와의 관계가 존재한다는 측면에서 설명되고 있다.[65]

물론 이것은 어차피 제목에도 불구하고 안셀름의 최후 작품도 특히 그의 가장 영향력 있는 작품도 아니며 삼위일체 신학적으로도 그렇게 매력적인 작품이라기보다 오히려 기독론적인 질문으로 결정되었다. 『말씀의 성육신에 관하여』(De incarnatione Verbi)라는 작품이 광범위하게 기독교 삼위일체론에 이어져 온 요소의 도구로 확고함을 설명했던 반면에, 『왜 하나님이 인간이 되셨는가』(cur deus homo)라는 작품에서 안셀름은 다시금 강력하게 그의 진정한 방법론을 사용했다. 그렇게 문제가 제기되었다는 것은 안셀름이 내재적인 기독론에 철학적인 반박자들을 직면했을 때 시행해야만 했을(물론 그들은 그들의 편에서 결코 그리스도의 신성을 부정하지 않았다)뿐만 아니라 그가 1085년 웨스트민스터(Westminster)에서 수도원 원장이 되었던 베크의 당시 수사인 길버트 크리스핀(Gilbert Crispin, ca. 1046-1117)과의 대담과 저술을 통해서 유대적인 입장에 직면했을 때 이루어져야만 했고, 유대적인 입장은 철학적인 근거에서가 아니라 히브리어 성서, 기독교의 구약성서의 주석에 근거해서 그리스도의 신성을 반박했다. 크리스핀은 그에게 그리스도의 신성의 문제에 관해 토론한 유대인들과의 논박문 - 틀림없이 특정한 양식에 맞추어진 - 을

62) De inc. c. III; Anselm, Opera Omnia II,14,12-15.

63) De inc. c. II; Anselm, Opera Omnia II,11,20 f.

64) De inc. c. II; Anselm, Opera Omnia II,12,13-15.

65) De inc. c. III; Anselm, Opera Omnia II,14,14 f.

판단해주라는 요구와 더불어 보냈다.[66] 이러한 진행은 랑프랑크와 반대로 전문가들 중 안셀름에 의해서 행해진 적용과 일치하고 - 크리스핀이 대담 파트너의 논증 능력들과 인식들과 반대로 제시했던 아주 명확한 목적에도 불구하고 - 그것은 고유한 논증에 대한 의심의 표현으로 있어야만 했다. 어쨌든 크리스핀은 그의 논증에 근거해서 유대인이 세례를 받아야만 되었고 수사가 되어야 한다는 것을 자랑스럽게 선포했다.[67]

그러나 안셀름이 크리스핀의 대화에 의해서 아마도 만나게 되지만 모든 경우 영향을 받게 된 대화인『왜 하나님이 인간이 되셨는가』에서 왜 하나님이 인간이 되셨는가라는 질문에 대한 대답을 "remoto Christo"에게 특히 그리스도의 거부 아래 그리고 필수적인 이유로(rationibus necessariis)[68] 제공한다는 것을 알리려고 한다면 이것은 위에서 설명된 안셀름의 방법의 의미에서 이해될 수 있을 뿐만 아니라 상황을 고려해서 아마도 유대인들과 관련되며, 유대인들은 그리스도인들과 더불어 보편적인 근거를 구약성서에 공유한다. 크리스핀은 그의 유대인 대화 파트너에게 "어떠한 이성적인 근거, 어떠한 성서적 증거들이 하나님이 인간이 되실 수 있었고 혹은 그가 인간이 되었던 자로 존재한다는 것을 생각하도록 나를 자극하는 지"[69]를 질문 받았고, 그 자신은 하나님의 사람됨의 사상을 "고도의 필요성과 이성(necessitas ... summa et ratio)으로"[70] 설명했다. 적절하게 안셀름은 이성적으로 전개될 뿐만 아니라 성서적으로 설명되고, 그때 개별적 증명은 물론 훈련된 변증가의 모든 도구들을 가지고서 진행하는 전제조건들로 "왜 하나님이 인간이 되셨는가"에서 삼을 수 있었다. 그것이『프로슬로기온』의 신 증명만큼 그렇게 형식적-추상적으로 나타난 것이 아니라 몇 가지 초안들을 만들려 한다 하더라도 결과적으로 또한 이와 같은 방법에서 하나님의 사람됨은 논리적으로 입증되어야 한다.

안셀름이 전제로 한 전제조건은 하나님의 창조의지이다. 하나님은 천사와 인간과 더불어 창조에서 본질을 창조했고, 그것들은 그의 의지에 순종해야만 한다. 그러나 몇몇

---

66) Crispin, Dialogus 32-34.

67) Crispin, Dialogus 34.

68) Cur deus homo Praefatio; Anselm, Opera Omnia II,42,12 f.

69) Crispin, Dialogus 64: "Quae me ratio, quae me scripturarum cogit autoritas, ut credam, quod deus homo fieri quaeat vel homo factus iam exiatat?"

70) Crispin, Dialogus 70.

본질들이 죄의 타락으로 말미암아 타락하게 되면서 창조자의 빚을 갚게 된 영예(debitus honor)는 대단히 커다랗게 손상을 입게 되었다. 리차드 서든(Richard W. Southen)[71]은 사상의 형태에 있어서 안셀름이 얼마나 깊이 있게 하위계급의 귀족 가문의 출신으로서 그의 사회적 환경의 독립성 속에서 뿌리 박혀져 있었는지를 보여주고 있다는데 주목했다. 봉사를 거부한 봉사 의무들을 통해서 영예와 그의 모욕은 상호 의존의 체계와 더불어 봉건 영주와 그것에 의존하는 사람들을 전체적인 것으로 역할을 해야만 했던 관계로 이루어졌던 봉건제도의 법 형태이다. 하나님은 이와 같은 형태에서 마치 천국으로 이동한 봉건영주처럼 소개되고, 인간들은 하나님의 농노들이다.

위에서 이미『프로슬로기온』에서 전능의 가르침 편에 제시된 것처럼 이와 같은 틀에서 질서가 하나님을 다루는데 중요한 역할을 한[72] 체계 내부에서 신적인 영예의 약탈에 대한 명확한 결과들이 제시될 수 있다. 영예는 만족(satisfactio)을 통해서 원상복구 되거나, 그것은 형벌(poena)을 받게 되고[73] 영예는 인간 죄성의 무게를 고려하여 인성의 파괴가 있을 수 있다. 이것이 근본적으로 신적인 창조의지에 이의를 제기한 것[74]이기 때문에 하나님이 결정했던 변수는 다시금 선하게 만드는 것이다. 그럼에도 또한 이것은 하나님의 초월적인 차원을 고려해보면 어려움 없이 어떠한 것도 진행되지 않는다. 그리고 그의 소논문의 제목에 관한 질문을 지적으로 대답하기 위해서 여기서부터 안셀름이 구상한 문제가 전개된다. 그때 하나님은 인간이 완전히 의존하는 주님이기 때문에 인간들은 그에게 어떠한 것도 제공해서 안 된다. 인간들은 창조의 목적을 이행, 하나님을 경외하는 일 그 이상의 것을 할 수 없다. 인성이 또다시 - 그리고 또한 이와 같은 사상에 의하면 보편개념인 '인간'의 실질적인 이해가 불가피하다 - 죄에 빠져들게 되면서 인간은 하나님에게 빚지게 된다. 이때 다시금 그의 의무를 다해야 한다 할지라도 인간은 이와 같은 빚을 지불할 수 없다. 왜냐하면 인간이 그 의무를 초월한 어떠한 것을 하나님의 찬미로 행할 수 있을 때만 오직 가능하기 때문이다. 그러나 그것은 전혀 불가능하다.

---

71) Cur Deus homo? I,8; Anselm, Opera Omnia II,68,14-69,2.

72) Southern, Richard W.: Saint Anselm. A Potrait in a Landscape, Cambridge 1990.

73) Cur Deus homo? I,20; Anselm, Opera Omnia II,86,21.

74) Cur Deus homo? I,13; Anselm, Opera Omnia II,71,24-26.

그러므로 인성이 만족할 만한 것을 행했다 하더라도 이 일을 할 수 없다. 이것은 하나님만 하실 수 있으나 그는 하나님으로서 빚을 지불할 의무를 갖지 않는다. 한 가지 해결책은 단순함에 지속적으로 작용하는 논증에서 안셀름 조차도 가능한 것이 해야만 하는 것과 관련될 때, 그러므로 빚을 지불하나 지불하지 않아도 되는 사람이 그것을 지불해야만 하나 동시에 지불할 수 없는 사람과 동일할 때 가능하다. 그러므로 하나님이 인간이 된다면 가능하다. 여기에 두 번째 책 6장에 집중해서 소논문을 위한 중요한 질문이 놓여있는데 그 질문인 즉, 왜 하나님이 인간이 되셨는가?:

> "그러므로 이것이 단지 존재할 수 있다면, 하나님만이 행할 수 있고 단지 인간이 빚을 지고 있는 앞에서 언급된 만족이 일어난다면 하나님이며 동시에 인간인 자만이 그것을 행해야만 한다는 것은 불가피하다."[75]

이와 같은 모델과 더불어 안셀름은 파울의 성향들을 만족기독론(Satisfaktionschristologie, 롬3:25)의 원리로 삼았고 기독론의 근거를 제시하는 질문에 대해 솔직하게 설명하려고 했으며, 그것에 대해서 그는 근대 신학에 의해 대단히 비판을 받게 되었다. 그러나 안셀름이 크리스핀의 저술 안에서 발견하고 그가 보다 더 명확한 모델을 통해서 극복되도록 하는 이론에 주목할 때 비로소 사상적인 공헌의 적절한 평가가 오로지 가능하다. 사상들이 안셀름에 의해서 다시 주목을 받은 것처럼 크리스핀은 유대인 대화 파트너와는 반대로 이미 사상들을 받아들였음에도 안셀름보다 훨씬 더 강력하게 하나님의 적이자 인간의 적으로서 마귀(hostis)와의 논쟁 시나리오와 관련되어 있다.[76] 베크와 켄터베리 출신 학자가 고유한 권리를 소유하고 그가 하나님의 손에 전적으로 존재하더라도 그는 그것에서 하나님에게 맞서는 마귀의 이원론적 독립성의 잠재적인 위험을 생각했다.[77] 그것과 반대로 안셀름

---

75) WA.B 1,99,8-13 (Nr. 41): "Theologia nostra et S. Augustinus prospere procedunt et regnant in nostra universitate Deo operante. Aristoteles descendit paulatim inclinatus ad ruinam prope futuram semipiternam. Mire fastidiuntur lectiones sententiariae, nec est, ut quis sibi auditores sperare possit, nisi theologiam hanc, id est bibliam aut S. Augustinum aliumve eccleasticae autoritatis doctorem velit profiteri. Vale et ora pro me."

76) Cur Deus homo? II,6; Anselm, Opera Omnia II,101,16-19: "Si ergo ... nec hoc esse valet, nisi fiat praedicta satisfactio, quam nec potest facere nisi deus nec debet nisi homo: necesse est ut eam faciat deus-homo."

77) V.a. Crispin, Dialogus 78-80.

은 폭넓게 하나님의 주권을 그에 상응하는 관점에서 고려하는 모델을 전개시켰다. 그리고 그 모델은 거칠게 요구된 하나님에 관한 소개로서 잘못 사용될 수도 있을 것이다. 안셀름은 특히 사상적으로 하나님의 자비의 길을 설명하기 원했고, 이 사람은 그 길을 통해서 인간에게 자기에게 책임이 있는 곤경에서 벗어나는 데 지원한다. 하나님은 봉건 영주의 통치 기능 외에도 또한 이와 같은 중세적으로 계속해서 어울리는 복지 기능을 행하는 것과 더불어 천국의 영주로서의 의미로 입증된다.

D 수도원 신학에서 유래한 동인들

1. 클레르보의 베른하르트(Bernhard von Clairvaux)와 아가 신비주의

클레르보 베른하르트(Bernhard von Clairvaux, †1153)는 시토회 수사들 중 시토 수도원(Citeaux)에서 출발한 개혁운동의 가장 중요한 인물이었고, 그 운동은 수도원의 단순한 생활 정신에 따라 지나친 화려한 생활에 대해 비판했으며, 그것이 '수도원 신학' 아래 이해하고 있는 것의 근본적인 표현으로 간주할 때, 그는 전적으로 수도원적인 세계를 목적으로 했던 신학을 계획했다. 그의 신학이 사변적인 관심에 온 것이 아니라 "장인의 경험"을 통한 신학의 지도를 수행한다는 것은 근본적으로 이에 속하는 일이다.[78] 그 자신은 단순한 이교도 철학의 신 인식과 반대로 이러한 영성을 지향하는 경험신학의 부산물임을 강조했다.[79] 그 부산물의 장소는 논문에서가 아니라 근본적으로 설교에서 드러나고, 자세히 말해서 특히 그리고 가장 두드러지게 구약성서 아가서에 관한 설교들에서 잘 보여 주고 있다. 따라서 베른하르트의 언어 형식은 계속해서 하부에서 여전히 설명되고 있는 당시 파리 신학자들의 편에서는 다른 것이고, 그들은 성서를 해석하고 신학을 훈련하기 위해 서로 다른 형태에서 그리고 서로 다른 강조점을 가지고서 그 시기의 사변적인 가능성들을 이용했다.

가장 명확하게 상호 대립관계는 성서 사용과 관련되어 있다. 왜냐하면 도시 학교들에서 성서 본문을 곧바로 분석하면서 변증가들의 분석적인 도구에 예속시켜 버리기 때문이다. 성

78) Cur Deus homo? I,7; Anselm, Opera Omnia II,56,3-6.

79) Serm. Cant. 6 III. 9; Berhard, Sämtliche Werke V,108,19: "magistra ... experientia".

서 본문과 베른하르트의 관계는 서로 다른 성서 의미들의 전통적인 해석을 따르고, 그 기원은 알렉산드리아 필로(Philo von Alexanderien)와 오리게네스(Origenes)에 거슬러 올라간다. 영감 받은 성서가 더 많은 의미를 포함했다는 것은 중세 성서 이해에 특징적이었다. 그 경우 문헌적-역사적인 의미는 유형론적인 의미, 도덕적 의미와 구분되었고, 유형론적인 의미는 새로운 언약의 구원 사건과 관련지었으며, 도덕적인 의미는 시간의 종극을 고려했던 종말론적 의미 혹은 아나고기적 의미와 마찬가지로 개별 영혼에 관련된 의미이다. 근본적으로 모든 성서 본문은 이와 같이 네 가지 의미들 안에서 해석되었고 따라서 그것의 본질적이고 심도 있는 의미가 존중받을 수 있게 되었다. 베른하르트는 이때 핵심적으로 도덕적인 의미에 집중했다. 이미 오리게네스와 대 그레고리(Gregor der Groβe)는 아가서의 우의적인 해석 가능성으로서 영과 그리스도 사이의 만남이라는 의미를 제안했고, 아가서의 분명한 성애적 언어는 대부분의 기독교 해석가들에게 문자적인 의미에 어려움을 야기했다. 베른하르트는 이와 같은 해석 방식을 핵심적인 출발점으로 삼았다. 이는 그의 설교들에 점차적으로 생겨나게 된 성애적 특징을 제시해 주었고, 그 특징은 영혼과 그리스도 사이의 만남이 입맞춤의 비유로 설명되는데서 가장 명백하게 된다. 여기서 발생된 신학은 이때까지 전혀 알려지지 않은 방식으로 개체를 모든 신학적 수고의 중심에 세우고 - 구원사적인 고대와 기독론적인 근본 진술들을 이와 같은 개인적인 구원과 관련시키는 것을 신학에서 이루려고 하면서 특히 신학의 모든 고유하고 기독론적인 특징을 획득한다. 왜냐하면 이것은 베른하르트에 의하면 구원사의 중심에 서 있기 때문이다.

> "역사는 또한 정원이다. 그것은 세 가지로 구분된다. 즉 창조, 화해, 그리고 세상의 회복을 포함하고 있다. 창조는 정원의 건설과 경작과 같으나 화해는 동시에 파종과 식물의 싹이다. 즉 그 시기가 왔을 때, 하늘이 위로부터 이슬을 내렸고 구름들이 의로운 자들에게 비처럼 쏟아져 내렸을 때 땅이 열렸고 구원의 땅에 씨앗이 나게 될 것이고, 그것을 통해 땅과 하늘이 화해하게 되었다. 말하자면 그는 둘을 하나로 묶는 우리의 평화인 동시에, 그는 그의 피로 땅과 하늘에 있는 것 사이에 평화를 전해주었다. 결국 회복은 시간의 마지막에 있을 것이다. 그때 새로운 하늘과

새로운 땅이 있을 것이고, 하나님의 비축창고로 인도되기 위해서 선한 자들을 에덴동산에서 생산한 열매들처럼 악의 중심에서 모을 것이다."[80]

이와 같은 구원사적인 스케치는 베른하르트 설교의 상황에 진술 목적을 돕고 있고, 진술 목적은 개체를 지향하고 있으나 그는 이 개체가 구원사의 보편적인 지평에서 그 장소를 경험하고 지키는 이중적 역할을 한다. 이와 같은 구원사적인 스케치와 마찬가지로 성육신이 중심인즉, "역사의 정원"의 세 부분 내에서 핵심을 설명하고 있기 때문에 그것은 그리스도와 신앙인 사이에 접촉점이다.

"내가 생각한 것처럼 이것은 하나님에게 그가 육신 안에 보여지고 인간으로서 인간과 교제하기 원했던 것에 대한 특별한 이유이다. 그로써 그는 맨 먼저 육신적으로 사랑할 수 있었던 육신으로 사는 자들의 모든 성향들을 그의 육신에 대한 구원을 가져오는 사랑으로 인도하기를 원했고 그것을 단계적으로 영적인 사랑으로 이끌기 원했다."[81]

베른하르트는 이와 같은 사상과 더불어 인간이 하나님이 되기 위해서 하나님이 인간이 되어야만 한다는 아타나시우스의 고대 교회 사상을 다시 수용한다. 그러나 그에 의하면 인간됨은 성탄의 사건일뿐만 아니라 그것이 십자가로 가는 길의 시작이고 그 결과 그리스도의 완전한 인간됨이 그에게서 최종적으로 고통의 근본적인 길로서 생각하고, 그 고통이라 함은 인간의 유익을 위해 일어난 것이다. 묵상에서 베른하르트는 그가 신비적인 방법에서 그리스도의 전 생애를 어린 시절부터 그의 어두움 속에 깨어있음, 그의 유혹

80) WA.B 1,99,8-13 (Nr. 41): "Theologia nostra et S. Augustinus prospere procedunt et regnant in nostra universitate Deo operante. Aristoteles descendit paulatim inclinatus ad ruinam prope futuram semipiternam. Mire fastidiuntur lectiones sententiariae, nec est, ut quis sibi auditores sperare possit, nisi theologiam hanc, id est bibliam aut S. Augustinum aliumve eccleasticae autoritatis doctorem velit profiteri. Vale et ora pro me."

81) WA.B 1,99,8-13 (Nr. 41): "Theologia nostra et S. Augustinus prospere procedunt et regnant in nostra universitate Deo operante. Aristoteles descendit paulatim inclinatus ad ruinam prope futuram semipiternam. Mire fastidiuntur lectiones sententiariae, nec est, ut quis sibi auditores sperare possit, nisi theologiam hanc, id est bibliam aut S. Augustinum aliumve eccleasticae autoritatis doctorem velit profiteri. Vale et ora pro me."

들, 그의 동정의 눈물 그리고 최종적으로 고통보다 더 좁은 의미에서 고난에 관해 어떻게 수집하는지를 서술한다[82]: 고통은 그리스도의 삶의 한 단면이 아니라 그 모든 삶은 인간들에게 구원을 가져오려는 고통을 지향했다. 성육신의 진술에서 이와 같은 애매함 - 한편으론 구원의 근거로서, 다른 한편으론 그리스도의 고통의 형상으로서 - 은 신앙들에게 그리스도와의 만남이 또한 심히 애매한 일을 발생시킨다. 그리스도는 동시에 자비와 공의이고, 희망과 같은 열매를 발생시킨다.[83] 인간은 그를 위해 고통을 받았고 속죄했던 분[84]과 만남에서 참회에로 초대를 받게 된다. 그가 이와 같은 참회를 통해서 빠져나가게 되고 나서야 비로소 그는 다시 상승할 수 있다. 이와 같은 상승은 전체적으로 은총 신학적으로 생각되었다. 인간의 가장 낮은 겸손에서 시작하면서 그는 영혼 자체의 능력들 덕분이 아니라 유일하게 은총의 작용과 하나님의 도움에 덕택이다.[85] 죄인은 예수 그리스도 자체에 의해서 두 단계로 알려져 있는 길에서 상승하게 된다. 즉 행동하는 모방과 그리스도와의 연합이다. 그 경우 모방은 항상 반동적이고, 그것은 자기의 행위가 아니라 그리스도를 반영하며 특히 그리스도와 만남의 직접적인 표현이고, 그리스도와의 만남은 인간에게 하나님을 가시적으로 만들었다. "오 그리스도인이여! 너희가 그리스도를 사랑해야만 한 것처럼 그리스도에 관해서 배워라! 사랑으로 그를 사랑하고, 지혜로 그를 사랑하며 힘을 다해 그를 사랑하는 것을 배워라!"[86] 모방의 단계에 도달하게 되고 그 단계가 성취된다면 베른하르트의 설명은 영성의 길의 최종 단계인 신비적인 연합에 들어간다.

> "그것은 길이고 올바른 순서이다. 맨 먼저 우리는 스스로 엎드리고 우리를 만든 주님 앞에서 탄원하며 우리가 만들었던 것이다. 두 번째 단계에서 우리는 우리를 위로하고 흔들리는 무릎에 기운을 북돋아주는 분의 손을 찾는다. 우리가 결국 많

82) Serm. Cant. 20 V.6; Berhard, Sämtliche Werke V,284,21-26: "Hanc ego arbitror praecipuam invisibili Deo fuisse causam, quod coluit in carne videri et cum hominibus homo conservari, ut carnalium videlicet, qui nisi carnaliter amare non poterant, cunctas primo ad suae carnis salutarem amorem affectiones retraheret, atque ita gradatim ad amorem perduceret spiritualem."

83) Serm. Cant. 43 II.3; Berhard, Sämtliche Werke VI,98,18-27.

84) Serm. Cant. 6 III. 8; Berhard, Sämtliche Werke V,106,25 f.

85) Serm. Cant. 20 II. 3; Berhard, Sämtliche Werke V,278,27-280,1.

86) Serm. Cant. 21 I. 1; Berhard, Sämtliche Werke V,290,16-22.

은 기도와 눈물 아래 이것을 갈망했다면 우리는 그때야 비로소 우리의 머리를 영광의 입 - 나는 그것을 전율 속에서 말한다 - 에 그를 보기 위해서뿐만 아니라 그와 키스를 하기 위해서 상승해야 한다."[87]

베른하르트는 하나님의 부재로부터 하나님과 완전하고, 단지 결정적으로 경험될 수 있는 연합으로 유도하는 활에 대해 진술한다. 그의 신학은 수도원 실존의 두 가지 관점들을 포함하고 있다. 신비적인 연합에 관한 갈망과 또한 겸손 교리와 참회 교리. 그가 신학적인 반성으로부터 제공한 모든 것은 수도원 경건의 이와 같은 이중적인 관점이 사용되고 있다. 그리고 그것과 더불어 최종적으로 고도의 개인화된 경건이 이용되고 있다.

2. 피오레의 요아힘(Joachim von Fiore): 성서를 통한 역사 해석

피오레의 요아힘(Joachim von Fiore, ca. 1135-1202)을 통해 수도원 신학의 또 다른 형태의 발달이 12세기 말엽에 일어났다. 그는 원래 시토회 수사였으나 후에 피오레에 스스로 수도원을 건립했고, 수도원 원장으로 일하면서 그곳에 새로운 수도회로 자리했다. 사변적인 사상의 근대 형태들은 베른하르트에게서처럼 그에게도 적지 않은 역할을 했고, 베른하르트처럼 그 역시 저술신학자였다. 그러나 베른하르트의 저술에 있어서는 도덕적인 이해가 결정적이었던 반면에, 성서, 특히 구약성서와 계시록의 의미를 해석하기 위한 주요 도구로서 유형론적인 의미가 요아힘에게는 중요했다. 그는 대략 10여 년 동안의 작업을 통해 성서에 대한 폭넓은 주석을 저술했다. 이로써 성서는 지나간 역사 이해를 위한 폭넓은 열쇠가 되었으며, 또한 미래 사건들의 예언자적인 전망에 포괄적인 열쇠가 되었다.

이와 같이 읽혀지고 성서적으로 이해되었을 때 요아힘에게 인류의 역사는 삼위일체 하나님의 역사가 된다. 하나님은 아버지의 나라, 그것에 이어서 아들의 나라, 최종적으로

87) WA.B 1,99,8-13 (Nr. 41): "Theologia nostra et S. Augustinus prospere procedunt et regnant in nostra universitate Deo operante. Aristoteles descendit paulatim inclinatus ad ruinam prope futuram semipiternam. Mire fastidiuntur lectiones sententiariae, nec est, ut quis sibi auditores sperare possit, nisi theologiam hanc, id est bibliam aut S. Augustinum aliumve eccleasticae autoritatis doctorem velit profiteri. Vale et ora pro me."

요아힘에 의해서 여전히 대망하는 성령의 나라 안에서 나타난다. 그는 이와 같은 세 가지 신분을 완전한 인간적 실존 방식과 관계시키고 있다. 첫 번째 신분은 결혼한 자들의 신분이며, 아들의 시대에서 결혼하지 않은 성직자들의 시대가 그 신분을 이었고, 최종적으로 성령의 시대에서 관상적 사제들의 시대, 대체로 더 이상 이방인에게 적용되지 않은 수사의 시대가 그 신분을 이었다. 특히 요아힘의 시대에 나란히 존재한 이와 같은 서로 다른 실존 형태들은 그 순서가 예리하고 촘촘하게 결코 이해될 수 없다는 것을 명백하게 한다. 그래서 그는 아들의 나라는 이미 최초로 영적인 것들의 모형으로서 예언자 이사야에서 나타난 것으로 이해할 수 있었고, 그의 시대에 아직 오지 않은 세 번째 시대의 앞선 모형으로 이해할 수 있었다. 결국 그는 또한 현재에 관한 분석들을 제공했고 수도원의 실존에 대한 명확한 특혜를 제공했다. 특히 요한계시록 20장과 관련하여 요아힘은 성령의 시대를 위해 하나님 나라의 실현을 이미 땅에서 고대했다는 결론을 역사적인 견지에서 내린다. 이는 그에게 천년설의 진술들을 유도했고, 그의 작품에서 이러한 진술들이 체계화되어 차지하는 가치와 그에 대한 관심은 기독교 제국 역사의 성서해석학적인 이해였음에도 불구하고 오히려 사회적으로 고립시켜 버렸다. 그럼에도 이와 같은 관점은 그 중심에 있었다. 수사와 새로운 수도회의 시대로서 근접한 성령의 시대의 선포는 13세기 프란체스코 수도회에 의해 자극을 받아서 이루어졌고 요아힘의 이해에서 근본적인 천년설의 첨예화를 유도했다. 이로써 중세의 가장 대담한 역사신학적 고안은 창시자의 의도를 훨씬 벗어났고 오랫동안 요아힘의 그림이 단순히 천년설주의자로 축소해 버렸던 수용 속으로 침투되어 있다.

E 파리에서의 지성적인 새로운 성향들

12세기는 다른 시대와 별다른 차이 없는 지식의 주요 도시로 알려졌다. 거의 대부분의 지성적인 새로운 성향들은 파리에서 시작되었다. 이 번영한 도시의 주교직 주위로 학자들이 모여들었고, 학자들은 서로 다른 사상 형태를 가지고 이동해 왔다. 몇 년 동안 페트루스 아벨라르드(Petrus Abaelard), 길버트 포레타(Gilbert Porreta), 빅토르의 휴고(Hugo von Viktor)와 같은 서로 다른 사상가들이 활동했다. 이곳에 참석했던 모든 사람들에게 자극을 준 사상적인 논쟁의 분위기가 훨씬 치밀하게 만들어졌다. 여기에 모여든 사상가들을 통해서 12세기는 신학적 전통의 요소로 3학예의 기술들을 이용함으로써 얼마간 무한한 실험을 통해 나타나게 되었던 세기였고, 그것과 반대로 베른하르트와 같은 전통적 수도원 신학의 대변자들은 일시적인 결과에도 불구하고 영향력을 잃었다.

1. 페트루스 아벨라르드(Petrus Abaelard)

중세의 어떠한 사상가들과 비교할 때 아벨라르드(Abaelard, † 1079-1142)만큼 그렇게 잘 알려져 있는 사람은 없었다. 혹은 우리가 철저하게 양식상 영향을 받았던 자서전격인 『불행했던 나의 이야기』(Historia calamitatum)에 따르면, 그 이야기는 상세하게 그의 생애에 관해서 알려주고 있고 그 경우 또한 지적으로 동일한 신분의 동료로서 인정된 당시의 문하생인 헬로이세(Heloise)에 대한 사랑의 관계를 말해주고 있다. 또한 헬로이세와 아벨라르드에 의해 상호 주고 받았던 서신들은 그녀와의 관계에 속한다. 우선 그가 그 시기의 교육의 가능성을 특별한 방법으로 사용했다는 사실은 그의 지적인 삶을 위해 의미 있는 일인 동시에, 그는 학교에서 학교로, 즉 선생에서 선생으로 순례했다. 그리고 그 경우 또한 선생들과 공개적인 논쟁을 회피하지 않았다. 따라서 그는 보수적인 선생들인 로안의 안셀름(Anselm von Loan)과 샴포의 빌헬름(Wilhelm von Champeaux)의 편에서와 마찬가지로 급진적인 문법학자 로스켈린의 편에 속했다. - 샴포의 빌헬름은 그의 독립적인 학생의 집요한 추가 질문으로 인해 그의 보편론을 수정해야만 했다 - 그것은 아벨라르드가 아마도 중요한 전통의 수호자에 의해서보다는 명석한 변증가에 의해서 더 많은 것을 배웠다는 것에 대한 간접증거이다.

그 자신의 실존은 맨 먼저 학예과목과 마찬가지로 논리학자의 삶이었고 파리의 신학선생으로서의 삶이었다. 특히 모든 수도원적 전통들과 반대로 사회적인 독립성은 그의 지성적 독립성과 일치했다. 그녀와의 부정한 관계로 헬로이세의 친척들이 그를 거세와 함께 징계했던 이후에 비로소 그는 수도원에 입문했고 헬로이세의 수도원의 삶과 마찬가지로 영적인 깊음으로 자신의 실존적인 삶을 성찰했다. 이 시기에 기사 가문 출신이었던 아벨라르드에게서는 철저하게 수도원적인 측면이 있었으나 그는 중요한 자극을 스콜라신학을 통해서 받아들였고 스콜라신학은 그 장소가 도시학교의 환경으로부터 왔다.

그 경우 안셀름과는 다르게 특히 아벨라르드의 가장 유명한 작품인『예 그리고 아니요』(Sic et non)에서는 신학은 그에 의해서 유일하게 이성을 도구로 계획할 뿐만 아니라 장기간 권위 있는 교부들의 해석과 판정에 관한 권리가 변호된다. 권위들의 신중한 고려에 따른 아벨라르드에 의해서 보급된 방법이 상호 다가오는 세기의 중세 학교의 본질에 영향을 미쳤기 때문에 캔터베리 안셀름보다 오히려 아벨라르드는 아마도 스콜라주의적 방법의 아버지로서 이야기 될 수 있을 것이고, 연구는 그의 방법의 본질적인 요소들이 이미 랑프랑크의 문하생, 즉 샤르트르의 이보(Ivo von Chartres, ca. 1040-1115/6)에게서 발견된다는 것을 간접적으로 입증하지 못했을 것이다. 그러나 '스콜라 방법'의 창시자에 관한 연구는 넘쳐난다. 왜냐하면 아벨라르드와 이보 둘 다 그들의 방식에 따라 단지 서술형식에 따른 표현에 오랫동안 그것의 사회적인 실재, 성당학교의 운영에서 인상적인 학습방식으로서 교육되었던 것을 제공했기 때문이다. 아벨라르드는 "예 그리고 아니요"를 사안 자체의 문제에 따라 분류했고 이와 더불어 확고한 사변적인 방법을 받아들였으며, 그 방법 안에서 학습자료는 제시된 권위 있는 텍스트들의 주석 작업을 통해서 전달되었을 뿐만 아니라 실제적으로 정향된 질문들의 편에서 이루어졌으며 경우에 따라 권위들은 이러한 질문들에 이용될 수 있었다. 이와 같은 방법은 자체적으로 권위들을 이해할 뿐만 아니라 논쟁적인 대화의 상황들 아래 실제적인 대담에서 받아들이도록 하는 당위성으로 이끌었다. 그러므로 학습 운영은 강력한 자료적-체계적으로 목적을 둔 권위들을 경우에 따라 이용하는 학습방법으로 옮겨지기 시작했다. 그러나 이와 더불어 아벨라르드가 그의 책의 원리로 삼았던 한 가지 문제 제기가 있었다. 일반적인 주석이, 주석된 텍스트들의 일관성을 전제 조건으로 가졌고 전제 조건이 의심의 여지가 있는 곳에선 해석적으로 이해할 수 있었던 반면에, 질문들-체계에는 서로 다른 지역들의 권위들이 나란히 놓여있었다. 또한 이와 더불어 권위들이 서로 일정하지 않는다는 결론에 도달할 수 있었던 것이다. 이 같은 경우 아벨라르드는 마찬가지로 이것을 통상적으로 증명했다. 그에 의해서 제시된 모든 질문에 대해 서로 반론에 여지가 있는 권위들이 소개되었고 이에 따라 그 권위들은 질문에 대해서 한편으로 "예"(sic)라고 다른 한편으로 "아니요"(non)이라고 말했다. 이로써 질문에 대한 응답이 권위들의 도움을 받았지만 그것들을 통해서 단지 성과를 얻을 수 없었다는 것은 자명한 사실이었다. 서로 다른 권위들을 통해서 입증된 자료적인 모순은 어떠한 면에서 균형을 잡도록 해야만 했다.

이와 같은 방법의 증명은 해석학에 대한 가장 중요한 논문들 중 하나가 기독교 신학의 역사에 있는『예 그리고 아니오』(Sic et Non) 서론의 근본적인 과제이다. 프로그램에 따라 성서의 권위들이 제시되었고 비판적으로 반성될 수 있는 권위들이 단지 교부들의 고대교회 권위들임에도 불구하고 그 경우 그는 성향들에 따라 성서의 권위들에 대한 비판적인 입장을 끼워 넣는다. 그러나 뒤이은 권위들에서 보다 더 높은 권위들의 역추론의 의미에서[88] 아벨라르드는 특히 그의 서론에서 주로 성서 본문들 내에서 모순들의 실례들과 함께 논증한다. 그러나 이때 성서의 역사비평 연구의 발생 전 또한 성서의 권위들에 대한 비판적인 반성을 가능한 것으로 생각되는 부가 텍스트가 발생한다. 이와 같은 부가 텍스트 위에 드러난 명확한 진술은 단지 고대 교회 교부들과 관련되어 있고, 이들의 유일한 권위 있는 입장은 이에 관한 후기 신학적인 해석자들과는 반대로 아벨라르드에 의해서 강조되는 동시에, 여기에서 여전히 성령에 의해서 영감이 부여되는 것을 그는 인정했다.[89] 그의 계획은 이와 같이 앞에서 제시된 권위들의 해체로서 결코 이해되지 않은 반면에, 최초의 해석학적인 과제는 해석자가 권위들 사이에 모순을 확인하는 일이 이와 같은 모순을 외적인 숙고들을 통해서 제거한다는 것을 의미하는 바로 그곳에 존재한다.

아벨라르드는 그의 숙고들을 설명하고, 그것들이 때때로 근대적으로 요구할 때 그는 강조하여 논쟁의 여지가 없는 인식들만을 모아 그 인식들을 그 시대에 이루어진 언어철학의 표준적 도움에 따라 분석한다. 따라서 그는 텍스트를 복사하는 사람에게서 기인하는 텍스트의 훼손이 있다는 것이 특수한 경우에 텍스트의 언어적 연구를 통해서 확증될 수 있다는 근본적인 견지를 언급한다. 아벨라르드는 이와 같은 견해 - 그리고 당시 그의 철학

88) Serm. Cant. 3 III. 5; Berhard, Sämtliche Werke V,82,5-11: "Haec via, hic ordo. Primo ad pedes procidimus, et ploramus coram Domino qui fecit nos, ea quae fecimus nos. Secundo manum quaerimus sublevantis, et roborantis genua dissoluta. Postremo cum ista multis precibus et lacrimis obtinemus, tunc demum audemus forsitan ad ipsum os gloriae caput attollere, pavens et tremens dico, non solum speculandum, sed etiam osculandum."

89) Sic et Non Prol.; ed. Boyler/McKeon 92,78-80; 97,209-211.

적인 입장을 고려하여 - 를 직접적으로 한 사람의 교부로부터 위임받을 수 있고 받아야만 했다. 오리지널 언어 전승에 대한 보증인으로서 히에로니무스(Hieronymus)로부터, 공공연하게 중요시되는 바로 이와 같은 헬라 전승이 그에게 있었고, 전승에 따르면 시편 78편 2절의 인용은 마태복음 13장 35절에서 이사야서로 그 원천이 잘못 소급된다. 히에로니무스와 더불어 아벨라르드는 복음주의자들이 아니라 복사하는 사람들에게 떠넘기는 실수를 범했으나[90], 아벨라르드는 당시 독자에게 제공했던 권위 있는 텍스트들이 동시에 그러한 것으로 권위 있는 것이 아니라 경우에 따라 해결을 필요로 했다는 것에 대한 선례를 보여준다.

여기서 물론 권위라는 이름 아래 전승된 어떠한 것이 실제적으로 권위에 예속될 수 있는지에 대한 단순한 주장에 관한 것이라면 - 근대 역사 비평의 문제제기에 관한 훨씬 후대의 원천을 위해 극히 논의를 요하는 질문 - 아벨라르드의 폭넓은 해석학적 숙고들은 텍스트들과 관련되어 있고, 이는 안전한 것으로 간주될 수 있으나 그럼에도 무조건적으로 이러한 단어 의미(proprietas sermonis[91]))에서 이해되어야만 한다. 그는 여기에 대한 깊은 숙고들을 통해 그가 로스켈린처럼 언어비판가의 편에서 학교에 들어왔던 것이 표현되어 있다. 아벨라르드가 그 모음체계를 단순하게 반복하지 않았음에도 불구하고 그에 관한 신뢰는 언어와 현실세계의 모사 관계에서 단절된다. 그것은 언어적인 표기가 더 많은 대상들을 의미할 수 있고 더 많은 언어적인 표기가 하나 그리고 동일한 대상을 의미할 수 있다는 단지 외견상 진부한 해석학적인 근본적인 관점으로 그를 인도한다.[92] 경우에 따라서 가시적인 모순들이 풀리는 동시에, 언어적인 표기의 의미가 맨 처음으로 받아들였던 것과 다른 의미라는 것을 나타낸다. 언어적 표기, 단어와 함께 생각되는 것을 정확하게 받아들이기 위해 아벨라르드에 따르면 진술의 상호 소통의 관계, 그것의 관습(usus)을 고찰하는 것이 중요하다.[93] 따라서 그는 정해진 표현들과 이해들이 수강생들의 이해에 관한 적응에 이용되도록 했던 가능성을 부담시키나 그것들은 근본적으로 다른 것을 의미했다. 이에 대

---

90) Sic et Non Prol.; ed. Boyler/McKeon 89,9-11.

91) Sic et Non Prol.; ed. Boyler/McKeon 91,62-92,78.

92) Sic et Non Prol.; ed. Boyler/McKeon 90,21 f.

93) Sic et Non Prol.; ed. Boyler/McKeon 89,11-13.

한 명확한 실례는 다시금 성서에 근거하고 있다. 거기서 마리아가 요셉을 예수의 아버지(눅 2:48)로 표현한다면 동정녀 탄생에 관해 확증했던 독자, 즉 기독교 신앙고백과 관련된 중세의 독자는 이것이 요셉의 자연적인 부성의 주장이 아니라 단지 통상적인 언어 사용에 관한 적응을 설명한다는 것을 알고 있다.[94] 그러므로 권위의 근본적으로 의도된 의미를 받아들이도록 하는데 사용해야만 하는 숙고들이 여기서 문제라면 아벨라르드 역시 순수하게 외적인 숙고들의 범주 안에서 권위에 대한 실제적인 자료비판의 가능성으로 다가선다. 그 권위는 물론 단지 권위가 동일한 입장에선 전혀 권위적으로 말하지 못한다는 것이 드러나게 된다는 조건 아래 가능하다. 이것이 가능하다는 것은 다시금 진부한 실례만을 제시하지 않은 것인즉, 교부는 또 다른 - 그리고 당연히 빈번하게 또한 이단적 저자들 - 저자들을 인용했으며,[95] 따라서 어느 정도 낯선 입장들을 빌려왔고, 그로 인해 그 입장들은 결코 자발적으로 그의 권위에 참여한다. 교부들은 여기서 아벨라르드에 따르면 문장보다 오히려 의미를 제공하기 원했다.[96] 권위들과 자유로운 관계를 위해 중요하고 근본적인 열쇠는 아우구스티누스의『재고록』(Retratationes)에 제시되어 있고, 그것에서 아우구스티누스는 상세하게 그의 초창기 진술 일부를 철회했다.[97]

그러나 이것이 가능한 것은 물론 교부의 권위에 대한 진술이 그들의 편에서 결코 권위 있지 않다는 데서 제시된다. 근본적으로 권위들은 실수할 수 있고, 아벨라르드는 실례를 이용하는 것을 단념하지 않고, 실례는 후에 교황의 무오류 요구들에 관한 비판에서 비중 있는 역할을 해야만 했다. 베드로의 안디옥 실수(갈 2:11-21).[98] 그러나 물론 사도의 최고 권자가 그러한 실수에 빠져들 수 있다면 유일한 진술이 아닌 권위 있는 특징이 그것들의 저자의 품격을 통해서 유일하게 보장될 수 있다는 것은 다시금 보다 높은 권위에서 낮은 권위로의 역추론에 따른 것이다. 이로 인해 그는 내적으로 신중하게 고려하게 되었고, 아벨라르드는 그와 같은 숙고와 더불어 외적인 텍스트 비판에 대해 설명한 후 그의 원칙적

94) Sic et Non Prol.; ed. Boyler/McKeon 90,21.

95) Sic et Non Prol.; ed. Boyler/McKeon 94,138.

96) Sic et Non Prol.; ed. Boyler/McKeon 93,96-99.

97) Sic et Non Prol.; ed. Boyler/McKeon 94,114-116.

98) Sic et Non Prol.; ed. Boyler/McKeon 93,94-96;99,254-100,259.

인 목적에 도달한다. 모든 사람은 바로 해설된 설명과 더불어 있을 수 있는 모순들을 해결하지만 "아마도 ... 대립 문장이 아주 명백해서, 그 결과 그가 어떠한 방법으로도 해결될 수 없다면 권위들은 비교될 수 있고, 보다 더 무게감이 느껴지는 증거와 보다 더 상위의 증명에 속하는 권위는 무엇보다 유지될 수 있다."[99] 여기서 전승에 있어 명백한 실수들의 확증이 더 이상 문제가 아니고 혹은 관례와 단어의 의미에서처럼 근본적으로, 후대 사람들에 의해서 인식된 의미의 부각이 더 이상 문제가 아니라 두 가지를 올바르게 파악되도록 하는 권위들 사이의 중요한 결정이 문제이고, 그들 중 하나는 유지될 수 있지만 다른 하나는 명확하게 비판받을 수 있다. 그리고 이것은 그것들과 가치 있는 - 아벨라르드는 게다가 정죄에 관해서 말한다[100] - 관계를 생각지도 않고 현대적인 관점에서 출발해선 안 된다. 후대의 사람들은 권위들에 대한 권리를 가진다. 즉 그들을 따르지 않은 것처럼 교부들을 교정하는 것이다.[101]

이와 같은 해석학적 고려들은 현대인들의 예상처럼 몇몇 곳들에서 기대될 뿐만 아니라 자료적 설명들이 특히 그의『신학』이라는 제목 아래 구분되어 전승된 저술들, 특히 로마서에 대한 주석서들과 윤리학에 대한 저술들에서 발견된 것처럼 아벨라르드의 자료적인 설명들이 요구된다. 그 경우 종종 아벨라르드의 적대자가 있었고, 그들은 이와 같은 진술들의 프로필을 아벨라르드 자신의 의도를 넘어 정리했다. 아벨라르드는 폭넓은 노선들을 초월한 사상가이고, 그는 강력하게 그 시대의 신학에서 너무 할 일이 많아 다른 것을 할 여유가 없었으며, 특히 그는 매우 아우구스티누스의 전통에 영향을 받았으며 철저하게 전통에 따라 이해되고 이해될 수 있다.

그리고 물론 그는 당시 사람들이 수용했던 것처럼 보이는 것 이상을 넘어 뜻했던 진술들에 다가섰다. 그의 삼위일체론은 이에 대한 최초의 동인을 제공했다. 그는 삼위일체론의 전개를 위한 처음으로 그의 '최고선의 신학'(Theologia Summi boni)에서 시작했다. '기독교신학'(Theologia christiana)과 '스콜라신학'(Theologia scholarium)과 더불어 서로 다른

99) Sic et Non Prol.; ed. Boyler/McKeon 97,203-208.

100) Sic et Non Prol.; ed. Boyler/McKeon 96,189-191: "si forte ... manifesta sit contriversia ut nulla possit absolvi ratione, conferendae sunt auctoritates, et quae potioris est testimonii et maioris confirmationis potissimum retinenda".

101) Sic et Non Prol.; ed. Boyler/McKeon 89,2 f.

의존의 단계[102]에서 두 가지 계속적인 삼위일체신학의 작업은 '최고선의 신학'을 따라야만 했다. 아벨라르드가 아우구스티누스의 일치 강조에 영향을 받았던 삼위일체 사상의 서방 전통 내에서 보다 더 강하게 구분을 생각하도록 시도했다는 것을 인식할 수 있는 동시에 그는 위격들, 아버지, 아들, 그리고 성령에 대한 세 가지 개념을 특별한 방식으로 정리했다. 아버지에 대해서 능력(potentia), 아들에 대해서 지혜(sapientia), 성령에 대해서 선(benignitas).[103] 아벨라르드는 상황 때문에 '최고선의 신학'과 더불어 이미 소이숑(Soisson) 공의회의 판결에 반응을 보였고, 1121년 그는 그 공의회에서이와 같은 텍스트의 초기 단계를 불에 태워버리도록[104] 강요당했으며, 그는 그것이 로스켈린에게 비난받게 된 삼위일체론과 일치한다고 하더라도 그 저술에서 이미 위격들에 대한 이와 같은 세 가지 지정들이 세 위격들의 분리를 의미하기보다 오히려 그것들이 이와 같은 지정을 통해서 상호 관련되어 있다는 것을 강조한다.

> "말하자면 전능한 자의 능력은 그가 할 수 있는 것을 이성을 통해서 설명할 수 없다면 기독교적이지 못하고 위험한 것이다. 그러나 그가 현명하나 다루는데 있어 상이한 채 이것을 전혀 할 수 없다면 그는 그 효능을 포기해버릴 것이다. 그러나 그가 현명하고 능력이 있으나 일반적으로 호의적이지 않다면 그가 손실에 기울어지면 질수록 그는 그의 능력과 교활함으로 인해 점점 더 그가 원하는 것에 도달할 것이 명확해질 것이다."[105]

그러므로 하나님의 선한 행위들이 실제적으로 실현되도록 하는 것은 모든 세 가지 속성들의 공동 작용을 일으킨다. 그러므로 위격들의 지정들에 관한 가르침, 전유 - 아벨라

102) Sic et Non Prol.; ed. Boyler/McKeon 99,251-253: "emendandi vel non sequendi licentiam".

103) 정확하게, 어렵게 해결될 수 있는 문헌학적인 관계들은 다음을 참고하라! Ingo Klitzsch, Abaelard als kontroversen Trinitätstheologen des 12. Jahrhunderts, Dissertation.

104) TSB I. 1 c. 2; CChr.CM 13,86,11-87,22.

105) WA.B 1,99,8-13 (Nr. 41): "Theologia nostra et S. Augustinus prospere procedunt et regnant in nostra universitate Deo operante. Aristoteles descendit paulatim inclinatus ad ruinam prope futuram semipiternam. Mire fastidiuntur lectiones sententiariae, nec est, ut quis sibi auditores sperare possit, nisi theologiam hanc, id est bibliam aut S. Augustinum aliumve ecclesiasticae autoritatis doctorem velit profiteri. Vale et ora pro me."

르드에 의해서 전혀 이와 같은 개념들과 더불어 언급되지 않는다 - 에 관한 가르침은 서로 동시대의 구분을 통해 세 위격들의 귀속의 도해에 이용된다. '최고선의 신학'의 많은 부분은 아버지의 자기 자신에서 나온 존재, 아들의 탄생된 존재, 그리고 성령(아버지와 아들)의 발현에서 내재적인 삼위일체적 구분의 모든 전통적인, 그리고 보다 더 폭넓은 신학에서 항상 구분되어서 다루어졌다. 이는 교리에 전념했고, 그 가르침은 4세기 위대한 세 명의 갑바도기아 신학자들의 가르침에 기원하며 그 시대에 일반적으로 삼위일체론을 도와 시행토록 했다. 아벨라르드가 이룩한 근본적인 개선은 그가 이와 같은 자기 구분들을 여기에 실용화해서 속성론으로 바꾸어 버리고, 그래서 이와 같은 가르침이 갑바도기아 신학자들의 존재론적인 가르침보다 더 간단하게 언어철학적인 숙고들로 접근할 수 있는 형태 안에 삼위일체 신학적으로 고정되었다는 것이다. 이와 같은 숙고들은 대단히 폭넓게 진행되어 아벨라르드에 따르면 또한 하나님의 폭넓은 속성들은 매번 고유한 것들(propria)에 편입될 수 있었고, 즉 영원성은 능력에, 그것과 더불어 아버지에, 정의와 자비는 선에 그리고 따라서 성령에 편입될 수 있었다.[106] 삼위일체론의 핵심에 따르면 오히려 논리적인 이해에 대한 어려움에도 삼위일체론은 아벨라르드가 정통의 테두리에서 밖으로 움직이도록 하려는 의도가 없었다하더라도 논리적인 이해에 보단 더 많은 어떤 것이 존재한다. 그 당시 사람들은 당연히 이와 같은 위험을 감지했고, 아벨라르드가 이에 관하여 그의『불행했던 나의 이야기』에서 제공하려 했던 생생한 보고에 따르면 그의 적대자들이 정죄의 정당함을 인정한 한 문장을 발견하는데 노력했다면, 삼위일체론은 소이숑의 정죄에 대한 예외를 제공했다.

근대 해설자가 아벨라르드를 심지어 "중세에서 계몽"의 전승에서 정리하길 원한 것(K. Flasch)은 아벨라르드가 그것을 "예 그리고 아니요"에서 제시한 것처럼 아마도 그의 윤리적인 숙고들과 그의 심한 비판적 어법에서보다 더 적게 중세에 계몽 전승에 기인한다. 그럼에도 이와 같은 귀속은 특히 해석학의 모든 명백한 유사성들에서 근대 발전으로 나

106)TSB I. 1 c. 2; CChrCM 13,87,27-32: "Qui enim potens est, si id quod potest, iuta modum rationis conducere nescit, exitialis est ac perniciosa eius potentia. Si autem sapiens sit et discretus in agendo, sed minime possit, efficacia caret. Quod si et potens sit et sapiens, sed nequaquam benignus, tanto ad nocendum fit pronior, quanto ex potentia et astutia sua ad efficiendum, quod vult est securior".

타난 과장된 표현이다. 낯선 시대적 개념의 원용은 아베라르드에게 현상들을 파악할 수 있게 했다. 신학사에서 그의 위치는 중세이고 형성된 방식에서 또한 그렇다. 왜냐하면 그가 이룩했던 모든 업적들은 오직 고대 유산을 기초로 하여 11세기와 12세기의 학교의 본질에 영향을 미친 고양된 학예과목-교육에서 이루어진 것이다. 아벨라르드는 여기서 어떠한 사유의 지평이 열렸는지를 제시한 것이다. 비록 이와 같은 사유 지평이 모든 당시 사람들에게 영향을 미치지 못했다하더라도 말이다.

베른하르트와의 만남은 그 경우 필히 스콜라신학과 수도원신학의 이상적인 격돌로 간주되지만 그것은 비로소 세련된 발전 단계를 놓았고, 아벨라르드는 그 단계에서 이미 이전에 - 위에서 언급된 1121년 소이숑의 공의회에서 - 이단자로서 공격을 받았고 정죄를 받았다. 새로운 단계적 상승은 30년대 티에리의 빌헬름(Wilhelm von St. Thierry)을 통해서 시작되었다. 빌헬름은 아벨라르드의 많은 가르침을 공격했고, 그 근거는 또한 베른하르트가 아벨라르드에게 행했던 것이었다. 아벨라르드 - 그에게 신뢰를 받았던 학문적인 논쟁들의 스타일에서 - 는 한 공의회에서 공식적인 논쟁에 걸맞는 질문에 도달하기를 원했고 1141년 부활절 공의회에 베른하르트를 초대하기 위해 대주교 센느의 하인리히(Heinrich von Sens)를 움직였다. 센느 공의회는 물론 기괴하게 되었다. 베른하르트는 공의회 바로 전날 밤 주교들을 모았고 그들이 잘못된 것들의 리스트를 우선 판결할 것에 대해서 걱정했다. 자유로운 공의회의 결정은 그와 더불어 기대할 수 없었고, 아벨라르드는 교황에게 호소했다. 공의회의 결정을 기다리지 않고서 공의회는 잘못된 것들의 리스트를 정죄해 버렸고, 이미 6주 후인 1141년 7월 16일에 아벨라르드의 변명을 듣지도 않고 교황의 판결은 또한 이단자로 결론 나 버렸다. 물론 아벨라르드는 수도원의 경쟁관계를 이용했던 동시에, 그는 클로니의 원장 페트루스 베네라빌리스(Petrus Venerabilis, 1094-1156)의 도움을 받았고, 베른하르트와 화해를 이루는 데 성공했다.

그 경우 아벨라르드의 삼위일체론 외에도 특히 윤리학에 대한 그의 숙고들이 논쟁들의 중심으로 부각되었다. 특히 그는 도덕적인 행위들을 뚜렷하게 그것의 객관적인 행위의 내용에서가 아니라 그것들과 관련되어 있는 의도(intentio)에 따라 측정된다는 것을 언급했다. - 물론 주관적인 의미에서 의도가 아니라 그 편에서 다시금 철저하게 제한된 목적에서 이루어지는 일과 그와 더불어 긍정적인 가치 내용을 의도했다. 이것은 아벨라르드가 선택했던 도발적인 실례에서 명확해진다. 순교자들 혹은 심지어 그리스도 자체를 핍박했던 사람들에게 적절하다.

> "하나님을 멸시하는 일은 그리스도를 알지 못하고 그로 인해 기독교 신앙을 거부한 사람들에게서 발견된다. 왜냐하면 그들이 예수가 하나님과 모순되는 것이라 생각하고 이러한 사실에서 그들은 하나님을 위하여 행동하고 생각하기에 선하게 행동한다고 할 수 있는가?"107)

아벨라르드의 비판가들은 이에 아벨라르드가 의도한 것에서 벗어나는 결론을 내렸다. 유대인들이 죄인들로 간주될 수 있는지를 의심하는 것은 고난사의 의미에서 하나님의 살인자로 여겨진 유대인들의 시야 안에서도 있었을 것이다. 왜냐하면 그들은 양심의 결정에 따라 행동했고, 그들의 행위는 그 결정을 하나님의 뜻으로 적절하게 표현했기 때문이다.[108] 그들은 이와 함께 객관적인 기준들에 목적을 둔 윤리학에 대한 아벨라르드를 통해 발생된 불안함을 넌지시 드러냈다. 도덕적인 가치를 위한 중요한 의도는 아벨라르드에 따르면 어떠한 행위에 대한 전체적인 맥락에 관해 제한된 수요에 기인하고, 그 수용 - 그는 이를 앞선 경우에 관한 전제조건으로 한 것처럼 - 은 실수할 수 있으나 바로 이로 인해 형벌을 받거나 도덕적으로 나쁠 순 없다. 윤리적으로 선하다고 가치 평가 되었던 전체적인 맥락으로서 바로 그 실수에 대한 이행은 중요하다. 이로써 어떠한 행위에 대한 개인적인 숙고는 윤리적인 반성으로 수용되고, 도덕적인 가치는 객관적인 사정으로부터 행동 주체의 편으로 이동된다. 개인적인 숙고들의 이와 같은 고려는 내재적 신학의 발전을 반영할 뿐만 아니라 사회적인 장소와 깊은 연관성을 지니고 있는데, 즉 안셀름처럼 낮은 귀족

107) WA.B 1,99,8-13 (Nr. 41): "Theologia nostra et S. Augustinus prospere procedunt et regnant in nostra universitate Deo operante. Aristoteles descendit paulatim inclinatus ad ruinam prope futuram semipiternam. Mire fastidiuntur lectiones sententiariae, nec est, ut quis sibi auditores sperare possit, nisi theologiam hanc, id est bibliam aut S. Augustinum aliumve eccleasticae autoritatis doctorem velit profiteri. Vale et ora pro me."

108) Scito te ipsum § 37: "Qui enim Christum ignorant et ob hoc fidem Christianam respuunt, quia eam deo contrariam credunt, quem in hoc contemptum dei habent, quod propter deum faciunt et ob hoc bene se facere arbitrantur"(CChr.CM 190,36,949-953).

출신이었던 아벨라르드가 사회적 장소에서 활동했다는 것이다. 10여 년 동안을 거치면서 도시들은 그의 활동의 중심지였고, 특히 파리는 가장 약동적인 도시였다. 그는 도시의 사회적인 삶을 상당히 신뢰했고, 그 사회적인 삶 안에서도 봉건 농경사회에서처럼 출신 성분이 사회적인 신분을 결정했을 뿐만 아니라 최소한 어느 정도 계급까진 사회적인 이동이 가능했고, 사회적인 이동은 개인적인 형성 공간들을 전제로 이루어졌다. 그 임무가 다양하게 가문의 연대를 통해서 결정되었음에도 불구하고 어떤 사람에겐 그 임무가 출생을 통해서 부여되었을 뿐만 아니라 최소한 관념상 자유로운 선택의 결과로 부여되었다. 이와 같이 새로운 환경에서 주체가 의도한 윤리는 앞선 세기의 농경에 의해 제한된 사회에서보다 더 훨씬 명확하게 드러날 수 있었다. 사람들은 그러한 환경으로 인해 아벨라르드와 안셀름을 모범적으로 상호 대립시킬 수 있었다. 하나님을 이해하기 위해서 "왜 하나님이 인간이 되셨는가?"에서 알 수 있듯 봉건 사회의 기본 질서가 안셀름에게서 이상으로 제시되었던 반면에, 도시적인 환경은 아벨라르드에 의하면 새롭게 성장하는 시민계급과 함께 했다. 실제적으로 윤리에 대한 아벨라르드의 숙고들이 대단히 강력하게 중요성을 제공하는 일이 적절하다는 것은 또한 윤리가 그의 사상적인 체계 안에서 대단히 높은 가치를 지녔다는 사실에서 뚜렷해진다. 또한 이것은 안셀름과 명백한 차이점을 보여주는 체제적 위치에서 제시된다. 기독론에서. 아벨라르드는 그리스도의 사람됨을 말하자면 안셀름처럼 과거로 거슬러 올라가 축적된 죄에 대한 만족의 필요성과 더불어서가 아니라 활동에서 의도한 대로 인간을 위한 자유를 인정하는데서 근거로 삼았다. 그리스도는 육신을 입으심으로 말미암아 사람을 마귀로부터 값을 지불하고 구출하는 것이 아니라 그의 실례를 통해서 사람 안에 사랑을 일으키기를 원했다.[109] 그러므로 성육신은 심지어 사람의 윤리적인 행동을 지향했고 그것의 실현으로 이루어졌다. 물론 신학적 언어의 가능성으로 이와 같은 획득은 또한 손실을 의미한다. 원죄 유전설은 아벨라르드에 의하면 아담의 죄의 이어지는 결과로 축소했다. 그는 인간에게 영향을 미치는 실제적인 죄의 연속을 인식하지 못했다. 곧바로 그에게 이용된 고전 이단적인 모범에 다르면 이것은 최소한 반펠라기우스주의였다.

109) Scito te ob ipsum § 37; CChr.CM 190,941-965; vgl. Catalogus haeresum XI; CChr.CM 12,479,217-233.

특히 가장 중요한 대적자로서 베른하르트는 매우 날카롭게 그 논쟁이 그러한 사항의 문제에서 벗어난다는 점을 명백히 했다. 아벨라르드가 그 개념을 '스콜라신학'에서 발전시켰듯 그의 비판은 이미 판결에 앞서서 자료적인 질문에서뿐만 아니라 아벨라르드의 신앙의 개념에서 확인되었다. 아벨라르드는 히브리서 11장 1절과 연결하여 신앙을 비가시적인 질료에 관한 평가(existimatio rerum non apparentium)로서 파악했다.[110] 그리고 이를 질료의 파악으로 숙고(cogitatio)로부터 떼어놓았다. 그러나 이러한 평가와 더불어 베른하르트에 따른 신앙의 확실한 단계의 축소가 연관되어 있었다. 그는 신앙의 편에서 단순한 평가가 문제가 아니라 확실성이 문제라고 주장했다. 그러므로 아벨라르드의 위험은 개별적인 신앙의 가르침에 놓여 있는 것이 아니라 신앙의 토대의 불안정함에 놓여 있었다. 왜냐하면 베른하르트가 교황 인노센트 2세(Innozenz II)를 향한 서신에서 진술했던 것처럼 아벨라르드는 모든 이성적인 논증으로 퍼뜨릴 것을 준비했기 때문이다.[111] 아벨라르드는 이것이 신앙과 모순되는 것이라고 가르치지 않았다. 반대로, 그에 의하면 인간은 무엇이 진실인지를 전혀 알 수 없었고, 따라서 철학은 계속해서 단지 추론적인 것(verisimile)에 도달할 수 있는지를 "최고선의 신학"에서 말했다.[112] 그러므로 이성은 신앙의 내용에 이용되긴 했지만 의도적으로 최소한 신앙의 내용을 반대하려고 사용되지 않았다. 그럼에도 이미 모든 신앙의 내용들에 이성적 반성을 이용하는 이러한 시도는 베른하르트에 따르면 이성의 편에서, 그리고 하나님을 향한 인간의 관심과 마찬가지로 인간을 향한 하나님의 관심에 근거를 두고서 진리인식의 또 다른 형태들이 있었다는데서 벗어나 있었다. 그는 신앙고백적인 자기 자신의 감정적인 근거를 신뢰했다.

사실상 이것은 신학과 신학적인 과제에 관한 이해의 근본적인 이론을 표현한 것일 뿐이다. 아벨라르드와 안셀름은 또한 알다시피 동시대의 후예이다. 그리고 아벨라르드는 당시 중요한 사람이었다. 베른하르트의 신학을 고려하다 보면 이는 아벨라르드와 한 노선을 공유하고, 그 노선은 특히 아벨라르드의 윤리에 잘 제시되어 있다. 즉 개체를 기준

---

110) Comm. in Rom 3,26; CChr.CM 11,242-248; vgl. Catalogus haeresum IV; CChr.CM 12,475,94-476,100.

111) Theologia scholarium I. 1,1; CChr.CM 13,318,5 f.

112) EP. 190; Bernard, Sämtliche Werke III 18,3.

으로 삼은 일을 말한다. 아벨라르드의 윤리적인 결정은 최종적으로 완전히 개체에서 강조된 것과 마찬가지로 - 그럼에도 완전히 개체성 혹은 전혀 주체성에 의존하지 않고서 - 물론 베른하르트 역시 개체와 그의 경건의 도움 위에 서 있는 구원사적인 파노라마를 결국 고안해 냈다. 또한 이 시토회 수사는 도시들이 발전하면서 개인화가 이루어졌던 그 당시의 어법으로부터 벗어날 수 없었고, 개인화하는 시대정신에 참여했다. 이것을 더 강력하게, 보다 근접해서 시대정신에서 행했던 바로 그 사람은 무엇보다 정죄로 고난을 받아야만 했으며 그가 바로 아벨라르드, 그 주인공이었다. 그의 신학적인 동인은 1142년 4월 21일 죽음을 거치면서 상당한 기간 동안 활발했고 중세의 신학사상에 계속해서 영향을 미쳤다. 또한 카스텔로 쿠이데(Guide de Castello), 1141년 교황 인노센트 2세(Innozenz II, 1130-1144)를 통해 이루어졌지만 아마도 유효하지 않은 판결이 이루어진 몇 년 후 코엘레스틴 2세(Coellestin II., 1143-1144)가 교황으로 선출되었고, 그가 아벨라르드에게서 수학했다고 추측된다.

2. 포레타주의자들(Porretaner)

아벨라르드의 사상은 클레르보 베른하르트의 신학적인 권한 요구에 직면하게 되었고 이단 정죄의 결함으로 받아들여졌다. 그것은 아벨라르드에게만 유일하게 일어났던 일이 아니었다. 베른하르트는 그보다 더 젊은 당시대인 길버트 포레타(Gilbert Porreta, ca. 1080-1154)를 공격했다. 이것은 그가 파리에서 10년 동안 학문적인 학습을 받은 후 이미 1142년 그의 고향 포이티어(Poitier)의 주교가 되었던 바로 그 시점에 이루어졌다. 물론 그에 대한 이단 소송은 성과를 이루지 못했다. 길버트는 그의 주교직의 승리를 만끽하면서 다시금 위임을 받을 수 있었다.

또한 포레타에게서 베른하르트는 삼위일체론에 관해 자극을 받았고 결과적으로 가장 이상적 특징인 내재적 신의 비밀들에 관한 언어논리학적 숙고들이 이용되었다. 길버트는 그 경우 고대 교회의 권위들에 대한 해석가로 이해되었고 이를 통해 신학의 대상, 즉 하나님에게 인도되는 것으로 생각되었다. 신학자들의 중요 문제는 하나님의 적절한 언어적 방법을 발견하는 것이었다. 그리고 이는 일반적으로 통상적인 언어 이해의 재수용 아래 이루어졌다. 그에 따르면 신학이 결정적으로 성령을 통해서 실현된다고 하더라도 그것은 고유한 사유의 형태들을 제외하고서라도 보편적으로 이성적인 인식의 형태를 사용하고, 그 형태는 다시금 특히 아리스토텔레스적- 보에티우스적 언어철학의 길이다. 동인의 주춧돌은 길버트가 그러한 언어적인 분석으로 인해 "하나님은 아버지이다"라는 문장을 언어논리학적으로 허용되지 않는다고 생각했던 것이었다. 즉 "아버지는 하나님이다"라는 반대 문장은 동인이 될 수 없었다. 왜냐하면 포레타는 주어와 서술어를 명확하게 분류했다. 서술어는 주체의 범주론적 예속("소크라테스는 사람이다")에 사용되었고, 그러므로 보다 포괄적인 개념의 지평에서 그것을 정리하는데 사용되지만, 특별한 경우("어떤 사람이 소크라테스이다") 보편적인 개념을 이용하는데 사용되지 않는다. 그러나 그럴 때 그것은 삼위일체의 특별한 경우로 간주된다.

> "그러므로 신적인 실체, 말하자면 하나님에 관해서 실체적으로 서술어로 말해지는 것은 세 가지, 즉 아버지, 아들, 그리고 성령에 공통점이 있어야만 한다."[113)]

그러므로 길버트는 정통 삼위일체론 - 그의 언어철학적 전제조건들을 또다시 근거로 삼았다 - 을 그가 이미 행했던 방식으로 논증하도록 요구한다. 이와 같은 숙고들을 고전적인 삼위일체론에 대한 반박으로 이해한다면 그의 관심을 지나쳐 버릴 수 있다. 오히려 길버트는 하나님이 인간적인 이해로부터 광범위하게 벗어난다는 것을 명백히 하길 바라고, 따라서 그의 사상은 부정신학에 가까우며, 그는 하나님이 이해될 수 있긴 하지만(intelligibilis) 개념적으로 이해될 수 없다(comprehensibilis)라는 문장으로 부정신학을 정리한다.[114)] 언어분석은 또한 길버트에게 있어서 하나님과 세상에 대해 몽땅 언어적으로 이해

---

113) WA.B 1,99,8-13 (Nr. 41): "Theologia nostra et S. Augustinus prospere procedunt et regnant in nostra universitate Deo operante. Aristoteles descendit paulatim inclinatus ad ruinam prope futuram semipiternam. Mire fastidiuntur lectiones sententiariae, nec est, ut quis sibi auditores sperare possit, nisi theologiam hanc, id est bibliam aut S. Augustinum aliumve eccleasticae autoritatis doctorem velit profiteri. Vale et ora pro me."

114) In Boeth. De Trin. I. 2 c. 1,32: "Igitur quod de divina substania I.e. de Deo substantialiter praedictur, id tribus I.e. Patri et Filio et Spiritui santo oportet esse commune."(ED. Häring 169,76-78).

하는데 도움이 된 것이 아니라 하나님에 대한 불충분한 해명 가능성을 언어철학적으로 맴돌도록 하는 데 사용될 뿐이다. 그러나 그의 분석에 따르면 세상에 대한 접근은 광범위하게 언어적이라는 점에서는 전혀 바뀌지 않는다.

아벨라르드의 접근과 비슷하나 보다 더 강력한 문법적인 실행에서 논리학의 강조와 구분된 언어를 지향했던 이와 같은 성향은 길버트 자체와 예증으로 모든 세대의 사상가들에게 영향을 미친다. 길버트는 이와 같은 포레타주의자들을 통해서 아마도 일반적인 관심의 중심에 서있는 위대한 인물들인 아벨라르드와 베른하르트보다 12세기 신학에 더 지속적인 영향을 미쳤다. 이보의 사상에 랑프랑크(Lanfrank)의 자극과 샤르트르 학파의 자극이 길버트의 성향과 관련했던 샤르트르의 이보(Ivo von Chartres)를 제외하고도 포레타주의자들 중 인술리스 알라누스(Alanus ab Insulis, ca. 1120-1102)가 탁월했는데 그는 마찬가지로 파리에서 선생으로 활동했으며 독립적인 체계 구상을 위해 길버트의 영향들을 분석했다. 그의 관심은 길버트의 언어 분석적인 접근 방식의 지속적인 발달에서 신학을 학예과목들의 방법론에 의존해서 구상하는 것이었다. 또 다른 학문들처럼 신학은 기본 문장들, 즉 공리들을 이용했고, 그것들에서 신학은 이성적으로 구성되어야만 한다. 신학의 이러한 기본 문장들은 또 다른 학문들과 반대로 숙고되어야 했으나 이와 더불어 적절한 조건들, 그것이 자기 확증적이고, 따라서 보편적인 동의와 더불어 생각해야만 하는 것을 동시에 공유하고 있었다. 내용적으로 알라누스는 이것을 신플라톤적인 이해를 통해서 채워 나갔다. 최초의 기본 명제는 하나님의 초자연적인 일치를 표현했다. 그 경우 알라누스 역시 일치에서 삼위일체를 파생시킨다는 것을 의미했던 동시에, 유일한 하나님(monas)은 사랑 안에서 자기 자신과 관련하고 그러면서도 자기 자신을 구분한다.

3. 빅토리아 학파

12세기 초기에는 샴포의 빌헬름(Wilhelm von Champeaux, ca. 1070-1122) 주위로 성직자 공동체가 모여들었고, 그 공동체는 세느 왼편 강변에 성 빅토리아 수도회를 위한 기초를 설립했다. 수도회에 모여든 공동체는 자신의 과제를 목회적인 봉사뿐만 아니라 성찬 봉사에서 찾았고, 아우구스티누스 참사회로서 아우구스티누스적인 성직자 공동체의 전통 안에서 조직되었다. 특히 고전적인 베네딕트 수도회의 지회와 다른 이와 같은 전통의 차이가 여기서는 금욕적인 삶에 대한 열망이 일반적인 수도원의 삶의 방식의 기원이 아니라 공동체가 성직자들의 연합을 말했다는데 존재했고, 성직자들은 어차피 그들의 입장을 통해 미혼을 의무화했지만 이때 격리된 생활태도의 입장에서 공동의 삶의 형태들로 편입되었다. 그러므로 주요 관심사는 도시 환경에 있던 수도회와 그들 공동의 과제였다. 그리고 그 반작용들을 학교에서 변호했듯이 이것 역시 신학적 지식의 수용의 반작용들이었고, 학교에서 수도회는 그 편에서 성직자의 후예를 가르쳤다.

수도원 문화와 도시 평신도 문화 사이의 이와 같은 연결은 학교의 가장 유명한 변호자 빅토르의 휴고(Hugo von Viktor)의 사상에 영향을 미쳤고, 휴고는 아마도 독일권에서 태어났을 것이다. 그는 가장 폭넓게 유포된 저술들 중 하나인『영혼의 신부의 기증품에 관한 대화』(Soliloquium de arrha animae)를 할버스타트(Halberstadt) 북쪽 함머스레벤(Hamersleben) 참사회 구성원들에게 헌정했고, 그것은 작센 지역 출신에 대한 확실히 강요된 간접증거로서 제시될 수 없다. 파리에서 지낸 그의 시간은 아벨라르드와 길버트의 시간보다 더 긴 시간이었다. 그는 그곳에서 1114년부터 1141년 죽을 때까지 살았고, 이 시간의 많은 부분을 빅토리아회원들의 학교에서 선생으로 활동했다. 그것은 길버트가 처음에 파리로 왔고 아벨라르드가 이곳으로 되돌아 왔을 때인 1137년부터 세 사람 모두가 동시에 그곳에서 가르쳤고 그들의 문하생들에게 당시 대단히 상이한 학문적인 성향을 제공했다는 것을 의미했다.

휴고는 보다 더 명백하게 세속 학문들과 마찬가지로 영성적인 요구들에 따라야만 했던 지식의 이해를 고안했고 그는 세속 학문들을 신학적으로 반영된 인식론의 기초 아래 학문체계에서 분류했다. 영혼은 인간론적-인식론적으로 인간 안에서 인식의 주체이다. 그것은 그것의 창조에 따른 기본 설비에서 세 가지 눈들을 다루었다. 즉 영혼 밖에서 세상을 인식하는 육신의 눈(oculus canis), 영혼이 자기 자신과 그것 안에 있는 것을 인식하는 이성의 눈(oculus rationis) - 그러므로 공식적으로 개념과 이성적인 관계들의 세상 - 그리고 최종적으로 영혼이 그것의 창조에 따른 원초성 안에서 하나님 자체를 보는 관상의 눈(oculus contemplationis)이다. 그러나 인간의 이와 같은 기본 설비는 죄의 타락으로 파괴된다.

> "그러나 죄의 어두움이 영혼 속으로 밀고 들어간 후 관상의 눈은 소멸되었고, 그 결과 그것은 어떠한 것도 볼 수 없다. 그러나 이성의 눈은 발화되어서 명확하게 볼 수없게 된다. 없어지지 않고 유일하게 남은 그 육신의 눈만이 그의 명료함 속에 머무르게 되었다."[115]

또한 인식론적인 고려들은 인간적인 가능성을 외견상 가시적인 것으로 제한한다. 그러나 그것은 인간의 학문적인 인식의 가능성들을 반박하도록 유도하는 것이 아니라 그것의 상대적인 정돈을 가져온다. 모든 학문이 선하다는 것은 근본적으로 휴고에겐 유효한 명제이다.[116] 이와 비슷하게 휴고는 모든 학문들이 하나님의 선물이라고 설명했다.[117] 이것을 기초로 휴고는 디오니시우스의 위계론 저술들에 대한 해설 도입부에서 심지어 학문들의 모든 체계화를 고안해낼 수 있었고, 그 체계화는 그의 전형적인 방법에서 삼분법으로 진행되었다. 계속적으로 반복해서 개념들과 소개들은 자체적으로 삼분법적으로 분할되고, 삼분법은 자체적으로 다시금 상승으로 발전되어 지식을 이해하는데 적용하는 부분에서 점점 더 높은 상승은 지식에 이르게 한다.[118] 세속 지식의 근본적인 삼분법은 세분화하는 방식에 따른 철학의 세 가지 "주요 부분"(principales partes)이다. 논리학은 이성적인 숙고들에 있어서 맞는 것인지 틀리는 것인지를 판정하는 일을 가르치고, 윤리는 삶의 태도를 가르치며, 이론은 모든 것 안에 있는 진리를 지향한다. 이론은 가장 높은 것으로 인도하는 단계들에서 다시금 세 가지로 나눠진다. 가시적인 질료들의 가시적인 형태들을 연구하는 수학, 가시적인 질료들의 비가시적인 원인들을 연구하는 물리학, 그리고 최종적

---

115) WA.B 1,99,8-13 (Nr. 41): "Theologia nostra et S. Augustinus prospere procedunt et regnant in nostra universitate Deo operante. Aristoteles descendit paulatim inclinatus ad ruinam prope futuram semipiternam. Mire fastidiuntur lectiones sententiariae, nec est, ut quis sibi auditores sperare possit, nisi theologiam hanc, id est bibliam aut S. Augustinum aliumve eccleasticae autoritatis doctorem velit profiteri. Vale et ora pro me."

116) PL 176,329D: "postquam autem tenebrae peccati in illam intraverunt, oculus quidam contemplationis exstinctus est, ut nihil videret; oculus autem rationis lippus effectus ut dubie videret. Solus ille oculus carnis qui exstinctus non fuit in sua claritate permansit."

117) PL 176,877A.

118) TSB I. 2 Prooemium; CChr.CM 13,117,78.

으로 비가시적인 실체들의 비가시적인 본질을 규명하는 신학. 이것은 사실상 지속적인 일이다. 그러나 그것은 휴고에겐 중요한 일이다. 또한 그가 "모든 학문들은 유익하다"라는 위의 인용 명제보다 앞서 말했던 훨씬 더 본질적인 명제를 숙고한다면 그것은 단지 진리로만 인도된다. 즉 "학습의 시작은 겸손이다".[119] 이것은 수도원 실존에서 잠언 1장 7절("주님의 열매는 인식의 시작이다"[120]; vgl. 9:10)의 명백한 적용이다. 참사회가 그렇게 살 수 있었던 것과 마찬가지로 어느 정도 형태의 구체적인 상황 안에서 그렇다는 말이다. 이와 같은 삶의 형태는 예수 그리스도의 십자가에서 근거로 삼아 겸손에 도달해야만 하는 모든 학문적인 수고에 대해 유일하게 열매 맺을 수 있는 범주를 형성한다.[121] 그래서 대담한 세속의 방식들이 문들이 된다는 것[122] 역시 학문들의 초안 잡힌 사다리로 생각된다. 왜냐하면 사람들은 세속 신학(theologia mundane)과 거룩한 신학(theologia divina)을 구분해야만 하기 때문이다.[123] 두 신학들이 비가시적인 세계에 대한 그것의 노력으로서 우선적으로 가시적인 것에서 움직이게 되고 여기서부터 역추론을 행할 수 있다는 것이 둘 다의 공통점이다. 그러나 세속 신학은 피조된 성향들에서 역추론을 시도해야만 하고, 또 다른 상황에서 변호되는 영혼의 눈에 대한 숙고들은 이것이 육신의 눈의 유일하게 확실한 인식 형태로부터 보다 더 훌륭한 인식 가능성으로 무장된 눈의 비가시적 영역으로 넘어가는 과정을 의미한다는 점을 명확히 한다. 또한 거룩한 신학은 당연히 또 다른 인식론적 상황을 통해서는 아니지만 그것의 인식의 또 다른 기초를 통해서 잃을 수 있다. 가시적인 것의 위치는 거룩한 신학에서 하나님의 비밀을, 즉 인간을 위한 하나님의 사역으로서 성만찬을 섭취하는 것이다. 그리고 이것은 다시금 인간에게 육체적인 눈을 통해서 접근할 수 없는 것이 아니라 성만찬을 인간의 심연에 현존하도록 하는 신앙을 통해서 접근될 수 있는 것이다.[124] 그러므로 사실상 고안된 지식의 사다리에 올라가기를 바라는 자는 이것을 자연적 고찰의 순조로운 길에서 시작할 수 있는 것이 아니라 계시적 지식을 통해서만 가능하

---

119) 다음에 대해서는 PL 175,927A-928A.을 보라!

120) PL 176,877A: "Principium discen야 humilitas est".

121) 불가타 성경: "timor Domini principium scientiae".

122) PL 175,925A.

123) PL 175,927A.

124) 다음을 참고하라: PL 175,926D-927A.

다. 그러나 그가 이를 행한다면 신학은 학문들 중 가장 높은 학문으로서 학문들의 정경에 속하며 실제적으로 모든 학문들은 신학을 목적으로 한다.[125]

휴고는 거룩한 신학의 가르침이 무엇인지를 대단히 심혈을 기울인 저술인『기독교 신앙의 성찬론에 관하여』(De sacramentis christianae fidei)에 포함해서 발전시켰다. 제목은 하나님의 비밀로서 위에서 진술했던 성만찬의 개념과 연결되어 있고, 그 개념은 교회 생활의 제한된 제의적인 행동들로 정의된 성만찬보다 더 많은 것을 포함하고 있다. 적절히 휴고는 그의 주요 작품에서 하나님의 구원의 길을 인류로 하여금 실감나게 경험토록 한다. 첫 번째 서적은 창조로부터 타락을 넘어 옛 계약까지 초점을 맞추고 있고, 그와 더불어 하나님의 상황적인 사역(opus conditionis)에 대해 진술한다. 존재하는 것의 생산. 그와 반대로 두 번째 서적은 갱신의 사역(opus restaurationis), 즉 제공된 입장의 교정을 다루고 있다. 그것은 이에 상응해서 그리스도의 육신을 입으심에서 끼워 들어간 것이고 최종적인 사건들의 전망과 더불어 구원의 전달 수단에, 또한 신앙인들에게 새로운 언약의 성만찬에 전념한다.[126] 이와 같은 두 가지의 분할에서 또다시 지식의 가능성과 영역들의 구분이 제시된다. 세속적인 서적들은 상황적인 사역과 관련되지만 갱신의 사역은 단지 성서 안에서만 발견될 수 있다.[127] 이와 같은 분할은 휴고에게 가능성, 즉 구원사와 교회의 구원의 수단에 관한 포괄적인 전망을 제공하고, 그는 그 전망을 실제적으로 강력하게 교회 구원 전달 수단의 관점에서 겨냥했다. 두 번째 서적의 세 번째 장은 문지기(ostiarius)부터 사제의 자리까지, 그리고 그것의 최정상인 교황까지 교회 성직 등급의 서술에 전념하며,[128] 다음 부분은 제의적인 의복을 다룬다.[129] 여기서 구원사적인 작품은 추가적으로 그것의 과제에서 빅토리아회 성직식의 특징을 진술하고 있다.

그러나 그들의 고유한 영성과 관련해서 수도회와 수도원에서 신학적인 실존은『성만찬에 관하여』처럼 포괄적인 작품에서 설명될 수 있는 가르침을 벗어나 있다. 은둔자는 단

125) PL 176,330A.
126) PL 176,185C-D.
127) PL 176,183B.
128) PL 176,183C.
129) PL 176,421-434.

순한 강독과 가르침에서 벗어나 있고[130] 이러한 첫 번째 단계부터 세 가지 이어지는 진보를 넘어 완성에 이르기까지 나가도록 부름을 받은 상태였다.[131] 묵상(meditatio)은 교리 없는 독서(lectio sive doctrina) 뒤를 잇고, 휴고는 묵상을 하나님의 계명의 연구에서, 그리고 신적인 사역들을 향한 갈망에서 고유한 삶의 방식의 고찰로서, 즉 포괄적이고 도덕적인 자기 성찰로서 생각한다.[132] 기도(oratio), 또한 이러한 수도원적-신비적인 상황에서 긍정적으로 평가된 행동(operatio)은 묵상 다음으로 이어진다. 그러나 완성된 자들 - 즉 이러한 점에서 아마도 수도회에서 참사회 회원들과 구분되는 수사들 - 에 의해서 결정된 가장 높은 단계에서 관상(contemplatio)은 미래의 영광을 미리 맛보는 결과로 일어나고[133], 사람들은 미래의 영광 안에서 하나님의 놀라운 달콤함을 맛볼 것이며, 모든 것은 기쁨으로 움직일 것이다.[134] 이것은 신비적인 연합과 다른 것이 아니다. 세속적인 학문들의 배움과 더불어 시작하는 길의 최고의 영적인 목적이다.

4. 지식의 단일화: 페트루스 롬바르두스(Petrus Lombardus)

12세기는 대단히 폭넓고 다양한 신학적인 새로운 계획들을 제외하고도 또한 후세대를 위한 지식의 문서화가 이루어졌다. 그것에 관한 관심은 이미 라온의 안셀름(Anselm von Laon, ca. 1050-1170) 주위로 형성된 라온의 신학교에서처럼 신학의 전통적인 형태들 안에서 관찰되며 거기서『표준 주해집』(Glossa ordinaria), 중요한 성서 주석의 정리는 일반적인 일에서 발생했고, 이러한 주석 작업은 다음 세기를 위한 전망을 성서텍스트에 적용해야만 했으며 훗날 인쇄의 시대에 다양하게 변화되는 평론들 속에서 출판되었다.

다시금 파리, 즉 지식의 창조적인 중심지에서 일어났던 일은 성당학교들의 혁명적인 새로운 성향들의 영향을 받게 되었다. 페트루스 롬바르두스(Petrus Lombardus, 1095-1160)

130) PL 176,433-438.

131) PL 176,796D.

132) 이와 같은 다섯 가지 진보들에 대해서 다음을 참고하라: PL 176,797A.

133) PL 176,878B.

134) PL 176,797A.

의 명제집이다. 여기서『표준 주해집』에서처럼 성서의 관행적인 주석 작업에 대한 카롤링거 왕조 시대 이후 통상적인 방법이 수정 추진된 것이 아니라 질문의 방식은 자료 수집의 출발점으로 삼게 되었다. 페트루스 롬바르두스는 네 권의 책 안에서 그의 작품을 분류했고, 그것들은 삼위일체, 창조, 성육신 그리고 구원수단들에 관해서 다루었으며, 따라서 하나님의 길을 스스로 그리고 그를 향해 되돌아가도록 하는 것으로 실감나게 이해했다. 그러나 이 책들의 내용은 일반적인 논문이 아니라 개별적인 항목들과 질문들에 따라 분류되는 주제별 교부들의 인용문이었다. 이와 같은 인용들은 상황적인 문제를 위해 그것들의 문헌학적 상황들에서 벗어나 있었고 질문을 권위의 도움으로 대답하는데 이용되어야 했다. 그러므로 후자는 동시에 상황화를 벗어나도록 했고 그것의 적용에 있어 극단화되었다. 그 경우 외적인 의존이 없는데도 외부적인 구성이 “예 그리고 아니요”와 비슷하다는 것은 우연한 일이 아니다. 아벨라르드와 마찬가지로 목적은 최종적으로 권위들 사이의 백과사전(concordantia)의 산출이었다. 학생들과 특히 모든 선생이 유럽의 많은 다른 학교들에 분산되면서 아마도 학습 장소로서 파리의 강력한 영향력으로 말미암아 롬바르두스의 명제집은 곧바로 예상치 않은 개선행렬을 했고, 그것은 13세기 대학들의 설립과 더불어 바로 신학 교과서가 되었다. 신학 선생의 자격을 획득하기를 원했던 자는 우선적으로 경력 과정에서 ‘명제집의 정통자’(Baccalaureus sententiarius)의 단계를 습득해야만 했고, 그는 그것을 롬바르두스의 명제집에 관해서 이해할 수 있었으며, 명제집은 이와 더불어 - 마르틴 루터(Martin Luther)까지– 앞으로의 모든 신학자들에게 그는 학문적인 도구의 연습으로 이용되었다. 권위들과 관련해서 이는 동시에 심화이자 선택을 의미했다. 모든 신학자는 중요한 권위들과 더불어 신뢰받게 되었고, 사람들은 권위들의 공동의 근거를 소유했으며, 그 근거와 관련될 수 있었다. 그러나『표준 주해집』의 표준서와 특히 명제집을 거쳐서 교부들의 저술들은 결코 전체적으로 알려지지 않았다. 중세 중기와 후기에 그에 관해서 알고 있었다는 것은 전반적으로 12세기 학습서적들의 여과기를 통해서 접근했다.

또한 세 번째 작품은 이와 같은 교과서들에 속하고, 그것은 전문적으로 교회법에 할당될 수 있긴 하지만 마찬가지로 교부들의 인용과 고대교회의 공의회 결정을 위한 모집 장소로서의 역할을 했고, 동시에 교회법적으로 결정된 기능을 지녔다. 롬바르두스의 명제집보다 앞서 1140년경 저술되었고 명확히 서로 조화롭지 못한 법규범들의 조화(concordia discordantium canonum)를 목적으로 사용되어야만 했던 볼로냐 교회법학자 그라티아누스(Gratian)의『그라티아누스 교령집』(Decretum Gratiani). 또한 여기서 교회법 상의 영역에서 질문의 방식은 중요한 학습형태가 되었고, 그 형태는 그러한 표준서의 이용을 통해서 보다 쉽게 습득되었다. 물론 교령집이 중세의 진행과정에서 다양한 부가 문장들을 통해『교회법대전』(Corpus Iuris Canonici)으로 성장했다는 것은 교회법 수집의 장르와 일치하는 동시에, 교령집은 명제집과 다르게 새로운 소송사건들에 반응했고,『교회법대전』은 로마 가톨릭교회에서 1917년까지 유효했다.

제3장

대학 신학의 시작과 아리스토텔레스에 대한 관계 규정(1200-1277)

A 대학들의 발생과 아리스토텔레스의 수용

1. 중세 대학들

12세기는 성당학교들의 새로운 성과들에 의해서 영향을 받게 되었다. 파리의 예에서 우리는 얼마나 많은 지식의 가능성들이 자체적으로 한 도시 안에 있을 수 있는지를 보았다. 어떠한 정규적인 학업과정에 있어서도 한 분과에서 당시에 습득되어야만 하는 학습자료에 관한 어떤 명확한 통일성도 없었다. 그리고 또한 지방관청들의 경우에 따른 침해 앞에서 광범위하게 도시로 이주했던 선생들과 학생들을 위한 어떠한 보호책도 없었다. 지방관청의 간섭이 세금 상승의 형태로 있었다하더라도 말이다. 세금 상승은 사회적이고 법적인 관점에서 낯선 일이었고, 적절히 말해서 불안정했다.

이와 같은 배경에서 13세기 초에 지방학교들의 통합이 이루어졌다. 중세 대학들을 위한 영향력 있는 모델은 '교수와 학생 조합'(universitas magistrorum et scholarium)이 되었고, 이 조합은 1200년경 - 볼로냐(Bologna)에서 동일한 시대에 오직 법학만을 지향했던 대학 - 파리에 설립되었다. 대학 학장인 코르콩의 로버트(Robert von Courçon, † 1219)가 대학 정관을 선포했을 때 그것의 제도적인 진행과정은 1215년에 끝났다. 조합(universitas)으로서 여기에 사용된 표현은 우선적으로 법적인 개념이었고, 그 개념은 법적으로 형성된 협력체로서 공동체와 동일시하고 있고, 이 공동체는 자발적으로 운영되었다. 이와 같은 기관들은 도시의 관청과는 반대로, 그러나 지방 주교들과 반대로 그것의 독립성의 중요한 보호를 교황의 특권 부여로 요구했고, 특권 부여는 특별법의 설립을 의미했고 대학 연합체를 광범위하게 도시 사회의 테두리에서 자치적인 법의 공간으로 삼았다. 또한 교회법을 통해 특별한 법적 신분이 성직자로 간주되었기 때문에 이것은 철저하게 익숙하지 않은 사건이긴 하지만 아마도 대학들을 위한 커다란 유익들에 속하는 일이었다. 그것들은 자체적으로 운영될 수 있었고 선거 관청들을 통해서 중세동안 익숙지 않은 법적 형태 안에서 담당한 행정을 제한적으로 행했을 뿐만 아니라 대학 일원들의 법률사건들은 세속 법정에 속한 일이 아니라 대학 자체적인 재판권에 귀속되었다. 따라서 그것들은 작은 사회를 형성했고, 그 사회는 도시 민중과 접촉하고 있긴 했지만 그들과 밀접하게 연결되어 있지는 않았다. 특히 다양한 민족들로 이루어진 많은 헌법들에서 중요하게 세분화하는 일에서 나타나듯이 기독교 유럽을 반영한 작은 사회이다. 도시 관청들의 부당한 침해에 대해 학문적인 자치 기관에서 비난해야만 한다는 것을 생각했다면 자치권은 때때로 전체 대학이 파업을 일으켰다는데서, 그리고 단지 짧은 선거기간 동안 보편적으로 취임할 수 있는 학장의 공직을 위해 내부적으로 특히 선거전이 진행되었다는데서 잘 표현되어 있다.

법적이고 광범위하게 또한 경제적인 독립을 기초로 쟈끄 르 고프(Jacques Le Goff)가 '지성적인 것들'의 환경으로서 어떤 것을 낙관적으로 표현했던 환경이 발전될 수 있었다. 아마도 소수의 학자들만이 사회와는 반대로 그러한 개념과 연결된 비판적인 기능을 가졌으나 몇 년을 거쳐 전적으로 학문적인 질문들을 극복하려고 헌신을 실현하는데 거리가 있었다. 스콜라주의에서는 지적인 문제에 대해 후대에 다양하게 비판을 받게 된 독립성 역시 자유의 표현이었고, 자유롭게 중세의 학자들은 그들의 업무를 수행할 수 있었다. 물론 얼마 되지 않는 학자들만이 그들의 생애 동안 - 혹은 단지 정규적인 배움의 과정에서만 - 대학에 머물렀다. 몇몇 학기 동안 대학을 방문하는 것은 일반적인 현상이었고, 그것은 사회 안에서 과제로 요구되었으며 이는 동시에 대학의 사회적인 기능을 위한 가장 기본적인 일이었다.

그러한 경우 일반적으로 학예학부를 방문했고, 그곳에서 이름이 의미하는 것처럼 고대 후기 학예과 전통이 계속적으로 진행되고 수정되었다. 대학들의 발전과 더불어 더욱 폭넓고 강렬한 아리스토텔레스의 수용이 이루어졌다. 따라서 이러한 학부의 가장 중요한 교과서 저자에 대한 시보가 읽혀졌고 해설되었다. 전문적인 세분화는 학예 7과목에서 정리된 그룹보다 더 점차 증가한 아리스토텔레스와 보에티우스와 같은 다른 저자들의 저술들 제목들과 일치했다. 따라서 이러한 학부 방문을 통해서 아리스토텔레스적인 사상은 학생들의 멀리에 정주하게 되었다. 학생들 - 파리의 규정들에 따르면 6년 후에 - 이 학사학위를 받았을 때 비로소 그들은 보다 더 높은 3가지 학부들인 신학, 법학 혹은 의학의 방문을 위한 전제조건을 채웠다. 여기서 학사학위를 획득할 때까지 신학부에선 그것은 또 다시 7년 동안 지속되어야 했고, 그것은 이때 마기스터(magister), 즉 박사학위를 준비하려는 자기 자신의 학업 동안 이미 페트루스 롬바르두스의 명제집에 관해 보다 더 젊은 학생들에 강의를 할 수 있는 것은 권리이자 의무였으며, 이들을 교육학사(baccalaureus formatus)로서 인정했고 계속해서 4년 동안 공부하여 마기스터 학위를 받을 수 있기 전에 교육의 일상적인 일은 우선적으로 신학적인 체계화를 계획하는 것이었다. 이것은 장엄한 논쟁을 통해서 이루어졌고, 그 논쟁에서 학사학위자는 그에게 제시된 신학적인 질문을 해결할 수 있는 지를 증명해야만 했다. 상응하는 방법에 따라 비로소 그는 마기스터의 자격을 지닐 수 있었고, 그가 실제적으로 강의에 투입되었을 때, 그는 가르치는 일(magister actu regens)을 담당하는 교수로서의 역할을 했다.

교수로서 이들은 주로 강의를 진행해야만 했으나 또한 동시에 자신에게 학문적인 자격을 부여하는데 도움이 되었던 논쟁들을 진행해야 했다. 논쟁은 이미 앞서 성당학교들에서 질문(quaestio)으로 이루어졌던 것의 명백한 형태이다. 그들이 하나의 해결책으로 그것을 유도하기 전에 학생들과 그 선생들은 정과 반(Pro und Contra)의 깊은 숙고, 즉 서로 다른 입장들의 실제적인 문제를 해결하는 과정을 통해 배웠다. 마기스터가 자체적으로 제기했던 문제들, 대답할 수 있었던 정규적인 논쟁들(disputationes ordinariae) 이외에도 자유 토론(Quaestiones quodlibetales)은 특별한 요구를 설명해 주었고 그 가운데 논쟁에 참여한 모든 사람은 논쟁 참가자에게 질문에 답하도록 제기할 수 있었다. 여기서 즉흥적으로 논쟁이 가능한 공간이 이루어져야만 했고 균형을 맞추어 나가야만 했다.

특히 그러한 결과로 대학은 사람들이 오늘날 '협력적 정체성'으로 지칭하는 것을 수행했다. 큰 논쟁들은 학과 혹은 전체 대학에서 거행된 행사가 되었다. 그럼에도 이것은 계속해서 대단히 수고롭고 무거운 문제를 넘길 수 있었고, 그 문제는 대학의 사회적인 통합을 통해서 이루어졌다. 대학들, 특히 대학 철학부에서는 탁발수도회의 점차 증가하는 일자리는 중요한 문제들을 야기했다. 우선적으로 도미니크 수도회 수사들이었는데, 특히 그들에게는 수도회보다는 대학의 경력이 의미 있었는데 이는 설교 교단으로서 그들의 임무가 사상적으로 기독교 진리를 옹호하는 데 있었기 때문이었다. 이와 더불어 프란체스코 수도회 수사들은 또 다른 면에서 더욱 어려움을 가지고 있었는데 그들은 그 수도회의 대표적인 인물 아시시의 프란체스코(Franz von Assisi)를 통해 외적으로 뿐만 아니라 마음과 정신에 이르기까지 간소함의 의무를 이행했다. 그들은 대학들에 들어가는 것을 열망하지 않았지만 파리 대학 교수의 한 자리는 할레의 알렉산더(Alexander von Hales, ca. 1185-1245)의 등장으로 말미암아 1236년 프란체스코 수도회들에게 허락되었으며, 그때부터 또한 그들은 학문적인 고용 체결을 확장해 나갔다. 그러나 대학들에서 탁발수도회는 그들의 공동생활을 견딜 수 없을 정도로 방해를 받았다. 왜냐하면 세속 사제 출신의 동료와 달리 탁발수도회 출신 교수들은 구걸로 생활하며 어떠한 수강료도 받지 않았고, 그 결과 그들은 채용 금액이 저렴하다는 경쟁력으로 학생들을 생계의 보호책으로 이용하려고 했던 동료들로부터 학생들을 빼앗았기 때문이다. 따라서 옥스퍼드에서처럼 파리에서도 다양하게 세속 사제들과 탁발수도회 교수들 사이에 강력한 논쟁들이 일어났고, 그 논쟁들은 부분적으로 조약 토론들의 분야에서 어떤 것보다 더 적절한 연속성을 지니고 있었다.

사회적인 관점에서는 탁발수도회 선생들은 이전에 공동 그룹을 형성했고, 신학사적으로 중세 중기에 프란체스코 학파와 도미니코 학파 사이의 차이는 오랜 기간 통상적인 범주에서 단지 제한적으로 성과가 있었을 뿐이다. 일반적으로 도미니크 수도회 측면에선 알베르투스 마그누스(Albertus Magnus, † 1280)와 토마스 아퀴나스(Thomas von Aquin, ca. 1224-1274)가 하나의 그러한 학파에 귀속되었고, 오래된 프란체스코 학파의 프란체스코적 측면에선 할레의 알렉산더(Alexander von Hales, ca. 1185-1245)와 보나벤투라(Bonaventura, 1221-1274)와 마찬가지로 보다 더 젊은 프란체스코 학파의 프란체스코적 측면에선 둔스 스코투스(Duns Scotus)와 옥캄의 윌리엄(Wilhelm von Ockham, ca. 1285-1347)이 이에 속한다.

비록 사람들이 마지막에 언급된 두 명을 아마도 개인적으로 만나지 않았다는 것을 고려해도 '학파'의 개념을 훨씬 느슨하게 파악하고 정신적인 창안 혹은 공동의 교단의 정신세계의 의미에서 이해한다고 하더라도 이러한 그림은 어렵게 유지될 것이다. 왜냐하면 교단의 소속감은 결코 규정된 내용적인 입장에 대한 주도로 계속해서 재구성되지 않았기 때문이다. 전형적인 모델로 도미니크 수도회 수사인 로버트 킬워드비(Robert Kilwardby, ca. 1215-1279)가 있었는데, 그는 옥스퍼드를 위한 캔터베리 대주교로 1277년 도미니크 수도회 수사인 토마스 아퀴나스의 철학을 따랐던 가르침들에 금지를 선포했다. 이와 같은 금지는 그의 프란체스코 수도회 계승자인 요한 페캄(John Peckam, ca. 1230-1292)을 통해서 다시 반복되었다. 이들은 또한 근대의 연구 결과에 기인될 수 있는 수도원 학파들의 범례에서 벗어나 있는데도 종종 수도회는 그 자체의 수도회 크기의 역사를 연구했고 많은 비용으로 그 작품들을 포기할 수 없는 편집들을 통해 이루어 나갔으며, 우리는 이를 보다 더 조심스럽게 다음과 같이 표현해야 할 것이다. 수도회의 영성은 당시 신학에 참여한 동인이다. 따라서 대략 프란체스코 수도회의 측면에서 아리스토텔레스의 사용에 대해 도미니코 수도회 측면에서보다 더 많은 회의적인 반응을 관찰할 수 있다. 그러나 이것 역시 바뀌기도 한다. 둔스 스코투스와 옥캄은 일개의 할레의 알렉산더 혹은 일개의 보나벤투라가 이렇게 존재했던 것보다 아리스토텔레스적 사상의 훨씬 더 잘 표현된 기초 위에 서있는 아리스토텔레스주의자들이다. 역으로 알베르투스 마그누스는 그의 제자 토마스 아퀴나스가 이렇게 했던 것보다 아리스토텔레스적으로 이해되어진 신학으로부터 훨씬 더 멀리 떨어져 있다. 따라서 중요한 수도회의 소속감을 제외하고도 훨씬 더 폭넓은 요인들은 동원될 수 있다. 대략 저자들의 고유한 사회적 위치, 당대의 사회적, 정신적 도전들, 수도회의 학습에서 혹은 전체 대학에서 선생의 학문적인 기관 - 아마도 중요한 요인 - 그리고 또한 대학 환경과 전통은 어쩌면 파리와 옥스퍼드 사이에 마찬가지로 13세기에 엄청난 차이가 있었다. 그러한 차이로 사람들은 오늘날 중세 신학의 적합한 이해에 도달할 수 있었다.

2. 모든 아리스토텔레스와 대립

중세 초 인식의 한계들은 중요한 차원에서 아리스토텔레스가 '구논리학'(Logica Vetus)으로 후대에 정리되었던 부분들에 알려져 있었던 것에 의해서 영향을 받게 되었다(s. o. S. 43). 이때 대학들이 생겨나면서 그의 철학에 대한 집중적인 연구에 대한 제도적으로 제한된 자극은 동시대에 모든 아리스토텔레스가 의식 속에 자리 잡게 됨으로써 강화되었다. 말하자면 특히 '분석론후서'(Analytica Posteriora)와 더불어 세련된 학문 개념을 들여왔고 윤리학, 물리학, 형이상학, 사유의 법칙들뿐만 아니라 기독교 이전 그리고 이와 더불어 비기독교적인 세상의 고안들을 포함했던 새로운 논리학의 저술들 이외에도 이루어졌다.

이처럼 지금까지 잘 알려지지 않은 아리스토텔레스의 중개는 우회적으로 진행되었다. 동시리아 '네스토리아적' 기독교는 아리스토텔레스의 존립에 관해서 결정했다. 이는 7세기 영토 점령 전쟁을 통해 아랍인들의 소유가 되었고 여기서 높은 수준을 지닌 철학적인 전성기가 유도되었다. 아랍 철학의 뛰어난 대변자들은 우선적으로 바그다드(Bagdad)의 알-킨디(Al-Kindi, † 873)와 다마스쿠스(Damaskus)의 알-파르비(Al-Farbi, 870-950), 특히 지속적인 신플라톤적 세계의 기투(Weltentwurf)를 제시했던 페르시아인 아비켄나/이븐 시나(Avicenna/Ibn Sina, 980-1037), 스페인에 살았던 아랍인 아베로스/이븐 루스트(Averroes/Ibn Rushd, 1126-1198)였다. 아베로스는 아리스토텔레스의 저술들에 대한 다량의 주석들을 발간했고, 아리스토텔레스와 무슬림 신앙 사이에 모순이 발생할 수 없다는 기본 사상에 영향을 받았고, 그것은 많은 이름을 언급하지 않은 채 아리스토텔레스에 대한 표준화된 철학 외에도 스콜라 철학 텍스트 안에서 그에 의해서 주석서로 표기되었다. 물론 그는 전혀 문제가 없었던 주석가는 아니었다. 왜냐하면 그는 기독교적 세계상에 대한 긴장관계에 서있었던 개별적인 가르침을 대변했기 때문이다.

이와 같은 수준 높은 아라비아의 철학과, 그것과 관련해서 아라비아어로 아리스토텔레스-번역서를 다시금 라틴어로 번역하였고 그 원고가 기독교 유럽에 유입되었다. 저술들은 점차로 침투해 들어왔고 차차 사용되었다. '새 논리학'(Logica Nova)은 광범위하게 전혀 문제가 없는 것으로 생각되었고 이미 12세기의 진행과정에서 재발견된 보에티우스의 번역으로 활발하게 사용되었던 반면에, 1140년 경 전체 번역서는 형이상학에 의해서 알려졌다. 그러나 이와 같은 논쟁은 비로소 대학의 발생으로 시작되었다. 그러므로 대학들은 고유한 기독교 권위들의 전통적인 균형 외에도 비기독교적인 세계 기계에 놓여 있다는 과제 앞에 처음부터 놓이게 되었다. 게다가 그 기계는 한 사상가에 의해서 출현했으며, 사람들은 논리적인 학습을 위한 의미의 근거로 습관적으로 그 사상가의 높은 위치를 인정했다. 이성과 계시의 보편적인 문제와 마찬가지로 파리 대학에서도 아리스토텔레스에 대한 입장 차이가 부각되었다.

3. 신학의 지성적인 중심지들: 아리스토텔레스적 주도상 파리
- 바람을 피할 곳인 아우구스티누스적 옥스퍼드

모든 아리스토텔레스의 재발견은 처음부터 명백하게 신학적으로 동기부여 되었던 금지조치가 수반되었다. 1210년 한 지방 공의회에서『자연철학에 관한 책』(libri de naturali Philosophia)에 관한 강의들이 금지되었고, 코르콩의 로버트(Robert von Courçon)가 이와 같은 금지조치를 1215년 파리 대학의 규정들에 받아들였을 때 그는 그것을 여전히 형이상학으로 확장했다. 그것은 학예학부와 관계되었으나 위에서 언급했던 대학 설립은 신학부가 강력하게 아리스토텔레스의 사용 결과와 논쟁을 해야만 했던 결과에 도달했다. 아욱세레의 빌헬름(Wilhelm von Auxerre, † 1231)은 이에 대해 대표적인 인물이다. 상황을 긍정하기 위해 이성에서 근거를 추구하는 아리스토텔레스와 반대로 빌헬름은 신앙이 신학에서 이러한 긍정을 위한 기초라는 점을 강조했고, 신앙은 자신의 편에서 이성을 추구한다는 것이다. 그는 신학이 자연철학에서 이루어지는 논증들에 의존하는 것에 대해 경고했으며 이는 적절한 것이었다.

아리스토텔레스 철학에 대한 이러한 신학적 회의를 고려하여 1228년 7월 7일 그레고리 9세(Gregor IX., 1227-1241)가 여기에 향하도록 했던 서술은 파리 신학부의 많은 선생들에 의해서 기쁘게 받아 들여졌다. 그레고리는 여기서 - 명백히 기회로 삼아, 왜냐하면 그는 신학의 임무를 떠나 있었기에 언급되지 않은 몇몇 마기스터를 비난했기 때문이다 - 세속적인 갱신을 행하고 신학에서 자연철학에 대해 관심을 가지는 것에 대해 경고했다. 그런 엄청난 방해들을 고려하더라도 아리스토텔레스의 자유로운 이용이 명확하게 될 때까지 그것은 신학부에서 뿐만 아니라 학예학부에서도 세기의 중반까지 지속될 수 있었다. 그럼에도 중세 대학에서 그것의 결과를 위한 가장 적은 공헌은 처음부터 그것에 대한 어떠한 중요한 선택이 없었다는데 놓여 있지 않았다.

지금까지 제시된 그림은 필연적으로 파리에 집중되었다. 여기서 13세기의 대단한 신학적 기계들이 파악될 뿐만 아니라 아리스토텔레스에 대한 중요한 논쟁들이 끝을 보게 되었다. 중세 중기 신학의 또 다른 신학 교육기관인 옥스퍼드는 그것과 심히 긴장된 관계를 제시했다. 왜냐하면 아마도 중요한 신학자들은 파리의 신학자들보다 아우구스티누스의 경로에 있어 여기서 훨씬 활발하게 활동했기 때문에 그들은 아리스토텔레스를 결코 위협적으로 생각하지 않았다. 도미니크 수도회 수사 리차드 피샤크레(Richard Fishakre, † 1248)는 기회를 봐서 철저하게 아리스토텔레스적 개념을 받아들이긴 했지만 신학과 철학의 의존적인 이해는 아주 명확하게 신학의 시녀로서 철학을 소개하고 있다는 의미에서 계급적이었다. 그리고 파리 도미니크 수도회의 그의 동료들의 것보다 훨씬 더 회의적인 몇 가지 것이 그것이다. 신학은 피샤크레에 따르면 아리스토텔레스의 삼단논법의 논증을 전혀 사용하지 안했고 두 번째 분석가에게서 나온 그의 날카로운 학문적 개념을 전혀 필요로 하지 않았다. 왜냐하면 그들의 확실성은 전적으로 하나님에게 의존하기 때문이다. 그것은 전통이었는데 그 전통을 한 세대 후 로버트 킬워드비가 받아들였고 계속되었으며 동시에, 그는 그의 명제집 주석에 앞서 각주들을 이용했고, 각주들은 명제집이 성서와 커다란 권위적인 간격에서만 인지될 수 있다는 것을 명백히 했다. 이로써 둘 다는 공동으로 영국의 전통을 이루었는데 그 전통은 아리스토텔레스를 저지하지 않고서도 14세기까지 신학에서 철학의 사용을 대단히 조심해서 행하는 것이었다. 그럼에도 파리에선 엄격파 아리스토텔레스주의가, 그리고 옥스퍼드에선 토마스주의 철학의 16가지 명제들이 금지되었을 때인 1277년 이러한 지리적인 판결은 변경되었다. 그것과 더불어 짧은 기간 동안 옥스퍼드신학은 신학사 안에서 주도적인 역할을 했으며, 그 역할은 13세기에는 명백히 파리 신학에는 어울리는 것이었다.

B 신학의 아리스토텔레스적인 형성

1. 대학 상황에 있어 아우구스티누스적 전통의 체계화: 할레의 알렉산더(Alexander von Hales)와 '할레인들의 대전'(Summa Halensis)

할레의 알렉산더(Alexander von Hales, ca. 1185-1245)의 등장으로 대학 신학은 저절로 프란체스코 수도회에 유입되었다. 그가 1235년 프란체스코 수도회에 입문했을 때 알렉산더는 이미 유명한 파리의 마기스터였고, 무식한 자들이 중세 중기 학문적인 체계에 참여했을 때 그는 이를 통해 자기의 수도회 설립자의 양식에 대해 전적으로 반대했던 자였다. 그 경우 이것은 알렉산더가 롬바르두스의 명제집을 그의 강의들의 기초로 삼았고 그것과 더불어 기독교 전통을 통해서 이미 체계적인 형성에서 성서적인 알림과 사변적인 이성을 학문적인 가르침의 기준 범위로서 선택했다는 중요한 진보였다.

그가 이것을 행했을 때 새로운 아리스토텔레스가 그에 의해서 알려졌지만 그는 자신의 신학을 아리스토텔레스적이 아니라 전체적으로 아우구스티누스의 정신에 따라 형성시켰다. 그 역시 대단히 주의해서 아리스토텔레스의 사유의 형태들을 동원했다. 따라서 신학에 관한 그의 이해는 지혜(sapientia)로서 이와 같은 가르침의 아우구스티적 규정에 도움을 받았는가, 그 - 그것과 더불어 인간을 향한 하나님의 은총의 관심을 강조하기 원했던 아우구스티누스와는 달리 - 는 니코마스의 윤리적인 의미에서 인간에게 고유한 습관(Habitus)을, 그러므로 인간에게 계속해서 적절한 이성화를 이성적인 미덕으로 이해했다. 알렉산더에 의하면 이와 같은 지혜가 또 다른 학문들에 의해 전해질 수 있었던 그러한 학문과 더불어서가 아니라 학문을 자체적으로 해체시켜버렸다는 것이 중요하다. 신학은 그에게 하나님으로부터, 하나님에 관해서, 그리고 하나님을 향하도록(ab Deo et de Deo et ductiva ad Deum) 인도하는 가르침이었다.[1] 그러므로 그것은 하나님으로부터 탄생했고, 더욱 자세히 말하자면 대단히 직접적인 면에서 계시와 성령의 영감을 통해서 탄생했다. 그것은 하나님에 관해서 다루는 것, 즉 삼위일체 하나님과 하나님의 인간 구원에 관해서 다루는 일이다. 그리고 그것 또한 다시금 하나님에게로 이동하는 것이다. 거기서 신학은 그 고유한 의미를 지닌다. 따라서 신학은 알렉산더의 편에서 구원 사건의 개인적인 체험이었고, 적절히 말하자면 그는 그의 명제집 주석에서 신학의 모든 주제들을 출애굽기 3장에서 발전시켰다. 한편으로 여기서 하나님의 자기 진술(나는 스스로 있는 자라, 출3:14)은 주도적이다. 그것은 고전적, 형이상학적으로 전달될 수 있는 신론이다. 그러나 다른 한편으로 출애굽기 3장 7절은 논증의 출발점이 된다. 즉 하나님이 자기 백성을 애굽에서 젖과 꿀이 흐르는 땅으로 인도하실 것이라는 계약을 말한다. 이와 같은 방법으로 스콜라주의자 알렉산더는 신앙을 가진 영혼을 동행했다. 그리고 이와 같은 면에서 그는 스콜라신학을 성서신학으로 이해될 수 있도록 한다.

---

1) Summa Hal. I. 1 tractatus introductorius q. 2 c. 2; ed. Quaracchi I,5b.

물론 알렉산더는 그 자신의 명제집 주석을 통해서보다 더 그가 오늘날 모든 것을 저술했을 것이라는 저자로 더 이상 생각지 않은 한 작품을 통해서 더 영향력을 미치고 있다. 『할레의 대전』(Summa Halensis). 이 작품은 알렉산더 자체의 공헌을 제외하고도 루펠라의 요한네스(Johannes Rupella, † 1245), 오도 리갈디(Odo Rigaldi, † 1275), 학장 필립(Philipp dem Kanzler, † 1236) 그리고 아욱세레의 빌헬름(Wilhelm von Auxerre, † 1230년 이후)과 같은 또 다른 수많은 저술가들의 저작들을 포함하고 있다. 세 번째 책까지는 알렉산더는 직접 원고를 정리했을 것이고, 그 다음부턴 그의 제자들, 특히 멜리토나의 빌헬름(Wilhelm von Melitona, † 1257)이 포함하고 있는 작품의 결론을 쓰려고 했으며, 그럼에도 그것은 미완성으로 남아 있었다. 계속적인 토론을 위한 중심적인 공헌으로서 세 번째 책의 세 번째 장 첫 번째 두 개의 연구들(inquistiones)에서 그때까지 가장 포괄적인 은총론에 관한 설명이 발견된다. 은총이 일반적으로 인간에게 필요하다는 것은 철학적인 이론들을 반대하는 데서 강조될 뿐만 아니라 그것을 넘어서 - 그리고 상세하게 말하자면 - 펠라기우스주의에 반대하는 데서 명확하게 강조된 것이다. 은총 없이 선을 행하고 악을 단념하는 것은 불가능하다.[2] 그러나 아우구스티누스와 관련하여, 그리고 그의 작품들에서의 많은 인용에 따라서 이루어진 이와 같은 진술들과 이어지는 차별화의 의도는 은총에 의해서 조절된 과정에서 인간 행동의 몫을 실행하는 데 있다. 한편으로 이를 위해서 언급된 소논문의 첫 장에서 말하는 공로로 부여된 은총(gratia gratum faciens)에서, 다른 한편으로 두 번째 장에서 말하는 선물로 부여된 은총(gratia gratis data)에서 은총의 기본적인 차이가 이용된다.

선물로 수여된 은총은 공로 없이 이성적인 본질에 부여된 선물이다. 은총이 선물로 존재하는 한 "은총은 자신의 구원을 준비하거나 또 다른 것의 신앙을 위해 준비한다."[3] 이와 같은 은총은 의지 안에서, 영 안에서 혹은 그와 같은 것에 의해서 표현되듯 순수하게 자연적인 인간의 공로와는 구분된다. 그러므로 그것은 모든 사람들에게 적용되는 것이 아니라 역으로 인간은 이미 구원에 도달하는 모든 은총을 지닌 것도 아니다. 이와 같은 은총에 의해서 채워지는 인간은 교회의 공간에서 활동하고 또한 신앙적인 미덕들, 신앙과

2) Summa Hal. l. 3 p. 3 inq. 1. tr. 1 q. 1 c. 2; ed. Quaracchi IV,953a.

3) Summa Hal. l. 3 p. 3 inq. 1. tr. 2 q. 1 c. 2; ed. Quaracchi IV,1025b: "Gratia gratis data proprie dicitur donum infusum rational naturae sine mertis, quantum in se est, disponens ad salutem proprium vel aedificationem alterius."

희망에 관여하고, 물론 불충분한 형태로 이루어진다. 신앙과 희망은 신학적인 미덕들 중 가장 고귀한 신학적인 미덕인 사랑을 통해서 형성되는 것이 아니고[4], 하나님의 종으로서 두려움(timor servilis)을 수반하는 것이다.[5] 이것들이 기독교 실존의 모든 규정된 형태들이라 해도 이는 인간들에게 구원에 상응하도록 작용하지 못한다.[6] 선물로 부여된 은총만이 확실히 구원에 이르도록 하지만 또한 공로 없이 제공되는 은총을 지녔던 인간 또한 비난받을 가능성이 존재한다는 그러한 개방성 안에서 이루어진다.[7] 이로써 은총은 가능성, 한편으론 전적으로 은총의 편에서 구원의 시작 - 마찬 가지로 공로 없이 주어지는 은총 - 을 알도록 하는 가능성을 제공하고, 다른 한편으로 최종적으로 구원을 완성하지 않지만 인간이 이와 같은 은총과 더불어 행하는 것에 의존하는 중간 단계에서 구원의 완성을 이루는 가능성을 연 것이다. 말하자면 그가 은총을 따르면서 행동한다면 그는 공로로 부여되는 은총을 갈망할 수 있다. 공로로 부여된 은총은 은총으로 남아 있고 그럼에도 인간 행위의 결과는 더불어 은총의 이음줄로 참여되며, 그 이음줄은 아우구스티누스적 은총 신학의 표현으로 이해되나 구원에 관한 인간 참여의 거부로 인해 급진성을 공유하지 않는다. 따라서『할레의 대전』은 한편으로 그것의 고유한 의미에 따른 은총, 즉 공로로 부여된 은총이 결코 공로의 개념에 따져들 수 없다는 것을 강조하나[8] 그럼에도 다른 한편으로 공로에 관한 진술을 언급하며 동시에, 개념적으로 이루어진 일이라 하더라도 그것은 해석적인 공로(meritum interpretativum), 재량공로(meritum congrui)와 적정공로(meritum condigni)로 구분하여 소개하고 있다. 전통적으로 사람들은 재량공로를 값싼 공로로 해석하며 - 그리고 또한『할레의 대전』안에서 의미했던 것 - 이는 오히려 오늘날의 언어 감각과 상응하는 것이다. 이와 반대로 적정공로는 가치 있는 공로이다. 이로써 대전은 후세에 이와 같은 개념을 사용했던 사람들처럼: 비록 공로가 하나님에게 전혀 가치가 없다 하더라도 하나님은 그의 베푸심에서 어떤 것을 인간의 편에서 공로로 인정할 수 있다는 것을 의미한다.

4) Summa Hal. I. 3 p. 3 inq. 1. tr. 2 q. 2 q 2 tit. 1 m. 4; ed. Quaracchi IV,1035a.

5) Summa Hal. I. 3 p. 3 inq. 1. tr. 2 q. 1 c. 3; ed. Quaracchi IV,1027b.

6) Summa Hal. I. 3 p. 3 inq. 1. tr. 2 q. 1 c. 3; ed. Quaracchi IV,1027b.

7) Summa Hal. I. 3 p. 3 inq. 1. tr. 2 q. 1 c. 2; ed. Quaracchi IV,1026a.

8) Summa Hal. I. 3 p. 3 inq. 1. tr. 1 q. 5 m. 1; ed. Quaracchi IV,988b.

그리고 이것은 인간이 선물로 부여된 은총의 도움을 받아 행하는 것과 더불어 일어난다. 그와 반대로 진가는 하나님 자신이 사람에게 공로로 부여한 은총 안에서 제공되는 것만 소유한다.[9] 공로로 부여된 은총이 다시금 은총의 단일성을 인정한 반면에, 선물로 부여된 공로 또한 수준 높은 신학적 작품이 갖는 목회적인 관심에서 비롯한 것이다. 말하자면 『할레의 대전』은 도달된 기초 위에서 설명할 수 있다. "한 인간이 그 안에 존재하는 것을 행한다면 ... 하나님은 그에게 은총을 부여한다."[10] 경건의 실천으로 이루어진 구원의 방편으로 이해된 채, 선물로 그에게 은총이 선사되었다는 것을 그리스도로 인해 신뢰하는 자가 그 은총에 따라 살려고 노력한다면, 마찬가지로 하나님이 그에게 공로로 부여한 은총을 또한 제공한다는 사실을 신뢰할 수 있을 것이다.

인간에 대한 구원 방법의 두 단계 진술은 하나님을 고려하여 기독교적인 실존의 차별화를 따르려는 시도일 뿐만 아니라 이는 13세기에 세련된 분석적 도구들을 가지고 교부들의 원자ㄹ료를 분석하려는 시도이다. 특히 이는 신학적으로 세심하게 고려해 보려는 노력에서 뚜렷하게 되었고, 또한 은총의 개념으로부터 또 다른 구분 - 결과적으로 하나님의 은총만이 존재한다는 계속적인 강조 아래 - 이 뚜렷해진다. 따라서 공로로 부여된 은총과 선물로 부여된 은총의 구분은 어떠한 점에서 선행적인 은총(gratia praeveniens)과 후속적인 은총(gratia subsequens)의 구분과 동일시 될 수 있다. 또 다른 점에서 선행적인 은총은 인간의 본성적인 지참금과 동일하고, 이 경우 특히 이미 거론했던 구분으로부터 벗어나서 후속적인 은총은 선물로 부여된 은총이다. 다시금 『할레의 대전』에 따르면 세 번째 경우, 근본적인 은총으로 타당성을 갖는다. "선행적인 은총은 우리가 그것과 더불어 선을 행할 수 있는 것이고, 후속적인 은총은 우리가 악에 저항할 수 있는 은총이다."[11] 그리고 후속적인 은총의 편에서 이와 같은 구분은 세 번째 두 쌍의 개념과 관련되어 있다. 자력은총(gratia operans)과 협력은총(gratia cooperans) 혹은 보다 더 자유롭게 표현하자면 행하는 은총과 지원 은총 같은 두 쌍의 개념은 또한 단순한 규정에 속해질 수 있는 것이 아니라 이중적인 귀

9) Summa Hal. I. 3 p. 3 inq. 1. tr. 1 q. 5 m. 2 c. 1 a. 1; ed. Quaracchi IV,990a.

10) Summa Hal. I. 3 p. 3 inq. 1. tr. 1 q. 5 m. 3; ed. Quaracchi IV,994b.

11) Summa Hal. I. 3 p. 3 inq. 1. tr. 1 q. 3 c. 1; ed. Quaracchi IV,972b: "gratia praeveniens est qua bonum operamur, gratia subsequens, qua malo resistimus".

속을 필요로 한다. 한편으로 그것은 소원과 행위의 구분과 관련되어 있다. 그러므로 자력은총은 선한 의지에 영향을 미치고, 협력은총은 선한 행위의 실행에 영향을 미친다. 다른 한편으로 사람들은 또한 그것을 위에서 언급했던 관점들, 한편으론 선을 행하는 것, 다른 한편으론 악을 정하는 것에 관련할 수 있다.[12] 이와 같은 다양한 개념들과 개념구분들은 오늘날 관찰자들을 때때로 오리무중에 빠지게 하고 스콜라 사상을 이해하거나 단지 근대 사상으로서 받아들여진 것으로 생각되는 어려움에 빠져들게 할 수 있다. 그러나 곧바로 여기에서『할레의 대전』의 가치와 업적이 드러난다. 여전히 몇 세대들 전에서 페트루스 롬바르두스의 업적이 교부들의 전통의 수집과 정리 안에 존재했다면 이때 교부들의 인용들은 제한된 주제들에만 한정되어 있을 뿐만 아니라 그것들은 개념의 골격과 관련되었으며, 은총이 실체 혹은 우유인지를 질문할 때 성향 상 아리스토텔레스적인 개념은 개념 골격을 이루게 된다.[13] 따라서 오늘날의 독자들에 의하면『할레의 대전』은 세대를 거치면서 사용되어야만 했던 스콜라적 개념의 형태를 위한 이상적인 보고의 역할을 할 수 있었다.

2. 쾰른에서 아리스토텔레스의 출현: 알베르투스 마그누스(Albertus Magnus)

알렉산더의 다음 세대 신학자인 알베르투스 마그누스(Albertus Magnus)는 아리스토텔레스와의 관계에 훨씬 더 친밀하게 되었다. 그는 이탈리아에서 공부했고 아마도 그곳에서 도미니크 수도회에 입문했을 것이다. 여러 곳에서 교수직을 수행한 후 그는 1243/44년에 파리로 왔고, 여기서 명제집을 읽었으며 2년 후 신학박사 학위를 취득하게 되었다. 처음부터 그는 학문적인 이론의 기본적인 숙고들에서, 특히 아우구스티누스적인 신학적 이해의 인용에서 보이듯이 그의 신학 저술들은 아리스토텔레스에 대한 도전적인 입장을 취했다. 알렉산더처럼 그는 신학을 지혜로 정의하지만 곧바로 그의 의견에 따르면 고도의 학문이 있을 수도 있다. "사람들은 신학이란 가장 진실한 면에서 지식이고, 그리고 더욱 명확히

12) Summa Hal. I. 3 p. 3 inq. 1. tr. 1 q. 3 c. 1; ed. Quaracchi IV,972b.

13) Summa Hal. I. 3 p. 3 inq. 1. tr. 1 q. 2 c. 1 a. 3; ed. Quaracchi IV,961.

말해서 지혜이다."[14] 말하자면 지식은 알베르투스에 따르면 이성적인 인식에 근거한 지식에 제한된 것이 아니라 "이성의 빛에 참여함으로써 보다 더 높은 본질에 의해"(a quaedam natura superiori per participationem luminis eius)[15] 영향을 받게 되는 지식이다. 신학은 그러한 종류에 속한다. 그는 알렉산더와는 완전히 다른 측면에서 신학을 위한 아리스토텔레스적인 학문 이해의 척도들을 이용하도록 하는 길을 고르게 했다. 알베르투스 마그누스에 따르면 모든 학문들처럼 규정된 원리들에서 결론을 도출하므로 모든 학문들은 공동의 삼단논법적인 방법에 따라 이루어진다.

물론 그와 더불어 신학의 종속은 철학적인 이성화의 표준들 아래 의도된 것이다. 이성은 계속해서 불완전하게 남아있고, 여기서 알베르투스는 많은 부분 디오니시우스적 부정신학의 유산을 사용할 수 있고, 부정신학에 의거하여 그는 인간 이성이 직관적 방법 안에서 하나님에게 도달하는 것이긴 하지만 하나님을 사실상 파악할 수 없다는 결론에 도달한다.[16] 디오니시우스의『신명론에 관하여』(De divinis nominibus)에 대한 그의 주석에서처럼 "우리는 하나님을 쉽게 알 수 없다".[17] 하나님이 신앙 안에 있는 인간에게 제공하는 신적인 진리를 향한 접근은 훨씬 중요하게 남아 있다.

자신의 고유한 이해를 위해 신앙 역시 이성적인 논증들을 사용하긴 하지만 그럼에도 신학은 성서와 신조와 관련되어 있다. 여기서 신학의 근본적인 원리들은 아리스토텔레스적인 의미 안에 있고[18], 알베르투스는 신학과 다른 학문들과의 중대한 차이로서 성서와 신조가 권위의 증명을 거부하지만, 신학이 그 증명을 신학 논증의 근거로 삼는다는 것을 강조한다.[19] 그러나 여기서 특히 어려움이 드러나는데, 신학은 그것의 급진적인 학문화로 유행하기 시작한 아리스토텔레스주의를 통해서 어려움 속에 빠져들었다. 성서와 아리스토텔레스적인 사유의 지평에서 원리론의 개념이 학문적인 이론의 기본 입장에 진입하고, 그 기본 입장이 신학과 다른 학문들과 구분하긴 하지만 그것을 학문의 진행과정을 위

---

14) Summa. l. 1 tr. 1 q. 1; Opera Omnia 34/1,6,52 f; "dicendum, quod theologia verissime scientia est et quod plus est sapientia".

15) Super Dionysium De divinis nominibus c. 3; Opera Omnia 37/1,104,83-85.

16) Summa. l. 1 tr. 3 q. 13 c.1; Opera Omnia 34/1,41,3-7.

17) Super Dionysium De divinis nominibus c. 1; Opera Omnia 37/1,2,51 f.

18) Summa. l. 1 tr. 1 q. 4; Opera Omnia 43/1.15,27-30.

19) Super Luc. In Prol. Hieronymi; Ausgewählte Texte 240-242.

한 유비로 놓는다면 성서의 주석방법 역시 그 이용에 있어서 검증되어야만 할 것이다. 따라서 알베르투스는 네 가지 성서의 의미에 관한 종합적인 질문에다가 자기 자신의 고유한 질문까지 다루면서 근본적으로 성서의 네 가지 의미를 긍정하지만 명백히 문자적인 의미를 최정상에 두고 있다. "문자적인 의미는 보다 더 앞선 것이고, 세 가지 다른 정신적인 의미는 문자적인 의미에 기초한다."[20] 단지 이와 같은 방법에서 성서 본문들의 학문적 이론의 견고한 이용이 보증되었다. 이 또한 성서와 그의 주석적 작업에 영향을 미친다. 그는 모든 우의적인 텍스트 이해를 거부한 것이 아니라 - 주석가들이 마귀가 예수에게 시험 사화에서 떡으로 바꾸라고 요구한 돌멩이를 율법과 인간 심령의 중압감으로 제시한다면 - 간략하게 말할 수 있다. "나는 그것이 무의미한 해설이라 생각한다."[21] 알베르투스는 신학이 철학을 통해 비교적 적게 영향을 미치는 상황 안에서 신학의 논증적인 규준들을 엄격히 강조한다. 그의 가장 유명한 제자인 토마스 아퀴나스에게서처럼 아리스토텔레스적 개념과 사상 구조들을 통한 신학적 학습 내용의 완전한 파악은 알베르투스 마그누스에게선 전혀 찾아 볼 수 없다. 이것은 아마도 성찬론의 영역에서 가장 명확할 것이다. 알베르투스 마그누스는 그의 논증에서 포괄적으로 아리스토텔레스 수용의 초창기 단계를 넘어서지 못한 채 머물러 있다. 따라서 그는 아마도 1249년 - 그가 아마도 쾰른에 체류했을 때 - 에 비로소 완성되었던 그의 명제집 주해 4장에서 페트루스 롬바르두스의 명제집과 제4차 라테란 공의회가 제공했던 그 개념을 광범위하게 받아들여 계속 사유하고 있다. 그는 빵과 더불어 일어나는 변화, "근본적인 의미에서 화체설을 언급한다 ... 왜냐하면 그것은 빵과 포도주의 완전한 실체에서 어떠한 다른 것의 온전한 실체로 진행하기 때문이다."[22] 그리고 적절히 말해서 알베르투스 역시 빵의 실체와 더불어 논증하지만 아리스토텔레스적인 전문 용어에서 고려할 수 있듯 반대 개념으로 우유(accidens)를 사용한 것이 아니라 제4차 라테란 공의회의 결정에 따라서 종(species)을 이용한다. "그러므로 형태들이 남아있다 할지라도 축성식 이후에는 빵 혹은 포도주는 실체가 아니다. 거기서는 말하자면 맛과 마찬

20) Summa I. 1 tr. 1 q. 5 c. 4: "litteralis sen넌 prius est, et in ipso fundantur tres alii sensus spirituales".

21) Super Luc. 4,4; Ausgewählte Texte 244: "quod ego reputo absurdam esse expositionem."

22) Sent. IV d. 11 a. 1(Scriptum quartum divi Alberti magni ordinis praedicatorum Ratiponensis episcopi super quartum sententiarum, Basel: Jakobus von Pforzheim 1506, hh 1r) "Proprie transsubstantiatio vocatur/eo quod est a tota substantia panis et vini in totam substantiam rei alterius".

가지로 빵과 포도주의 형태일 뿐이다."[23] 위대한 아리스토텔레스주의자 알베르투스 마그누스 역시 전통의 신봉자로 남아있다. 그러므로 신학에게 있어서 아리스토텔레스적인 성향의 대학에 한 자리를 제공하려는 모든 노력에도 불구하고 아리스토텔레스를 통한 신학의 자료적인 파악은 알베르투스에겐 중요한 문제가 아니다. 그에겐 신학과 아리스토텔레스 사이에 적절한 상황 규정과 영역의 구분들이 중요한 문제이다. 신학은 그것의 고유한, 성서에 근거하고 의문이 남은 경우 아리스토텔레스에 의존하지 않은 영역을 가지고 있다. 역으로 신학적인 권위들에 붙잡히는 것으로부터 자유로워야만 하는 접근이 명확하게 세속적인 지식 제공으로 또한 간주되듯이 말이다.

> "우리는 어떻게 하나님의 자유로운 의지에 따른 세상의 창조자로서 하나님이 그것에 의해서 창조된 것을 그가 자신의 능력을 인식시키는 기적으로 이용하는지를 자연의 상관관계들에서 연구할 수 있는 것이 아니라 오히려 자연에 내재하는 원인들을 근거로 자연의 사물들 안에서 자연적인 방법에 따라 발생하는 것을 연구할 수 있다."[24]

또 다른 학문들과 구분되는 지혜로서 신학의 독립성은 그것의 강조와 한계가 존재한다. 마치 그것이 역으로 또 다른 학문들에게 명백한 경계를 가지고 있는 것과 마찬가지이다. 특히 알베르투스는 이와 같은 상호 경계선과 그와 더불어 표현된 자연과학적인 연구영역의 한계에서 자유를, 즉 당시의 모든 지식영역들을 적어도 잠재적으로 수용하도록 하는 자유를 제공한다. 그것은 그에게 '보편박사'라는 칭호를 갖게 했다. 그는 수많은 성서에 대한 주석서들을 저술했을 뿐만 아니라 아리스토텔레스의 당시 모든 유명한 저술들에 대한 주석서들을 저술했다. 이와 같은 막대한 작품은 쾰른에 교단의 학업과정을 설립

23) Sent. IV d. 11 a. 6(Scriptum hh 4v): "Post consecrationem ergo non est ibi substantia panis vel vini licet species remaneant. Est enim ibi species panis et vini sicut et sapor."

24) WA.B 1,99,8-13 (Nr. 41): "Theologia nostra et S. Augustinus prospere procedunt et regnant in nostra universitate Deo operante. Aristoteles descendit paulatim inclinatus ad ruinam prope futuram semipiternam. Mire fastidiuntur lectiones sententiariae, nec est, ut quis sibi auditores sperare possit, nisi theologiam hanc, id est bibliam aut S. Augustinum aliumve eccleasticae autoritatis doctorem velit profiteri. Vale et ora pro me."

하도록 하기 위해 알베르투스 마그누스가 파리에 파견되었을 때 1248년부터 몇 년 동안 제공되었다. 파리에서는 여전히 아리스토텔레스에 관한 논쟁이 소용돌이쳤던 반면에, 알베르투스 마그누스는 중세 이교도 지역에서 그의 고유한 독립성에 따라 위대한 철학자를 해석하는데 자유로웠다. 결과적으로 그는 무조건적인 아리스토텔레스의 사용에 대해서 길을 고르게 했던 바로 그런 사람이었다. 이로써 그는 중세 사상의 독일의 특수한 발전을 보다 더 협소하게 설립했지만 아마도 지성적인 중심지로 쾰른까지 확장했고[25] 중세 사상에 대해서 전체적으로 평가할 수 없는 봉사를 입증했다.

3. 아리스토텔레스의 승리자: 토마스 아퀴나스(Thomas von Aquin)

a) 토마스의 프로그램: 기독교적인 아리스토텔레스주의

토마스 아퀴나스(Thomas von Aquin, 1225-1274)는 우선 로마-가톨릭 신학의 규범적인 형태로 그 수용을 통해 오늘날까지 다양하게 정상급 인물과 적어도 스콜라 신학의 암묵적인 규범으로 간주된다. 이미 1323년에 교황 요한네스 22세(Johannes XXII., 1316-1334)가 언급했듯이 그는 1567년에 교회박사(Doctor ecclesiasticus)로 설명되었고, 1879년 교황칙서인 '영원한 아버지'(Aeterni Patris)를 통해서 중요한 규범신학자로, 1917년 '교회법 코덱스'(Codex iuris canonici)를 통해서 로마-가톨릭교회의 보편박사로 칭송을 받았다. 이와 같은 칭송은 그의 인상 깊은 작품들에서 기인한다. 그럼에도 주의 깊은 상대화를 필요로 한다. 중세에 토마스의 역사적인 입장은 어떤 선생의 입장으로서 주의 깊게 서술될 수 있고, 물론 그 선생의 업적은 우선적으로 재발견된 아리스토텔레스를 기독교 계시 전통과 불안전한 균형으로 데려오는데 존재했고, 그 선생의 해결책들은 물론 단지 부분적으로 그 시대를 대표했으며, 그 선생의 방법론적 이해는 곧바로 날카로운 논쟁들을 통해서 질문을 낳게 했다. 그의 신학적 해결책들과 더불어 그는 교단 내부 또한 중세 후기 대학의 고대의 길(Via antiqua) 내부 아주 중요하게 오랫동안 영향을 미치긴 했지만 그는 선택의 여지가 없고, 논쟁의 여지가 없는 형태의 다른 인물이었다. 그의 철학과 신학은 또 다른 모델들을

25) Flasch, Philosophisches Denken, 370.

제외하고라도 스콜라 사상의 중요한 모델을 제공한다. 이에 관한 것들은 평가될 수 있지만 또한 편입될 수도 있다.

사상사적으로 토마스는 알베르투스 마그누스의 유산을 아랍 철학과의 논쟁에서 보호하려고 시도했다. 토마스가 쾰른에서 연구하는 동안 체류할 때인 1248-1252년에 들었던 그의 선생 알베르투스 마그누스처럼 아리스토텔레스 주석서들은 그의 중요한 작품들에 속하고, 그는 주석서들 안에 가능한 한 솔직하게 아리스토텔레스의 기본 사상을 칭송하려고 애를 썼다. 이와 같은 정직성은 그의 관점에 따르면 아랍 철학자, 즉 아베로스를 통하여 행해진 아리스토텔레스적인 사상들의 손상으로 인해 필요한 것처럼 보였다. 60년대 초에 저술되었던 그의『이교도 반박 대전』(Summa contra gentiles)은 이와 같은 논쟁을 위한 기초가 되었다. 기독교의 위대한 변증적인 설명, 그의 이성화의 이성적인 증명. 특히 외부를 향한 기독교 신앙을 위한 해명은 아마도 기껏해야 영성의 깊은 정주와 도미니크 수도회의 사상 안에서 토마스의 신학을 보여주고 있다. 도미니크 수도회는 물론 이단자들 - 그 시대 카타라파 - 과 논쟁할 목적으로 설립되었고, 16세기 예수회의 설립까지 이와 같은 영역에서 특별히 할당된 과제를 받아들였으며 그 과제는 결국 회원들을 학문적으로 활동하도록 자극했다. 토마스는 아랍 철학자들과의 논쟁에서 이러한 관심사에 관련하여 두 번째 하반세기에 적절한 표현을 제공했다.

토마스는 그 경우, 이와 같은 아랍철학자들과 구별해서 다루었다. 여전히 쾰른에 머물면서 저술했던 작품『존재와 존재하는 것에 관하여』(De ente et essentia)에서 그는 아비켄나(Avicena)에 매우 근접하여 동조했고 그와의 대화에서 그의 후기 전 작품들을 규정하는 사상, 즉 하나님이 각각의 존재하는 것과 구별되는 존재 자체라는 사상을 발전시켰다. 핵심부에 있는 신플라톤적인 사상은 후대의 위대한 아리스토텔레스주의자에게 이상적인 일이었다. 이와 반대로 그는 특히 아베로스의 지성론에 관한 위험성을 알고 있었다. 아베로스는 아리스토텔레스적인 영혼의 가르침의 해설에서 결국 유일한 이성의 영혼이 존재한다는 견해를 변호했고, 그들의 개별적인 영혼들이 개인적으로 독립적인 실존들로 여겨질 수 없도록 하면서 각각의 인간들은 그들의 개인적 이성과 더불어 이성의 영혼에 참여한다. 이와 같은 견해와 더불어 토마스는 사후 지옥, 천국 혹은 연옥에 이를 때야 비로소 사라져버리는 것으로 개별 영혼의 책임에 대한 기독교의 가르침을 보았고, 그는 특히 이를 『이교도 반박 대전』에서 언급했다.

그 경우 토마스는 그가 관찰했던 실수들이 아베로스에겐 있었으나, 아리스토텔레스 자체에는 없었음을 확신했다. 그에게는 모에르베케의 빌헬름(Wilhelm von Moerbeke, ca. 1215-1286)의 새로운 번역을 통해서 그것이 극복된 것처럼 보였고, 그는 그 번역을 우선적으로 이용했다. 정확하게 이해하려 했던 아리스토텔레스에 대한 노력 역시 후대의 역사적-문헌학적 텍스트 비평에 앞서 이해했던 것처럼 보였던 방법론적 반성으로 이끌었다. 1200년 경 크레모나의 게르하르트(Gerhard von Cremona)가 아랍어 논문을 라틴어로 번역한 이후로 『원인론』(Liber de causis)은 기독교 저자들에게 아리스토텔레스의 작품으로 생각되었고, 이러한 이유로 그는 또한 파리 대학의 학습계획에 받아들여졌다. 그러나 이미 1268년에 이루어졌던 프로클로스의 『신학적인 요소들』(Elementatio theologica)의 번역은 명백히 토마스 아퀴나스에 의해 이용되었고, 주의 깊은 텍스트 비교로 인해 토마스는 『원인론』을 프로클로스의 발췌문으로 확인했으며, 그리고 동시에 아리스토텔레스로부터 나올 수 없는 작품으로 확인했다.

문헌학적인 수고의 배경은 철학적 확신, 즉 아리스토텔레스에게서 발생될 수 있는 가르침과 기독교 가르침 사이의 기본적인 명제에 어떠한 모순도 발생할 수 없다는 견고한 확신으로부터 비롯한다. 파리 자체에서 여전히 아리스토텔레스 이해에 대한 논쟁을 경험했던 토마스는 조화 모델을 변호했고, 그에 따라 신학과 철학은 결국 한 진리를 향하도록 하는 두 가지 길이었으며 이는 물론 명확한 계급화 안에서 이루어진 것이었다. 신학의 시녀(ancilla)로서 철학의 유명한 그림은 신학이 높은 가치를 가지는 학문이라고 표현하고, 그 학문은 철학에 의해서 유익해질 수 있긴 하지만 그것에 예속되지 않는다. 따라서 토마스는 『신학대전』(Summa Theologiae, I q. 1 a. 5)에서 다음과 같이 말한다.

> "이와 같은 학문(신학)은 어떤 것을 철학적인 분야들로부터 받아들일 수 없다. 왜냐하면 신학이 이를 불가피하게 필요로 하기 때문이 아니라 학문에 전승된 것의 명확한 제시를 필요하기 때문이다. 그것의 원리들을 말하자면 다른 학문들에서

가 아니라 직접적으로 계시를 통한 하나님으로부터 받아들인다. 그런 까닭에 그 것은 다른 학문들에서 상위적인 것에서가 아니라 예속된 것과 시녀처럼 받아들인다."[26)]

명제는 신학과 철학과의 조화의 토마스적인 모델이 구체적으로 학문 분야들의 예속과 더불어 대학의 규범적인 운영의 해석이었다는 것을 보여준다. 이성과 계시에 관한 추상적, 초월적 질문이 중요한 문제가 아니라 구체적으로 대학의 학문 분야들의 예속이 중요한 문제이고, 그 학문 분야들은 물론 전기적으로 형성되어서 신학을 공부하기 원했던 사람이 맨 처음 학예과목들을 공부해야만 했고 그 또한 단지 그의 최초의 신학적인 강의를 듣기 전에 어쩔 수 없이 이미 좋은 부분들에선 아리스토텔레스적으로 생각했다. 이와 같은 배경에서 학예과목들의 예비과목인 철학적 학문들이 모든 수준 높은 학부들에 영향을 미쳤을 것이라는 의미 안에서 이해될 수 있는지 혹은 학예과목들이 준비했던 이와 같은 것들이 사실상 철학의 보다 높은 수준의 학문들로서 단지 이용해야했는지에 관한 문제가 제기되었다. 마찬가지로 확실한 독립성을 가지고 토마스는 이와 같은 변수들로부터 시작한다.

신학에서 철학의 독립적인 이용은 또한 각각의 경우들에서 신학의 학문성의 근거 아래 설명되어야만 하는 토마스적인 모델처럼 강력하게 신학적인 관심에서 조정되는 아리스토텔레스의 해석을 감수하고, 마찬가지로 순수한 아리스토텔레스를 이해하려는 노력은 명백하다. 철학과 신학과의 조화의 프로그램은 둘 다를 실용적으로 동일한 권리가 부여된 대립자로 삼았던 것이 아니라 신학의 명확한 우선적인 위치를 만든다. 확실히 여기서 당시 일관된 아리스토텔레스주의자들과의 논쟁이 발발했다.

26) WA.B 1,99,8-13 (Nr. 41): "Theologia nostra et S. Augustinus prospere procedunt et regnant in nostra universitate Deo operante. Aristoteles descendit paulatim inclinatus ad ruinam prope futuram semipiternam. Mire fastidiuntur lectiones sententiariae, nec est, ut quis sibi auditores sperare possit, nisi theologiam hanc, id est bibliam aut S. Augustinum aliumve eccleasticae autoritatis doctorem velit profiteri. Vale et ora pro me."

b) 신학대전(Summa Theologiae)

이와 같은 모델은 토마스가 60년대 중반에 시작했고 미완성으로 남겨두었던 토마스의 주요작품인 『신학대전』(Summa Theologiae), 자료의 체계적인 종합 설명에서 그 표현을 찾을 수 있다. 전체 작품들의 마지막 장은 그의 제자들에 의해서 쓰여졌다. 물론 대전은 직접적으로 가르치는 과정에서 나온 것이 아니고 의식적으로 신입생들을 위한 교과서로서 계획되었던 것이다.

> "가톨릭의 진리의 선생은 진보된 것들을 수업해야 할뿐만 아니라 신입생들을 기르는 것이 그의 과제이기 때문에 우리는 스스로 이 작품 안에서 관심을 실행했고, 기독교에 속하는 것은 그렇게 전달하기에 그것은 신입생들의 양육을 위해 적절했다."[27]

그러므로 토마스는 그의 계획을 신학대전 서론에서 설명하고 있다. 극히 상이한 목차는 전체 개관 안에서와 마찬가지로 개별적인 질문들에서 신입생들을 얻으려는 이와 같은 요구와 상응한다. 그 자신은 전체 개관을 작품의 시작 부분에서 설명하고 있다.

> "그러므로 하나님의 인식을 전달하는 것이 이와 같은 거룩한 가르침의 주요 관심사이기 때문에, 더욱이 그가 스스로 안에 존재할 뿐만 아니라 그가 질료들의 근원이자 그것의 목적이라고 하는 한 특히 이성적인 피조물을 고려하여 우리는 이러한 가르침의 설명을 착수하면서 맨 먼저 하나님을 다룰 것이다. 다음에는 하나님을 향한 이성적인 피조물의 움직임을, 그리고 그리스도가 인간이 되는 한 우리를

27) WA.B 1,99,8-13 (Nr. 41): "Theologia nostra et S. Augustinus prospere procedunt et regnant in nostra universitate Deo operante. Aristoteles descendit paulatim inclinatus ad ruinam prope futuram semipiternam. Mire fastidiuntur lectiones sententiariae, nec est, ut quis sibi auditores sperare possit, nisi theologiam hanc, id est bibliam aut S. Augustinum aliumve eccleasticae autoritatis doctorem velit profiteri. Vale et ora pro me."

위한 길이 되고 우리가 하나님을 향하도록 하는 그리스도를 다룰 것이다."[28]

이와 같은 복잡한 명제는 작품의 전체 구조를 신학의 대상 영역의 어떠한 독립적인 정의 없이 설명하고 있다. 롬바르드 사람이 신학의 대상으로 질료(res)와 표지(signa)를 파악했다면 토마스는 하나님 자체를 대상으로 삼는다. 물론 이와 같은 입장은 맨 먼저 사변적인 숙고들로 인해 하나님에게 적합한 것이 아니라 신학의 모든 질문들의 의미 있는 공동의 정리가 모든 질료들이 하나님과의 관계에서 한 눈에 들어오도록 하고, 그러므로 하나님 자체가 신학의 일치점을 설명해준다는 결론에 이르는 사상에서 나온 것이다. 적절히 말해서 토마스는 하나님의 내부적인 성향에 관한 사변적인 질문에 머물러 있는 것이 아니라 그를 창조와 이성적인 피조물로서 인간과 관련해서 이미 대상 진술에서 그 기원과 목적으로 삼았고, 그 결과 인간은 간접적으로 하나님의 관심의 일차적인 목표로서 신학적 정의에 진입한다. 또한 그 경우 기원과 목적의 예속은 신플라톤적인 유산 역시 존재 개념을 거쳐서 토마스에게 효과적으로 남아 있었다는 것을 보여준다. 사유의 형태는 하나님의 전개로서 세상과 하나님의 회귀로서 창조를 통해 길을 스스로 파악할 수 있었던 신플라톤주의에서 나온 것이다. 아마도 디오니시우스 아레오파기타(Dionysius Areopagita)를 통해서 이와 같은 사상은 토마스에게 전달되었고, 그는 정확히 신학대전의 탄생시기에 디오니시우스의 작품인『신명론에 관하여』(De divinis nominibus)를 해설했다.

이와 같은 대상관계에서 토마스는 작품의 전체 구조를 전개시켰다.

> I: 제 1장은 일차적인 대상 진술에 따라 하나님에 관해서 다룬다. 하나님은 맨 먼저 스스로 다루어진다. 즉 하나님의 실존이 증명되고 그 이후에 그의 속성들이 설명되며, 최종적으로 삼위일체가 다루어진다. 여기서 - 모든 질료의 기원으로서 하나님의 의미에서 - 긴 창조에 관한 인간과 관련한 장이 이어진다.

28) WA.B 1,99,8-13 (Nr. 41): "Theologia nostra et S. Augustinus prospere procedunt et regnant in nostra universitate Deo operante. Aristoteles descendit paulatim inclinatus ad ruinam prope futuram semipiternam. Mire fastidiuntur lectiones sententiariae, nec est, ut quis sibi auditores sperare possit, nisi theologiam hanc, id est bibliam aut S. Augustinum aliumve eccleasticae autoritatis doctorem velit profiteri. Vale et ora pro me."

I-II: 이와 같은 창조론에서 모든 창조물들 중 인간이 신적인 근원에서 나온다는 의미가 존재한다면 두 번째 장의 첫 번째 단락은 인간에 관한 숙고와 더불어 인간의 목적 규정의 관점에 따른 보충적 설명이다. 그러므로 대상 진술에서 아주 헌신적으로 이성적인 동물로서 인간의 아리스토텔레스적인 진술과 연결하고 있는 인간론은 명확히 인식적으론 신학적인 인간론으로서 고안되어 있다. 세 개의 질문들 중 첫 번째 질문은 축복의 본질에 관한 질문을 유발한다. 이전부터 인간 구원은 잠시 동안의 축복의 상태이다. 말하자면, 신학적 인간론은 특히 기원과 목적으로서 하나님으로부터 인간을 이해하기 때문에 죄론으로부터 일차적으로 체계화된 것이 아니다. 그것은 미덕과 악습의 모든 보편적인 가르침과의 관계에서 비로소 질문 71번에서 89번까지에 나타난다. 그리고 그것은 결국 또 다른 주제를 유도한다. 말하자면 하나님이 어떤 것을 그에게 인정해줄만 한 것으로 생각할 수 있다는데서 인간의 의존성을 말한다.

II-II: 이와 같은 문제 상황은 인간의 공로와 하나님의 은총에 관한 질문으로 두 번째 장의 두 번째 단락의 문제 제기, 특별한 덕론, 죄론 그리고 윤리로 옮겨간다. 그 경우 고린도전서 13장에 따른 믿음, 소망, 사랑에 관한 신학적인 덕들과 도덕적인 덕들인 예지, 정의, 용기 그리고 절제의 가르침이 보충된다. 이와 같은 미덕들의 가르침 역시 인간이 어떻게 구원받게 될 수 있는 지에 관한 질문을 서론으로 설명하는 데 이용된다. 따라서 덕의 가르침은 그리스도에 관한 질문으로 향한다.

III: 기독론과 구원 전달은 세 번째 장의 주요 내용에 의해서 이루어진다. 맨 처음 그리스도의 성육신, 고난 그리고 부활이 설명되고, 다음으로 그리스도를 통해서 이루어진 구원이 인간들에게 유용한 수단인 성만찬이다. 물론 토마스는 이 단락을 더 이상 완성할 수 없었다. 그의 설명은 고해의 가르침의 중반부에서 종결된다. 그의 죽음 이후 완성되지 못한 부분은 명제집 주해서에 발췌하여 보충되었다.

전체 구조는 창조, 그것의 임무들 그리고 굴절에서 하나님과의 관계로부터 하나님을 향한 회귀에 이르는 여정을 보여주고 사변적인 신론과 개인적인 구원의 획득과 관련시킬 수 있다.

또한 이와 같은 위대한 작품의 개별적인 질문들의 목차는 모든 분류들에 따라 원자료를 보다 더 쉽게 습득하고 인지하도록 도움을 줄 뿐만 아니라 계시, 즉 권위와 철학을 동시에 따르는 신학의 - 위에서 언급된 - 프로그램을 모사한 것이다. 계속해서 맨 먼저 두 가지는 세 가지 이성의 근거들까지 다듬어서 표현된 질문을 따르고, 다음으로 대론에 대한 반론(sed contra)과 더불어 신학적인 권위들 - 성서 혹은 교부들 - 에서 만들어진 반대 논증을 시작한다. 토마스의 근본적인 설명은 하나의 대답으로 이어진다. 토마스는 권위를 이성적인 논증의 관심사와 더불어 균형 속으로 가져오고, 그는 그때 이성적인 논증을 최종적으로 또 다시 다룬다. 이성과 권위 사이에 중요 논증을 통해서 이루어진 모순은 결국 단순히 외견상 모순으로서 드러난다. 이성은 권위적인 인식을 통해서 동시에 계속 진행되고 교정된다. - 독자는 역방향에서 명확한 독서 안내를 받고, 그 독서 안내는 토마스 자체의 의견에 관해서와 마찬가지로 이와 같은 맥락에서 잠재적인 논증들에 관해서 하나의 그림을 형성하는 것을 급속하게 실현한다.

c) 신학 이해

신학의 학문성에 관한 질문은 토마스적인 사유 형태를 위해 범례적이다. 이미 12세기 보에티우스의 수용 이후, 그리고 아리스토텔레스 자체의 두 번째 분석의 인지와 더불어 학문성이 삼단논법적인 증명, 개관, 필요성과 보편성을 통해서 표현되었다는 것은 명백했다. 이것은 정평대로 단지 부분적으로 신학에 이용될 수 있었던 척도들이었고, 그래서 몇몇 학자들 역시 신학을 특히 학문으로서가 아니라 아우구스티누스와 더불어 지혜로 파악하는 방법을 좋아했다. 토마스는 이때 그의 선생인 알베르투스 마그누스의 노선에서 신학을 위한 학문적인 상황을 설명하려 했다. 그가 주요 논쟁들에서 철학적인 측면의 이론들, 즉 신학이 자명한 원리들로부터 시작하지 않고 단지 개별 질료들로부터 시작하나 보편적인 명제들에 관해서 다루지 않는다는 것을 서술한 후 그는 이에 대해서 아우구스티누스의 권위를 대치시켰는데 실제적으로 아우구스티누스는『삼위일체론』(De Trinitate)에서 신앙에 가까이 다가서고 강조하려는 것의 인식을 학문으로 제시했다. 그리고 그것과 더불어 아우구스티누스에게서는 아마도 '학문'이라기보다 오히려 '지식'이라고 생각되도록 했다. 그리고 이와 같은 해설 이후 토마스 자신은 다음과 같은 대답을 제시했다.

> "거룩한 가르침은 하나의 학문이다. 그러나 두 가지 종류의 학문들이 있다. 한 가지 학문은 예를 들면 기하학, 지리학과 같은 이성의 자연적인 빛을 통해서 식별될 수 있는 원리들의 도움을 받는다. 두 번째 종류의 학문은 수준 높은 학문의 빛을 통해서 식별될 수 있는 원리들의 도움을 받는다. 예를 들면 관점의 가르침은 원리들 안에서 설립되고 그 원리들은 지리학과 음악을 통해서 그러한 것 안에서 식별될 수 있으며 기하학을 통해서 식별될 수 있다. 그리고 거룩한 가르침은 이와 같은 두 번째 학문에 속한다. 왜냐하면 그것은 높은 수준의 학문의 빛, 즉 하나님의 지식과 거룩한 지식을 통해서 인식되는 원리들의 도움을 받는다. 그러므로 음악이 기하학에 의해서 전달되는 원리들을 생각하기 때문에 거룩한 가르침은 그것에 하나님에 의해서 계시되었던 원리들을 생각한다."[29]

직접적으로 자명한 원리들에서 발생하고 전개되었던 원리들에서 발생한 학문들의 구분과 더불어 토마스는 신학을 종속 모델로 정리했다. 그가 신학에서 말했던 모든 특별성과 더불어 특별한 신학적인 것이 아니라 보편적 철학적인 학문 이론의 범주 안에서 학문으로 인식될 수 있어야만 했다.

물론 그 과정은 사상적으로 문제가 있었다. 신학과 실례로 선택된 음악 사이에 평행선을 보증하기 위해 토마스는 학문의 이론적이고 인식론적인 논증들을 한 가지 방법으로 제한했고, 그 방법의 문제점은 이미 그의 가르침의 중세 비판가들에 의해서 신속하게 밝

29) WA.B 1,99,8-13 (Nr. 41): "Theologia nostra et S. Augustinus prospere procedunt et regnant in nostra universitate Deo operante. Aristoteles descendit paulatim inclinatus ad ruinam prope futuram semipiternam. Mire fastidiuntur lectiones sententiariae, nec est, ut quis sibi auditores sperare possit, nisi theologiam hanc, id est bibliam aut S. Augustinum aliumve eccleasticae autoritatis doctorem velit profiteri. Vale et ora pro me."

혀졌다. 인식론적인 영역에서 한편으론 '자연 이성의 빛'(lumen naturale intellectus), 다른 한편으론 '수준 높은 학문의 빛'(lumen superioris scientia)이라는 대립 명제 쌍은 종속되든 종속되지 않든지 첫 번째 학문과 두 번째 학문 사이에 학문 이론적인 대립 명제를 일치시키고, 높은 수준의 학문과의 관계는 또한 동시에 신앙의 개념과 더불어 제시되었다.[30] 그러나 사람들이 이때 신학과 음악을 비교한다면 근본적으로 음악이 사용한 기하학적 원리들이 이성의 자연적인 빛을 통해서 인식될 수 있고 상위의 학문의 테두리에서 인식되어졌던 것은 다시금 명확히 된다. 그와 반대로 신학이 이용하는 원리들은 하나님의 초월적인 빛과 거룩한 빛 안에서 인식되었고 단지 신앙을 통해서 인간들이 접근할 수 있으며, 그것의 인식을 위한 지성은 명확히 빛을 사용하고 그 빛은 일반적으로 자연적인 빛에서 출발한다.[31] 다르게 말해서 기하학과 음악의 모델에서 초월적, 종속적 학문이 근본적으로 자연적인 저작성에서 동일한 인식의 주체, 인간에 의해서 인식될 수 있었다. 반면에 둘 다를 위한 신학의 경우에서 구별되는 인식의 주체들, 어떠할 때는 인간, 하나님 혹은 거룩한 것들, 즉 자연적인 가능성을 초월한 인간의 상승은 불가피하다. 또 다시 하나님 혹은 거룩한 것들의 학문이 주로 어떻게 소개되어야 하는 지에 관한 질문을 제외하고라도 말이다. 그 학문을 위한 삼단논법적인 논증의 척도들은 누락되고 모든 신학적인 인식은 관상에서 발생하며, 그것은 자체적으로 개관을 형성한다. 그러므로 종속모델은 일괄적으로 생각할 수 없었고 이는 적절히 말해서 얼마 되지 않은 후대의 영향력을 드러냈다. 물론 신앙을 통해서 자연적인 가능성들을 넘어선 상승이 안전성을 전혀 감소시키지 않은 것으로 설명하는 것은 중요하게 남아 있었다. 신앙은 그 학문과 더불어 확고한 동의를 소유하는데, 그 동의는 신앙을 단순한 의견과는 구분시킨다.[32]

토마스의 이와 같은 모델의 작용은 아마도 결국에는 이미 다음 세대의 철학자와 신학자가 토마스가 이것을 행했던 것보다 더 예리하게 아리스토텔레스를 읽도록 가르쳤다는 것을 통해서 방해받게 된다. 신학의 학문성을 증명하려는 그의 모델은 진정한 아리스토

30) Vgl. Super Boeth. De Trin. q. 2 a. 2 ad 7; ed Leonina L,96,163-97,179. 어디에 신앙이 적절하게 서있는가?

31) Super Boeth. De Trin. q. 1 a. 1 resp.; ed Leonina L,82,152-158.

32) Super Boeth. De Trin. q. 3 a. 1 resp.; ed Leonina L,107,73-79.

텔레스를 인지하려는, 위에서 언급했던 모든 노력에서도 아리스토텔레스적인 사유의 범주의 완화를 궁극적으로 견뎌낸다. 특히 그가 신학을 특별한 경우로 다루어지지 않은 것으로 알기 원했기 때문에 토마스는 아리스토텔레스의 보편적인 학문을 변형시켜야만 했고 결국 와해시켜야만 했다. 아리스토텔레스가 학문성을 원리들의 개관을 통해 보편적인 관련성에 있어서 확고히 하려고 했다면 곧바로 이것은 신학에 학문적 신분을 부여하기 위해 토마스에게선 누락되어야 할 것이다. 그러나 아리스토텔레스적인 학문 이해의 일부만 개념적으로 유지되어 있을 뿐, 그의 핵심과 의도는 포기해버렸다. 철학이 신학을 위하여 존재해야만 하는 시녀로서 그가 신학과 대치시키는 한 사실상 모든 고유한 요구를 포기해야만 했다. 신학은 그것의 장소를 전제조건과 받침대로 소유한다.

> "사람들은 은총의 선물들이 본질에 부가되어진 것으로 주장해야 하고, 그 결과 신학은 본질을 상승시키는 것이 아니라 오히려 완성시키는 것이다."[33]

d) 하나님의 실존 증명

학문의 특징에 관한 질문보다 훨씬 논리정연하게 아리스토텔레스와의 연결은 신증명의 설명에서 이루어진다. 토마스는 이를 위하여 S. th. I q. 2 a. 3에서 다섯 가지 길을 제공하고, 그것들의 기본 사상은 운동에 관한 증명에서 가장 명확하게 드러난다. 그의 출발점은 운동의 변화, 즉 가능태에서 어떤 것으로부터 현실태로의 이동이라는 사상이다. 말하자면 "그것은 확실하고 어떤 것이 세상 안에서 움직인다는 의미를 통해서 확증된다."[34] 이미 의미인지에서 이와 같은 보충은 신증명의 아리스토텔레스적인 이해를 보여주는 것이다. 순수한 사고에서 출발했던 안셀름과는 달리 토마스는 선험적인 상태에서 진행하고, 그래서 감각적인 영역을 감각들로부터 벗어나게 된 하나님의 실재성에서 인식하려고 시도한다.

토마스는 이에 상응해서 고전적인 역추론적 방법을 이용한다. 변화의 실재가 틀림없

---

33) WA.B 1,99,8-13 (Nr. 41): "Theologia nostra et S. Augustinus prospere procedunt et regnant in nostra universitate Deo operante. Aristoteles descendit paulatim inclinatus ad ruinam prope futuram semipiternam. Mire fastidiuntur lectiones sententiariae, nec est, ut quis sibi auditores sperare possit, nisi theologiam hanc, id est bibliam aut S. Augustinum aliumve eccleasticae autoritatis doctorem velit profiteri. Vale et ora pro me."

34) S. th. I q. 2 a. 3; ed. Leonina IV,31a: "Certum est enim, et sensu constat, qliqua moveri in hoc mundo."

이 확실한 변화는 자체적으로 발생할 수 없다. 왜냐하면 변화를 향한 동인 역시 변화를 전제 조건으로 하기 때문이다. 그러므로 변화는 외부로부터 일어나야만 한다. 그것은 물체의 운동이 다른 물체를 통해서 발생되어야만 한다는 것을 의미한다. 그러나 이를 위하여 이와 같은 다른 물체 자체가 마찬가지로 변화를 지배해야만 하고, 그 변화는 다시금 외부로부터 일어나야만 한다. 따라서 사슬은 계속해서 계속적인 논법으로서 소급될 수 있다. 그러나 순환논법(regressus in infinitum)이 불가능하기 때문에 후퇴운동은 한 지점에 도달해야만 하고, 어떤 운동은 그 지점에서 출발하며, 그 운동은 그것의 편에서 외부로부터 일어나지 않으며 부동자에게서 토마스는 "모든 하나님을 이해해야만 했다."[35]

토마스는 하나님의 실존을 단지 철학적이고 논리적인 방식으로 증명하려는 것에 도달하려는 것이 아니다. 또 다른 방법들은 원인과 필연성을 가지고서 마찬가지로 안셀름에 의존했으나 안셀름의 증명을 보다 짧게 한 사상인즉, 존재하는 모든 것들 중 가장 높은 것이 있어야만 한다는 것과 더불어, 창조의 이성적인 질서의 증명에 따라 논증한다. 이런 운동의 법칙의 논증과 더불어 토마스는 훨씬 더 많은 것에 도달한다. 왜냐하면 그는 이것과 더불어 특히 아리스토텔레스 형이상학의 핵심에 돌입하고 있기 때문이다. 부동의 동자에 관한 가르침은 형이상학 Ⅴ(XII)에서 우주론적 논증을 가져온 것이다. 토마스는 여기서 사실상 철학자만을 설명해야만 했다. 물론 이는 아리스토텔레스 형이상학이 기독교 신론의 중심에 들어왔다는 것을 의미한다. 부동의 동자로서 하나님에 관한 이해는 개인적인 하나님의 형상으로서의 존재 자체로서 이미 오래전 토마스에 의해서 대변된 의미와는 똑같지 않게 이해되었다. 그로써 신학의 철학적인 파악은 문제를 자체적으로 담고 있고, 위협적인 통계를 반대한 성서적인 하나님의 형상의 역동성을 새롭게 효과적으로 행사하도록 하는 이후의 노력들은 그 문제에 이르렀다. 그러나 이것은 전래된 기독교 신론의 사상적인 이해에 접근하는 방식에 기초하는, 단지 사상적인 이해를 위해 전개하려는, 단독적으로 강의했던 노력의 뒷면일 뿐이다,

35) S. th. I q. 2 a. 3; ed. Leonina IV,31b: "et hoc omnes inteligunt Deum".

e) 아리스토텔레스 엔텔리케이아(Ectelecheia)와 기독교 종말론

진정으로 아리스토텔레스적 사상을 기독교 사상과 접목하는 일은 토마스에겐 이와 같은 입장에서만 이루어진 것이 아니기에 두 가지 세계관을 조화시키려는 프로그램은 지속적으로 실현되었다. 아리스토텔레스 사상에 대한 특징에 있어 그의 목적은 모든 존재하는 것이 이와 같은 목적의 실현을 위해 존재하는 방식으로, 모든 존재하는 것에 내적으로 머물고 있는 엔텔리키아의 가르침이다. 이데아 세계에 존재하는 보편개념과 현실 사이의 냉혹한 분리를 극복하는데 이용되었던 이와 같은 기본 사상은 아리스토텔레스 사상 자체를 통상적으로 목적론적인 체계화로 유도했다. 작용인, 형상인, 그리고 질료인 외에도 그의 근원에 관한 이해에서 중요한 역할을 했던 목적인은 식물들에서 나뭇잎의 돌출이 그것들의 목적인 열매들의 보호와 더불어 설명되거나 그물망의 구조가 동물 세계에서 목적성의 명확한 경우로서 거미를 통해서 진술된다. 또한 이것은 근본적으로 생물학적인 과정들의 분석에 이용된다. 특별한 면에서 이와 같은 목적론적인 구조 역시 인간에게 유효하지만 인간의 엔텔키리아는 영혼 안에 놓여 있다.

토마스는 이와 같은 목적론적 사상을 받아들였다. "모든 인간들은 최종적인 목적을 향한 갈망 이라는 점에서 일치한다. 왜냐하면 모든 사람들은 그것들의 완성을 성취하려고 갈망하기 때문이다."[36] 그러나 바로 토마스는 인간의 최종 목적을 기독교 전통, 즉 지복을 근거로 삼고 있다. 그 지복은 창조된 세계 내부에 성취될 수 없다.

> "인간의 지복이 창조된 선 안에 놓여있다는 것은 불가능하다. 말하자면 지복은 완성된 선이고, 그 선은 갈망을 완전히 휴식으로 이끈다 ... 그러나 이성의 목적이 보편적으로 진실한 것처럼 인간 의지의 목적은 인간의 갈망이자 보편적인 선이다. 그로써 어떠한 것도 보편적인 선외에는 인간의 의지를 휴식을 취할 수 없다는 것은 명확하다. 그것은 어떤 창조된 것 안에서가 아니라 유일하게 하나님 안에서

36) S. th. I-II q. 1 a. 7; ed. Leonina VI,15: "omnes conveniunt in appetitu finis ultimi: quia omnes appetunt 녀므 perfectionem adimpleri."

된 것이다."[37]

예전부터 기독교적인 개념 - 지복 - 과 관련된 아리스토텔레스 사상 구조는 그것과 더불어 전적으로 하나님과 기독교 종말론에로 유도했다. 최종적으로 전적인 지복이 하나님의 관상에 이르도록 하는 사상으로 이끌었다.

f) 은총과 성만찬

바로 이와 같은 인간론적 규정에서 토마스는『신학대전』에서 은총론을 전개했다. 인간은 지복을 지향했고, 그러나 이와 같은 지복을 갈망하기 위해 타락된 본질 안에서 도움을 의지했다. 경우에 따라 인간이 거룩한 은총(gratia sanans)에 의존하는 것은 근본적으로 인간에게는 적절하다(I-II q. 109 a. 4): 인간에게는 자연 윤리의 성취 또한 은총 없이 불가능하다. 그러나 은총은 인간이 하나님 앞에서 의로움을 경험하기 위해서 절대적으로 필요한 일이고 사실상 사람들은 완전한 것으로서 의로움을 결국에 은총에 기인할 수 있다.

은총은 인간 영혼의 관습적인 질로서 존재한다(I-II q. 110 a. 2). 그것의 의미는 하나님의 의로움을 갈망하는 것을 실행하는 것은 하나님을 통해서 사실상 인간에게 부여된 것이다. 이것이 그에게 부여되는 것이 세례인데, 세례란 세 가지 덕들인 신앙, 사랑 그리고 소망의 끼얹음(Eingieβung)을 의미한다. 그 경우 신앙은 최초의 진리를 향한 동의적인 행동을 의미하고, 소망이란 인간이 그의 전체 존재를 예수 그리스도의 계약에 근거를 두고 있다는 것을 의미하며, 사랑 안에서 그는 동조관계로서 하나님과 함께 했으며, 그것은 결국 모든 다른 덕들에게 형상을 제공한다.

덕들 - 그리고 토마스 이후에 마찬가지로 부여된 추기경의 덕들 - 과 더불어 하나님 앞에서 인간을 편하게 만드는 것은 인간에게 적합하다(gratia gratum faciens; I-II q. 111 a. 1). 다시 말해서 하나님이 인간을 의롭다고 말한다면 현실에 이의를 제기하는 판정이 중요한

37) WA.B 1,99,8-13 (Nr. 41): "Theologia nostra et S. Augustinus prospere procedunt et regnant in nostra universitate Deo operante. Aristoteles descendit paulatim inclinatus ad ruinam prope futuram semipiternam. Mire fastidiuntur lectiones sententiariae, nec est, ut quis sibi auditores sperare possit, nisi theologiam hanc, id est bibliam aut S. Augustinum aliumve eccleasticae autoritatis doctorem velit profiteri. Vale et ora pro me."

문제가 아니라 인간을 적절하게 편안한 자와 그것과 더불어 편하게 할 수 있는 자로서 파악하는 판정이 중요한 문제이다. 즉 자연적인 질을 근거로 하는 것이 아니라 하나님 자체에 의해서 부여되는 은총을 근거로 한다는 것이다. 물론 세례의 은총과 더불어 처음의 은총이 놓여 있다. 그것은 인간을 하나님 앞에서 편안하게는 하지만 여전히 직접적으로 의롭도록 하는 곳으로 이끌지 않았다. 오히려 그것은 은총을 통해서 시작된 공로를 고려해서 이루어진다. 인간이 일반적으로 그러한 일들을 행할 수 있기 위해서 그는 은총을 정오의 은총(gratia cooperans)으로서 필요로 하고 그것은 선을 행하도록 그를 돕는다. 물론 사람들이 구원을 위한 효력을 생각한다면 은총은 작용하는 은총이다. 그러므로 그것은 오직 은총인데, 그 은총은 인간을 의롭게 한다. 왜냐하면 인간이 그의 고유한 능력들을 가지고 행할 수 있는 모든 것은 재량공로(meritum de congruo) 이상으로 존재할 수 없고 하나님은 재량공로를 인정하긴 하지만 그것과 더불어 인간은 사실상 의로움을 획득할 수 없다. 성령을 통해서 작용하는 은총의 관점 아래에서만 고려할 때 적정공로(meritum de condigno)에 관해서 언급될 수 있다(I-II q. 114 a. 2). 따라서 토마스에 의하면 그때까지 알려지지 않은 조화 속에서 신적이고 인간적인 행위의 관점을 상호 균형으로 가져오고 그의 신학에 고유한 하나님의 움직임의 긴장선 안에 있는 의로움의 과정을 자기 자신에서, 그리고 자기 자신에게 되돌아가서 받아들이는 것을 이루는 것이다. 그 경우 의로운 자로서 하나님의 인정으로 신앙은 예속된 역할을 했고, 그러나 은총은 결정적인 역할을 했다.

이와 같은 은총의 원천은 예수 그리스도이자 인간을 구원으로 인도하는 하나님의 결정적인 수단이다. 여기서 바로 기독교 복음의 역사적-성서적 특징과의 - 신론 안에서는 희박해지는 - 관계들이 그 위치를 갖는다. 왜냐하면 토마스는 대단히 명확하게 그리스도의 세속적인 삶을 다룬다. 그러나 그의 삶은 역사적-전기적 사실들에서 그 의미를 지닌 것이 아니라 근본적으로 그리스도의 은총, 즉 신적인 본질과 인간적인 본질에서의 '연합의 은총'(gratia unionis)에서 그 의미를 지닌다. 여기를 통해서만 그리스도 안에서 신적인 은총이 현존되고 유효하게 될 수 있고, 그 은총은 다시금 다음 세대의 신앙인들에게 전달될 수 있는 동시에, 그리스도는 신비적인 육체, 즉 교회의 머리가 된다. 그래서 구원의 전달 장소로서 교회는 기독론적인 조건과 근거 안에서 소개된다.

개별 신앙인들에게 구원의 전달은 성만찬을 통해서 이루어진다. 성만찬은 인간의 죄성 때문에 절대적으로 필요하고 그 경우 거룩한 것을 위한 표지로서 특히 세 가지 관점들로서 역할을 한다. 성만찬은 구원을 초래하는 그리스도의 고난을 암시하고, 은총과 덕들 안에서 인간의 거룩함을 암시하며, 이와 같은 거룩함의 최종 목적으로서 영원한 삶을 암시한다. 그 경우 성만찬이 갖는 의미의 특징은 우선적으로 의미에 의존하는 인간을 도달하도록 돕는다. 그러나 이해될 수 있기 위해서 성만찬은 설명을 필요로 한다.

> "물이 그것의 축축함 때문에 깨끗하게 하는 것과 마찬가지로 그것의 시원함 때문에 원기회복을 표현할 수 있다. 그러나 '내가 당신에게 세례를 준다'고 말한다면 우리가 영적인 정결을 위한 표시로 세례에서 물을 사용한다는 것이 명백해진다."[38]

성만찬의 표지에 대한 특징의 진술에서 토마스는 표지(signum)와 더불어 통상적, 아우구스티누스의 흔적을 가지고 롬바르두스를 통한 학교 운영에서 설명된 개념을 받아들이고, 그 특징은 비록 토마스가 성만찬의 효력을 거부하거나 축소시킨다 하더라도 그 의미에서 이해될 수 없다. 명확히 그는 은총의 근본적이고 최초의 원인이 하나님이기는 하지만 성만찬이 수단적인 방법에서 마찬가지로 은총에 작용한다는 것을 다른 입장들과의 논쟁에서 명백하게 하고 있다(III q. 62 a. 1). 여기에서 그는 바로 사제의 참여를 설명할 수 있고 사제는 성만찬의 내적인 작용을 지원하기는 하지만 그것이 단지 하나님으로부터 나온다는 데서는 전혀 논쟁의 여지가 없었다.

그에 의해서 인정된 칠성례 - 세례, 견진성사, 성만찬, 고해성사, 성직식, 혼배성사 그리고 도유식 - 중 토마스는 세례, 고해성사 그리고 성직식을 특히 강조한다. 세례 없이 은총의 몰입에 빠져들 수 없고, 고해성사 없이 죽음의 죄들을 위한 은총으로 회귀할 수 없으

38) WA.B 1,99,8-13 (Nr. 41): "Theologia nostra et S. Augustinus prospere procedunt et regnant in nostra universitate Deo operante. Aristoteles descendit paulatim inclinatus ad ruinam prope futuram semipiternam. Mire fastidiuntur lectiones sententiariae, nec est, ut quis sibi auditores sperare possit, nisi theologiam hanc, id est bibliam aut S. Augustinum aliumve eccleasticae autoritatis doctorem velit profiteri. Vale et ora pro me."

며, 성직식 없이 어떠한 교회적 구원 전달을 수행할 수 없다. 그러나 성례전의 핵심과 절정은 그에 의하면 성만찬이다. 왜냐하면 예수 그리스도 자체는 성만찬 안에 본질적으로 포함되어져 있기 때문이다. 토마스는 이것을 퇴고된 화체설과 더불어 설명하는데, 그는 화체설을 III q. 75에서 발전시키고 있다. 변함없는 속성들(Akzidentien)이라는 점에서 빵과 포도주의 본체를 그리스도의 살과 피의 본질로 대처할 때 여기서 명확히 초자연적인 과정이 중요하고(q. 75 a. 4), 토마스는 그 과정을 대단히 주의하여 변형된 표현으로 서술한다. 그리스도는 구분될 수 있고 공간적으로 성만찬 요소들 아래 있는 것이 아니라 성례전적인 방법에서 현존하는데, 그것들의 의미는 그것들의 작용, 즉 인간을 은총으로 이루어지는 삶으로 움직이도록 하는데 놓여있다(q. 79 a. 1). 그로써 성만찬론에 있어 결정적인 것은 보다 설명이 적고, 철학적인 의문이 항상 반복적으로 논쟁되었을 때 그것의 철학적 의문은 위에 진술된 하나님의 운동의 기본 형태 내에서 극단화로서 베렝가르 논쟁 이래 알려져 있었다. 성만찬에서 타락한 인간의 일으켜 세움(Auferbauung)은 예수 그리스도를 통해서 목적에 다가서는 것이다. 왜냐하면 그리스도 자체는 인간과 동일하기 때문이다. 신학은 토마스가 대단히 광범위하게, 그리고 일정하게 훈련시키는 모든 철학적인 이론에서 단순한 사변성에 대한 도움을 받은 것이 아니라 하나님의 구원의 길을 어떤 면에서 인간과 더불어 설명하도록 방향 지워졌고, 그 방법은 아리스토텔레스적으로 습득된 이성의 질문 앞에 변함이 없다. 그러나 이와 같은 질문들은 일어나지 않은 것이다.

C 아리스토텔레스에 대한 새로운 논쟁

1. 철저한 아리스토텔레스주의자들과 그들의 세계상

아리스토텔레스를 기독교의 가르침 안에 통합될 수 있다고 그렇게 제시하려는 토마스의 시도와 더불어 토마스는 학예학과(Artes-Fakultät)에서 새로운 발전과 더불어 논쟁에 빠지게 되었고, 그 학과는 가장 영예롭게 '철저한 아리스토텔레스주의'로 진술된다. 특히 다키엔의 보에티우스(Boetius von Dacien, † 1281이전)와 브라방트의 시거(Siger von Brabant, ca. 1240-ca. 1284)는 학예 선생들 중 한 세대의 대표자들이었고, 그들은 학예학부에서 그들의 과제를 보다 높은 수준의 단계로 향하도록 하는 여정에서 단순한 과도기로 이해되는 것을 알려하는 것이 아니라 그들의 전 생애가 이와 같은 '낮은' 단계에서 배움에 전념하도록 하는 데 있었다. 그들의 모든 사회적 실존과, 그것과 더불어 관련된 직업윤리는 대체적으로 단지 네 개의 학과 구조와 더불어 유럽대학의 조건들 아래서 생각될 수 있다. 또한 그것은 의도된 구조, 또 다른 학과들에 대한 학예학과의 예속을 제외하고도 보다 높은 단계의 학과들과 반대로 바로 이와 같은 기초 학과의 독립성의 가능성을 열었다.

이와 같은 사회적인 상황은 왜 시거, 보에티우스 그리고 다른 사람들이 아리스토텔레스 텍스트들을 전혀 선입견 없이 이해하고 결론에 도달할 수 있었는지를 설명해주고 있다. 또한 그 결론들은 기독교적인 신앙과 더불어 처음에는 동일시되지 않은 것처럼 보였고, 그로 인해 곧바로 많은 비판을 낳았다. 그 경우 세 가지 문제들이 중심에 놓여있었다.

a) 우주론

아리스토텔레스는 포개져 있는 껍질로서 세계를 소개했고, 부동의 동자는 그것들을 운동 안에서 유지한다. 이것은 토마스가 기독교적으로 수용하고 뿐만 아니라 더 나아가 기독교 신 증명을 이용할 수 있는 사상이다. 그러나 사람들이 아리스토텔레스를 토마스처럼 기독교제국에 적합한 관점들에서가 아니라 예전부터 강력하게 그 자신의 의도에 따라 배열했다면 그것은 기독교의 기본 신념과 긴장관계를 형성했다. 따라서 아리스토텔레스는 순수한 정신으로서 부동의 동자가 특별한 세계 밖에, 공간과 시간 밖에 서있다는 것을 주장하긴 했지만, 어떻게 그와 특별한 세계 사이의 질적, 존재론적으로 설명될 수 있는 과정이 창조 행위의 의미에서 소개될 수 있는지가 그의 체계 안에서 이해될 수 없었다. 최종적으로 하나님과 창조 사이에 직선적인 연속성은 존재한다. 아리스토텔레스가 껍질의 원운동이 영원한 운동이라는 데서 도달했던 명확한 결과는 어렵게 이해되었다. 그 결과는 발생될 수 있고 지나갈 수 있는 것이 아니라 시간처럼 이미 계속해서 존재해왔었던 것이어야만 한다(형이상학 XII.6: 1071 b4). 사람들이 아리스토텔레스를 이와 같은 관점 아래 읽었다면 결국 하나님과 동일한 원천성은 영원 안에서 창조에 관해 말한다. 그러나 아리스토텔레스에서 억지로 결론에 도달했던 사상은 성서와 그것의 창조 설화와 전혀 일치하지 않을 수도 있다는 것이다.

b) 네체시타르주의 (Nezessitarismus)

우주론적인 모델은 계속적으로 문제를 야기시켰다. 사실상 하나님이 현 세계, 즉 지구와 단지 간접적으로 관련되어 있었다면 이 세상의 질료들, 모든 기적, 또한 성육신에 관한 간접적인 이해가 어렵게 소개될 수 있었다. 내재적으로 이루어진 사건들의 설명은 이와 같은 모델에 따라 하나님으로부터 완전히 연합된 세상의 성향들에까지 일반적인 원인관계로의 소급을 통해서만 유일하게 도달할 수 있었고, 그러나 원인관계라 함은 지나치는 것을 허락하지 않았다. 그로써 진정한 절제는 또한 다른 존재로 있을 수 있는 것의 의미에서 사상적으로 더 이상 소개될 수 없지만 주어질 수 있었던 모든 것은 항상 통상적인 원인관계의 결과일 뿐이었다. 하나님의 자유는 그와 더불어 - 창조와 관계에서 - 인간의 자유와 마찬가지로 무시되었고 더불어 개인적인 책임의 기초 역시 제외되었다.

C) 심령일원설

이와 같은 책임은 아베로스와 토마스와의 논쟁관계에서 이미 파악했던 세 번째 관점을 통해서 훨씬 더 강력하게 의문시되었고 그 관점은 보다 적은 강조로 아리스토텔레스에게서 결론에 이르렀으나 아마도 아베로스가 그의 체계 안에 두려고 했던 빈 공간을 가지고 우회했다. 아리스토텔레스는 헬라어 'νοῦς', 라틴어 'intellectus'를 인간의 가장 높은 인식력으로서 특징화했고, 인식력은 어떠한 면에서 신적으로, 그리고 인간으로부터 벗어나 있을 수 있었다. 그는『동물들의 세대에 관하여』(De generatione animalium)라는 작품에서 원리들의 행동이 육신의 행위라는 원리들이 육신 없이 존재할 수 있다는 것이 명백하다고 설명한다. 적절히 말해서 신적인 것으로서 이성은 외부로부터 육신으로 침입해야만 한다. 왜냐하면 그것의 행동은 육신적이지 않기 때문이다(73b 22). 이성이 보편적이고 영원한 진리를 인식했고 - 마찬가지로 아리스토텔레스에 따르면 - 인식의 대상과 인식하는 것이 일치해야만 한다는 아리스토텔레스적 사상을 사람들이 부가적으로 이용했다면 파리에서 철저한 아리스토텔레스주의자들은 이성이 스스로 신적이고 영원하며 보편적이라는 결론을 제시하고 있다. 말하자면 이성은 개인적이고 개별적인 인간 실존과 관련되어 있지 않다는 것이다. 그 이해는 모든 인간들이 결국엔 모든 이성에 참여한다는 것이다. 그러나 이성과 더불어 모든 영혼의 결정을 유도하는 원리는 개인을 초월했고, 그로 인해 결론적으로 하나의 모든 이성에 관해서뿐만 아니라 모든 영혼에 관해서, 더 나아가 심령일원설에 관해서 말할 수 있었다. 그러나 이로써 전체 기독교 개인 종말론은 의문의 여지가 있고, 그것은 모든 인간이 개별적으로 자신의 행위에 대해 배상 책임을 지도록 할 수 있었고 인간들 사이의 구분들 저편에서 모사했다는 것을 전제조건으로 가졌고 바로 개인적 위격의 중심들로서 구분된 영혼은 차이와 상응했다.

특히 마지막에 언급했던 조항에서 철저한 아리스토텔레스주의자들이 기독교 신앙과는 반대로 상스럽게 생각되는 그들에 의해서 강의되었던 주제들을 명확히 받아들이지도 공격적으로 말하지도 않는다는 것을 보여주고 있다. 브라방트의 시거는 몇 년을 거쳐서 영혼론이 보다 더 강조된 개인성의 차원에서 공간을 제공하려는 데서 억지로 아리스토텔레스로 귀결되는 영혼론을 파악하려고 애를 썼다. 그러나 그가 아리스토텔레스의 해설가로 존재하기 원하는 한 그리고 그가 원하는 한도에서 그는 모든 이와 같은 수고들을 아리스토텔레스와 관련해서 보았다. 왜냐하면 계속해서 표명했던 요구에 따르면 관련된 학예 과목의 선생들은 아리스토텔레스 외에는 해설하기를 원하지 않았기 때문이다. 그들의 논증의 자극적인 결과들은 철학자의 구성적인 공헌들로서 이루어졌던 것이 아니라 아리스토텔레스의 견해의 논평으로 이루어졌다. 그리고 경우에 따라 기독교 진리가 그것과 정면 대치했다는 명제와 더불어 해석되었다.

전혀 기독교적으로 선취하지 않고서도 혼란에 빠지게 했던 완고한 아리스토텔레스의 이와 같은 집착으로 인해 여기서 자기 자신을 표명하는 그룹 정체성의 진술을 위한 '철저한 아리스토텔레스주의자'라는 개념은 가장 적절하고 가장 중립적인 개념이다. 어떠한 경우에도 사람들은 오늘날 토마스에 대한 비난을 반복할 수 없고, 그는 특히 영혼론의 유사점으로 인해 학예 과목 선생들에게 아베로스주의자들로 종속시켜버렸다. 또한 19세기의 학문적인 용어로 '라틴어 아베로스주의자'로서 파악했던 이와 같은 비난은 아베로스가 시거와 다른 사람에게서 모사된 것처럼 무조건적으로 강조되지 않은 채 철학적 저서들과 아베로스와의 연관된 관계에서 벗어나도록 한다. 마찬가지로 '급진적' 그리고 '이단적인 아리스토텔레스주의'(Steenberghen)의 제안된 개념들은 그것들이 함의하고 있는 가치 아래 받아들여졌으나 그 가치는 그때 초시간적인 것으로 고안되었고 강조해서 동의 아래 이루어졌던 '중세의 설명'(Flasch)의 의미에서 단지 바꾸어질 수 있었던 것이 아니다.

2. 철저한 아리스토텔레스주의자에 대항한 보나벤투라(Bonaventura)와 토마스(Thomas)

철저한 아리스토텔레스주의자들과의 논쟁은 신학적인 측면에서 급속도로 전개되었다. 우선 프란체스코 수도회 수사인 보나벤투라(Bonaventura)는 공식적으로 그들을 반대했다. 그가 철저한 아리스토텔레스주의자들을 논박했다는 것은 결코 놀랄 일이 아니다. 그는 신학의 구상에서 시종일관 인간의 원죄 견해로 시작했다. 인간은 죄의 타락으로 진리에 대한 갈망을 상실하지 않았긴 했지만 아마도 자기 자신의 능력으로 진리를 발견할 수 있는 능력을 상실했다. 그런 까닭에 인식을 위한 인간의 자연적 능력 위에 두려는 것은 교만, 즉 그리스도 안에서 세워진 겸손과 대치했다는 것을 의미한다.

기독교의 고해 유지의 근거가 되었던 이와 같은 인식론적 반성들은 고대 후기 신플라톤주의의 잠재력의 수용과 연관되었고, 신플라톤주의는 여기서 명확히 아리스토텔레스주의에 대한 선택적인 상황으로 인식될 수 있었다. 보나벤투라는 계몽론(Illuminationslehre)이 플로티누스에 의해서 발전되었고 아우구스티누스에 의해서 전수되었던 것처럼 자기 자신의 강조와 더불어 계몽론을 시행했다. 그에 의하면 계몽, 조명은 아우구스티누스에게서처럼 근본적으로 단지 몇 명의 인간들에게 부여된 어떤 것이 아니라 오히려 그 반대이다. 기본적으로 모든 인간, 물론 모든 피조물은 이와 같은 조명에 참여한다. 이것은 은총의 첫 번째 형태이다. 그러나 그것은 대부분의 사람들에게서 죄를 통해 어두워졌고, 그래서 그것은 신앙인들에겐 더 넓은 은총의 단계로 다가서도록 하고, 그 단계는 그들에게 고해를 통해 성령에 의지하여 그의 심연에서 그것의 조명과 더불어 하나님 자체를 인지하는 것을 가능케 한다. 그러나 존재 자체의 인식으로부터 기원하는데서만 세상의 실질적인 인식은 가능하다. 왜냐하면 그것은 하나님의 반영이자 모사이기 때문이다. 개념적인 면에서 신플라톤적으로 파악되는 존재론에 근거해서 보나벤투라는 모든 존재의 모상인 절대적인 존재로서 하나님을 일자로 설명하고, 절대적인 존재는 적절히 그를 통해서, 그리고 그로부터만 인식될 수 있다. 이와 같은 배경에서 보나벤투라는 로마서 1장 20절에 따라 창조에 기원하는 하나님의 인식이 존재한다는 것을 또한 부인하지 않았지만 하나님의 인식은 우리 안에서 조명을 통해서 진정한 하나님의 인식으로 정리되고 종속된 채 머무른다.

토마스의 체계보다 훨씬 강력하게 신학의 권위적인 구조를 알린 신학적인 기본 체계는 인간의 인식력과 반대로 죄론의 신학적 회의에서 결론에 이른다. 신학적인 진술을 위한 결정적인 원천은 보나벤투라에 따르면 성서이고, 단지 전통과 대립된 유일성의 의미에서가 아니라 전통에 연결해서 이루어진다. 따라서 두 번째 권위의 순서로서 성인들의 기본 문서들(originalia sanctorum)이 뒤따른다. 그럼에 이 문서들은 성서에 대한 해설서들이다. 그리고 폭넓은 설명을 위해서 단계적으로 신학적인 진술들(sententiae magistrorum)이 뒤따르고 마지막에서는 다시금 이해를 돕기 위해서 철학자들의 가르침에 관한 책들이 뒤를 잇는다.(libri doctrinarum philosophorum) 철학은 그것과 더불어 결정적으로 모든 고유한 위치를 상실했고 단지 저술상태만 말해주고 있을 뿐이다.

이와 같은 반영들은 신학적인 수고들의 의미가 전체적으로 어떻게 평가될 수 있는지에 대한 결과이다. 성서의 완전함과 반대로 신학은 결국 결손이 있는 것으로 생각된다. 이성적인 성서 해석으로서 신학은 성서의 내용을 지성에 따른 이해로 이동하긴 했지만, 그것은 계속해서 성서에 의존했고 성서를 통해서 교정될 수 있었다. 그것은 예속된 학문

(scientia subalternata)[39]이고, 그러나 토마스에게서보다 훨씬 더 강력하게 방법론적인 면에서 극단화되었다. 즉 하나님 혹은 거룩한 지식과의 관계는 정확히 신학을 통해서 성서에 완전히 자료적으로 의존하고 있다. 그 의존은 그 경우 인식론적일 뿐만 아니라 특히 실존론적인 차원을 수용하는 동시에, 인간 안에서 정화, 청결, 조명의 고전적인 신비의 길을 드러내고 있다.

현 세상과 그 세상에 뿌리를 두고 갖는 저 세상에 관한 인식의 근본적인 표제, 그리고 하나님의 현존은 단지 그리스도를 통해서 가능하다. 그것은 인간을 하나님에게 인도하는 그리스도의 십자가이다. 따라서 보나벤투라의 사상에서 당시 이미 수도원의 실천에서 발전되었던 고난의 신비주의는 하나님을 향한 영의 상승에 확고한 위치를 지니고 있다. 그리스도의 고난의 관상은 동정을 넘어 그리스도의 본받음으로 인도되는 것이다. 그래서 그 목적은 십자가를 지고 하나님을 향해 전진하는 것이다.

이와 같이 신플라톤적으로, 그리고 신비적으로 형성된 사상을 갖고서 보나벤투라는 예전부터 아리스토텔레스에게 거리를 유지했고, 그런 방식으로 탁발수도회와 관련된 개인적인 지위 - 보나벤투라는 1257년부터 그의 수도회 총무원장(Generalminister)이었고 그 전통 안에서 나누어진 파벌들 사이의 일치를 위한 노력으로 인해 두 번째 수도회의 설립자로 여겨진다 - 는 단순하게 경도된 프란체스코적인 정신세계에서 벗어나서 생각될 수 없다. 그러나 사상적인 사건을 파악하기 위해 수도회의 대립이 얼마나 충분치 않는지는 보나벤투라의 철학적 회의를 다라가 보면, 곧바로 그의 삶의 정황과 작용의 정황, 아리스토텔레스에 의해서 고무된 파리를 통해서 전개되었음을 알 수 있다. 1267년과 1268년 그는 파리에 있는 프란체스코 교회의 사순절 설교에서 학예학과에서 가르쳐졌던 것에 대한 입장을 취했다. 이와 같은 주제를 십계명에 관한 연속된 설교들의 범주 안에서 실행했다는 사상적인 맥락은 그에게 있어 의미 있는 일이다. 즉 이방신들의 금지를 말한다. 철저한 아리스토텔레스주의는 그에겐 이방신에 대한 경배로서 생각되고, 그 경배는 진정한 기독교적 예배와는 대치되었다.

언급했던 문제화 된 주제들의 자료적인 비판을 제외하고 다음 해인 1268년 고린도후

39) Sebt Prooem q. 2; ed. Quaracchi1,11b.

서 10장 5절에 근거해서 지성을 신앙의 순종에 집어넣도록 요구했다는 것은 그에게서 특별한 일이었다. 이와 같은 요구는 단연코 토마스보다 앞선 10년 전에도 접할 수 있긴 했지만[40] 보나벤투라에게서 철학과 신학의 계획적인 정리와는 달리 실제적인 상황에서는 완전히 다른 평점을 획득했다. 보나벤투라에 의하면 신학을 통한 철학의 교정이 중요한 문제였고, 그 교정은 구체적인 상황에서 신학적, 즉 교회적인 권위들의 평가 이해에 관한 요구와 어렵게 구분될 수 있었다.

보나벤투라보다 훨씬 더 강력하게 토마스는 철저한 아리스토텔레스주의자들의 도전을 막으려고 노력했고, 그는 로마교황령으로 파리에 되돌아 왔을 때 그들의 효능에 대해서 주목했다. 그가 그때까지 아리스토텔레스를 직접적으로 이용함으로써 논쟁을 했다면 이때 그의 시선에는 급진적인 것들이었다. 그 급진적인 것들은 유일한 아리스토텔레스를 눈앞에 보여주면서 그의 전체적인 프로그램의 질을 떨어뜨리는 위험을 야기했고, 아리스토텔레스는 그의 의미에서 더 이상 기독교제국과 일치시킬 수 없었다.

적절히 말해서 그는『지성의 일치에 관하여』(De unitate intellectus)라는 논문에서 철저한 아리스토텔레스주의자들의 일원심령설을 아리스토텔레스적인 것이 아닌 것으로 말하려고 시도했던 동시에, 그는 진정한 일원심령설이 아리스토텔레스에서는 발견되는 것이 아니라 단지 바로 아베로스의 주석서들에서 발견되었다는 것을 제시했고, 그는 그것의 정신적인 유산으로서 철저한 아리스토텔레스주의자를 그때 그들의 요구와는 반대로 제시했다. 그는 이와 같은 논증의 전략을 가지고서 기독교제국을 위한 근본적인 위험이 마찬가지로 아리스토텔레스에 기인하지 않았고 아리스토텔레스가 이에 상응하여 또한 신학을 위해 인정된 권위에 머무를 수 있다는 것을 보여주기를 원했다.

3. 판결

곧바로 설교들과 소논문들에서 논쟁들 외에도 공식적인 교회의 이름순의 검열은 시행되었다. 1270년 전체 13개의 철학적 주제들에 최초 판결이 이루어졌고, 그것들은 위에서

---

40) Super Boeth. De Trin. q. 2 a. 3 resp.; ed Leonina L,99,168-171.

언급했던 어려운 조항들을 언급했다. 그러나 판결은 적은 영향력을 드러냈고, 그 결과 교황 요한네스 21세(Johannes XXI.)의 자극으로 새로운 대비책이 세워졌다. 파리의 주교인 에티앙 템피어(Etienne Tempier, ca. 1217-1293)에게 대단히 관심을 가졌던 판결을 진행하도록 요구했던 것이 바로 그 교황이었다는 것은 철학과 신학의 다양한 방향들이 여기서 상호 얼마나 엮여있었는지를 보여준다. 요한네스 21세 자체는 교황으로 선출되기 전 페트루스 히스판누스(Petrus Hispanus)라는 이름으로 파리 학예학과의 가장 유명한 논리학자이자 선생들 중 한 사람이었다. 그의『논리학 총론』(Summulae logicales)은 새로운 전문적인 논리학을 위한 교본의 특성을 드러냈고, 그것은 관심, 즉 문장들 사이의 관계와 문장들에서 제시된 실재의 엄격한 분석을 통해서 언어적으로 가능한 진술들의 정확성을 증가시키려는 것을 보여준다. 판결을 위임받았던 파리의 주교는 바로 교황의 철학적인 정도에 도달하지 못했다. 그러나 그는 도울 수 있게 되었고 신학 위원회에 투입되었다. 자극적인 문장들을 수집하는 것은 그 위원회의 과제였고 그것들은 학예학과에서 강의되었다. 이와 같은 시도들이 어떻게 형성되었는지는 개별적으로 체계화된 것만큼 이해될 수 있었고, 그 체계화에 따라 발견된 명제들은 1277년 3월 7일의 판결문에 정리되어 있었다. 최종적으로 그것은 219개의 명제를 포함했고, 명제들은 단순하게 정리되었으며 때때로 명백히 연상적인 그룹으로 분류되며 그것들이 왜 오류가 있는지에 대한 근거도 개별적으로 제공되었다.

사람들은 공공연히 여기서 많은 것을 듣고 받아들였고, 다만 일부 정죄받은 명제는 사실상 철저한 아리스토텔레스주의자의 저술에서 증명되고 있다. 그러나 개별적인 고소의 정확성보다 더 중요한 것은 - 어차피 개인들을 살피는 것이 아니라 익명의 가르침을 받아들인다 - 판결 위원회의 세계상은 학예학과에서 추정된 실재에 관련하여 거기에 함의된 가설들과 더불어 존재한다는 점이었다. 근본적으로 서문에서만 역추론을 높은 차원에서 허락하있으나, 그 서문은 사실상 13세기 파리에서 일어난 사건들의 인식에서 오래 동안 영향을 미쳤던 진술을 포함하고 있다.

"파리 자유학예학과의 몇몇 선생들은 그들의 잘못된 가르침을 이교도들의 저술들을 통해 도움을 받았고, 그것들로부터 그들은 대단히 억지로 그것들에 대해 어떠한 것도 반론을 제기하지 않는다며 그 부적격성을 주장했다. 그들이 설득하려는 것을 전혀 주장하지 않는다는 인상을 일깨우기 위해서 그들은 한쪽의 악을 피한 반면에 다른 쪽의 악에 좌초시키는 방식으로 그들의 응답을 숨겨두었다. 말하자면 그들은 이와 같은 잘못된 가르침들이 철학의 의미에서 진실이지만 기독교 신앙의 의미에서는 진실이 아닌 것으로 말한다. 비록 두 가지 대립적인 진리들이 있고 성서의 진리에 대항하여 진리들이 신을 부정하는 이교도들의 저술들에서 들어있다고 하더라도 말이다."[41]

게다가 판결위원회는 아주 명확히 철저한 아리스토텔레스주의자들의 방어 전략 - 광범위한 주제들을 단지 논평적으로 제공하려는 것 - 을 인식했고, 그럼에도 위원회는 그들의 주장이 '이중의 진리' 이론에 속한다고 생각했다. 여기서 철저한 아리스토텔레스주의자들의 입장의 극단화가 중요한 문제였다는 것은 그 이후로 다양하게 발생되었다. 물론 아리스토텔레스주의자들 역시 그렇게 이해될 수 있었다는 것은 보에티우스에게서 다음과 같은 텍스트를 읽는다면 실질적으로 이해될 수 있는 일이다.

"따라서 세상과 최초의 운동이 새롭다고 그리스도인이 말한다면 그리스도인은 진리를 말한다. ... 그러나 자연철학 선생은 진리를 말하고, 그는 자연적인 근거들과 원리들에 근거해서 있을 수 없다는 것을 말한다."[42]

그 강조는 두 번째 문장에 하나님에 의해서 발생될 수 있었던 자연적인 원인들과 원리들

41) WA.B 1,99,8-13 (Nr. 41): "Theologia nostra et S. Augustinus prospere procedunt et regnant in nostra universitate Deo operante. Aristoteles descendit paulatim inclinatus ad ruinam prope futuram semipiternam. Mire fastidiuntur lectiones sententiariae, nec est, ut quis sibi auditores sperare possit, nisi theologiam hanc, id est bibliam aut S. Augustinum aliumve eccleasticae autoritatis doctorem velit profiteri. Vale et ora pro me."

42) WA.B 1,99,8-13 (Nr. 41): "Theologia nostra et S. Augustinus prospere procedunt et regnant in nostra universitate Deo operante. Aristoteles descendit paulatim inclinatus ad ruinam prope futuram semipiternam. Mire fastidiuntur lectiones sententiariae, nec est, ut quis sibi auditores sperare possit, nisi theologiam hanc, id est bibliam aut S. Augustinum aliumve eccleasticae autoritatis doctorem velit profiteri. Vale et ora pro me."

이 제시되었던 것에 놓여 있었다. 그래서 두 문장들이 서로 차이가 있는 행동관계들에 관련되어 있는 한 보에티우스는 한편으론 규범성의 두 가지 단계의 존재론을, 다른 한편으론 하나님을 통해서 발생되었던 영역들의 두 단계의 존재론을 규범적인 과정들 저편에서 받아들일 수 있었고 두 문장들을 동시에 진리로 지칭할 수 있었다. 보다 적은 호의적인 독자들만이 여기서 그의 의도에 반대하여 이중적인 진리를 살폈다는 것은 어째든 이해될 수 있는 일이었다.

이와 같은 관계에서 개별적으로 진술되었던 것과 마찬가지로 모든 판결문은 최종적으로 그의 의도와는 반대로 논쟁상화의 첨예화를 의미했다. 왜냐하면 근본적으로 그들에 의해서 수긍되었던 기독교제국과 균형에 맞추어 고려되었던 철저한 아리스토텔레스주의자들의 진술들에서 기독교제국에 대한 모순을 급진적으로 첨예화시켰고 적절하게 노출시켰던 문장들의 체계가 선정되었다. 판결 텍스트 - 아마도 곧바로 실제적인 논증이 소문들 안에서 제시하는 두려움들과 왜곡들보다 더 적게 재진술 되었기 때문이다 - 는 일상적인 이단 판결에서처럼 기독교제국의 이탈을 단지 문서화하지 않았던 진술들의 관계를 만들었다. 오히려 그 진술들은 특히 아리스토텔레스의 강독에 기인하는 진술들로서 비기독교적인 세계상을 강조했고 그것과 더불어 단지 판결에서 극복될 수 있는 대립명제를 이교도 철학으로 명백히 했다. 보나벤투라는 1267년 사순절 설교들 중 하나의 설교에서 진술했을 때 그것에서 제시한 설명과정을 명백히 했다.

> "나는 학생이었을 때 아리스토텔레스가 세상을 영원하다고 말했다고 들었다. 그리고 내가 그것에 대한 논증들과 근거들을 들었을 때 나의 마음속에는 대단한 근심이 일어났고 그래서 생각하기 시작했다. 그것이 어떻게 있을 수 있는가? 그러나 오늘날 그 모든 것은 대단히 명백해서 어떠한 사람도 그것에 관해서 의심할 수 없다."[43]

43) WA.B 1,99,8-13 (Nr. 41): "Theologia nostra et S. Augustinus prospere procedunt et regnant in nostra universitate Deo operante. Aristoteles descendit paulatim inclinatus ad ruinam prope futuram semipiternam. Mire fastidiuntur lectiones sententiariae, nec est, ut quis sibi auditores sperare possit, nisi theologiam hanc, id est bibliam aut S. Augustinum aliumve eccleasticae autoritatis doctorem velit profiteri. Vale et ora pro me."

그럼에도 기본 명제에 있어서의 확실한 철학적 진리인식에 대한 권위자인 아리스토텔레스가 대략 20년 내에 개별적인 조항들에서 기독교제국에 대한 명확한 모순에 서있었다는 것이 알려지게 되었다는 것 또한 고집스럽게 아리스토텔레스의 해설을 완성했다. 그로써 신학과 철학 사이에 토마스적인 균형적 시도는 근본적으로 배경을 묻게 되었고 이미 그 시대를 거치면서 다루기 어려운 모형으로 입증되었는데 그 모형은 중세신학의 중요한 흐름보다 앞서 있었다. 토마스에게서처럼 명백히 많은 학자들의 눈에 기독교제국과 무조건적으로 조화시키려는 아리스토텔레스의 수용은 더 이상 수정, 추진될 수 없었다. 토마스가 여하튼 그의 지성적인 계승자들을 발견했음에도 불구하고 아리스토텔레스와 비판적인 환경에 관한 새로운 숙고의 과정에서 그의 프로그램을 서류로 남겨두려고 했던 수많은 신학자들이 있었다. 전통적인 세분화에 따르면, 그 서류들은 후기 스콜라주의의 시작을 드러낸다.

따라서 정당하게 파리 주교의 교구에 제한되었던 판결은 사상사적으로 폭넓은 영향을 미쳤는데, 그 영향은 기독교 사상의 새로운 방향으로 인도했다. 완전한 아리스토텔레스의 발견 이후 단지 100년과 신학을 위한 그의 수용 이후 2세대 동안 신학은 다시 새롭고 고유한 길을 가도록 강요했던 것으로 생각되었다.

4. 겐트의 하인리히(Heinrich von Gent)에 있어서 아우구스티누스의 르네상스

정죄 받았던 논제들은 부분적으로 대단히 직접적으로 신학과 관련이 있었고, "신학자들의 진술들이 우화들에 근거를 둔다."[44]라는 152번 논제 혹은 "신학적 지식은 어떠한 인식 획득을 가져오지 않는다."[45]라는 동일한 곳에서 연속되는 논제의 실례에서처럼 사람들이 철저한 아리스토텔레스주의자들에게서는 전혀 입증할 수 없었던 그러한 문장들을 신학과 직접적으로 관련시켰다. 그러한 명제들은 신학에 대한 근본적인 비판을 담고 있긴 했지만 이미 그 자체로 불안전한 것으로 입증되었다. 왜냐하면 그것들은 중세 지식과 신

44) Flasch, Aufklärung,217: "Quod sermones theologi fundati sunt in fabulis".

45) Flasch, Aufklärung,217: "Quod nihil plus scitur propter scire theologiam".

앙의 기본 전제조건에 대해 대체로 의문을 제기했기 때문이다. 대학교육의 테두리에서 신학의 합법성에 대해 의문을 제기하는 것은 중세 대학의 사회적인 실재성과 대단히 폭넓게 대치되고 있기에 신학에 대한 직접적인 위험은 결코 거기서 출발할 수 없었다. 그럼에도 이것은 신학에 대해 아리스토텔레스적으로 고무된 의문을 제기하는 가장 극단적인 형태를 설명해주었다. 그리고 이것은 아리스토텔레스가 신학을 위한 난처한 권위자였을 것이라는 점을 보여준다. 아리스토텔레스가 새롭게 - 그리고 동시에 신학에 대한 점차로 증가하는 의심을 품게 되었던 상황 속에서 - 위험하게 되었던 상황 속에서 사람들은 또 다른 보증인들을 필요로 했다. 이때 특히 선생으로서 아우구스티누스는 신학적 질문에서뿐만 아니라 철학적인 질문에서 관련되어 있었고 사용되었다. 따라서 곧바로 신플라톤적인 사상 형태들에 관한 널리 통용된 재숙고, 또한 아랍의 철학자들을 통해서 영향을 받았던 재숙고의 범주 안에서 아우구스티누스의 르네상스가 이루어졌다. 프라이베르그의 디트리히(Dietrich von Freiberg, ca. 1250- ca. 1310)는 이와 같은 관점에 대한 전형적인 인물이고, 단편적으로 남겨진 그의 작품들은 얼마 되지 않은 진술들이긴 하지만 그가 근본적으로 화체설과 논쟁을 했다는 사실이 보여주는 것처럼 일방적으로, - 그리고 예외적으로 - 철학적으로 이해될 수 없었다. 그는 아베로스와 철저한 아리스토텔레스주의를 통해 제기된 일원심령론의 문제를 해결하려고 시도했다. 동시에 그는 이성을 전적으로 신적인 측면으로 이동했고 하나님을 능동적 이성(intellectus agens)으로 진술했으며, 여기서 인식 행위는 동시에 창조의 행위를 의미했다.

이와 같은 철학은 신학적으로 고무된 아우구스티누스의 인식론으로 전환을 위한 범주를 제공했다. 보나벤투라는 물론 조명론과 더불어 이미 이와 같은 방향에서 생각했다. 이때 그의 사상의 형태들은 아주 매력적이 되었으며 그럼에도 그것들은 철학, 인식론의 중심적인 관할 영역에서 접근 방식들이 가능했음을 보여주었다. 그러나 그 방식들에 있어서는 아리스토텔레스가 필요치 않았으며 진정으로 기독교적인 것이었다. 판결문들의 정리에 참여했던 신학자들 중 한 사람인 겐트의 하인리히(Heirich von Gent, †1293)는 아우구스티누스-보나벤투라적인 조명론을 계속 발전시켰다. 그는 진리인 것을 인식할 수 있는 자연 진리와 진리 자체, 결국 사물들의 본질의 인식과 구분했고, 그 인식은 하나님 안에서 주어지는 이데아들의 참여를 통해서만 가능하다. 그리고 그는 바로 이와 같은 참여가 조명을 통해서 이루어진다고 가르쳤다. 따라서 그는 자연적으로 가능한 인식을 사소하게 경험한 상태로 제한했고 신적인 조명의 세상 이해를 위한 결정적인 의미를 제공했다. 모든 거만한 철학적 요구들에 반대하여 신학의 통치권 또한 인식의 문제에서 공격적으로 대변되었다.

물론 신플라톤적인 인식론의 이와 같은 상승은 단지 짧은 기간 동안 이루어졌다. 프란체스코회 수사들 자체도 곧바로 아리스토텔레스적인 형태들로 귀환해버렸다. 그럼에도 그들에게 있어서는 아우구스티누스로의 회귀를 통해 신학의 새로운 방향 설정이 다른 편에서 중요하게 되었고, 그 방향 설정은 직접적으로 정죄 받은 논제들 중 한 논제와 깊은 논쟁에 빠지게 했다. 논제 37번에서 신앙과 지식의 관계에 관한 명확한 진술을 만나 볼 수 있다. “사람들은 자명하지 않거나 자명한 것에서 발전될 수 있는 어떠한 것을 생각할 수 없다.”[46] 부정의 형태로 제공되었던 인식의 고안 - 직접적 혹은 파생시켰던 명백한 사실 - 은 두 번째 분석들에 따라 지식으로서 이해될 수 있다는 것을 진술한다. 그러므로 이와 같은 정죄 받은 논제는 엄격하게 아리스토텔레스적으로 정의된, 인식할 수 있는 것의 영역을 넘어서 있는 공간에서 신앙에 관해 논쟁했다는 것을 의미했다. 그것은 확실히 이중진리론이 아니라 단순하고, 예외적으로 아리스토텔레스적으로 정의된 진리론이다. 다시금 하인리히는 그러한 입장의 반영을 거부한 중요한 인물이다. 그는『삼위일체론에 관하여』(De Trinitate)에서 아우구스티누스의 진술을 인용했고, 그것은 신학을 대체로 학문으로 제시하기 위해 토마스에게서 권위의 논증으로 이용되었다.

> “인간적인 욕구에서 비롯하여 인간에 의해 인식되었던 모든 것 - 대부분의 사람들의 무익한 허영과 상스러운 호기심이 지향했던 것 - 은 이와 같은 학문에 할당될 수 있는 것이 아니다. 진정한 지복을 유도하는, 전적으로 구원을 가져오는 신

46) Flasch, Aufklärung,134: “Quod nihil est credendum, nisi per se notum, vel ex per se notis possit declarari.

앙이 작용하게 되고 지원되며 강화되는 것을 통해서만 할당될 수 있다."[47]

여기서 하인리히는 신학의 기초로서 신앙과 신학의 일관된 관계에 대해서 결론을 내렸고 이것은 철저한 아리스토텔레스주의자들의 축소된 신앙 이해로 이해될 수 있는 숙고들과 관련되어 있었다. 그것은 특히 논증적인 핵심이 하인리히에게 있어서 학문 이해에 대한 자명한 사실의 의미의 문제가 있다는 것에서 인식될 수 있다. 하인리히는 아리스토텔레스적 학문 개념을 재생산했을 뿐만 아니라 그가 아리스토텔레스에서 이해할 수 있었던 것처럼 엄격한 학문의 개념 외에도 여전히 폭넓은 개념이 있었다는 것에 관해서 말했다. 이와 같은 개념은 자명한 사실을 통해서 제시되었던 것이 아니라 확신, 즉 부가적인 확신(certitudo adhaesionis)을 통해서 제시되었다. 그러므로 자명한 사실은 상위 개념인 확신(certitudo)에 종속되었고 신앙은 확신의 하위 개념으로, 그것과 상응해서 부가적인 확신에 나란히 배치되거나 상위에 배치되었다. 하인리히는 자명한 사실의 확신보다 더 믿을 만한 것으로 부가적인 확신을 간주했다. 사람들이 이와 같은 형태를 토마스의 형태와 비교할 때 얼마나 - 에기디우스 로마누스(Aegidius Romanus, ca. 1245-1316)처럼 몇 명의 사상가들이 1277년 이후 토마스의 하급적인 형태를 수정하여 진술했다는 것에서 벗어나 - 많이 변화되었는지가 드러난다. 또 다른 학문과 신학을 관계 안에 두려는 시도는 이때 토마스에서처럼 다른 학문들과 신학과의 차이들을 균등하게 했던 보편적인 아리스토텔레스적 학문의 가르침 아래 종속적인 배열을 통해서 더 이상 행해졌던 것이 아니라 반대로 신학의 고유한 특징의 자아의식의 강조를 통해서 행해졌다. 어떠한 수도회에도 속하지 않았던 하인리히는 이와 같은 형태와 더불어 일차적으로 프란체스코적인 반경에서 영향을 가졌다. 바레의 빌헬름(Wilhelm von Ware, 1300경)을 거쳐서 그것은 요한네스 둔스 스코투스(Johannes Duns Scotus)에게 그리고 최종적으론 옥캄의 윌리엄(Wilhelm von Ockham)에게 영향을 미쳤다.

47) WA.B 1,99,8-13 (Nr. 41): "Theologia nostra et S. Augustinus prospere procedunt et regnant in nostra universitate Deo operante. Aristoteles descendit paulatim inclinatus ad ruinam prope futuram semipiternam. Mire fastidiuntur lectiones sententiariae, nec est, ut quis sibi auditores sperare possit, nisi theologiam hanc, id est bibliam aut S. Augustinum aliumve eccleasticae autoritatis doctorem velit profiteri. Vale et ora pro me."

두 사람에게서, 그러나 도미니크 수도회 소속이었던 당시 사람 에크하르트에게서 또 다른 사고를 요구하는 문제가 효과적이 되었고, 신학자들은 1277년 가르침에 관한 판결에 관해 다음의 문제를 제기했다. 즉 네체씨타리스주의 역시 정죄 받은 논제들에 속했다는 것이다. 이는 모든 것이 불가피하게 발생한다는 견해가 판결을 받게 되었던 논제 21번에서 가장 명확하게 되었다. 겐트의 하인리히에게서 이와 같은 이해와 논쟁의 얼마 되지 않은 흔적들이 신학 안에서 또한 드러났으나 그 진술이 창조와는 반대로 유일하고 자유로운 하나님에 관한 성서적 견해에 따랐던 것으로 하나님의 행위를 진술하는 과제는 근본적으로 불가피하게 제시되었다. 이것을 표현하려고 했던 형태들은 1300년경 그 시기의 신학적 고안으로 형성되었고, 사람들은 이것을 대개 후기 스콜라주의의 시작으로 생각한다.

중세신학

제4장

14세기 신학의 새로운 길들(1300-1350)

A 하나님 형상의 제국화

1. 스콜라신학에서 마이스터 에크하르트(Meister Eckhart)의 공헌들

오랜 시간 동안 마이스터 에크하르트(Meister Eckhart, ca. 1260-1328)는 거의 예외 없이 신비적인 설교가로 이해되어 왔다. 하인리히 수소 데니플(Heinrich Suso Denifle)이 에크하르트의 라틴어 저술들을 발견한 이후 그의 그림은 다만 몇 가지 면들이 추가되었다. 에크하르트는 그 시기의 가장 원초적인 스콜라 사상가로 인식된다. 여하튼 그는 1302/3년과 1311-13년에 외국인들이 보유했던 도미니크 수도회 수사들의 교사직을 수행했다. 그 경우 그는 명백히 프라이베르그의 디트리히에 접목했고 아리스토텔레스화하는 신학이 토마스 아퀴나스를 통해서 대표되었던 것처럼 그에 의해 받아들여졌던 사상을 비판적으로 아리스토텔레스화하는 신학에 대해서 반론을 제기했다. 그의 첫 번째 파리 거주 동안 쓰여진『파리 문제집』(Queastiones Parisienses)은 이에 대해서 전형적이다. 여기서 첫 번째로 다루어진 질문은 다음과 같다. 하나님에게서 존재와 이해가 동일한가?(Utrum in Deo sit idem esse et intelligere). 이 질문은 하나님이 신학의 유효한 표준들에 따라 순수한 이성으로 간주될 수 있었던 경우 진부한 차원들에서 투입된 것처럼 보였고 따라서 하나님 안에서 존재와 이해가 동일할 수 있는지에 관한 질문에 대해서는 근본적으로 단지 예라고 대답되어야만 했다.

핵심은 다른 곳에 있었다. 토론의 많은 부분은 제목으로 제공한 질문을 근본적으로 추적하는 것이 아니라 하나님이 인식하기 때문에, 하나님이 존재하는지 혹은 존재하기 때문에 인식하는지에 관한 문제를 연구하려고 했다. 에크하르트는 이와 같은 문제에 대해 첫 번째 의미에서 대답했다. 즉 하나님이 인식하기 때문에 그는 존재한다는 것이다. 이와 같은 외형상 추상적인 질문은 토마스와 아빈케나의 기본 사상인 하나님이 존재 자체라는 그의 수용과는 반대로 확실한 수정을 했다. 이해와 존재가 하나님 안에서 동일하다는 근본적인 주장을 근거로 해서 두 개념의 구별되는 관점들은 상호 관계로 놓으려했다. 다시 말해서 에크하르트는 완전히 자기와 관련시키고, 모든 능동성으로부터 자유로운 개념보다 행동과 대상관계를 함의하는 관점을 앞세웠다. 이해는 그것이 주체와 맞서 있는 객체로서 자체적으로 존재한다고 하더라도 어떠한 다른 것과의 관계를 의미한다. 이로써 에크하르트는 프라이베르그의 디트리히에 의해서 영향을 받았던 지성론과 연결되었을 뿐만 아니라 직접적으로 그 당시의 신학 논쟁에 참여했다. 파리 문제집의 관계에서 프란체스코 수도회 수사인 곤잘부스(Gonsalvus)와의 논쟁이 발견되었고, 곤잘부스에게선 또한 둔스 스코투스에게서 알 수 있는 하나님의 자유에 관한 입장이 의지의 개념에서 표현되었던 반면에, 에크하르트는 자유와 이성의 연결을 주장했다. 그러므로 이성의 입장과 의지의 입장이 파리에서 14세기 초신학적인 이론 형성에 대단히 대립적이기 했지만 그것들은 그럼에도 일반적으로 존재론적인 강요들과는 반대로 하나님의 자유에 관한 주제와 대단히 친밀하게 관련되어 있었다. 마치 사람들이 토마스의 아리스토텔레스주의에서 그리고 단지 철저한 아리스토텔레스주의자들에게서 그것들을 보았듯이 말이다.

이와 같은 사상 진행의 광범위한 신학적 함의는 단지 사상사적인 상황을 통해서 인식될 수 있고, 거기서 에크하르트는 그것을 진술했다. 존재 자체로서 하나님의 해석의 수용뿐만 아니라 부동의 동자로서 하나님의 동일성과 더불어 신학으로 진입했던 아리스토텔레스적 하나님의 형상은 하나님으로부터 대량의 개인적인 동인을 받아들이도록 했다. 다시 말해 그것은 그로부터 속성들을 받아들이도록 했으며, 그에겐 성서적인 보고로 인해 근본적으로 명백히 이 속성들이 수반되었다. 에크하르트가 역동성을 함의하고 있는 하나님 존재의 근본적인 조건으로 크기를 강조했던 동시에, 그는 완전히 아리스토텔레스적인 개념으로 진행하는 논증 내에서 이와 같은 발전을 수정했고 하나님의 역동성의 성서적 동인들을 새롭게 의식적으로 강조했다.

언뜻 보기엔 에크하르트가 그의 두 번째 라틴어 주요 작품에서 하나님의 형상에 있어서 존재론적인 확고함에 관한 이와 같은 해결책을 비난한 것처럼 보였다. 또한 사람들이 예전에 생각했던 것처럼 그는 그 작품을 두 번째 파리 체류 기간에 저술한 것이 아니라 이미 파리에서 에어푸르트(Erfurt)로 되돌아 온 후 얼마 되지 않아 저술하기 시작했다. 그 작품의 제목은 『삼부작』(Opus tripartium)이다. 에크하르트는 그 작품을 완성하진 못했다. 특히 전체 작품의 서문과 세 번째 부분인 '주석집'(Opus expositionum)만 남아 있다. 이 주석집에는 창세기와 요한복음에 대한 주석이 들어있다. 작품의 처음 두 부분들인 '명제집'(Opus propositionum)과 '문제집'(Opus quaestionum)은 남아 있지 않다. 성서를 주석한 부분들만 남아 있다는 사실로 봐서 에크하르트가 여기서 완전히 성서 주석에 관해서 생각했다고 말하기는 어렵다. 그럼에도 불구하고 그가 여기서 사실상 성서해석가로서 이해될 수 있다는 것은 주목할 만한 일이다. 더욱 자세히 말해서 수사학적 상황에서가 아니라 학문적인 상황에서 대단히 많이 남겨진 설교들을 보면 그렇다는 것이다.

다루어진 성서 텍스트들은 그 경우 논제를 제공한다. 기독론적으로 성사되었던 창조의 관계에서 창조가 다루어진다. 거기서 강조된 입장은 존재에 귀결된다. 에크하르트가 여기서 설명한 중심 사상은 하나님만이 실제적인 의미에서 존재를 가진 존재라는 것이다. 다시 말해 모든 다른 것, 모든 창조물은 어떤 고유한 존재를 가지는 것이 아니라 하나님 안에서 존재를 갖는다. 그 작품의 흔적만 남아 있는 특징으로 인해 제한적인 진술들을 어렵게 만들었음에도 불구하고 그럼에도 에크하르트는 여기서 다시금 부분적으로 - 프라이베르그의 디트리히와 연결해서 - 독일어를 사용한 도미니크 수도회들의 정체성을 드러낸 신플라톤적 학파의 상황에서 하나님과 피조물과 관계에 대해 철저하게 신플라톤적 형태를 대변한다. 그리고 이것은 명확한 사실인 것으로 보인다. 그 관계라 함은 1277년 확고한 권위에 관해 다른 저자들에게 던져졌던 질문을 고려해서 이루어졌다는 사실에 놀랄 필요가 없다.

완전히 비인격적인 기원의 범주에서 출발했다는 것은 신플라톤적 사상의 전형적인 면이고, 그 범주는 그때 하나님과 동일시되거나 동일시될 수 있다. 이와 같은 일자는 존재이고, 모든 다른 존재의 단계들은 발현 관정을 거쳐서 계속적으로 그것의 존재 안에서 하나님에게 의존한다. 이와 같은 사상 내부에서 최초의 시점, 통상적인 발현을 강조한 것이 아니라 그것을 통해서 함께 조건적이고 - 그러나 대체적으로 - 신랄하게 생각된 관점인즉, 모든 하위 존재 형태들이 연대기적인 순서 안에서 이와 같은 최초의, 유일한 존재에서 시작할 뿐만 아니라 계속해서 그 존재에 참여하고 그것과 더불어 그것들의 존재 안에서 계속 그 존재에 의존한 채 머물러 있다는 것을 강조한다. 에크하르트는 여기서 그것들이 고유하고, 자체적으로 독립적인 존재를 전혀 갖지 않는다는 결론을 내린다.

그로써 에크하르트는 하나님과 피조물 그리고 결국 인간과 하나님과의 관계 형태를 고안했고, 그 형태는 직접적으로 해설하는 방식으로 아리스토텔레스적인 사상을 통해서 제기되었던 문제들을 해결했다. 하나님과 인간과의 관계 형태가 하나님을 단지 간접적인, 일련의 2차적 원인들을 통해서 개별적인 피조물들과 관련지어 생각할 수 있었다면 이때 피조물들과 하나님과의 직접적인 관계가 생각될 수 있었고, 그 관계는 제국화를 경험했다. 피조물이 더 이상 존재론적으로 하나님과 실질적인 대립을 설명하지 않았기 때문에 피조물 안에서 자유롭게 활동하는 유일한 하나님만은 직접적으로 생각할 수 있었다. 에크하르트는 이와 같은 사상 - 기적의 설명에 대해서 - 을 오히려 특별히 인간과의 관계에서보다 보편적으로 우주론적 영역에서 보다 적게 이용했고, 하나님은 이때 인간에게 제한된 방식으로 내재했다. 에크하르트가 그의 신비적인 설교들에서 신적인 영혼의 불꽃 혹은 영혼 안에 하나님의 탄생에 관한 이해에서 알 수 있었던 사상이다. 인간론적인 논제 - 이것은 에크하르트에게서 그렇게 명확하게 발견되지 않은 것이다 - 가 표현되었을 때 이와 같은 존재론적인 형태는 인간 존재가 근본적으로 외부에서 온 것으로 구상되었고, 그가 실존의 근거와 실존의 중심을 자기 자신의 외부인 하나님 안에서 가진다는 것을 의미한다. 에크하르트에 대한 비판적인 독자들은 다른 문제점을 강조했다. 즉 에크하르트는 범신론의 비난에 직면하게 된 것이다. 특히 그것은 에크하르트가 관행적, 또한 토마스에 의해서 공유되었던 논제 "하나님이 존재이다"(Deus est esse)를 바꾸어 "존재는 하나님이다"(Esse est Deus)[1]라고 말할 수 있다는데 있었다. 이와 같은 전환이 그의 비판자를 허용하지 않은 것으로 간주했다는 것은 논리적인 기본 명제의 이용을 허락하는 하나님과 존재와의 일치가 완전한 일치로 이해되지 못했다는 것을 보여주고, 기본 명제에 따라 a=b에서 b=a라는 결론을 내렸다. 에크하르트에게서 문장의 전환은 존재를 신격화시키는 것처럼 보였고, 그래서 그의 비판가들은 하나님과 피조물을 동일시한 것으로 인식했다. 특히 이것은 의도된 것은 아니었다. 왜냐하면 피조물이 고유한 존재를 전혀 소유하지 않았기 때문에 이것은 근본적으로 규정된 하나님과 구분되었고 그 하나님은 존재와 동일시될 수 있었다. 사람들은 가장 초창기에는 에크하르트의 형태를 그것에 따라 모든 사물들이 존재하는 한 모든 사물들 안에 하나님이 존재를 만들고 이와 같은 방식으로 현존한다는 것을 가르친 범신론으로 특징지을 수 있다.

1) Prol. Generalis in opus tripartitum; Lateinische Werke I,38,14(Nr. 12).

2. 요한네스 둔스 스코투스(Johannes Duns Scotus)

a) 둔스 스코투스의 비판적인 아리스토텔레스주의

겐트의 하인리히와 부분적으로 프란체스코 수도회 수사인 바레의 빌헬름이 받아들였던 아리스토텔레스와 비판적인 논쟁들은 14세기를 넘어가는 과정에서 한 신학자에 의해서 공격을 받게 되었고, 그의 폭넓은 작품은 그것의 수용에서 또 다른 두 사람의 작품보다 훨씬 뛰어났다. 요한네스 둔스 스코투스(Johannes Duns Scotus, ca. 1265/66-1308). 그의 주요 작품인 명제집 주석은 다양한 판본으로 전해지고 있고, 그것은 그가 최소한 두 번 정도 명제집을 해석했다는 데 있다. 한번은 그가 1288-1201년에 신학을 공부했던 옥스퍼드에서, 또 한 번은 파리에서이다. 옥스퍼드의 명제집 강의에서 첫 번째 판본, 『Letura』가 있고 그것들이 파리 시절의 명제집 주석 작업을 위해 제출한 것처럼 학생들의 강의론과 보고서(Reportationes)와 구분될 수 있었던 수정된 판본인 『Ordinatio』가 있다.

사람들이 토마스의 기본 프로그램으로서 아리스토텔레스적인 세계상과 기독교 세계사의 조화를 제시할 수 있다면 둔스 스코투스에게서는 아리스토텔레스의 증가하는 문제의 흔적들이 발견된다. 그리고 그 당시의 불가피한 문제의 흔적도 발견된다. 둔스 스코투스는 확실히 아리스토텔레스주의자였고, 그것을 제시했던 아리스토텔레스 작품들에 대한 수많은 주석들이 이를 말해준다. 물론 그는 헬라 철학을 현존하는 신학 훈련을 위한 제한적인 권위로서 생각했던 것이 아니라 신학이 단연코 비판적으로 대치할 수 있었고 때때론 해야만 했던 대립자로서 생각했다. 그것과 더불어 그는 교단을 지배하고 있는 영국의 전통에 서 있었고, 그 전통을 위해 13세기에 도미니크 수도회 수사인 로버트 킬워드비(Robert Kilwardby)와 프란체스코 수도회 수사인 요한네스 페캄(Johannes Peckham)처럼 전적으로 서로 다른 신학자들의 이름들도 서 있었다. 이와 같은 관계 속에서 1286년 영국에서 토마스주의자인 리차드 크나프웰(Richard Knapwell, ca 1240-ca. 1288)에 대항하여 내용적인 충돌 방향에서 파리의 사건들과 비교할 수 있는 재판이 일어났다. 그러므로 비록 그가 영국의 유산을 비판적으로 이용할 수 있었다 하더라도 둔스 스코투스는 집중적인 아리스토텔레스 수용에 관련하여 그때까지 주로 파리에서 일어난 사건으로 제한된 채 이해될 수 있었다.

그 경우 신학과 철학의 대립은 둔스 스코투스에게서 철학의 요구들 - 이것이 어떠한 면에서 할레의 알렉산더와 보나벤투라의 경우에 속하는 것처럼 - 이 생각건대 보다 더 수준 높은 파수꾼들에게서 부정될 수 있었다는 의미에서 결코 성과를 얻지 못했다. 오히려 그는 자체적으로 철학에서 철학의 행함과 이해의 한계를 제시할 수 있을 것이라고 생각했다. 둔스 스코투스가 논쟁했던 것처럼 아리스토텔레스적인 가르침에 따라 모든 인식은 감각들에서 출발한다. 아리스토텔레스의 인식론 논쟁에 여지가 없는 기본 사상은 토마스적인 신 증명을 위한 테두리를 형성했다. 그러나 특히 이와 같은 것은 둔스에 따르면 의문의 여지가 있다. 왜냐하면 신학은 언젠간 가시적인 것에서 불가시적인 것으로 넘어갔기 때문이다. 그러나 바로 여기에서 둔스는 형이상학적인 결말 진행의 불확실한 것을 생각했고, 그럼에도 인식 영역에서 다른 인식 영역으로 넘어가는 것이 중요한 문제였다. 그래서 둔스는 어쨌든 형이상학적 사상 형태들을 이용할 수 있었고, 또한 신 증명을 이용할 수 있기는 했지만, 그는 물론 하인리히와 완전히 다른 영역에서 철학의 한계를 제시했다. 그는 그의 명백한 사실-부차적인 사실-형태를 신학적인 학문의 가르침의 관계에서 철저히 수정하여 기록할 수 있었다.

이와 같은 배경에서 그는 또한 신학의 특징에 대한 독립적인 진술을 제시할 수 있었다. 둔스에 따르면 이와 같은 진술은 실천학문이고, 다시 말해 아리스토텔레스적 이해의 진일보 안에서 목적을 지향했던 학문이지 전적으로 지식을 위해 집중된 사변적인 학문은 아니었다. 신학적인 학문의 이와 같은 목적 설정 - 그리고 거기에서 토마스의 신학 규정에 대한 유사성을 보여준다 - 은 물론 하나님을 지향했고, 하나님은 인간의 최종 목적이다. 토마스에게서보다 더 강력하게 바로 이와 같은 사상은 인간에 의해서 신학적인 근본 반성으로 소개되고 있다. 그것과 더불어 어떠한 면에서 신학적인 질문의 인간론적 극단화가 이루어지고, 평행적으로 명제집 주해의 서문에서 인간의 인식 능력에 대해 널리 퍼져있는 집중적인 반성을 향하고 있다.

b) 하나님과 보편개념

둔스 스코투스는 '정묘박사'(Doctor subtilis)라는 명예로운 칭호를 수여 받았다. 그것은 그가 완성시켰던 수많은 복잡한 개념 규정들이나 성찰들과 관련되어 있다. 그의 보편론은 그것들 중 가장 중요하고 유익한 것들에 속하고, 그 보편론은 형상적인 구분(distinctio formalis)의 사상을 맴돌았다. 물론 이와 같은 가르침은 사람들이 신론에서, 더욱 자세히는 하나님의 속성론에서 탐구의 지평을 생각할 때 정확하게 이해될 수 있다. 신론은 둔스 스코투스에게서 특히 보편성과 개체성과의 관계에 대한 전형적인 경우이고, 하나님이 하나이고 단순하다는, 즉 자기 자신 안에서 일치한다고 하더라도 하나님에 관해서 보다 더 많은 것을 진술하는 한 관계는 철학적으로 보편론 안에서 다루어진다.

따라서 둔스는 명제집 I d. 8. p. 1 q. 4에 대한 수정 판본에서 하나님의 단순성에도 불구하고 신적인 본질의 속성들이 존재하는 일이 가능한지에 관해 질문한다. 또한 신적인 본질의 속성들은 그것들의 구별에 있어 이해력보다 선행하며, 그러므로 그것들은 어떤 면에서 진정으로 존재하고, 그는 이것을 선과 지혜라는 속성들의 도움으로 끝마친다. 그로써 그는 단순한 유명론의 어려움과 마찬가지로 단순한 실재론을 피하려는 입장을 위해 노력한다. 고전적인 실재론적 입장은 스코투스의 인지, 그 질문에 대해 긍정할 때 두 가지 서로 다른 실재들에서 출발하는데서 생각될 수 있다. 그리고 그것과 더불어 하나님의 단순성을 위태롭게 하는 것이다. 이와 반대로 유명론은 두 가지 속성들을 전적으로 인간의 이해력에 기인하는데, 그 결과 그것들은 실제적으로 하나님에게 예속될 수 없었을 것이다. 그런 까닭에 둔스는 중간 입장을 선택한다.

> "그러므로 거기서 모든 견지에서 이성보다 선행하는 구분이 존재하고, 이것이 그렇게 형성되었기에 지혜는 질료의 본질에 근거하여 실재 안에 존재하며 선은 질료의 본질에 근거하여 실재 안에 존재한다. 그러나 진정한 지혜는 형태적으로 진정한 선이 아니다."[2)]

2) Ordinatio I d. 8 p. 1 q. 4 Nr. 192; ed Balic´ IV 261,3-5: "Est ergo ibi dinstinctio praecedens intellectum omni modo, et est ista, quod sapientia est in re ex natura rei, et bonitas in re ex natura rei - sapientia autem in re, formaliter non est bonitas in re."

형태적인 구분 혹은 형태적인 불일치성의 이와 같은 가르침은 어렵게 통상적인 중간 입장을 보편론의 질문 안에서 설명한다. 그것은 둔스가 그것을 개인성의 원리에 관한 질문으로 인도했던 유비론의 테두리에서 훨씬 더 정확하게 파악하려 노력했음에도 불구하고 어떤 명백한 개념적인 구분의 관점에서보다 진술의 강조에서 더 많이 파악될 수 있다. 이에 따라 형태적인 구분은 질료와 형상과의 구분처럼 부가적으로 이해될 수 없음이 적절하다. 그러므로 두 가지 동일체들의 관계 의미에서가 아니라:

> "모든 보편적인 것과, 그럼에도 정확히 규정된 것은 다시 한 번(비록 실재가 중요한 문제라고 하더라도) 더 많은 실재들 안에서 구분될 수 있고, 그 실재들은 거기서 구분되어지며 그것들 중 하나는 형태적으로 다른 하나가 아니다. 그리고 하나는 형태적으로 개별성의 실재이고, 또 다른 하나는 형태적으로 본질의 실재이다."[3)]

이와 같은 - 다시금 신학적, 유비적인 관계에서 발전되었다 - 짧은 진술과 더불어 일반적인 보편론은 신론을 거쳐서 달성되었고 충분치 못하게 정리되었다. 주요 메시지는 실재가 보편 개념들에 적합하다는 것이고, 실재는 완전히 개별 질료들 밖에서 실재론에서처럼 그것들의 근본적인 위치를 가지지도 못하고 개별 질료 안에서 유명론에서처럼 그것들의 근본적인 장소를 열어놓지도 못한다. 보편적인 것은 동시에 다양한 실재들 안에 실재한다. 그리고 그것의 실재를 바로 개별적인 질료들 안에서 획득한다. 이와 같은 숙고들이 개인성의 토대에 관한 질문의 관계 안에서 다루어진 것은 우발적인 것이 아니다. 둔스에게는 근본적으로 신학적, 철학적 질문들의 해결책 외에도 개별적인 것의 실재를 적절하게 파악하는 것은 중요한 문제였다. 그는 개별적인 것의 이와 같은 특수성을 개성원리(haecceitas)로서 고유한 용어 생성과 더불어 서술했다. 그 자신은 이 단어를 그의 학생들보다 훨씬 더 드물게 사용했다.[4)] 개인의 수준 높은 가치가 "시간적으로 실재 역사적"[5)]이었다는 것을 쿠르트 플라쉬(Flasch)와 더불어 설

---

3) Ordinatio I d. 8 p. 1 q. 4 Nr. 192; ed Balić IV 261,3-5: "Est ergo ibi dinstinctio praecedens intellectum omni modo, et est ista, quod sapientia est in re ex natura rei, et bonitas in re ex natura rei - sapientia autem in re, formaliter non est bonitas in re."

4) S. Gilson, Duns Scotus, 482 Anm. 1.

5) Flasch, Denken, 496.

명한 것이 떠오른다. 둔스 스코투스는 다음과 같이 기록했다. 당시 신분 제도는 더 이상 몇 개의 독립적인 사회제도를 제공했던 것이 아니라 계속해서 더 많은 도시들과 시민계급은 사회관계의 제한적인 범위가 되었다. 그로써 한 사회가 설립되었고, 사회는 탄생의 통계학적 관계를 통해서가 아니라 자유로운 계약 활동과 교환 활동을 통해서 상호성을 규정했다.

c) 하나님의 자유

하나님의 존재의 복잡한 구조 외에도 둔스 스코투스는 하나님의 행위에 관한 질문에 전념했다. 1277년 교리 판결에 관계했던 도전들의 직접적인 관계에서 볼 때 이 고유한 고안은 거부된 네체씨타르주의로 대체되어야만 했다. 여기서 둔스는 에크하르트와 평행선상에서 이해된다. 에크하르트가 하나님의 존재보다 앞선 이해의 선행성을 통해서 하나님의 형상의 역동성을 갈망하고 발생시킨 것과 마찬가지로 둔스 스코투스 역시 자유를 위한 공간을 형성하기 위해 신론을 새롭게 정리했다.

그러나 둔스에 의하면 - 동시대에 파리에서 가르치는 에크하르트와 다르게 - 지성은 자유를 위한 공간이 아니라 의지가 자유를 위한 공간이다. 사람들이 지성에 근거하여 떼어낼 수 없었던 보편적인 규칙들을 따른다면 의지는 어떠한 고유한 결정에 있어서도 자유로웠다. 둔스에 따르면 - 지금까지 신학적인 전통과 상응해서 - 두 가지 가능성, 즉 의지와 마찬가지로 지성과 하나님 안에서의 기억이 존재한다. 이것은 고대, 또한 삼위일체적으로 관련된 하나님의 속성들의 정돈이다. 그리고 둔스에 의하면 그것은 그의 이론적 범주 안에서 명확히 '형태적인 구분'의 의미에서만 이해될 수 있었다. 이와 같은 모든 정신의 능력들은 영혼과 일치하지만 형태적으로 서로 구분되었다. 그것이 예전에 빈번하게 일어났던 것처럼 보였을 때 사람들은 둔스를 격리된 '주의론'(Voluntarismus)의 장본인으로 간주할 수 없다. 왜냐하면 그에게서 또 다른 영혼의 능력들로부터 격리되거나 격리할 수 있는 의지가 존재하기 때문이다. 그럼에도 불구하고 의지는 피조물과 관계를 구상한 바로 그런 능력이다. 할 수 있는 모든 것은 지성에 의해서 파악된다. 그러나 그것이 존재 안에 놓이게 된다는 것은 단지 자유로운 의지 결정에 의해 이루어질 수 있다. 그것은 가능한 성향들에서 현실적인 성향들을 만들고 그것과 더불어 결국 피조물에게 형태를 제공했던 의지이고,

그 형태는 그것들을 소유한다. 하나님 안에서 지성과 의지에 관한 이와 같은 관계 규정은 한편으로 하나님이 의도하신 것으로 간주하는 것과는 거리가 멀다. 왜냐하면 지성으로부터 형태적으로만 그렇게 구분된 의지는 진실로 항상 이성적이고 선한 의지이기 때문이다. 그러나 이와 같은 이론은 이때 사실상 강요된 인과의 연쇄로 연결되어 있었던 13세기 중반의 그 하나님으로부터 자유롭게 행동하는 행위자를 만든다. 그로써 성서적, 개인적인 하나님의 형상의 잠재력이 고도로 철저하게 이용되어졌던 것이 아니라 다시금 시기적절한 형태가 발전되었다. 그 모형은 유럽인들의 사회적인 관계 속에서 성장하면서 당시 다른 사람들의 자유로운 무역 파트너로서 이해되었던 유럽 사람들에게 신적인 동일성을 제공했다.

이와 같은 하나님의 자유에 관한 설명으로 둔스 스코투스는 이미 오랫동안 신학적 논쟁을 일으켰지만, 다만 그에 의해서 보다 높은 차원에서 이용되고 설명되었던 가르침을 이용했다. 하나님의 이중적인 능력, 한편으로는 절대적인 능력(potentia absoluta), 다른 한편으로는 규정된 능력(potentia ordinata)의 가르침이 그것이다. 그는 그 차이를 그의 명제집 주해집에서 구분함으로써 특징화 하려 했고, 그 구분은 근본적으로 이성과 의지와 더불어 다루어지는 모든 본질로 간주된다.

> "한편으로 그것은 올바른 법률과 동의 속에서 다루어지고, 사람들은 그때 규정된 능력에 근거하여 그것을 행한다(능력이 어떠한 것을 동의하에 올바른 법률에 대해 설명하는 원리라고 하는 한 그것은 정돈되어 있었다). 그러나 또 다른 측면에서 사람들은 법률 없이 혹은 법률에 반대하여 다루어질 수 있다. 그때 그것은 절대적인 능력이며 규정된 능력을 벗어난다. 그로 인해 사람들은 하나님에게서 뿐만 아니라 모든 자유로운 본질에게서까지 규정된 능력과 절대적인 능력 사이를 구분해야만 한다. 그로 인해 법률가들은 사람들이 어떠한 것을 사실상, 즉 절대적인 능력에 근거하여, 그리고 법률상, 즉 법률들에 따라 규정된 능력에 근거하여 행할

수 있다고 말한다."[6]

그러므로 둔스 스코투스는 하나님의 행위 - 모든 행동하는 본질처럼 - 속에서 두 가지 갈래를 구분한다. 법률의 적절한 갈래와 그것을 넘어 벗어나 있는 절대적인 갈래가 그것이다. 그래서 그는 한편으로는 철학적으로 주장할 수 있는 규범 질서를 그의 체계에서 통합할 수 있고 또한 그것과 관련된 자연과학적인 세계 이해를 그 기본적인 유효성 안에서 긍정할 수 있다. 동시에 그는 하나님을 이와 같은 질서와 연결되어 있는 것이 아니라 하나님에게 돌파를, 대략 기적의 형태로 시행한다. 명확히 그는 다른 입장에서 하나님이 언젠가는 무질서하게(inordinate) 행동할 수 있다는 사상이 그것과 전혀 관련되어있지 않다는 것을 강조한다. 이와 같은 사상은 하나님에 의해서 긍정된 하나님의 형상에 적절하지 않고, 이것은 둔스에 따르면 마찬가지로 실제적인 것으로 설명되고 있다. 왜냐하면 하나님이 그의 질서를 깨뜨린다고 하더라도 하나님은 그의 고유한 질서들을 따르기 때문이다. 그러므로 둔스는 규범질서 외에도 일련의 하나님의 개별적인 질서를 언급하고, 하나님은 보편적인 법률 수여자로서 개별적인 질서를 지닐 수 있다. 그가 또한 여기서 다시 그의 이성적인 의지를 따르기 때문에 이와 같은 형태는 자의적인 하나님의 설립과는 다른 모든 것을 의미했다. 물론 그는 다시금 신적인 행동을 위한 고도의 자유를 결론으로 내린다. 즉 세상의 규범적인 설명을 파괴하지 않고서 이와 같은 자유를 설명한다. 실질적인 신학의 영역들에 있어서의 이와 같은 형태는 그것과 더불어 또한 '정묘박사'의 기본적인 용인, 즉 철학적인 세계 이해를 수용하는 것을 반영한다. 그리고 동시에 그것의 범위를 제한하는 것을 반영한다.

d) 수용론(Akzeptationslehre)과 절대 예정

하나님의 규정된 능력과 절대적인 능력과의 관계에 대한 이와 같은 보편적인 숙고들은 특히 또 다시 철저한 아리스토텔레스주의자들의 네체씨타스주의와 논쟁과 관련해서 창조와 우주론의 이해와 관련시켰다. 그러나 그 숙고들은 단연 위험한 결과들을 신학의

6) Ordinatio I d. 8 p. 1 q. 4 Nr. 192; ed Balić IV 261,3-5: "Est ergo ibi dinstinctio praecedens intellectum omni modo, et est ista, quod sapientia est in re ex natura rei, et bonitas in re ex natura rei - sapientia autem in re, formaliter non est bonitas in re."

중심에 지니고 있었고, 그 결과들은 실천신학(theologia practica)으로 인간에게 구원을 수여하는 하나님과 인간의 관계를 인간들에 관한 하나님의 구원의 선사에 관한 질문에서 만들어졌다. 여기서 하나님이 인간들에게 예수 그리스도를 통하여 구원의 길을 제공했다는 것은 한편에서 둔스 스코투스에 의해서 주장되었고, 구원의 선사와 그것들과 연결된 질서를 성례전에 관계시켰다. 그러나 그것은 단지 규정된 능력으로 생각되었다. 이와 반대로 사람들이 절대적인 능력의 견지 아래 구원의 부여하는 사건을 고려했다면 하나님은 인간이 하나님에게 또한 이와 같은 규범적인 구원 질서 앞서 그리고 저편에 대치되었던 것처럼 사람들을 그렇게 받아들이는 것에서 원칙적으로 자유로웠다.

> "비록 그 능력이 단지 순수하게 자연적 상태 안에 존재한다고 하더라도 하나님은 단연 그의 절대적인 능력에 근거해서 지복의 수용을 위해 근본적으로 행할 수 있었던 본질 - 특별한 수용을 통해서 - 을 수용할 수 있기를 원했다. 그리고 비슷하게 그는 그 능력이 자연적인 조건들에 근거해서 도달하는 능력의 행위를 업적이 많은 것으로 인정할 수 있기를 원했다."[7)]

이와 같은 설명은『Ordinatio』I d. 17의 텍스트 안에 있고, 그곳에서 하나님을 통한 수용의 전제조건으로서 주어진 사랑의 습성의 필요에 따라 질문되고 있다. 세례에서 그것의 끼얹음이 일어나기 때문에 이와 같은 질문의 부정은 하나님이 규범적인 성례전 이행에 참여하지 않는다면 하나님이 근본적으로 '절대적인 능력으로' 인간을 구원할 수 있는 가능성을 소유한다는 것을 의미한다. 하나님의 자유를 강조하기를 원했던 사상의 범주 속에서 이와 같은 사상은 완전히 확고하다. 왜냐하면 성례전적인 이행들의 선제공과 하나님과의 연결은 또한 어떤 면에서 하나님을 인간적 측면에서 조건들에 의존하도록 한다는 것을 의미했다. 둔스가 생각했던 것처럼 이와 같은 조건들을 하나님 자신의 규정된 능력에 연결시켰고 더불어 법률 수여자로서 다시 그것들로부터 멀리 떨어져 있는 것으로부터

7) Ordinatio I d. 8 p. 1 q. 4 Nr. 192; ed Balić IV 261,3-5: "Est ergo ibi dinstinctio praecedens intellectum omni modo, et est ista, quod sapientia est in re ex natura rei, et bonitas in re ex natura rei - sapientia autem in re, formaliter non est bonitas in re."

자유로웠다는 점을 전적으로 연결시켰다는 것이다.

그러나 그로써 중세의 경건에 대한 통상적인 개요를 확고한 등급론(Hamm)에서, 즉 구원의 습득의 단계와 그것의 연결에서 벗어났고 직접적인 하나님-인간-관계와 마찬가지로 죄의 상태에서 인간의 수용을 적어도 신학 사상의 지평에서 가능성으로 받아들였던 사상을 신학에서 시행했던 것이다. 이와 같은 상대성이 일반적인 경우로 인정되긴 했지만 인간을 향한 하나님의 행위의 몇 가지 가능성으로 인정되었다면 그것은 둔스에 의해서 그렇게 설명되지 않은 - 또한 아마도 원하지 않았던 - 결론에서 교회적인 구원 수단의 권력의 상대성을 의미하는 것이었다.

둔스 스코투스 신학의 폭넓은 특징은 직접적으로 하나님의 행동을 피조물의 측면과 연결시키는 모든 의존으로부터 자유롭다고 진술하려는 노력에 있다. 즉 그것은 둔스가 『Ordinatio』 III d. 7 q. 3에서 전개한 그리스도의 절대 예정의 가르침이다. 둔스가 여기서 성육신에 관한 구분의 범주 안에서 대답하려고 한 질문은 특히 사람됨이 그러한 것으로 예정되었는지를 묻는 것이다. 그것은 직접적으로 그리스도의 사람됨의 근거 혹은 목적에 관한 질문을 유도한다. 왜냐하면 그리스도의 성육신이 예정론적이었다면 그것은 모든 세상에 앞서서, 즉 세상 속에 머무름으로부터 독립적으로 결정되었고 결국 죄의 타락에 어떠한 반작용도 없었기 때문이다.

둔스는 정확히 여기서 벗어나기를 원했다. 그는 안셀름이 전개했던 것처럼 그리스도가 타락된 인류를 회생시키기 위해 인간이 되었다는 고전적인 이해에 대해서 죄의 타락이 없었다 하더라도 그리스도가 인간이 되었을 것이라는 견해와 대비시킨다. 물론 그리스도 없이 어떠한 인간도 창조되지 않았다 할지라도 그는 인간이 되었을 것이다. 왜냐하면 모든 예정의 목적은 영광이기 때문이다. 이것은 또한 그리스도에게 있어서도 마찬가지이다. 그리고 가능한 한 가장 위대한 찬미(왜냐하면 하나님 자신은 전적으로 영광 안에 있고 그것을 벗어나서는 찬미 받지 못할 수 있기 때문이다)는 하나님의 아들에 대한 찬미이다. 그러므로 그를 창조하는 것은 하나님의 영광이다. 인간의 창조 - 그리고 인간의 죄의 타락 - 는 이와 같은 내재적인 삼위일체적인 사건과는 독립적으로 부가적인 목적, 즉 인류의 구원의 목적을 부가한다.

3. 옥캄의 윌리암(Wilhelm von Ockham)

a) 옥캄의 학문 이해와 신학 이해

둔스 스코투스가 일정 기간 파리에서 활동했음에도 불구하고 옥스퍼드에서의 그의 활동은 영국의 신학, 즉 프란체스코 수도회의 신학에 대한 자극을 의미한다. 그때까지 파리는 영국 출신의 젊은 프란체스코 수도회 수사들에 의해서 선호된 연구 장소였고,[8] 영국 대학의 환경은 예전 보다 더 프랑스어 중심지의 영향 안에 있었다. 그러나 14세기 초 영국에서 갑자기 모든 일련의 뛰어난, 생산적 신학들이 등장했는데, 그들 중 옥캄의 윌리암(Wihelm von Ockham, † 1347)이 단연 탁월하다. 그는 아마도 그 경우 둔스 스코투스의 개인적인 문하생들에 속하지 않은 채 런던과 옥스퍼드에서 공부했던 것 같다. 그럼에도 그의 작품은 철저하게 둔스 스코투스에 의존하며 그와의 생산적 논쟁에 의존하는 흔적들을 가지고 있다. 둔스의 추종자로 그는 아리스토텔레스에 대해서 원만한 회의의 영국적 유산을 계속 유지했고, 그러면서 동시에 창조적이고 뛰어난 아리스토텔레스주의자로서 철학사에 입문할 수 있었다. 왜냐하면 그는 위대한 철학자들의 논리학에 주목했고 논리학은 그에게 신학을 위해 고도로 필요한 공구들을 가지고 있는 것처럼 보였다.

아리스토텔레스 비판과 아리스토텔레스 활용이라는 이와 같은 뒤섞임은 특히 옥캄의 신학 이해에서 분명하게 드러난다. 이에 상응하는 내용은 명제집 서론의 일곱 번째 질문에서 발견된다. "신학이 보통 신학들에 의해서 행해진 것처럼 신학은 엄격한 의미에서 학문인가?" 따라서 문제를 제기하는 것은 또한 실제적인 의미를 지니고 있었다. 왜냐하면 옥캄이 옥스퍼드에서 명제집 강의를 했던 1317-1319년까지 옥캄의 소속 수도회인 프란체스코 수도회 수사들에 의해서 지원받았던, 도미니크 수도회 수사들과 대학 지도부 사이의 논쟁은 대학에서 신학의 위치에 관한 질문, 특히 학예학과에 대한 예속으로 이루어졌다.

그러므로 옥캄이 신학의 학문성에 관해 질문했다면 그것은 지배적이고 실제적인 문제제기와 관련된 것이었다. 그리고 그것은 예전부터 엄격한 의미에서 고유하게 말해지는 학문(scientia proprie dicta)에 관한 극단화의 의미에서 그렇다.

---

8) Coourtenay, Schools and Scholars, 68.

"학문적인 인식은 진실한 것과 필요한 것의 명확한 인식이고, 그것은 삼단 논법적인 담론을 수단으로 그것에 이용된 가정들을 통해서 발생되는 것에 어울리는 일이다."[9)]

옥캄 - 로버트 코튼(Robert Cowtons, † 1313년 이후)의 진술을 이용하면 - 이 열거했던 척도들, 즉 명백한 사실, 진리, 필요성 삼단논법적인 논증 진행 중 1277년 교리 판결 이후 첫 번째 척도는 문제화된 척도였고, 그럼에도 곧바로 확실히 인식될 수 있는 것과 동일한 위치를 지녔고 신앙인을 위한 명백한 질문에 관한 신학적 토론을 진행했다.

옥캄은 이때 우회해서 모든 신학적 진술들의 명백한 사실에 대해 결코 반박하지 않고 또한 모든 신학적인 명제들의 학문성에 대해 반박하지 않는다. 그러나 그는 신학에 있어서의 결정적인 진리의 척도가 명백한 사실과 연결되어 있었던 하나가 아닐 수 있다는 것을 강조했다. 왜냐하면 신학에서 진실한, 그러나 공개적으로 명백하지 않은, 즉 모든 사람에게 직접적으로 알기 쉬운 문장들 역시 없었기 때문이다.

그래서 그는 아우구스티누스와의 연결 속에서 그의 신학 이해의 핵심을 엄격한 의미의 학문성이 아니라 신앙에 두고자 했고, 더 구체적으로는 세례에서 부여되는 신앙에 두고자 했다. 그는 그것을 행할 수 있었고, 이는 신학적 명제들의 진리 인식을 위해 결정적이었다. 그로써 아리스토텔레스를 활용함에 있어서 문제가 드러난다. 왜냐하면 아리스토텔레스는 니코마코스 윤리학에서 오성들을 다음과 같이 명명했기 때문이다. 지성(intellectus), 학문(scientia), 지혜(sapientia), 신중함(prudentia), 그리고 예술(ars). 왜냐하면 이러한 오성들에 근거해서 진리인식이 가능할 수 있기 때문이다. 신앙은 그 경우 명백하지 않았다. 옥캄은 이와 같은 문제를 완전히 간단하게 해결했다. 동시에 그는 아리스토텔레스가 신앙의 기능에 관해서 어떠한 것을 알 수 있었던 것이 아니라 신앙을 단순한 의견으로 간주했다고 설명했다. 그러나 사실상 명백한 오성과 관련되어 있는 쉐마는 여섯 번째 진정한 관습(habitus verdicus)인 신앙을 통해 보충될 수 있었을 것이고, 신앙은 마찬가지로

9) Ordinatio I d. 8 p. 1 q. 4 Nr. 192; ed Balic´ IV 261,3-5: "Est ergo ibi dinstinctio praecedens intellectum omni modo, et est ista, quod sapientia est in re ex natura rei, et bonitas in re ex natura rei - sapientia autem in re, formaliter non est bonitas in re."

진리를 보증했다. 그러나 방법에 있어서 '덧붙임' - 여기서 겐트의 하인리히와 대립적인 입장으로 회귀했다 - 의 방법은 명백한 사실에 관련하여 숙고되었다.

그러나 그의 학문 체계의 연속적인 진행에 있어서 기독교적인 인식의 조건들 아래 이해되었던 아리스토텔레스에 관한 이와 같은 명확한 수정과 더불어 학문의 정의의 또 다른 핵심적인 척도가 결코 영향 받지 않았다는 것과 연관되어 있었다. 즉 삼단논법을 수단으로 증명하는 것을 말한다. 비록 근본에 깔려 있었던 가정들이 명백한 명제들이 아니라 성서와 교회 전통에서 획득되는 신앙의 명제들이었음에도 불구하고 그것들과의 관계는 다른 학문들에 있어서의 통상적인 삼단논법의 이용과 유비적이었고, 학교의 실례에서 견본을 따른 상위 명제, 하위 명제 그리고 결론에서 증명 진행의 이용이다.

모든 사람은 죽을 것이다.
소크라테스는 사람이다.
소크라테스는 죽을 것이다.

이와 같은 증명 진행은 또한 그의 신학적 논증에 영향을 미쳤다. 물론 증명 진행이 페트루스 히스판누스를 통해서 전문적인 논리학으로 형태를 갖춘 그런 논리학은 대체로 신학 훈련과 학문 훈련의 결정적인 도구가 되었고, 그 형태 속에서 당시 사용한 개념들은 근본적으로 문장들과 구상들 밖에서 실재에 대한 그것들의 위치에 대해 질문되었다.

b) 하나님에 관한 진술과 보편 개념들

모든 지식의 언어적 전달에 대한 이와 같은 집중은 옥캄의 보편론에 영향을 미쳤고, 철학사에서 그는 아마도 가장 집중적으로 보편론과 연관된다. 그 경우 물론 둔스 스코투스처럼 옥캄이 이와 같은 가르침을 신학적 동기로 발전시켰다는 것은 아주 유사하게 관찰된다. 보편 문제가 맨 처음 신학적 작품인 명제집 주해에서 시작한다는 것은 이미 특징적이다. 여섯 개의 질문들을 넘어 진행되는 철학적인 작업의 출발점은 다음과 같은 신학적인 질문이다. "하나님과 피조물이 일치하고 동일하며 두 개의 본질과 관계 아래서 말해질 수 있는 것은 어떤 것이 있는지?"[10] 그러므로 그것은 옥캄이 또 다시 전개시킨 다의성(Äquivokation)과 일의성(Univokation)의 문제이다. 대략 앉을 자리와 은행을 가리키는 근대 독일어 단어인 'Bank'처럼 피조물과 창조자에 대한 개념이 단지 동음으로('다의적') 혹은 동일한 의미로, 즉 '일의적'이라는 용어가 사용되는지에 관한 질문은 이미 토마스에게서 만날 수 있다.

아때 옥캄은 이와 같은 질문에 대한 대답으로 보편 개념의 상태를 설명하는 것을 필요로 했고, 그는 보편 개념들이 예외적으로 이성 안에 존재할 때 그것들은 영혼 밖에 있는 어떠한 실재를 소유하지 않는다는 결과에 이르렀다. 그에 대한 대답으로 그 자신은 완전히 당시 사람들의 일반적인 의견에서 벗어났다고 생각했다. 이와 같은, 새롭게 이해하는 자로서의 결여된 자기 인식에도 불구하고 빠르게 이용된 배열들은 특히 유명론으로 잘 알려진 학파의 방향에서 보면, 두 가지 이유에서 불충분한 일이다.

옥캄이 다룬 결정적인 개념 - 그의 견해에 따르면 자의적으로 투입된 - 은 단순한 칭호(nomen)가 아니라 개념(concept)이다. 그로 인해 최근 연구에서 때때로 개념 '수용론'(Konzeptualismus)의 대단한 정당성은 그의 보편론의 특징화를 위해 사용된다. 두 번째 관찰은 이와 같은 전문적인 질문보다 더 중요하고, 그 관찰은 옥캄이 보편 개념의 근거를 어떻게 진술하는지를 향하고 있다. 즉 보편 개념들은 그에 따르면 예외적으로 이해 안에 있다. 그러나 그것들은 인간이 세상을 정리하는 부차적인 분류들을 설명한다는 것이 아니라 세상 안에 실제적으로 존재하는 유사 관계들을 재진술하는 한 그것들은 외적인 실재를 적절하게 묘사한다. 예를 들면 보편 개념으로 '인간'은 완전히 상호 구분된 본질의 자의적인 결합 질서를 설명하는 것이 아니라 사실상 생명의 그룹이 있다는 것을 복사하고, 생명의 그룹은 인류의 가장 중요한 특징으로 이성을 통해서 제시될 수 있으며, 또한 서로 대단히 유사하기에 지혜롭게 모두가 공유하는 개념을 통해서 제시될 수 있다. 그러므로 개념들을 통해서 재진술된 질서는 외부 세계에 철저하게 내재한다. 게다가 옥캄은 대단히 폭넓은 의미에서 종들의 예속을 억압적인 것으로 생각하기에 그는 그것들을

10) Sent. 1 d. 2 q. 4; Opera Theologia II 99,10 f.: "an Deo et creaturae sit aliquid commune univocum praedicabile essentialiter de utroque".

하나님과 동일한 영원성으로 설명한다. 즉 세상의 영원성에 관한 '토론된 질문'(Quaestio disputata)에서 그는 사상의 실례를 들어가며 다음과 같이 설명한다.

> "이것은 영원성에서 사실이다. '인간은 생물이고' 마찬가지로 '천사는 하나의 실체이다.' 이와 같은 명제들은 하나님이 존재하는 것이 아니라 하나님과 다른 어떤 것이다. 그러므로 하나님과 다른 어떤 것은 영원에서 존재했다."[11]

보편론은 이와 같은 입장에서 옥캄 논증의 목적이었고, 아마도 그는 이로 인해 다른 입장들에서보다 더 보호받지 못했다. 말하자면 모든 경우에 있어 이와 같은 진술은 종의 질서가 종인 '인간'의 예속의 실례에서 장르인 '생물'로 이루어지며, 영원한 질서이신 하나님이 시간적이지는 않지만 그럼에도 논리적으로 제시된 질서라는 진술로 이루어진다. 하나님은 옥캄의 또 다른 진술들이 명백히 하듯 종의 질서를 바꿀 수는 없고, 이와 같은 질서 관계의 부분들을 실재화하고 다른 부분들을 실재화하지 않은 것이 그에게 가능하다 할지라도 질서의 상호관계로서 종의 질서는 그를 지배하지 못했다.

c) 하나님의 절대적인 능력(potentia absoluta)

이와 같은 생각들과 더불어 옥캄의 작품에는 절대적인 능력에 관한 문제가 제기되고 있고, 그는 그 문제를 둔스가 행했던 것 보다 더 훨씬 포괄적으로 확장해서 논증하는데 상용한다. 그러나 그는 그 문제를 보다 더 많이 사용했을 뿐만 아니라 내용적으로 다른 것을 강조했다. 정묘박사가 두 가지 서로 다른 행위의 순서들, 규정된 능력에 관하여(de potentia ordinata)와 절대적인 능력에 관하여(de potentia absoluta)로부터 출발했던 반면에, 옥캄은 둔스로부터 하나님의 행위가 결코 무질서(inordinta)를 일으키지 않는다는 진술을 받아들일 뿐만 아니라 그가 질서를 발생시키는 행위와 규정된 능력에서 나오는 행위와 동일하다는 것을 통해서 이와 같은 생각들을 좀 더 정확하게 제시한다. 그러나 그것은 반대적인

11) Ordinatio I d. 8 p. 1 q. 4 Nr. 192; ed Balić IV 261,3-5: "Est ergo ibi dinstinctio praecedens intellectum omni modo, et est ista, quod sapientia est in re ex natura rei, et bonitas in re ex natura rei - sapientia autem in re, formaliter non est bonitas in re."

결론으로서 절대적인 능력에 있어서는 어떠한 실제적인 행위가 없다는 것을 의미한다. 즉 절대적인 능력에 대한 모든 진술들은 다만 하나님의 가능성의 공간을 측정하는데 이용되나 그의 실제적인 행위를 설명하는데 사용되지는 않는다.

결론적으로 그것과 더불어 기적들 - 옥캄에 의해서 즐겨 실례로서 선택된 불타는 아궁이에 전져진 3명의 남자들 사건처럼(단 3) - 은 규정된 능력에서 엄격하게 받아들여진 사건들이었고, 그가 그것을 행위들로 전환하지 않았음에도 불구하고 사건들은 하나님에게선 절대적인 능력으로 모든 것이 가능하다는데서 그것들의 의미를 지녔다. 둔스와 다르게 옥캄은 유명론, 자연법칙의 활동이 특히 설명될 수 있었던 어떠한 형태도 지니지 않았다. 유명론 내부에서도 외부에서도 서로 다른 행위들의 순서들이 존재하는 것이 아니라 단지 모든 측량을 벗어난 것처럼 보였던 하나님의 유일한 행위 형태가 존재한다.

그 경우 하나님의 그러한 능력으로서 절대적인 능력에 대한 기초적 진술을 통해서 하나님의 행위에는 어느 정도 조절만 있을 뿐이고, 하나님의 능력은 어떠한 모순을 포함하지 않았고 자연스럽고 간접적으로 규정된 능력, 하나님의 실제적인 행위에 비로소 어울리며, 그러므로 이를 통해 모순의 자유가 입증되었다. 이와 같은 모순의 자유는 논리학을 옥캄의 학문 이론 체계에서 얻었던 엄격한 의미와 명확한 관련성을 가지긴 했지만 어떤 것이 a로, a가 아닌 것으로 동시에 존재할 수 없는 예외적인 모순 법칙의 순수한, 형식적 진술을 실행한 것처럼 보였던 것보다 내용적으로 훨씬 더 폭넓은 것이었다. 따라서 옥캄에 의하면 예를 들어 오늘날의 종인 인간 내부에서 죄를 짓지 않을 수 있는 인간을 창조하는 것이 하나님에 의해서 어쨌든 불가능하다는 것이고 하나님이 이를 위해 새로운 종류를 창조하는 것조차도 불가능하다고 설명했다.[12] 그것은 종의 질서 - 옥캄에 따르면 물론 하나님과 동일하게 영원한 - 가 하나님의 행위들에 한계를 제시했던 확실한 크기를 설명했다는 것을 의미했다. 세상의 기본 구조는 그것과 더불어 그의 활동으로부터 벗어나 있었다. 그리고 그것과 더불어 둔스 스코투스와 다르고, 둔스 스코투스보다 결국 훨씬 더 깊이 있게 진행하는 방식으로 자연 과학적인 인식 또한 종의 질서에 귀를 기울였다.

구원사건들에 있어서도 옥캄은 어떤 무제한적인 하나님의 자유가 존재하는 것으로

---

12) Sent 1 d. 44; Opera Theologia IV 652,23-653,2.

보지 않았다. 말하자면 일반적으로 하나님은 구속받지 않기 때문에 구원 질서 또한 그의 능력-사상의 테두리 안에서 확고한 것으로 생각한다. 왜냐하면 구원 질서 역시 할례 받은 어린이들에서 보는 실례가 옛 계약 안에서 제시된 것처럼 변경될 수 없기 때문이다. 언제 구원이 확실해질 것인가에 대해서는 변경된 구원사적인 상황들 아래서는 바로 확실성을 더 이상 보증할 수 없었다. 그러나 현재적인 구원 질서를 신뢰하는 것은 하나님이 영원한 질서로서 구원 질서를 약속했기 때문이라는 것이다.[13] 하나님이 영원성 속에서 구원의 질서를 선포하지 않았기 때문에 구원 질서를 믿을 수 있다. 왜냐하면 하나님은 명백하게 그가 정리하는 모든 것을 영원성에 선포하기 때문이다. 그리고 그는 정리하는 왕처럼 제한된 행위가 월요일에는 금지되지만 화요일에는 허락되는 것으로 행동할 수 있다.[14] 다른 경우에 사람들은 예수 그리스도와 명확히 관련되어 있는 구원의 조건들의 변경을 고려하여 바뀔 수 있는 하나님과 함께 그것을 행할 수 있었다. 그러나 그가 제한된 약속들을 그 내용에 따라 영원한 약속으로 선포했다는 것은 인간들에게 하나님을 기대하는 가능성을 제공한다.

d) 하나님의 존재: 한계에 관한 논리학

절대적인 능력에 관한 규정들을 근거로 하나님의 행위가 논리적으로 체계화되었고 그로써 최종적으로 논리학은 옥캄의 학문이론의 기본적인 수용에 따라 신학적 사상을 위한 결정적인 도구인 반면에, 하나님의 존재는 논리적인 존재로서 당장 생각될 수 있는 것이 아니다. 옥캄은 이것에 선행하는 신학적인 반성에 따라 삼위일체 신학의 도움으로 검증을 해야만 한다. 다음과 같은 결론을 관찰한다면 둔스 스코투스는 여기서 제기된 문제를 삼단논법적인 저술에서 이미 명확히 했다.

이 하나님은 아버지다.

그 아들은 이 하나님이다.

---

13) 여기에 대해서 Leppin, Geglaubte Wahrheit, 50, Anm. 197.

14) Sent 1 d. 17 q. 1; Opera Theologia III 459,23-460,23.

그 아들은 그 아버지이다.

결론은 명확히 무의미하다. 왜냐하면 그것은 삼위일체의 특별한 관계를 전혀 고려하지 않았기 때문이다. 둔스 자체는 형태적인 구분의 개념으로 삼위일체의 관계를 진술했으나 옥캄은 단지 삼위일체적인 질문을 위해 그 개념을 받아들였다.[15] 옥캄은『논리학 대전』에서 이와 같은 문제를 논리적으로 계속해서 해결하려고 시도하는 동시에 다음의 삼단논법들을 대비시켰다[16]:

소크라테스는 한 사람이다	이 본질은 아버지이다
플라톤은 한 사람이다	이 본질은 아들이다
플라톤은 소크라테스다	이 본질은 아버지이다

옥캄은 두 개의 결론들이 동일한 실수를 공유했다고 설명하면서 동시에 그것들이 중립적인 개념으로서 더 많은 존재하는 것들을 위해 서 있는 개념으로 이용했다. '인간'에 대한 개념과 '존재한다'가 함께 표현된 플라톤과 인간 사이의 동일성은 '인간'이라는 개념의 도움을 받아 만나게 되는 모든 진술들을 플라톤에 양도하고 그것과 더불어 소크라테스와의 동일시를 유도하는 것을 허락할 수 있는 그런 의미의 동일성이 아니다는 것은 이때 직접적으로 구분할 수 있다. 그와 반대로 하나님과 내재적 삼위일체의 차별화와 관련된 두 번째 삼단논법은 경직되어 받아들여진다면 잘못된 개념으로 이용될 수 있다. 왜냐하면 문제는 여기서 실재 자체에 놓여 있기 때문이다. 즉 '본질'은 그로 인해 잘못 이용된 것이다. 왜냐하면 본질은 바로 하나의 본질이고 또 다르게 더 많은 본질을 의미했지만 기독교 삼위일체론에 따라 표기된 것은 동시에 하나의 본질이고 또 다른 더 많은 것이기 때문이다. 그러나 이로써 삼위일체적인 잘못된 결론이라는 실수들은 바로 플라톤-소크라테스-잘못된 결론처럼 동일한 실수로부터 기인하는 것은 아니다. 그것은 잘못된 개념 이용

15) Sent Prol. q. 3; Opera Theologia I 131,22 f.; Sent 1 d. 2 q. 11; Opera Theologia II 374,16-22.

16) Summa Logicae p. III-4c. 11; Opera Philosophica I 819,40f.; 821,94 f.

에서가 아니라 독특한 존재의 상태에서 기인하는 것이다. 이것은 단지 외부로부터 옥캄에게 제기될 수 있고 또한 그에 의해서 제한된 생각들을 통해 결론에 이른 반성들이다. 그 자신은 위에서 언급된 평행론과 더불어 그 사건을 설명으로 간주했고 그와 더불어 하나님의 존재를 엄격한 논리학에 종속시켜버렸다.

e) 은총론과 예정

옥캄의 윌리암이 1323년 당시 옥스퍼드 대학 학장인 존 루터렐(John Lutterell)에 의해 아비뇽(Avignon) 교황청에 고발 당했을 때 루터렐이 그에게 행했던 가장 중요한 신학적인 비난들 중 하나는 옥캄의 신학이 펠라기우스주의라는 비난이었다. 옥캄이 1324년 여행했던 아비뇽에서 그의 신학 문제를 처리했던 신학위원회는 이와 같은 비난을 고수했다. 이는 20세기까지 해석가들에 의해 침묵된다.

이와 같은 비난의 배경을 보면, 신학위원회는 절대적인 능력에 관한 이해의 지평에서 옥캄의 은총론을 조사했고 수용론과는 반대로 최종적으로 어떠한 새로운 것을 부가하지 않았다는 의미였다. 인간이 사실상 은총을 하나님의 자유로운 수용으로 경험했다면 이것은 또한 그가 은총의 순수한 자연 상태의 입장에 참여할 수 있었음을 의미했다. 습관으로서 인간들에게 적용된 세례은총은 구원의 갈망에 필수적인 전제조건들이 아니라 통상적으로 요구되는 전제조건들이며 하나님의 편에서 두려워하지 않고서 하나님이 직접적으로 활동하고 인간에게 권을 제공할 수 있었다. 사람들이 그 형태를 펠라기우스적인 형태의 지평으로 이해하기에 앞서 구원의 갈망으로 인간의 자연적인 능력을 작용해야만 했다는 식의 형태로서 이해했다면 핵심적인 부분에 있어서 스코투스의 이와 같은 형태는 근본적으로 잘못 이해된 것이다. 왜냐하면 그것은 반대로 특히 하나님의 편에서 구원을 향하는 모든 행위를 위임해야만 하고 모든 조건을 인간의 편에서 부인해야만 했기 때문이다. 따라서 옥캄 자신은 아마도 아비뇽에 감금되어 있는 동안 발생했던 신학논쟁(Quodlibeta)에서 명확하게 펠라기우스와 거리를 두었다.

옥캄이 자신의 신학에서 다루려고 했던 것은 예정론 역시 그의 신학의 명백한 전제조건들에 속했다는 사실이다. 이것은 그가 얼마나 적은 부분에서 그의 신학을 다루었는지를 보여주는 것이다. 이것은 엄격한 언어철학적인 분석의 함의적인 전제조건이고 옥캄은 그 분석에 예정과 예지의 문제를 다루었다.

옥캄에 의해서 다루어진 또 다른 문제는 구원의 갈망처럼 지옥행이 당시 부수적인 사건들이었다는 데 있다. 그러나 그것들이 부차적이었다면 그것들에 대한 앎은 실재에 관한 지식들을 전제로 했고, 그 지식들은 본질 진술들 혹은 이와 같은 진술들처럼 필수적으로 인식할 수 있는 것에서 벗어나 있다. 따라서 예정론의 범주에서 언급되는 예지되는 자는 가능성의 견지 아래 또 다른 것도 생각할 수 있는 사람이다. 말하자면 그는 영겁의 벌을 받게 될 것이다. 특히 이와 같은 철학적인 문제는 후면에 숨어 있는 신학적인 생각들을 암시한다. 옥캄이 이와 같은 방법으로 전문적으로 구분한다는 사실 - 단지 구원에 도달한 자는 예정된 자(praedestinatus)이지만 비난받게 된 자는 예지된 자(praescitus)이다 - 은 하나님의 예정이 의미적으로 선만을 가졌고, 그러므로 단순한 예정이 중요한 문제라는 점을 명백히 한다. 그리고 이와 같은 예정 자체는 옥캄에 의해서 하나님의 결정의 그 구원과 관련하는 내용들에 속하고, 하나님의 결정들은 영원성보다 앞서 이루어지게 되었을(논리적인 문제를 일으키는 것) 뿐만 아니라 그것들의 내용에 따라 영원하다. 예정된 자는 하나님의 변함없는 결정[17)]을 통해서 예정되었다. 따라서 예정이 전적으로 아우구스티누적인 의미에서 인간이 구원을 갈망할 수 있다는 것을 위한 절대적이고, 하나님을 통해서만 제한된 기초라는 것은 신학적으로 명확한 사실이고, 그 결과 이것은 인간의 행동에 달려있는 것이 아니라 단지 하나님의 자유로운 결정에 달려있는 것이다.

f) 성만찬

둔스 스코투스 이후 시대의 세련된 아리스토텔레스주의는 또 다시 예리한 질문들을 제기했다. 그 질문들인즉 화체설의 가능성에 관한 질문들이다. 그리고 이러한 질문들은 베렝가르-논쟁 이후 설명되었던 것처럼 보였다. 그 경우 제4차 라테란 공의회(1215)에서 화체설을 교리화 하는데 근본적으로 부정적인 태도를 불가능하도록 했다. 그럼에도 불구하고 옥캄은 또 다시 성만찬에서 그리스도의 현존에 관한 설명으로 다양한 사상의 가능

17) Sent 1 d. 40; Opera Theologia IV 594,9-595,5.

성들을 처음부터 끝까지 되풀이했고, 그는 다음과 같이 설명했다. 화체설, 성체공존설, 취소, 그리고 그는 그 경우 대단히 차별화된 상태에 도달했다.

> "사람들은 최초의 견해(즉 성체공존설)를 대변할 수 있었다. 왜냐하면 그것은 이성과, 또한 성서의 어떠한 증거도 거부하지 않았고 그것은 모든 방법들 중 가장 이성적으로, 그리고 가장 단순하게 대변될 수 있기 때문이다. 왜냐하면 어떠한 다른 견해에서보다 더 납득할 수 있는 수용이 그것에서 이루어졌기 때문이다. 이것은 명백해졌다. 왜냐하면 이와 같은 성례전과 연관된 것으로서 주장된 모든 납득할 수 없는 수용들 중 가장 중요한 수용은 주체 없이 우유가 있다는 것이다(화체설의 경우에서 받아들여져야만 하는 것). 그러나 사람들이 최초의 견해에서 출발한다면 사람들은 이것을 받아들일 필요가 없었다. ... 그러나 이때 교회의 확정은『교회법 대전』X 1.1.1.(Corpus Iuris Canonici X 1.1.1.)에서 가장 고귀한 삼위일체와 가톨릭 신앙에 관하여(Über die Höchste Trinität und der katholischen Glauben)와『교회법 대전』X 3.41.6에서 미사 축제에 관하여(Über die Messfeier)라는 것이 발생한 것처럼 정반대를 규정한다. 마찬가지로 모든 교회론은 공동체적으로 정반대를 대변한다. 그로 인해 나는 빵의 실체가 제단 위에 잔류한 것이 아니라 그것의 외적 형태만 잔류하고, 그리스도의 몸이 이 형태와 더불어 존재한다는 견지를 대변한다."[18]

그러므로 화체설은 그에 따르면 논리적이지도 또한 단지 가설적이지도 않았다. 그러나 그는 화체설을 교회의 교리 결정에 근거해서 수용하도록 준비했다. 이것 또한 하나님의 행동 이해의 결과였다. 이것이 배제된 모순의 원리를 통해서만 제한되었다면 그것은 가설의 숙고들을 통해서 억지로 한계로서 제시될 수 없었다. 모든 경우 거기서 교회가 명확한 결정들을 만났던 곳에서 말이다. 논리학의 엄격한 이용은 여기서 실증론에서 전복되

18) Ordinatio I d. 8 p. 1 q. 4 Nr. 192; ed Balic′ IV 261,3-5: "Est ergo ibi dinstinctio praecedens intellectum omni modo, et est ista, quod sapientia est in re ex natura rei, et bonitas in re ex natura rei - sapientia autem in re, formaliter non est bonitas in re."

었고, 그 실증론은 성서가 아니라 교회 전통을 기독교 진리 규정을 위해 무시할 수 없는 정의의 척도로 삼았다.

4. 시대정신 안에서 신학: 교회와 신앙 안에서 촉진과 제국화

이 시기의 가장 유명한 두 명의 신학자들인 마이스터 에크하르트와 옥캄의 윌리암이 서로 독립적으로 이단 시비에 빠졌다는 것은 14세기 초 눈에 띄는 사건들에 속한다. 이단 시비로 인해 그들은 결국 같은 시기에 짧은 기간 동안 - 14세기 초 이후 교황의 중심지를 이루었던 - 아비뇽에 붙잡혀서 판결을 기다렸다. 특히 지방 의견의 상의는 에크하르트에 반대한 고소에 동인을 제공했고, 의견의 상의는 어려운 가르침 역시 공식적으로 자국어로 알렸다는 사실에서보다 더 적게 위에서 설명된 에크하르트의 라틴어 가르침에서 일어났다. 그 고소는 처음에 도미니크 수도회에 속해 있는 방문자에 의해서 이루어졌으나 에크하르트에 대한 무죄판결 이후 대주교인 비르네버그의 하인리히(Heinrich von Virneburg, † 1332)에 의해 이루어졌다. 대주교는 아마도 하나님의 직접 계시를 통해 그들이 사상적으로 만들어낸 말씀들로 그의 교구에 널리 퍼져 있었던 베긴회에 대한 두려움 때문에 재빠르게 에크하르트에 반대하는 톱니장치를 진행시켰다. 에크하르트는 일반적인 형태의 그의 가르침들 중 이단적인 것을 포함했던 모든 것을 한편으로는 취소했고, 다른 한편으로는 대주교에 관해서 교황에게 항소하면서 지방의 판결로부터 벗어날 수 있었다. 이는 그에게 아비뇽으로 향하는 길을 제공했고, 비교적 공정한 재판에 이르도록 하는 길을 제공했다. 물론 검열과정 역시 재판에 특징적이었고, 검열과정은 관계에 있어서 개별적인 명제들을 요약했으며 당시 상황을 고려하지 않은 채 그 명제들을 따로 떼어낸 표현들에 관해서 질문했다.

옥캄에게서도 아직 자세히 해석되지 못한 지엽적인 원인이 있다. 확실히 그를 고소한 사람은 옥스퍼드 대학 학장인 요한네스 루테렐(Johannes Lutterelle, † 1335)이었다. 아마도 옥캄이 옥스퍼드 대학에서 박사과정을 끝낼 수 없었던 원인이 이미 그의 고소문에 있었다. 물론 루테렐은 반복해서 옥캄에 반대하는 고소문을 교황에게 제출하고 이를 위하여 영국에서 대륙으로 폭넓은 여행을 할 수 있는 허락을 받으려고 애를 썼다. 결국 그의 노력은 훌륭하게 성공했고, 그는 그의 고소문을 교황청에 제출할 수 있었으며, 1324년 옥캄 역시 개인적으로 아비뇽에서 조사를 받아야만 했다.

옥캄과 에크하르트가 아비뇽에서 함께 머문 짧은 시간 동안 서로 만났는지는 완전히 설명될 수 없다. 분명히 깊이 있는 이해가 없었다하더라도 확실히 그들은 서로에 관해서 알고 있었다. 물론 옥캄은 몇 년 후 아주 조심스럽게 말했다.

> "언급했던 요한네스 22세(Johannes XXII.) 재위시기에 도미니크 수도회 출신인 어떤 신학 선생이며 이름은 에크하르트라고 하는 독일인이 공식적으로 다음과 같은 견해를 변호했고 설교했으며 가르쳤다. 세상은 영원성으로 이루어졌고 모든 의로운 인간은 제단의 성례전에서 빵이 그리스도의 몸으로 바뀌게 되는 방식에 따라 신적인 본질로 바뀌게 되며, 바로 그와 같은 인간은 별들을 창조했고 하나님은 그러한 사람 없이는 아무것도 행할 수 없었으며 신적인 것에서 어떠한 구분이 없고, 본질 안에서도 위격들 안에서도 구분이 없으며, 모든 피 조물들은 단지 무였고 아주 많이 그렇게 이단적이지 않은 많은 다른 범신론적인 교리를 가지고 있다."[19)]

이와 같은 잘못된 이해는 두 개의 체계들 - 한편으로는 비판적인 아리스토텔레스주의자, 다른 한편으로는 신학적으로 불쾌함의 극단까지 진행하는 신플라톤주의자 - 사이에 존재하는 명확한 차이를 고려하다면 놀랄 일이 아니었다. 두 사람이 관련되고 있는 것이 무엇인지에 대한 문제 제기가 되고, 이러한 관련성 측면에서 당시 두 사람은 대단히 위험했음으로 그들은 가장 높은 차원에서 이단 재판을 받아야만 했다.

그 경우 순수하게 외부적인 차원에서 아주 중요한 요인은 대체로 교황권 자체가 14세기 초 이전보다 훨씬 높은 차원에서 교리적으로 중요한 심급으로서 설명되었다는 사실이

19) Ordinatio I d. 8 p. 1 q. 4 Nr. 192; ed Balic′ IV 261,3-5: "Est ergo ibi dinstinctio praecedens intellectum omni modo, et est ista, quod sapientia est in re ex natura rei, et bonitas in re ex natura rei - sapientia autem in re, formaliter non est bonitas in re."

다. 이것은 교황 보니파스 8세(Bonifaz VIII.)가 꼴로나 가문 출신 추기경들에게만 이단 관련 협의 했다는데서 드러났다. 왜냐하면 그들은 교황에 대한 순명을 무시했기 때문이다. 교황 자체에 대한 순명이 올바른 신앙의 척도라는 데 함의된 견해는 그들의 편에선 증가하는 교황신학의 배경에서 이해될 수 있는 일이다.

이점에 대해서는 이미 위에서 언급했던 토마스의 문하생인 에기디우스 로마누스(Aegidius Romanus)가 결정적인 의미를 지닌다. 그의 소논문「교회의 권세에 관하여」(De ecclesiastica potestate)에서 그는 로마 교황청 내부에서의 교황의 절대적 권력을 진술했고 그것은 교황이 모든 것을 심판할 수 있지만 전혀 심판받지 않는다는 것을 이어서 설명했다(참고 고전 2:15): 따라서 교회는 유일한 인물에 집중하게 되었고 동시에 통제할 수 없는 것으로 생각되었다. 그것은 특히 1302년 11월 18일의 교황칙서 '우남상탐'(Unam sanctam)에 영향을 미쳤던 것과 같은 사상이었고, 그 칙서에서 보니파스 8세는 다음과 같이 정의했다.

> "그러므로 하나님에 의해서 그렇게 부여된 권력을 거부하는 자는 하나님의 질서를 거부하는 것이다. ... 그래서 우리는 모든 인간 같은 피조물이 그것의 영원한 지복을 상실할 때 로마 교황에 예속되어야만 한다는 것을 설명하고 규정하며 공표하노라."[20]

또한 세속적인 영역으로 확장되었고 로마 제국 황제처럼 프랑스의 왕에게 공식적으로 요구되었던 모든 것을 포함하는 이와 같은 통치권한은 다만 그의 편에서 보자면, 교회 내부의 통치 계획의 외적 표현이었다. 그 계획은 근본적으로 교황 권력을 '직접적인 권력'(potestas directa)으로 이해했으며, 그것이 중세 사상에 잘 알려져 있었던 것처럼 중간 단계의 심급들에 전해졌을 뿐만 아니라 교황이 직접적인 권한으로 모든 중간단계 심급들을 뛰어넘었고 교회의 가장 낮은 심급에까지 통치할 수 있던 능력으로 이해했다. 특히 아비뇽에서 이단 재판에 그렇게 전념한 것은 중간 단계의 심급적 권력을 교회의 권력 중심으

20) Ordinatio I d. 8 p. 1 q. 4 Nr. 192; ed Balić IV 261,3-5: "Est ergo ibi dinstinctio praecedens intellectum omni modo, et est ista, quod sapientia est in re ex natura rei, et bonitas in re ex natura rei - sapientia autem in re, formaliter non est bonitas in re."

로 이동시키려는 바로 그러한 표현이었다.

그것과 더불어 진술되고 의도된 일은 교황 권력의 제국화로서 진술되고 철저하게 근대적인 특징을 지닌 것이다. 중세 통치 형태가 권력 이양의 봉건제도 형태에 영향을 받았고 봉건제도의 형태들에서 하위 계층은 사실상 중간 단계의 심급을 통해서 최고위층에 관련되었다. 그 반면에 여기서 통치형태는 모사되었고, 이미 13세기 전반에 그것의 실제적인 통치 형태는 시칠리아에서 파악될 수 있었고 이때 눈에 띄게 교황청 아비뇽에 영향을 미쳤다. 통치를 실행하는데 있어 가장 높은 통치자는 통치권 안에서 공직 수행에 유익했다. 공직자들은 그의 권력에 단순히 참여한 것이 아니라 교황에 의해서 기인된 것과 그의 위임에서만 행했다. 아비뇽 망명 기간 동안 교회의 재정적 지원 체계는 아주 부끄러울 정도였다. 다수의 특별법을 통해서 주교직들의 소유에 교황의 참여를 해체했고, 잠정적인 재원의 착취를 생각한다면 그 체계는 아주 간단하게 이해되었다. 그것은 또한 직접적인 권력 이용의 한 형태이고, 그 권력은 교황을 교회의 가장 높은 주로서 모든 시간 그리고 모든 곳에서 실제적으로 이루어졌다.

그러므로 여기서 제시되었던 교회의 상은 교황을 지상에서의 그리스도의 대변자로서 아주 배타적으로 간주했고 모든 신앙들을 하나님을 향하도록 하는 결정적인 전달자로서 교황에 연결시켰다. 그리고 제국화를 통해 영향을 미쳤던 또 다른 것은 교황과 대치되어 있었지만 그 경우 여전히 교황을 하나님을 향하도록 하는 중간 단계 심급으로서 생각했다면 이와 같은 상은 위험에 처하게 된다. 바로 이것은 대단히 다양한 방식으로 에크하르트에게서처럼 옥캄에게서도 적용되었다.

특히 옥캄의 사상이 이와 같은 교황제의 이론들과 더불어 얼마나 가깝게 관계되어 있었는지는 절대적인 능력과 규정된 능력과 관계의 해석에서 부수적으로 명백히 언급한다. 여기서 그것은 단지 하나님과 교황와의 관계였고, 교황은 또한 그 자신에 의해서 선포된 율법에 따라 어떠한 것을 행할 수 있고, 그럼에도 그는 어떠한 것들을 절대적으로 만들 수 있었다. 이와 같은 평행성은 교황에 대한 옥캄 사상의 함의적인 위험을 드러낸다. 그럼에도 교황제도의 형태들에 있어 적지만 결정적인 위험의 차이는 제국화가 이때 직접적으로 하나님에게 관련되었고 개별적인 인간이 하나님의 자유로운 행동에서, 즉 하나님을 통한 그의 수용에서 하나님과 직접적으로 그리고 당장 대치했다는 것이었다. 말하자면 성직들을 통한 전달 없이, 또한 교황을 통한 전달 없이 직접적으로 대치했다는 것이다. 그러나 바로 이것은 마이스터 에크하르트에게서도 관찰된 것이고, 그에게 있어서 직접적인 계시는 개별적인 신앙인이 매체 없이 하나님을 자기 자신 안에서 경험할 수 있다는 결론에 이르렀다.

이러한 두 가지 사상의 형태들은 언급되지 않아도 잠재적으로 교황의 몰락을 의미했고 그것과 더불어 결국 전체적으로는 교회의 직제의 몰락을 의미했다. 교황제도에서 교황은 아주 명백히 신앙인들의 성직적 구원 전달에 대한 의존을 유지할 수 있었다면 옥캄과 에크하르트의 형태는 서로 독립적으로 사상 형태들을 제공했고, 그것들은 하나님을 향한 직접적인 접촉을 실행했으며 그것과 더불어 성직적 구원 전달을 완전히 의문에 빠지게 했다.

이와 같은 배경에서 독립적으로, 그러나 비슷한 방법에서 옥캄에게서처럼 에크하르트에게서도 발견되는 폭넓은 사상이 존재한다는 것은 우연한 일이 아니다. 쾰른에서 비난에 반대한 그의 공식적인 변호의 테두리에서 에크하르트는 평신도 앞에서 어려운 신학적 사상을 퍼뜨렸다는 것을 비판적으로 설명했다.

> "사람들이 배우지 못한 사람들을 가르치지 않는다면, 어느 누구도 배움을 받지 못할 것이고, 마찬 가지로 누구도 가르칠 수도 쓸 수도 없을 것이다."[21)]

그가 추기경 혹은 교황에게 불려가기 전에 단성론자들(simplices)이 신앙 연구 활동 하는 것을 허락하지 않았다면 어떠한 사람도 이것을 허락하지 않는다는 것을 아주 비슷하게 설명했다.[22)] 성직자의 우선성은 그것과 더불어 최소한 이론적인 차원에서 원칙적으로 다리 역할을 하는 입장으로서 설명되고 교회와 신학 안에서 평신도들에게 그 길이 열리게 되었다.

---

21) Ordinatio I d. 8 p. 1 q. 4 Nr. 192; ed Balic´ IV 261,3-5: "Est ergo ibi dinstinctio praecedens intellectum omni modo, et est ista, quod sapientia est in re ex natura rei, et bonitas in re ex natura rei - sapientia autem in re, formaliter non est bonitas in re."

22) Dialogus II-2 c. 10; ed. Goldast 770,39-44.

B 하나님 상태의 제국화의 지평에서 은총에 따른 새로운 문제: 리미니의 그레고리(Gregor von Rimini)와 토마스 브라드워딘(Thomas Bradwardine)

1277년의 교리 판결에 따라 시행되었던 아우구스티누스의 르네상스는 특히 인식론적으로 이해된 아우구스티누스와 관련되어 있었다. 두 세대 이후까지 옥스퍼드와 파리에서 서로 독립적으로 아우스구스티누스 - 르네상스 시대가 있었다. 그 르네상스는 특히 아우구스티누스의 반펠라우기스적인 저술에 영향을 받은 것이었다. 여기에 대한 동인은 페트루스 아우레오리(Petrus Aureoli, ca. 1280-1322)를 통한 예정론의 변화였다. 예정된 자들의 부분적인 선급을 가르쳤고 그래서 선택되지 않은 자들의 비난을 함의했던 지금까지의 전통에 대해서 아우레오리는 하나님이 근본적으로 모든 사람들에게 은총을 베풀었지만 그 당시의 구원이 이와 같은 은총의 제공에 대한 대답에 의존하고 있음을 가르쳤다. 인간 행위에 대해서 엄격한 역할을 구원 획득 과정에 부여했고 그것과 더불어 아주 명백하게 펠라기우스적인 것으로 동일시될 수 있었던 경향을 드러냈던 이와 같은 가르침과 더불어 아우레오리는 곧바로 커다란 영향을 미쳤다. 그리고 또한 비판도 곧바로 일어났다. 한 세대 이후 리미니의 그레고리(Gregor von Rimini)와 토마스 브라드워딘(Thomas Bradwardine)은 옥캄, 아담 우드함(Adam Woodham, ca. 1295-1358) 그리고 다른 사람들이 생각해 냈던 새로운 사람들(moderni)이 아우레오리의 예정론을 향한 그들의 정형을 통해서 펠라기우스주의자로서 증명하려 했다는 위험을 부각시켜서 보았다.[23] 브라드워딘은 펠라기우스주의를 특히 곳곳마다 널리 퍼져 있는 것으로 생각했고 방대한 저술인『펠라기우스에 반대한 하나님의 소송에 관하여』(De causa Dei contra Pelagium)에서 아우레우리에 반대하여 논쟁을 벌였다. 그가 모든 다른 것 보다 앞서는 하나님의 특별한 위치를 강조했을 때 그는 둔스와 옥캄이 공유했고 에크하르트에게서도 인식될 수 있는 기초 위에서 철저하게 논증했다.

> "하나님에 의해서 만들어졌던 모든 피조물은 그의 존재 안에서 항상 그의 존재를 불가피하게 유지하는 자로서 그를 의존할 뿐 아니라 그로 인해, 또한 비슷하게 그

23) Bradwardine, De causa Dei Praefatio; ed. Lodon 1618, B1; Greogor, Sent II d. 26-28 q. 1 a. 1; Trapp 18,19-19,13.

의 행위 안에서도 그를 의존하는 것으로 철학자나 신학자들은 이해한다. 그리고 그것은 특별한 방법으로 함께 작용하나 근본적으로 앞서 작용하는 하나님 없이 어떠한 일을 행하는 것을 자발적으로 충족시키지는 못한다."[24]

『삼부작』(Opus tripartitum)에서 에크하르트의 일치하는 진술들처럼 존재의 지속적인 의존성에 관한 진술들이 느껴진다면 하나님의 활동에 관한 진술들은 13세기의 인관관계 토론에서 명백히 인식될 수 있는 대답이고, 그 토론들에서 첫 번째 원인(causa prima)으로써 하나님과 두 번째(causae secundae) 원인과의 관계는 문제화되고 있었다. 브라드워딘은 이와 같은 관계를 명확히 최초의 원인의 배려로 설명했다. 이것은 두 번째 원인들에 대한 아리스토텔레스적 쉐마처럼 더 이상 간접적으로 내세적인 활동들과 관련된 것이 아니라 직접적으로 관련되어 있고, 이것은 제국화의 과정이다. 또한 적절히 말한다면 브라드워딘의 주제들 중 하나는 "하나님이 스스로 그리고 직접적으로 동일하도록 만들지 않는다면 실재가 어떤 것을 만들 수 없다"[25]라는 것이다. 그것은 근본적으로 모든 과정이 하나님을 통한 창조 내에서, 더욱 상세하게 브라드워딘이 명백히 둔스와 연결해서 강조했듯이 하나님의 의지를 통해 바뀌게 되었음을 의미했다. 이것은 고전적인 결정론은 아니지만 모든 내세적인 세계와 그것과 더불어 사람의 결정의 자유에 대한 가능성의 지속적인 부정이다. 하나님이 궁극적으로 모든 것 안에서 모든 것을 움직이고, 게다가 선행적으로 움직인다면 인간을 위한 고유한 활동 공간은 하나님 자체의 움직임으로 일어난 사건에 함께 작용하는 활동 공간으로 전혀 남아 있지 않다. 이에 대해서 브라드워딘은 자유 의지(arbitrium liberum)의 실존을 반박하지 않았다. 그러나 그는 그것을 정의하기를, 그것이 두 가지 상호 대립된 선택들 사이에 선택적인 자유가 아니라 이성적으로 원해야만 하는 것을 실제적으로 원하는 자유를 의미했고[26] 이를 위해선 인간의 의지는 하나님에 의해서 유

24) Ordinatio I d. 8 p. 1 q. 4 Nr. 192; ed Balic′ IV 261,3-5: "Est ergo ibi dinstinctio praecedens intellectum omni modo, et est ista, quod sapientia est in re ex natura rei, et bonitas in re ex natura rei - sapientia autem in re, formaliter non est bonitas in re."

25) De causa Dei I.1c. 3 Corollarium p. 2; ed. London 1618, 171 D: "quod nulla res potest aliquid facere, nisi Deus per se et immediate faciat illud idem".

26) De causa Dei I.2c.2 Corollarium; ed London 1618,448E.

발되는 것이다.[27)]

이와 같은 방법으로 브라드워딘은 아리스토텔레스 철학과 논쟁 - 1277년 교리 재판과의 연관 관계들을 인식할 수 있었다 - 에서 사상의 형태를 발달시켰고, 사상적인 형태는 신학적으로 강력한 예정론을 설명하도록 이루어졌다. 예정은 영원한 지복(beatitudo sempiterna)을 위한 인간의 영원한 준비(aeterna praeparatio)이다.[28)] 그것은 의로움과 선한 사역들에 영향을 미치고, 그 사역들은 단지 하나님의 구원 결정에만 기인한다.[29)] "어떠한 사람도 그가 행한 일로 인해 예정된 것도 심판 받게 되는 것도 아니다".[30)] 이와 같은 엄격한 예정론은 이미 진술에서 제시된 것처럼 그것의 핵심을 은총 신학의 극대화로 얻었고, 브라드워딘은 그것을 파울과 아우구스티누스적인 저술들에 대한 자세한 독서로 말미암아 얻었다. 하나님이 모든 것을 모든 것 안에서 활동한다면 그때 공로로서 생각될 수 있는 인간의 편에서 어떠한 일도 일어날 수 없다. 그래서 아주 뚜렷하게 다음과 같이 말한다.

> "사도가 이방인들에게 신앙에 관해 설교하면서 사람들이 선한 사역을 통해서 신앙에 도달하는 것이 아니라 선한 사역은 신앙을 따르는 것을 보여주기 위해 사도는 적절하게 다음과 같이 말한다. 인간이 율법의 공로 없이 신앙을 통해서 의롭게 되고 ... 선행된 공로 없이 오직 신앙으로 말미암아 인간은 의롭게 된다는 것이다."[31)]

한편으로 신앙, 다른 한편으로 공로와 사역과의 대조는 지금까지 중세신학에서 가르쳤던 것을 넘어 명백해졌고, 그 경우 대립은 단지 구원의 본질적인 의미에서의 공로를 지향했다. 구원은 단지 하나님의 은총과 신앙을 통해서 이루어졌고, 인간은 신앙을 통해서 이와 같은 은총을 경험한다. 그러나 신앙을 통한 의로움은 실제적인 변화를 경험한다. 하

---

27) De causa Dei l.3c.2; ed. London 1618,370C.

28) De causa Dei l.1 c. 45; ed. London 1618,421E.

29) De causa Dei l.1 c. 45; ed London 1618,422A.

30) De causa Dei l. 1 c. 45 Corollarium; ed London 1618,427A: "Nullus praedestinatur aut reporbatur propter opera quae facere".

31) Ordinatio I d. 8 p. 1 q. 4 Nr. 192; ed Balic´ IV 261,3-5: "Est ergo ibi dinstinctio praecedens intellectum omni modo, et est ista, quod sapientia est in re ex natura rei, et bonitas in re ex natura rei - sapientia autem in re, formaliter non est bonitas in re."

나님의 사랑은 인간의 행동을 근본적으로 바꾸고, 그는 응답으로 선한 행위들을 행하고 선한 행위들은 구원 획득을 위해 전혀 역할을 하지 못할 수도 있다.

시간적으로 동시대이지만 브라드워딘과 전적으로 다른 출발점에 있었던 리미니의 그레고리(Gregor von Rimini, ca. 1300-1358)는 파리에서 은총론을 발전시켰다. 그의 은총론은 아우구스티누스와 깊은 연관을 가지고 있었다. 그가 아우구스티누스 엄수파 수도회의 소속 수사였고 그가 죽기 일 년 전인 1357년에 수도회 총회장(Generalminister)직에 임명되었기에 이와 같은 관련은 그레고리에게서 이미 추측할 수 있는 일이었다. 그러나 브라드워딘과 다르게 새로운 철학적, 신학적인 경향들을 대변하는 자들은 그레고리를 부정적으로 분류했을 뿐만 아니라 펠라기우스적인 결론들에 관한 고유한 비판적 근거들로 사용했다. 브라드워딘이 그의 성찰을 통해 하나님의 행위를 철학적 진술들의 도움을 받아 이성적으로 재구성하려고 노력했던 반면에, 그레고리는 단호하게 절대적인 능력과 규정된 능력의 차이와 연관시켰다. 그러나 그는 둔스 스코투스와 옥캄에게서도 그러했듯이 규정적인 능력에 대해 언급했고, 거기 포함되어 있는 능력을 구원의 확신의 보증으로서 하나님의 무한성에 대해 강력하게 반론을 제기했다. 왜냐하면 규정된 하나님의 능력이 영원한 구원 질서를 보증했다는 사상은 그에게는 결정적이었기 때문이다. 구분에 관한 그의 이해는 특별한 진술들을 지니고 있었다.

> "올바른 방식으로 지성적인 이해에 따라 그 진술은 하나님이 그의 규정된 능력에 따라 어떠한 일을 할 수 있고, 하나님이 그가 영원성에서 이것 혹은 저것을, 그리고 이러한 방식이든 저러한 방식이든 행하려고 했던 그의 의지 외에는 질서와 영원한 율법 아래 어떠한 것을 할 수 있다는 것을 의미한다. 그러나 하나님이 어떠한 것을 그의 절대적인 능력에 따라 할 수 있는 것은 그것을 절대적으로든 단순하게든 할 수 있다는 것을 의미한다."[32]

32) Ordinatio I d. 8 p. 1 q. 4 Nr. 192; ed Balic′ IV 261,3-5: "Est ergo ibi dinstinctio praecedens intellectum omni modo, et est ista, quod sapientia est in re ex natura rei, et bonitas in re ex natura rei - sapientia autem in re, formaliter non est bonitas in re."

더불어 결정적으로 강조하는 것은 이와 같은 가르침에 옥캄과 마찬가지로 둔스에게도 출발점들로 제공되었고 규정된 세계에 하나님의 개입 가능성을 두었던 것이 아니라 역으로 질서의 영원성 위에 두었다. 절대적인 능력으로서 사변은 단지 확실성을 제공했고 규정된 세상의 배경을 형성했을 뿐이었다. 그러므로 사람들이 '자의적 자유'(Willkürfreiheit)로서 절대적인 능력의 중요성, 즉 한스 블루멘베르크(Hans Blumenberg)를 통하여 근대 역사철학에 커다란 영향을 미쳤던 의미에 대해서 옥캄에게 권리를 부여한다고 하더라도 리미니의 그레고리는 거기서 폭넓게 다음으로 이어지는 근대의 길(Via moderna)에 대한 장래의 진로를 다른 방향에서 진행했다. 즉 하나님의 제한 없는 자유가 아니라 그 자신에게 부과했던 제한은 형상을 규정한다는 것이었다.

또한 이것은 브라드워딘에 있어서처럼 그레고리에게 있어서 인과관계의 숙고에서 나온 것이 아니라 누가 구원을 획득하고 획득하지 못할 지에 대한 하나님의 영원한 의지 결정에서 나오는 예정에 속하는 일이다.[33] 이와 같은 예정은 인간의 부르심, 의로움 그리고 영화로움(vocatio, iustificatio, glorificatio)[34]을 포함하고 있는 동시에, 그것은 세례를 통해 인간에게 은총을 제공하고, 은총은 인간이 본질에 따라(quoad essentiam) 원죄를 상실토록 작용하지는 않지만 인간이 피고인 신분에서 해방되도록 작용한다.[35] 그래서 그레고리는 구원의 지평을 설명하는데, 구원의 지평에서 모든 것은 하나님의 은총에 의존하며 그럼에도 인간이 은총 자체를 경우에 따라 붙잡는다고 하더라도 둔스 스코투스의 상응하는 형태와 마찬가지로 인간은 전혀 수용에 영향을 받을 수 없는 사건에 의존하는 것[36]이 아니라 그가 구원 전달의 성례전적으로 보강된 체계와 관련되었고, 그 체계는 세례 받은 자에게 확신, 즉 하나님의 은총작용과 관련되어 있다는 사실을 제공한다.

당시 사람들은 브라드워딘과 그레고리를 일반적으로 당대의 중요한 반펠라기우스주의자로서 인식했으나 오랜 기간 그레고리의 커다란 영향을 부분적으로 받아들였다. 토마스 브레드 워딘의 신학적 성향은 그의 논증 방식에서 불규칙적인 것을 가졌고, 그것은 옥

33) Sent I d. 40/41 q. 1 a. 1; Lectura, ed Trapp. Bd. 3,324,2 f.

34) Sent I d. 40/41 q. 1 a. 1 additio 151; Lectura, ed Trapp. Bd. 3,321,28 f.

35) Sent II d. 30-33 q. 1 a. 4; Lectura, ed. Trapp. Bd. 6,194,9-14.

36) Sent I d. 17 q. 1 additio 89; Lectura, ed. Trapp. Bd. 2,249,14-19.

스퍼드 신학이 100년 전쟁 동안 대륙적인 발전과 구분되었으며 신학적 토론들과 전혀 관련되지 않았다는 점에서 더욱 그랬다. 1277년 교리 재판과 논쟁 때 그의 확실한 보충 - 새로운 신학적 상황 인식에서 - 을 시작했던 상황에 기인했던 반면에, 그레고리는 새롭게 형성된 신학적 광역 기상도의 상황을 둔스 스코투스를 따라 사실상 계획적으로 계속해서 숙고했다. 그래서 파리대학과 그의 수도회에서 그레고리의 수용은 이루어졌다. 물론 특별한 그레고리의 길(Via Gregorii)에 대한 재구성과 비텐베르크 대학 규약들에까지 그레고리의 후대에 대한 영향은 측량할 수 없을 정도로 입증되었다. 브라드워딘과 그레고리가 종교개혁 때 새로운 신학을 위한 동인을 제공하는 자가 되었던 바로 아우구스티누스의 작품들을 창조적으로 받아들였다는 것은 주목할 만한 일이나 비텐베르크 종교개혁의 기원을 중세적인 상황에서 설명할 수 있는 일관적인 연속성을 가지고 후대에 영향을 미쳤는지는 아마도 대단히 미약한 것처럼 보인다. 특히 그레고리 사상에서 중요한 부분이었던 아리스토텔레스 습관론(habitus-Lehre)에 관한 비판 역시 비텐베르크에서 아리스토텔레스 비판의 중요한 요소들에 속했기 때문이다.

C 새로운 해석학: 성서의 문자적인 의미 강조

네 가지 성서 의미의 주석방법은 특히 신학 토론들의 실제 사용에 있어서 차츰 이미 중세 때부터 쇠퇴하기 시작했다. 이미 논쟁적인 입장들이 다루어졌다 하더라도 아리스토텔레스와의 논쟁은 역사적인 의미와는 반대로 역사적 의미에서 출발하는 세 가지 이해 영역들의 보다 더 적은 강조를 유도했다. 이와 같은 강조는 14세기 초 시간적인 근접으로 인해 진술된 새로운 성향들과는 전혀 구분될 수 없는 엄청난 영향을 발휘했다. 그 경우 특히 프란체스코 수도회 사상가들이 나타나게 되었다는 것은 특별한 의미를 지닌 것처럼 보이고, 그 사상가들은 인문주의의 발생 전까지 네 가지 성서 의미에 대한 근본적인 규정에 있어서 대단히 배타적으로 역사적 의미에 관심을 두었다. 그 사상가들을 거론하자면 페트루스 아우레오리(Petrus Aureoli)와 특히 리라의 니콜라우스(Nikolaus von Lyra, ca. 1270-1349)이다. 여기서 예수와 사도의 실제적인 가난에 관한 이론적인 논쟁이 특별한 방식으로 교황과의 논쟁에서 프란체스코수도회 수사들에게 사상적인 근거들에 대한 역사적인 입증을 요구했다. 그와 더불어 역사적 해석을 고유한 관심을 성취하기 위한 중요한 도구로서 생각하도록 하는 역할을 했을 것이다.

리라의 니콜라우스는 전체 성서에 대한 폭넓은 주해(Postilla litteralis)를 제시했고, 그것은 전통적인 '표준주해'(Glossa ordinaria) 외에도 그 규모에 따라 이미 제시될 수 있는 것이라 생각하고 종종 그것과 더불어 종합적으로 전해지고 있다. 이와 같은 주해적인 작품은 문자적인 의미를 강조해야만 했다. 왜냐하면 문자적인 의미가 배타성을 지닌 것이 아니라 아마도 최종적으로 모든 다른 성서의 의미들이 문자적인 의미에 의해서 입증될 수 있기 때문이다. 그러므로 그것이 문자적인 의미와, 동시에 역사적인 의미와 일치하다면 신비적인 해석은 이후로 근거를 가지게 되었다. 그것과 더불어 이러한 의미는 명확히 해석학적으로 중요한 자리를 차지하고 있고, 그 의미는 스콜라적인 토론 - 알베르투스 마그누스와 토마스 아퀴나스의 반성들 - 에서 해석학적으로 중요하게 오래 동안 자리했으나 성서 해석에 있어서는 아직까지 중요한 자리를 갖지는 못하고 있다. 이와 같은 해석학적인 기본 명제는 '폭넓은 주해'(Postilla litteralis)를 인문주의의 앞마당으로 이동시킬 뿐만 아니라 리라의 니콜라우스가 대단한 각오를 가지고서 유대인의 성서해석에도 도움을 주었다는 사실을 보여준다. 아마도 그의 주해 방법의 출발점은 수많은 유대적-기독교적인 토론에서 유대 주석가들이 지배적으로 논증으로서 입증했다는 것에 놓여있다. 성서 텍스트를 해석하기 위해서 리라는 특히 살로모 벤 이삭(Salomo ben Isaak, 1040-1105)에서 출발했고, 상호 종교 간의 이해를 위한 이와 같은 길에서 성서해석의 깊이 있는 이성화에 공헌했다. 중세 후기에 리라의 풍부한 전승은 이와 같은 성서해석 방법을 잘 알려주었고 부르고스의 파울루스(Paulus von Burgos)가 그것을 제시했던 것처럼 유대적인 전통에 영향을 미쳤던 해석들에 관한 비판에도 불구하고 명백했다.

D 신학과 사회

1. 신비적 여성 설교가들과 남성 설교가들

종말 이전 하나님과의 결합의 획득에 관한 질문에 맴돌았던 신학자들이 엄격한 기준에 따라 자국에 퍼지게 되었다는 것은 중세 중기부터 중세 후기과정에 가장 주목할 만한 신학적인 발전에 속한다. 신학사의 어떠한 다른 시대에 비해서 이 기간 동안 여성 종교성의 범주 가운데 중요한 동인을 관찰할 수 없다. 지배적으로 '베긴회' 운동에 집중되었던 13세기 유사 종교적 운동의 발생은 수도원의 범주 안에서 유사 수도원적인 길로 판명되었던 여성들 아래 많은 문헌학적 활동이 필연적으로 이루어졌다. 가장 주목할 만한 인물은 독일어권에서 막데부르크의 메히틸트(Mechthild von Magdeburg, ca. 1207-ca. 1282)였다. 그녀는 자신의 고해신부인 할레의 하인리히(Heinrich von Halle)의 지도 아래 그녀의 환상에 관한 경험들을 『신성의 흐르는 빛』(Das fließende Licht der Gottheit)이라는 책에 기록했으며, 거기에 다양한 장르들이 혼합되어 있다. 이 작품에 있어 특징적인 것은 고도로 숙고된 경험적 신비주의가 지배적이라는 것이다. 메히틸트가 그녀의 환상들을 표현했던 방식은 모든 신학적 전통을 위해서 이와 같은 경험들을 뚜렷하게 했고, 신학적 전통에서 하나님과의 만남, 특히 결혼적 의미의 하나님과 만남의 동인은 클레르보 베른하르트가 결혼적인 하나님과의 만남을 제시한 것처럼 중요한 일이다. 그리고 디오니시우스적인 배경은 훨씬 더 중요하고, 그것은 '흐르는 빛'에 관한 진술에서 드러나는 것처럼 특히 신성에 관한 유출 이해를 표현하고 있다. 전체 작품은 개별적인 것까지 완전히 은유적으로 형성된 신학이고, 그 신학은 메히틸트의 높은 교육 수준을 보여주는 것이다.

마가렛 포렛(Marguerite Porete)의 『단순한 영혼의 거울』(Miroir des simples âmes)은 전적으로 다른 성질의 것으로 이 작품은 프랑스어로 된 여성신비주의의 가장 중요한 작품이기도 하다. 이 책은 다양한 영혼의 능력들 사이의 대화로 이루어졌고, 영혼이 어떻게 그 단순함에 도달할 수 있는지에 관한 사상을 다루고 있으며, 하나님은 그 단순함 속에서 영혼을 직접 대면할 수 있다. 이와 같은 단순함은 반지성적인 경향을 소유하고 있고, 물론 그 경향은 외적인 것으로부터 거리를 두도록 해야 하는 과정 중 유일한 것이다. 또한 중세 교회의 성만찬적 구원의 완성이 이와 같은 외적인 것, 중개하는 것 아래 이루어지는 것으로 인해 마가렛은 그녀의 책이 불타는 것을 경험해야만 했고 결국에는 자기 자신도 화형 당하는 데 이른다.

그럼에도 그녀는 신학에 간접적인 영향을 미쳤다. 왜냐하면 마이스터 에크하르트가 그녀의 사상을 받아들였고 계승 발전시켰다는 것이 문헌학적으로 증명되기 때문이다.[37] 그는 이것을 대단히 명확하게 학문적 활동과는 구분해서 행했고, 오랜 시간 동안 학문적으로, 또 자국어로 설교한 에크하르트를 거의 완전히 갈라놓은 일이었다. 그 생애에서 몇 년을 거쳐서 담당한 임무는 'cura monialium'이었다. 그는 베긴회 출신 여성들과 그의 수도회에서 영혼 돌보기와 설교로 올바른 길을 제시하는 일을 담당해야했던 여성들을 설교자로 데리고 있었다. 이때 그의 주요 관심은 그의 눈에 지나친 것으로 생각된 종교적 관습의 형태들을 적절하게 올바로 해결하는 일이었고 무엇보다 하나님과의 만남을 위한 심화의 종교적인 관심을 수용하고 신학적으로 해석하는 일이었다.

경건의 상황과 설교를 이렇게 연결하는 것은 쿠르트 플라쉬(Kurt Flasch)가 철학적 관심으로 이미 제시했다. 이런 측면에서 또한 에크하르트에 대해 "신비주의"라는 개념을 적용하는 데 의문의 여지가 있다는 쿠르트 플라쉬(Kurt Flasch)의 제시처럼 사회사적으로든 정보사적으로든 에크하르트의 '의도'의 단편적인 규정은 그의 철학적인 관심들로 말미암아 짧게나마 파악되도록 명확히 한다.[38] 왜냐하면 '신비주의'의 개념을 보다 더 정확하게 파악하는 데서 나타나는 모든 어려움에도 불구하고 사람들은 신비주의에서 경건과 신학을 위한 상위개념으로 다룬다는 바로 일반적인 정의 아래 하나님과 신앙인과 종말적으로 약속했던 연합을 위한 내적 세계의 선취(Antizipation)로서 신학과 경건을 다루고 있으며 또한 마이스터 에크하르트가 강조한 것이 신학의 편에 놓여 있다고 그의 사상을 이해하도록 하고 훨씬 더 정확한 진술들이 '신비적 신학'에 관해 말해줄 수 있기 때문이다. 특히 그것과 더불어 이루어진 이해가 에크하르트에게서는 어떤 면에서 경험들의 기술과 관련을 가지고 있다는 배제한다면 이와 같은 확실한 주장은 당연한 일이다. 비록 에크하르

37) Ruh, Eckhart, 07-108.

38) Flasch, Kurt: Die Intention Meister Eckharts, in: Sprache und Begriff. FS Bruno Liebrucks, hg. v. Heinz Röttges, Meisenheim am Glan 1974, 292-318.

트가 철저하게 신비문헌학적으로 다루고 있다는 것이 역으로 생각될 수 있다하더라도 에크하르트는 또 다른, 바로 그에 의해서 영적인 돌봄을 받은 베긴회들, 즉 도미니크 수도회 수녀들을 신비적인 체험으로 인도하고자 했고 신비적인 체험을 그의 설교들에 전용하고자 했다. 에크하르트와 관련된 요한네스 타울러(Johannes Tauler, ca. 1300-1361)와 하인리히 소이세(Heinrich Seuse, ca. 1295-1366)와 공동으로 에크하르트는 고전적인 연구에 대해 진술하고 있고, 또한 때때로 오늘날에도 잘못 이해되어 '독일 신비주의'로 제시되고 있는 상류 라인강 강변 신비주의에 대해 진술하고 있다.

에크하르트 설교의 주도적인 구상은 두 단어 '버리고 떠남'(abegescheidenheit)과 '떠나기'(gelâzenheit)였고, 두 단어는 에크하르트를 통해서 내용적으로 새롭게 창안되었다. 그것과 관련된 신학적 근본 사상은 하나님에게 도달하기 위해선 인간이 적어도 내적인 면에서 모든 외적인 것으로부터 구분되어야만 한다는 견해이다. 말하자면 중요한 것은 모든 외적인 것의 완전한 포기가 아니라 그것에 의존하는 것을 포기하는 것이다. 에크하르트는 외적인 면에 비해서 외적인 것의 내적인 무시라는 이와 같은 우선성을 그의 '가난 설교'에서 명확히 한다. 그 설교에서 그는 어떠한 사람이 모든 외적인 것에서 떠나긴 하지만 그럼에도 그가 내적, 정신적 가난을 성취하지 못하는 한 사실상 가난한 것이 아니라는 점을 강조한다. 그것은 신학적인 근거를 가지고 있다. 말하자면 외적인 사물들에 관심을 가진다는 것은 모든 인간이 하나님과 다른 어떠한 것에 관심을 표한다는 것을 의미하고, 그 결과 이에 관한 해결책은 아주 명확하게 하나님과의 만남을 위한 전제조건이 된다.

이와 같은 일이 인간의 내적인 것 안에서 일어난다고 한다면, 이것이 사람들이 '신비적'으로 제시하는 특징이다. 완전히 창조자로서 인간과 정면 대치하고 있는 하나님이 인간 안에서 발견될 수 있다는 신학적인 근거는 하나님의 형상의 교리에 관한 에크하르트의 의미 안에 놓여있다. 그는 고대의 비유를 들어 영혼의 불꽃에 관해서 말하고, 그것은 하나님과의 만남을 위한 연결점으로 설명하고 죄의 타락으로 어두워진 하나님의 형상의 마지막 잉여로서 생각되었다. 이는 내적인 것에서 다시금 외적인 것으로 향하도록 하는 것에 존재하는 어두움이다. 영혼의 불꽃의 발굴은 그것과 더불어 한편으로는 항상 이미 인간 안에 현존하는 것의 출현을 의미하고, 그것은 『삼부작』(Opus Tripartitum)의 존재론적 이해와 일치하며, 그 이해는 게다가 인간 안에 하나님의 임재 - 최종적으로 피조물 안에서처럼 - 를 중요하게 여겼다. 그의 영혼의 불꽃의 발굴이 영혼 안에 하나님의 탄생으로서 기술되는 한 존재론적으로, 통계학적으로 생각되어진 영혼 안에 이와 같은 하나님의 임재와는 다르게 에크하르트에게서는 하나님의 만남에 관한 기독론적인 중재는 역동적인 요소를 지니고 있다. 그것은 이와 같은 견해에서 내적 삼위일체 사건, 구원사 그리고 인간에게 개별적인 사건으로 하나님의 개인적인 전유와 관계된다.

> "그것과 더불어 우리는 아버지가 영원한 은폐성의 숨겨진 어두움 속에서 첫 번째 순수성의 첫 번째 시간에서 내적으로 머물면서 영원히 낳고 유일한 아들이라고 우리에게 이해를 제공했다 ... 내가 아버지가 되고 내가 낳아진 그 분을 낳기 위해 이와 같은 순수성에서 그는 그의 영원한 부성의 형상에서 낳아진 아들로서 영원히 낳아졌다. ... 그래서 하나님은 다음과 같은 일을 행한다. 그는 그의 낳아진 아들을 영혼의 가장 고귀한 것에서 낳는다. 동일한 과정으로 그가 그의 낳아진 아들을 내 자신 안에서 낳기 때문에 나는 그를 아버지에게 회귀하도록 그를 낳는다. 이것은 하나님이 천사를 낳는 것과 전혀 다르고 반면에, 그는 다시금 동정녀에 의해서 출생되었다."[39]

이러한 일이 미리 자연적인 조건들에서 인간을 구원하지 않고서도 자연적인 조건들을 넘어서도록 인간을 상승시키는 동시에, 창조자와 피조물 사이의 한계들은 유연하게 되고, 그 결과 사실상 신비적인 연합(unio mystica), 즉 종말적으로 기대될 수 있는 하나님과 일치의 선취에 관해서 말해질 수 있다. 물론 이것은 항상 다만 순간적으로 일어날 수 있고, 에크하르트가 그에 의해 돌봄을 받았던 수녀들과는 반대로 항상 반복해서 말하고 있는 종말론적 경험들의 지나친 강조에 관한 경고는 모든 몰아적인 체험과는 반대로 일상 종교성에 가치를 두었다.

---

39) Ordinatio I d. 8 p. 1 q. 4 Nr. 192; ed Balić IV 261, 3-5: "Est ergo ibi dinstinctio praecedens intellectum omni modo, et est ista, quod sapientia est in re ex natura rei, et bonitas in re ex natura rei - sapientia autem in re, formaliter non est bonitas in re."

누가복음 10장 38-42절, 즉 마리아와 마르타 두 자매의 집에 예수의 방문에 관한 에크하르트의 전형적인 설교는 이와 같은 방향을 잘 보여주고 있다. 마르타를 활동적인 삶(vita activa)의 대표자로 그리고 마리아를 관상적인 삶(vita contemplativa)의 대표자로 제시했고 전자보다 후자를 명확하게 선호했던 주석적인 전통과는 반대로 에크하르트는 여기서 두 가지 삶의 형태들 - 관상적인 면은 후퇴한 격이고 활동적인 면은 세속과 관련된 격이다 - 을 서로 균형 잡힌 관계로 형성하도록 노력하고, 균형 잡힌 관계에 따라 후자 없는 전자는 있을 수 없는 일로 제시한다.

그래서 에크하르트는 신비적인 설교의 배경보다 앞서서 활동적 세속 형태에 대한 접근을 시도하고, 요한네스 타울러가 그 접근을 확장시켰다. 타울러는 에크하르트에 관해서 들은 바가 전혀 없었지만 틀림없이 그의 영향력 아래 있었을 것이다. 에크하르트의 대부분 사상들을 보면, 물론 대다수 교회 비판적인 날카로움을 약화시키려는 의식적인 노력이 그에게서 반복되었다. 따라서 에크하르트에 의해서보다 훨씬 강력하게 그에 의해서 주의 만찬은 진정으로 하나님과의 만남을 가능케 하는 사건으로 간주되었고, 섭취의 외부적인 사건은 자기인식의 내적 사건을 하나님의 견지에서 자극시키는 일과 같은 것이다. 물론 요한네스 타울러의 사상 역시 교회적으로 처방했던 구원의 방법에 대한 명확한 긴장관계를 처리한다. 그의 신비 신학의 중심부에는 무엇보다 앞서 인간 안에서 진정한 참회를 일으키는 내적인 하나님과의 만남이 있다. 참회의 성찬의 전통적인 가르침 안에서 세 단계 - 심령의 참회(contritio cordis), 입의 고백(confessio oris), 그리고 공로를 통한 배상(satisfactio operis) - 중 첫 번째 단계를 설명하는 내적인 참회는 그것에 어울리도록 외적인 성찬이 참회보다 뒤에 위치된다는 그러한 의미를 지닌다. 게다가 타울러는 고해 신부에게 곧바로 달려가 이와 같은 깊은 참회로부터 벗어나도록 경고를 하나 "무엇보다 앞서 하나님에게 자백하라!"[40]고 요청한다. 그는 입을 통한 고백 행위를 생략해버리고, 공로의 배상에 있어서도 더 이상 어떤 결정적인 의미를 부여하지 않았다. 모든 것은 이때 내적인 신 인식에 의존하는데 동시에 그것은 자기인식이다. 확실히 일상생활의 긍정적 인식은 위계적, 성직자적 구원 전달의 중요성을 근본적으로 논박한 것은 아니지만 그것의 중요성을 인식

40) Predigt 60c; Vetter 294,33-295,1: "Nein bîchte Gotte zum ersten."

하는데서 상대적으로 생각할 수 있는 경건과 깊이 관련되어 있다. 수공업자 혹은 농업경영자로서 일의 종사자는 하나님의 '부르심'(ruoff)으로 생각되었고 그것과 더불어 하나님은 인간에게 임무를 부여했다. 따라서 부르심에 관한 이해를 통해서 또한 이루어진 수도원적인 삶의 우선순위는 그 강조점을 상실했다.

이와 반대로 하인리히 소이세(Heinrich Seuse)는 전통적 수도원적인 이해를 훨씬 더 강하게 따르고 있다. 또한 그는 시간적으로 에크하르트의 변호자로서 간주되었고 실제적으로 변호를 해야만 했다. 그의 '생애'(vita)에서 사람들은 근대적인 의미에서 전기로 기록된 것이 아니라 하더라도 그의 신비주의자의 길을 죄의식에서 벗어나 하나님과의 연합으로 인도하는 것으로 이해하지만 소이세가 개인을 의식적으로 중심에 두려는 텍스트를 발견할 수 있다. 에크하르트와 타울러보다 더 강하게 소이세에게서는 금욕적, 묵상적인 실천에 관한 중요성이 드러나고, 그 실천은 신비주의자를 그의 고유한 육체성의 영향 아래 모든 외적인 것과 거리를 두도록 자극해야 하는 것이었다.

2. 정치적 조언

신비적인 설교를 이해하는데 영혼 돌봄의 중요성으로 인해서뿐만 아니라 정치적인 상황에서 신학적인 논쟁에 관한 증가하는 요구로 인해서 14세기 초반 신학에 사회적으로 서서히 진행되는 장소적인 확장이 관찰되고, 그 확장은 바로 대학의 범위에서만 이루어진 것이 아니다. 그것은 남성의 직업에서 드러나는데, 직업의 특성상 신학자가 아닌 의사에게서 이루어진 일이다. 즉 파두아의 마르실리우스(Marsilius von Padua, 1290년 전-1342/3)가 그 장본인이다. 그는 1324년에 완성했던『평화의 변호자』(Defensor pacis)에서 매우 훌륭한 정치이론적 구상(Enrwurf)을 진술하고, 그것은 또한 아비뇽의 교황 시대 동안 어려운 교회적 상황의 갱신으로 이해될 수 있다.

어려운 세대에서 평화의 보장을 탐구하려는 이론의 근거는 각 개인이 전혀 버텨낼 수 없는 외부적인 위기를 보통 방어하는데 인간들이 본성에 따라서가 아니라 의도적인 결정에 근거해서 공존했다는 사상이다. 이와 같은 공존의 테두리에서 인간들은 법률들을 따라야만 하고, 그러한 연합은 마실리우스에 따르면 단지 이성을 통해서만 이루어지는 것이 아니라 의무적인 특성, 특히 더욱더 명확하게 말하자면 강요하는 특성이 법률들에게 적절하다. 강력한 결집력이 그것을 이행하도록 한다면 비이성적인 법률 역시 유효하다는 것이다. 그리고 이와 같은 강요적인 유효성은 다시금 유일한 근거를 가질 수 있다. 만일 그것이 권한을 가진 공포기관에 의해서 선포된다면 법률은 강요적인 것이다. 그러나 이와 같은 권한을 가진 법률공포기관은 "전체 시민계급에 속하는 사람들 혹은 그들의 중요한 일부"이다.[41] 그것과 더불어 민중의 주권에 관한 사상이 이론적으로 정립되었다.

그런데 법률의 타당성을 보증하려는 법률 시행은 주도적인 국가권력(pars principans)에게 시민권을 양도해버린다. 이와 같은 테두리에서 마르실리우스는 교회의 위치에 대한 많은 숙고를 했다. 신의 계명과 그것들의 일치가 그것들의 타당성을 위해서 중요치 않다는 것은 그것들의 규범을 통해 전적으로 유비적인 것으로 생각될 뿐이다. 이것은 법률이 세속적인 법률공포기관을 통해서 선포되었던 듯이 교회법 자체가 어느 정도 타당성을 변호할 수 있다는 것을 실제적으로 의미하기도 했다. 이에 따르면 에기디우스 로마누스(Aegidius Romanus)의 이론과 교황 칙서 "우남상탐"(Unam Sanctam)에서처럼 온 세상을 위한 최고의 의결기관이 아니라 그 정반대였다. 모든 지방의 세속 통치자만이 여기서 유일하게 법률의 유효성에 대한 권한을 가질 뿐이었다. 마르실리우스 - "Defensor pacis"의 각각의 명제들의 판결과 관련해서 - 가 뮌헨에 있는 바이에른 사람 루드비히(Ludwig)에게 피난했을 때야 비로소 모든 다른 제후들에 대한 황제의 이론적인 입장 또한 보다 더 상세하게 정리되었다. 그러나 신학에서 중요한 사상인즉, 교회가 제공된 정치적인 범위 내에선 궁극적으로 종교 공동체 이상 크지 않다라는 것이 주도적이었고 지배적이었다.

마르실리우스가 뮌헨에서 만났던 프란체스코수도회 수사는 이때까지 삶의 경력으로 인해 진정한 신학적인 질문에 훨씬 더 근접해 있었다. 옥캄의 윌리암(Wilhelm von Ockham). 두 사람 - 특히 프란체스코 수도회에 기원을 가진 보다 더 폭넓은 사상이 수반되면서 - 이 공동으로 바이에른 루드비히 궁정에서 활동했다는 것은 짧은 시간 동안 이곳을

41) Marsilius von Pauda, Densor pacis dictio 1, c. 12 §§ 5; Marsilius von Pauda, Defensor pacis, hg. v. Richard Scholz, Hannover 1932 (Monumenta Germaniae historica. Fontes iuris Germanici antiqui 7), 65).

유럽의 가장 중요한 지성의 장소들 중 하나로 만들었다. 이때 대학들의 저편에 하나의 모임이 설립되었는데, 그것은 교회와 정치적인 권력의 이해를 근본적으로 새롭게 숙고하고 필사본 시대에 가능한 범위 안에서 퍼져나가는 학문적인 경쟁을 이용했다. 옥캄의 생애는 아비뇽 재판과정과 더불어 전환기를 경험했고, 그 전환기는 바로 정치를 그의 반성의 대상으로 삼았다. - 물론 진정한 신학적인 반성 - 그가 아비뇽에서 그가 속해 있는 수도원보다 더 높은 지위를 가진 사람들을 만났다는 것은 하나의 자극제였고, 그 사람들은 프란체스코 수도회 수사들의 정체성에 대한 근본적인 질문인 예수와 그의 제자들이 실제적으로 스스로를 위해 일반적으로 소유 없이 살았는지 혹은 교황이 설명했던 것처럼 이것이 이단적인 견해인지에 대해서 교황과 논쟁을 했다. 옥캄은 스콜라주의자들의 습득된 도구들을 가지고 신학적으로 가난 논쟁의 결정적인 개념을 관철시키려고 노력했다. 따라서 그는 처분권(dominium)이라는 개념에 대해서 설명했고, 여기에 두 종류가 있다고 말했다.

> "말하자면 몇몇 가지는 자연법, 그것과 관련하여 신법에 따른 무죄의 상태에 있는 인간에게 유익했다. 창세기 첫 장에서 인류의 조상에 관한 언급은 그것에 관한 것이다. '세상에서 움직이는 모든 살아 있는 것과 하늘의 새와 바다의 고기들을 다스리라'(창1:28). 또 다른 처분권은 특히 인간의 시도로 인해 실증법에 따른 인간들에게 유효한 일이다. 그리고 이와 같은 처분권은 빈번하게 시민법과 교회법에서 언급된다."[42]

여기서 인간의 타락은 인간의 경제적 이해를 위한 중요한 분리선으로 근본적으로 간주된다. 말하자면 다른 피조물들의 저항 없는 관리와 조정에 놓여 있었던 그러한 처분권이 원상태(Urstand)에 있었던[43] 반면에, 이에 대한 인류의 조상의 대리권은 타락과 더불어 관련된 권한과 마찬가지로 상실되었고[44] 오직 원상태에 관한 계약의 잉여분만이 남아 있

42) Ordinatio I d. 8 p. 1 q. 4 Nr. 192; ed Balić IV 261,3-5: "Est ergo ibi dinstinctio praecedens intellectum omni modo, et est ista, quod sapientia est in re ex natura rei, et bonitas in re ex natura rei - sapientia autem in re, formaliter non est bonitas in re."

43) Opus nonaginta dierum c. 14; Opera Politica II 432,73-77.

44) Opus nonaginta dierum c. 14; Opera Politica II 434,181 f.; 436,238.

었다. 인간 또한 에덴동산에서 추방 이후 그리고 또 다른 피조적인 것들의 저주 이후 생계를 이어갈 수 있었다.[45] 그러나 새로운 형태의 처분권으로서 발생한 것은 신적인 대리권을 가지고 더 이상 어떠한 것도 하지 않는 것이 아니라 그것은 제한적인 소유권(proprietas)으로 발생하고 더불어 인간은 자기 자신의 것으로 어떠한 것을 받아들이고 이것을 다른 사람들에게 내어주지 않는다. 그 소유권은 그것과 더불어 원칙적으로 전혀 악한 것이 아니지만 인간의 법의 질서로서 구원사적인 고려에서 직접적으로 거룩한 질서의 영역에서 빠지게 되었다.

바로 이와 같은 구원사적인 고려들은 나중에 또한 옥캄에 의해서 그것과 더불어 밀접하게 관련된 통치권에 관한 이론을 뒷받침해주고, 황제와 교황과의 관계에 관한 질문으로서 구체적으로 설명되고 있다. 이것의 근거는 뚜렷한 차이를 가지고서 근본적으로 소유권의 근거로 평행선을 이룬다. 근본적으로 처분권의 형식이 또한 앞서서 에덴동산에서 존재한 반면에, 인간에 의한 인간 통치의 모든 형식은 죄의 타락 이후 비로소 창세기 3장 16절에서 하와의 저주와 함께 시행된 것이다. 그러므로 통치는 죄의 본성에 속하는 것이나 여기서 하나님의 질서로 규정된다. 왜냐하면 저주는 바로 하나님에게서 나온 것이기 때문이다. 물론 통치의 기획은 그때 다시금 처분권처럼 실증법적 규칙들에 따라 기인한다.[46] 게다가 그것들의 핵심 내용은 백성이 이때 그의 권력을 권력의 소유자에게 위임한다는 것이다. 직접적으로 통치법의 시행은 교황의 중재 없이 일어나고, 그래서 정치적인 통치는 마르실리우스에게서처럼 종교에게 처방된 것이 아니지만 물론 인식적인 차원에서 교회적인 이해에선 벗어나 있었다. 황제의 통치는 결코 교황을 통한 전달에 예속되는 것도 아니고 근본적으로 그것과 더불어 한편으로는 하나님과, 다른 한편으로는 백성과 관련되어져 있다.

옥캄에 따르면, 황제가 가상의 공의회에서 결정적인 역할을 할 수 있다는 것은 이와 같은 사상의 가장 중요한 작용들에 속하는 일이다. 왜냐하면 그의 교회 정치적인 숙고들의 세 번째 중요한 사상의 흐름은 교회에서 헌법상의 권력에 관한 질문과 깊은 관련성을 지

45) Opus nonaginta dierum c. 14; Opera Politica II 433,119f. 124f.

46) Epistola ad fratres minores; Opera Politica III, 11,18-20.

니고 있기 때문이다. 교황이 이단자가 될 수 있다는 인식은 옥캄이 가난 논쟁에서 그 경험을 했을 것이라고 생각했고 교황과 신앙인들 사이 관계의 제국화가 묘사된 것처럼 협의 상황에 두었던 시기에서 그리고 교회의 자기 이해의 뼈대에서 이루어졌으며, 가톨릭교회의 진리를 규정하는데 내세적인 권위들이 동일시될 수 있는지 그리고 어떠한 방법에서 그렇게 할 수 있는 지에 관한 질문을 던져야만 했다. 이와 같은 상황은 철저하게 이론적으로 이미 숙고된 상태였다. 교회법적인 해설서들에서 이미 오래전부터 교황과 모든 사제들이 실수했다면 기독교가 어떤 것을 기대할 수 있는 지에 관한 질문이 주제화되어왔고, 사람들은 이에 관해서 '잉여 교회의 모델'의 구상으로써 응답했고, 옥캄은 그것을 이론적인 가능성으로서 뿐만 아니라 그 시대의 교회 상황에 관한 현실적인 진술로 이해했다.

한편으로 그 모델은 예수 그리스도가 마지막 날까지 존재하는 것들에 머물러(마28:20) 있으리라는 것을 약속했고, 그러나 다른 한편으로는 사제들이 실수할 수 있는 가능성이 제공되었다고 정리했다. 여기서 옥캄은 교회법 상의 보증인들과 더불어 근본적으로 그리스도의 교회가 유지될 수 있었다고 결론을 내렸으나 보증인들이 평신도들을 통해서, 경우에 따라서는 단지 여성들을 통해서만, 물론 극단적으로 사상적인 경우에 미성년의 아이들이지만 세례를 받은 아이들을 통해서 대표되었던 것이 가능한 일이라고 결론을 내렸다. 그가 사실상 바이에른 사람 루드비히의 뮌헨 사람의 조언자들의 모임에서 이행된 것으로 보았다는 것은 철저하게 말 속에 함께 표현되었다.

그러나 그가 거기서 내렸던 교회론에 대한 근본적인 결론들은 보다 더 중요했다. 진정한 교회가 공의회 참여 여부 혹은 사제직과 같은 가시적인 척도들에 고착될 수 있다는 어떠한 확실성이 존재하지 않았다면 근본적으로 진리의 수호자로서 성령의 활동은 공직 구조들에서 벗어나서 생각될 수 있었을 뿐만 아니라 근본적으로 모든 평신도들은 교회의 진리를 위한 응답으로 받아들여졌다. 왜냐하면 그것은 어떤 교회적인 진리를 권한을 가진 위원회 - 교황, 공의회 혹은 또 다른 기관 - 의 형식적 결정을 통해서만 승인된 것으로 간주할 수 있었던 것이 아니라 가톨릭의 진리의 타당성을 위한 척도였기 때문에 모든 그리스도의 제국에 있는 어떠한 그리스도인도 타당성에 항변하지 못했다. 비록 옥캄이 그것과 더불어 어느 정도 민주주의적인 방법을 교회의 행위적인 성취로 소개하기를 원했다하더라도 이와 같은 성취 - 그리고 그것은 전적으로 옥캄 유명론의 견지에 놓여있다 - 를 주로 많은 개별적인 신앙인들의 통합으로 이해하고 결정된, 공식적으로 저술된 서적들로서 이해하지 않는 지평에서 교회의 그림이 생각된다. 더불어 평신도에게 신학 안에서뿐만 아니라 교회 안에서 하나의 장소가 제공되었고, 물론 반대로 교회의 실재론은 또 다른 메카니즘을 낳았다.

중세신학

제5장

오랜 동안 15세기의이중적인 상황들에서 신학의 다양한 형태(1350-1500)

A 대학 상황: 방법(Via)의 발전

1. 파리에서 그리고 파리와 혈연관계에서 고대의 것들과 근대적인 것들

옥캄은 자신의 보편론을 통해 자기 자신을 그 시대의 철학이나 신학의 보편론(opinio communis)과는 완전히 구분되는 사람으로 인식했다. 이러한 사실은 올바른 신학을 위한 척도가 특히 전통적인 것이나 권위들과 일치했던 시기에 이 문제의 자체적 주제와 관련하여 관심을 끌었다. 그래서 아우구스티누스적인 성향을 가진 사람들은 이와 같은 갱신의 문제를 적절히 구분했다. 신학적으로 그것은 문제가 제기된 반펠라기우스적인 아우구스티누스였고, 리미니의 그레고리(Gregor von Rimini)와 토마스 브래드워딘(Thomas Bradwardine)은 아우구스티누스를 새롭게 끌어 들였으며, 철학적으로 그것은 아리스토텔레스적인 서적들의 이성화된 언어철학적인 재강독을 향한 - 그를 통해 대표화된 - 경로로서 단지 옥캄만 해당하는 것은 아니었다. 이와 같은 움직임은 옥캄 이전에 늦어도 페트루스 히스판누스(Petrus Hispanus, 1210년 이후 -1277년), 쉐우드의 윌리암(Wihelm von Sherwood, 1270년경 사망) 그리고 발터 부르라이그(Walter Burleigh, 1274년 경/75-1344년경)와 함께 시작했고, 연이어 신학적인 방향뿐만 아니라 철학적인 방향에서 당시의 많은 사람들, 즉 이미 언급된 리미니의 그레고리, 그러나 또한 아담 우드함 그리고 또 다른 사람들에 의해서 이루어졌다. 물론 정치적인 갈등으로 인해 문제가 제기되었던 이는 윌리암 옥캄이었고, 30-40년대 파리에서 처음으로 고대 세계관과 새로운 세계관이 충돌했을 때 사람들은 그를 대표적인 인물로 주목했다.

언어철학적인 방향의 대표자들은 여기서 요한네스 브리단(Johannes Bridan, 1304/05년경-1358년)과 아우트레코트의 니콜라우스(Nikolaus von Autrecourt, 1350년 후 사망)였다. 그 경우 요한네스 브리단은 어디를 봐도 철학자였고 비판적인 언어철학이 그를 불확실하고, 순수하게 이해할 수 있는 진리의 전달 매체를 검증하기 위해 제국의 필요성을 강조하도록 유도했다는데서 특히 드러났다. 비록 - 경우에 따라서 대체적으로 - 그가 회의적인 철학자와 데이비드 흄(David Hum)의 선구자로서 주로 받아들여졌다 하더라도 아우트레코트의 숙고들은 훨씬 더 강력하게 신학적인 영역에서 이루어졌다. 사실상 그는 나중에 데

이비드 흄처럼 인과관계에 대한 사상적 필요성을 반박하지 않았다. 그리고 그는 감관인상으로부터 근본적인 실재에까지 논리정연하게 역추론할 수 있다는 가능성에 대해서 반복적으로 역설했다. 왜냐하면 그것 또한 원인의 결과이기 때문이다. 그러나 그를 여기로 이끌었던 기본 논증은 주목할 만하다. 그것은 불가능한 모순[1]을 소유하고 있는 명제만이 명백한 인식을 설명할 수 있다[2]는 견해이다. 둔스 스코투스 혹은 옥캄의 윌리암의 가능성-숙고를 향한 접근은 매우 분명하고, 그럼에도 또한 이 두 사람들에 의하면 궁극적으로 불가능한 모순의 원리만이 신적인 행위의 한계를 설명할 수 있었다. 그리고 특히 인과율에 대한 논박을 이끌 수 있는 동인은 잠재성-사상에서 이해될 수 있다. 그것은 하나님이 어떠한 실재를 직접적으로 인과율을 통해서 발생시킬 수 있는 잠재성이다. 그러므로 아우트레코트의 니콜라우스는 전근대적인 계몽주의자가 아니라 그 세기 초창기 이후에 이어지는 바로 그 하나님과의 관계를 제국화 하는 과정에서 결론을 내리려 했던 사람이었다. 바로 이것은 그것과는 관계없이 니콜라우스 역시 신학적인 문제에 있어서 이와 같은 결론을 내리려고 준비했고, 특히 사도들이 그리스도가 십자가에 죽었고 죽은 자들 가운데서 부활했다는 것을 몇 번씩이나 확신했을 것이라는 주장을 통해서 이루어졌다.[3] 미래에 새로운 사상적인 방향의 신학적인 중요성을 형성하는 관계가 그것과 더불어 그에게서 발견된다. 즉 회의적인 인식론과 잠재성-이론이 그것이다.

철학과 신학의 갱신들은 여전히 옥캄의 생애 동안 격렬한 논쟁을 유도했다. 그로 인해 아우트레코트의 니콜라우스는 1346년 정죄를 받았다. 또한 1339년 9월 25일에 파리대학교에서는 옥캄의 저술들에 대한 독서가 금지되었다. 그리고 다음 해 12월 29일에 소위 '유명론자들-조례'(Nominalisten-Statut)가 선포되었고, 그것은 자체적으로 이해할 수 있는 언어철학적인 노력에 결론을 내려야만 했다. 그 자체가 철학의 새로운 형태에 참여했다 하더라도 요한네스 부리단이 아마도 이와 같은 판결에 모두 참여했다는 것은 주목할 만한 일이다. 14세기 전반기 파리는 여전히 확고한 수비벽을 형성했던 것에서 훨씬 멀

1) Autrecourt, Correspondence 58 (2,2).

2) Autrecourt, Correspondence 60 (5,2f.).

3) Autrecourt, Correspondence 54 (14,13-15).

리 벗어나 있었고, 또한 나중에 훨씬 많이 사용된 근대적인 것들(moderni)과 고대적인 것들(antiqui)이라는 개념들은 서로 다른 방향들의 진술에 있어 부족한 면이 있다. 토마스의 문체 안에 있는 전통철학의 의미에서 고대의 길(Via antiqua)과 새로운 언어철학의 경로에서 근대의 길(Via moderna)로 고정해서 이 시기를 아직은 생각할 수 없었다.

이와 같은 발전은 중세 후기에 대학설립 물결의 결과로 이루진 것이다. 1300년 전 유럽에서 곧바로 13개 대학들이 있었으며, 이 숫자는 1378년까지 28개가 더 늘었고 1500년까지 63개 대학이 증가했다. 이와 같은 대학 설립들은 다양하게 신망과 깊은 관련이 있었는데 그 신망은 영주들 혹은 도시를 위한 대학을 탄생시켰으며, 대학 설립들 또한 다방면에서 교과서들과 학문의 권위의 수출을 의미했다. 대학을 떠났던 사람 - 종종 논쟁에서 - 은 교과서들을 곧바로 새로운 대학으로 가져왔으나 그는 그것들을 전통 있는 대학에서 가르치는 것을 허락받지는 못했다. 따라서 그것은 파리 출신 선생이자 부리단 학파인 잉겐의 마르실리우스(Marsilius von Inghen)가 왔던 곳인 하이델베르크에서 혹은 똑같이 부르군디적인 정신에 영향을 받게 되었던 크라카우(Krakau)에서 발생했다. 파리대학교의 크기를 고려해 사람들은 중세의 유럽대학교들을 계속해서 설립했다. 이러한 대학 설립은 부리단의 정신에서 학예과목을 반영한 것이었으며, 그것은 그것과 더불어 의미를 지녔는데 옥캄의 정신에는 상당히 벗어나 있었고, 때문에 '옥캄주의'에 관한 언급은 이 시기의 언어비판적인 흐름들로 간주되고 그것과 더불어 관련된 신학자들은 오늘날 진부한 것으로 생각된다. 새로운 대학 설립들 - 그리고 그때 그 대학들을 이어서 앞선 대학들 역시 - 은 교과과정들을 통해서 습득할 수 있는 지식을 정상화했다. 그것은 더 이상 고대의 권위들 - 아리스토텔레스, 보에티우스 - 만에 국한해서 학예과목에 두었던 것이 아니라 그것들의 해석자들이었다. 따라서 하이델베르크는 앞에서 언급했던 동기들로 인해 근대로 향하는 길의 대변자가 되었던 반면에, 쾰른은 고대의 길의 중심적인 대학으로 제국 내에서 발전했다. 여기서 양쪽의 철학 학파들이 당시의 또 다른 학파들을 견제하려는 제안적인 도구로 이용했다는 사실은 안정화를 위한 간접 증거이고, 사상적인 논쟁은 안정화를 수용했다. 대학을 설립할 때 제정된 교과서의 많든 적든 명확한 수용에 따라 그것은 여기서 뚜렷한 구분과 경계가 이루어졌다. 그리고 이와 같은 배경에서 비로소 두 가지 길들의 논쟁이 이해될 수 있다. 그것은 사반세기 후 1452년에 고대의 길이 하이델베르크로 다시 회귀했고 이때 두 학파의 학문적인 방향들이 여기 안에서 상호 존속했다는 것을 받아들일 수 있었다. 또 다른 대학 인골스타트(Ingolstadt)는 바로 이와 같은 상호관계 속에서 대단히 어렵게 완력싸움에 끼어들었고, 그 결과 사람들은 1477/78년의 짧은 기간 동안 대학을 분리해야만 했다.

이와 같은 사건들에서 이때까지 예측하지 못했던 방식으로 정신사적, 제도적 원인들이 어떻게 맞물려 있는지 보여주고, 더욱 자세히 말해서 그것은 일반적으로 권력자들에게 승인한 교황이나 황제가 아니라 영주인 지배층을 통해 대학교의 외부적인 종속이 제도적인 면에서 지적인 흐름들을 교정하고 정례화한 것이다. 대학교의 규약들은 어떠한 방향에서 사람들이 연구해야만 하는 가를 제시하고 있었다. 그것은 동시에 신학자들과 철학자들의 사상적인 지평의 제한을 의미했고, 비록 14세기에 자명한 일이었지만 그들은 더 이상 가능성들의 알림판(Tableau)에서 행하는 것이 아니라 규정된 학파의 전통의 테두리에서 생각해야만 한다. 중세 후기 사상 연구에 의하면 이것은 역으로 지식인이 어떠한 흐름에서 성장했는지를 지식인의 교육방법으로 인해 보통 상당히 정확하게 명명할 수 있는지를 의미한다. - 에어푸르트 대학교(Erfurt), 물론 이미 강력하게 인문주의적으로 윤색된 상황에서, 특히 근대의 길과 만남을 경험했고 1517년 9월 4일 스콜라신학을 반대한 그의 논제들에까지 특히 근대의 길을 스콜라신학의 본보기로서 주로 이해했던 루터에게서처럼 말이다.

그럼에도 불구하고 내적인 다양성이 길들 안에 현존했기 때문에 그 인상들은 비교적 일반적으로 서술된다.

a) 그 길들은 다양한 권위들과 연관되어 있다. 예를 들면 근대의 길에 대해선 원래 옥캄의 윌리암과 요한네스 부리단(Johannes Buridan)이나 리미니의 그레고리(Gregor von Rimini)와 또 다른 사람들도 있다. 고대의 길은 계속해서 매우 밀접하게 토마스 아퀴나스(Thomas von Aquin)와 연관되었고, 게다가 그것을 간단하게 말해서 '토마스주의자들'(Thomistae)이라 하지만 이미 쾰른대학교의 범례는

대 알베르투스(Albert der Groβe)가 마찬가지로 중요한 역할을 했다는 것을 보여주고, 또한 그것이 1474년 파리에서 근대의 길의 대변자를 정죄하게 했을 때 고대의 길에 대한 아베로스(Averroes) 이후 최초의 권위자로서 알베르투스 마그누스(Albertus Magnus)가 언급되었다. 그래서 토마스 아퀴나스 외에도 중요한 역할은 그에게 적절한 일이었을 것이다. 길에 관한 논쟁에 있어서 요한네스 둔스 스코투스(Johannes Duns Scotus)는 역시 중요한 역할을 했다. 그의 철학은 두 가지 방향에서 수용될 수 있었고, 그런 까닭에 사람들은 형상적인 구분(distinctio formalis)을 그것의 실재적 잠재력에서든 구상적인 잠재력(Potentiale)에서든 둘 중 하나를 제시하기를 원했다.

b) 주요 차이 - 그리고 동시에 근소한 차별화에서 다소 어렵게 이해할 수 있는 논점 - 는 보편론이다. 1474년 앞에서 언급한 파리의 판결에 의하면 실재론파(reales)와 유명론파(nominales) 혹은 명사론파(terministae)가 서로 대립을 했다는 것은 명백하고, 그래서 그것은 또한 보통 고대의 길의 관점에서 출발했다. 왜냐하면 고대의 길 안에서 실재적인 보편론은 중요한 교리의 논점이었기 때문이다. 물론 근대의 길 내부에 있어서의 많은 가르침들로 말미암아 '유명론'의 개념 아래 상당히 이해하는 데 힘든 면이 있지만 그의 가르침의 파악을 위해선 이와 같은 개념이 결코 적절하지 않은 것임은 이미 옥캄 자체에서도 드러났다. 사람들이 보편론의 질문에 대한 특별한 응답이라는 의미에서 그 개념을 이해한 것이 아니라 제한된 출발이라는 의미에서 그것을 이해한다면 오히려 개념론(Terminismus)에 관한 당시의 개념이지만 보다 더 적게 해가 될 만한 개념 혹은 개념론(Konzeptualismus)의 개념을 사용할 수 있을 것이다. 근대의 길의 대변인들은 그들을 둘러싸고 있는 세상이 특히 언어적으로 전달된 방식, 개념적인 방식에 따라 접근되고 근본적으로 정신외적인 실재에 놓여있는 개념적인 영역의 역추론이 대단히 어렵게 이루어질 수 있다는 점에서 일치하는 부분이 있다. 그래서 그들의 사상은 적당하게 고대의 사람들에게서처럼 제한된 존재론에 집중되어있는 것이

아니라 개념의 분석에 집중되어 있고, 개념들 안에 사상적인 기초의 특별한 강조를 하려는 데서 개념론에 관해서 말할 수 있고, 개념론의 전문용어들 안에서 문장의 일부로서 그들의 언어적인 구절법(Artikulation)의 엄격한 기준으로 삼은 데서만 개념론에 관해 말할 수 있다. 그들이 모든 학문들, 특히 신학 안에서 대상의 논리적 이해에 있어서 높은 수준을 요구하고 행한다는 것은 그것과 일치하는 일이다. 결국 그들은 개념론자들인데 중세 후기의 실재론과는 거리가 있는 괴변적인 질문들을 다룬다는 이름을 지녔다. 왜냐하면 그들은 모든 문제들을 논리적인 분석의 결론까지 해결하기 때문이다. 철학은 그들에게 있어서 언어분석에 집중되어 있다.

c) 신론은 두 길 사이를 구분하고 있다. 그리고 이에 상응하는 숙고들이 학예과목들(artes)에서와 마찬가지로 역할을 한다고 하더라도 이와 더불어 곧바로 신학으로의 이행이 성공을 거둔다. 근본적으로 길에 대한 논쟁이 우선적으로 학예학부들의 논쟁이라는 것은 잊어서는 안 되고, 신학은 단지 간접적으로 그것과 관련되어 있었을 뿐이다. 그것이 관련되어 있었다는 것은 물론 고대의 것들과 근대의 것들과의 구분이 - 위에서 언급했던 바와 마찬가지로 - 이미 나타나 있었고, 이것은 아주 민감한 부분, 즉 하나님의 전능의 교리에서 특히 그랬다. 사람들이 보편론에서 고대의 길이 강조한 것을 재빠르게 언급할 수 있었다면 역으로 신론에서 근대의 길의 특징이 아주 쉽게 파악될 수 있었다는 것을 말해준다. 그것은 하나님의 자유를 강조하는 것과 하나님의 능력에 대한 구분의 도움과 더불어 논증의 재수용과 깊은 관계성을 지니고 있다. 물론 근대의 길이 완전히 잘못 이해되었다면 사람들은 잠재적(potentia)-절대적(absoluta)-사변들의 지나친 사용에서 그 신학적인 의도를 찾으려고 했을 것이다. 그러한 것들은 문제점들의 논리적인 날카로움으로 생각되는 역할을 하며, 그럼에도 신학의 강조는 곧바로 그와 상반되게 하나님의 자기 제한(potentia ordinata)의 신앙에서 나타난다. 위에서 리미니의 그레고리에게 말해진 것의 의미에서 하나님이 사람들에게 부여했던 의무(pactum)의 개념

은 중요한 역할을 한다. 그러므로 사람들은 하나님의 구원의 진술을 강조하고, 그것과 연관해서 성서에 나온 하나님의 자기 진술을 강조한다. 완전히 새로운 방법으로 이와 같은 진술은 최후에는 이성적으로 해결할 수 없는 하나님의 의지의 표현으로 이해되고 그것과 더불어 신학적인 논증은 철학적인 접근에서 벗어나게 되며 거의 계시의 실증론으로 제시될 수 있는 근거가 마련된다. 고대의 길에서 하나님의 이성적인 파악이 가능하다고 생각하는 끊임없는 확고한 믿음은 그것과 정면 대치되고, 그것을 다루는 일은 명확히 성서의 도움으로 이루어지나 그것이 이성적으로 하나님에 의해서 기대될 수 있다는 것과 상응해서 가져오게 된다는 것으로 해석될 수 있다. 계시 원천은 매우 뚜렷하게 하나님의 인식을 확장하고 싶어 했으나, 그들에게 어떠한 기초적이고 새로운 방향을 제시해주지는 못한다.

이와 같은 특징들은 어중간하게 보편성 안에 머물러 있고, 근본적으로 중세 후기의 모든 저자들에게 있어서 양자택일의 철학적 방향의 가능성이 어떻게 발전하는지 새롭게 질문할 수 있을 것이다. 대단히 정확하게 길들-쉐마를 중세 후기 사상 분석을 위해 이용하는데 있어서 또 다시 엄격한 경고를 얻게 될 것이다.[4] 위에서 진술된 둔스 스코투스(Duns Scotus)의 이중적인 역할은 이와 같은 도식들(Schemata)이 완전히 파악할 수 없다는 것을 제시하고, 그 결과 길들-도식의 이면에 스코투스 수용의 독특한 갈래가 있다는 것은 둔스 스코투스에서 또한 드러나는데, 그 수용은 전적으로 이와 같은 사상가의 독립적인 계획들에서 시작되었으나, 중요한 학문적인 상황들과 밀접하게 관련되어 있지 않았다. 중세 후기 정신사의 폭넓은 연구 또한 길-도식이 파리에서 상황들에 의해서 거의 규정되지도 않는지, 제국 내에서 상호 관계성에 의해서 규정되지도 않는지에 관해 질문해야만 한다. 특히 영어권의 대학 풍경은 이를 통해 아마도 적절히 파악되지 못하긴 했지만 또한 제국 내에서 계속해서 고정된 도식의 극복이 발생했다. 그러므로 길들을 이해하는 것은 한편으로는 제도적인 구속으로 인해 높은 차원의 설득력에 속하는 일이고, 그럼에도 다른 한편으로는 중세 후기에 대한 설명에 있어 너무 힘든 일도 아니다.

4) Bolliger, Infiniti Contemplatio, 3-59.

2. 중세의 종극에 옥캄의 르네상스: 가브리엘 비엘(Gabriel Biel)

아마도 근대의 길에 의하면 전체적으로 옥캄이 중요한 의미를 가진 반면, 사람들이 오랜 시간 동안 소유했던 것처럼 사람들은 16세기의 전환기 바로 직전에 다시 한 번 일종 옥캄의 르네상스를 감지할 수 있었다. 이러한 르네상스는 15세기에 여전히 그의 인쇄 작품들에 반영되어 있을 뿐만 아니라 어떤 튀빙엔(Tübingen)의 신학자가 가브엘 비엘(Gabriel Biel, ca. 1408-1495)과 더불어 근대의 길을 위해 마련되었던 교수직을 수행하는데 반영되었으며, 그는 그의 학문적인 작품에서 무적의 모험가(Venerabilis Inceptor)의 영향을 받았다. 대단히 폭넓게 그는 그의 명제집 주석인 콜렉토리움(Collectorium)을 옥캄의 윌리암에 의해서 광범위하게 쓰여진 한 작품이라고 공개적으로 표현했다.

그 작품은 근대의 길의 대전(Summa)으로 생각될 수 있고 또한 이와 같은 신학적-철학적 방향에 있어서 근본 관심의 잠재적인 위험들과 오해들과 논쟁들의 진행과정을 이끈다. 그 경우 비엘이 명확하게 규정된 권능에 대한 질서를 하나님의 지혜의 질서로 이해한다는 것은 권능의 가르침에서 가장 주목할 만한 변화로서 인식할 수 있다.[5] 그래서 둔스 스코투스와 옥캄 모두는 어차피 하나님의 자의적인 자유에 관한 의도된 숙고들에서 벗어나지 못했고 고대의 길의 관심, 즉 하나님의 이성과 의지를 떼어놓지 않은 것 또한 명백하게 근대의 길의 맥락에서 받아들여졌다. 물론 비엘이 확장한 강조는 하나님의 인식에 관한 질문 위에 놓여 있다. 신 이해를 위해서 자연이성이 불가능한 반론의 명제 이외에 더 이상 이용하지 않기 때문에 불가피하게 하나님에 관한 인식을 전달하는 데 계시의 필요성이 제기된다. 이와 같은 계시는 두 가지 단계로 생각될 수 있는 일이다. 한편으로는 명백하게 다음과 같다.

> "믿어질 수 있고 기대될 수 있는 것과 우리의 구원을 위해 필수적인 모든 것을 ...
> 오직 성서만이 가르치고 있다."[6]

---

5) Canonis misse expositio lectio 59 O; ed. Oberman II,442.

6) Canonis misse expositio lectio G; Oberman III,180: "quae credenda et quae speranda, et cetera nostrae salutis necessaria ... omnia sola docet sacra scriptura".

"오직 성서만이 가르친다"(Sola docet sacra scriptura): 보기에 따라 훗날의 종교개혁을 이끌 수 있는 한 원리가 드러나 있다. 그런데 그것은 이와 같은 배타성 안에서 전통에 대한 대립 개념이 어울리는 것이 아니고, 반대로 복음서 저자들이 교회의 일부였기 때문에 비엘 또한 결국 교회가 복음서에 관한 그 저작성을 고려한 것임을 모든 점에서 설명해 주는 것이고[7], 마찬가지로 성서가 많은 것들에 관해서 말하지 않아도 확신을 가지고서 믿을 수 있고 행할 수 있는 많은 일들이 있다는 것을 설명해 주고 있으며,[8] 또한 사도적 가르침의 많은 부분이 주교전승을 거쳐서 교회에 도달했다는 것을 보여주고 있다.[9] 이와 같이 서로 다른 진술들은 그렇게 이해될 수 있기에 아마도 성서는 단지 구원의 필요한 내용을 고려할 때 자료적으로 적절하나 많은 기독교 가르침은 확실히 자료적인 확장들을 가르치고 있는 부가적인 사도전승들을 통해서 도달될 수 있는 것이다.[10] 그것과 더불어 비엘은 이때까지 설명의 불명확한 관계 규정을 부가시키고 있다. 여전히 옥캄에게서 성서의 중요성에 대한 강조와 성만찬론의 관계에서 대략 교회의 교리 결정의 강조는 갑작스럽게 나란히 이루어졌고, 비엘에게서 자체적으로 일관된 하나의 모델이 발생한다. 물론 신학적인 논쟁 이행의 변화는 개별적으로 교정한 것들보다 더 중요한 것이고, 그 논쟁은 비엘에게서 훌륭한 신학자들과는 반대로 묘사된다. 엄밀히 말해서 그는 근대의 길의 발전 부류에 속할 뿐만 아니라 더욱 폭넓게는 아래서 설명할 경건신학에 속하는 것이고, 경건신학에서 단지 사변적인 문제들만을 다룬 것이 아니라 특히 개인과 그의 신앙의 삶을 고려했고 그에게 유익했던 신학논쟁에 관한 문제였다. 비엘은 근대 경건(Devotio moderna), 경건 운동의 주요 인물이었고, 그것은 신비적인 요소들을 받아 들였으며 일상생활의 조건들 아래 새롭게 드러났으며, 그가 튀빙엔의 교수로 초빙되기 전에 경건한 자들의 공동체를 부츠바흐(Butzbach)에서 지도했다. 이와 같은 배경에도 옥캄과 대단히 어렵게 관련시킬 수 있는 사상적인 복잡함, 즉 신비주의의 영향을 그에게서 접하는 일은 그리 놀라운 일이 아니다. 그에게는 14

---

7) Canonis misse expositio lectio 22 D; ed. Oberman I 199.

8) Sent IV d. 1 q. 4 a. 3; ed Werbeck IV 72,38-73,40.

9) Sent IV d. 7 a.. 1; ed Werbeck IV 290,53-57.

10) Oberman, Herbst, 371. 오버만 역시 교회에 잘못된 신앙을 "구원을 위해서 필요한 것으로 제시하지만 그가 위의 면 각주 116번에서 지지하고 있는 인용구에 단지 'necesse'는 구원에 대한 명확한 제시 없이 서 있을 뿐이다."

세기 초까지 영향을 미쳤던 제국화의 서로 다른 형태들이 합류했다.[11] 물론 그에게는 신비적인 가능성들의 진술이 대단히 중요한 것이 아니라 이 시점까지 길잡이를 했다는 데 있고, 그래서 그는 특히 신앙인 안에서 하나님의 체험을 위한 중요한 접근방식으로서 기도를 강조한다. 신비적인 관심들이 요한네스 타울러에게서 나타났던 것처럼 그가 신비적인 관심들, 특히 회개의 완성에 있어 내적 참회의 특별한 강조를 스콜라적인 방법으로 진술하는[12] 또 다른 신학적인 측면은 보다 더 중요한 부분이다. 이미 피터 롬바르두스는 고해성사의 세 단계에서 특별한 주안점을 진정한 내적 참회에 두었고, 그 참회는 죄인들이 반드시 참회가 필요하도록 유도하고, 참회의 성만찬적인 완성으로 이끌며 완성 안에서 사면은 사제를 통한 선언적 형식의 기능을 단지 가질 뿐이다. 비엘의 보증인 옥캄은 특별한 강조 없이 사제와 연결시켰던 반면에, 둔스 스코투스는 하나의 모델을 발전시켰는데 둔스가 인간의 편에서 불충분한 뉘우침(attritio)과는 반대로 진정한 참회(contrritio)의 가능성만을 단지 알았다는 점에서 그것의 관심은 하나님의 작용을 참회의 과정에서 더욱 강력하게 강조하는 일이었다. 이와 같은 불충한 참회는 진정한 참회가 되기 위해서 전자든 후자든 하나님을 통하여 고상하게 되어야만 한다. 일상적으로 이것은 성만찬적인 방법에 따라 일어났고, 그 결과 규칙적인 참회 행위는 사람에 의해서 얻어지는 불충분한 참회(attritio)를 진정한 참회(contritio)로 바꾸어 놓았다. 그것과는 반대로 인간의 가능성에 대한 비엘의 확신은 더욱 확장된 것이었다. 비엘에 따르면 정규적인 참회는 인간의 자연적인 능력들에서 하나님의 사랑의 행위를 일으킬 수 있고, 그것이 인간의 자연적인 능력에서 하나님의 의지를 수행하는데 있어서 인간의 무능력과 관련되어 있기 때문에 그 행위는 진정한 참회를 일으키는 것이다. 이와 같은 방식에 따라 비엘은 신앙의 삶을 고무시킬 수 있고, 그것은 그의 시각으로는 느슨한 둔스의 하등통회주의(Attritionismus)를 감행한 것이다. 물론 그러한 숙고들이 인간의 능력에 대한 확신을 상승시키긴 하지만 성례전의 객관적인 효능에 대한 확신을 실제적으로 축소하기 때문에 숙고들은 지속적으로 내적 자기 검증의 위험이 필연적으로 뒤따른다. 비엘의 전체 칭의론은 인간의 행동에 대한 이와 같은 확신과 일치하

11) 여기해 대해서 다음을 참조하라! Detlef Metz, Gabriel Biel und die Mystik, Stuttgart 2001(Contuberium 55), 417.

12) 참조. Oberman, Herst, 139-152.

지만, 그의 칭의론은 한편으로 공로에 관한 업적이 단지 하나님의 은총에 기인하고, 다른 한편으로는 다만 업적이 완전히 공로에 기인하는 것을 강조한 결과, 전달된 메시지에서는 인간 행위에 관한 강조를 잘 드러내고 있다.[13)]

물론 그는 성례전의 상관관계를 인간의 행위와 전혀 연관 짓지는 않는다. 특히 비엘은 주의 만찬에 주목하고, 그는 미사에 관한 상세한 설명의 형태에서 주의 만찬의 광범위한 작업을 행하며, 특히 사제는 예식의 시행을 이해하기 위해선 주의 만찬을 이해해만 한다. 비엘은 성만찬을 언약의 개념(testamentum)의 지평에서 제시하고 있다.[14)] 그리스도는 십자가에서 자기 자신을 희생했고 그때 언약을 이루었으며, 그 언약은 성만찬의 시행 때 재현(repraesentatio)을 경험하고[15)], 따라서 반복이 아니라 아마도 신앙인들을 위한 실제적인 현존을 경험하며, 실제적인 현존은 그가 옥캄처럼 설명한 화체설을 통해서 실현되는 것이다.

B 민족스런 상황들: 위클리프(Wyclif)와 후스(Hus)

1. 중세에서 '민족'(natio)의 개념

앞에서는 신학을 신비주의와 정치적인 충고에 대한 설명으로서 제시했다. 신학이란 중세 초기의 경우처럼 중세 후기에 계획된 것으로서 대학과 수도원의 상황에 더 이상 집중되지 않았다. 중세 후기에 신학과 사회 사이에 변화들이 점차 증가했고, 단지 사회적인 범위는 숙고의 대상으로서가 아니라 제한적인 신학자들의 활동 영역으로서 중요하게 되었으며, 그 범위는 대체로 중세 후기 자체적으로 중요성을 가졌다. 즉 민족이라는 개념이 중요하게 되었다. '민족'이라는 개념의 발생은 제한적으로 중세 중기의 대학 규약과 깊은 연관성이 있다. 여기서 처음으로 민족은 규약의 요소로서 정의되었고, 그것은 광범위하게 독립적으로 운행한 대학교에서 조절과정을 거쳐서 문제를 해결했다. 그때 민족들은 오히

---

13) Oberman, Herbst, 166-169.

14) Canonis misse expositio lectio 53 N; ed. Oberman II,324 f.

15) Canonis misse expositio lectio 19I; ed. Oberman I,170; lectio 85; Oberman IV 101..

려 동질적인 구획으로서 커다란 귀속을 말해주는 것이다. 이와 같은 개념은 일반적으로 민족 국가의 근대적인 이해와 관련되어 있지 않고, 다시 말하자면 문화적인 동질성 이상의 것이 민족을 통해서 표현된다는 생각과 관련되어 있는 동시에, 이와 같은 동질성 또한 폐쇄된 국가 연맹체에 편입되었을 것이다. 앞선 로마 제국의 대부분의 정치적인 형태들은 민족적 범주들 안에서 이해될 수 있는, 문화적으로 밀접하게 관련되어 있는 그룹과의 일치와는 완전히 다르게 그것의 영토적 범위 안에 있었다.

그러한 이해로 접근하기 위해 대체로 폐쇄된 국가 영역을 형성했던 영토적인 구획정리와 민족 사상의 개념적인 전용은 통치, 즉 통치의 연장의 근거와 함께 일어났을 것이다. 이것은 맨 처음 프랑스에서 관찰될 수 있는 일이고, 프랑스는 14세기와 15세기의 진행과정에서 정치적인 권력, 통치 가문과 민족을 통해서 동시에 설립된 전체적인 것으로서 훨씬 더 강력하게 이해되었다. 특히 백년전쟁은 이와 같은 발전을 위해 중요했고, 백년전쟁의 가장 중요한 결과는 섬나라 제국 영국의 구획 확정이었고 그로써 또한 영국에 의하면 민족의 정치적인 중요성에 관한 사상을 부각시켰다.

또 다른 측면에서 진행은 신성로마제국에서 이루어졌고, 그 제국은 15세기에 "독일 민족"[16)]을 첨가시켰고 이점에 있어서 초창기 민족적인 지도화에 포함되었긴 하지만 그럼에도 그것의 전체적인 구조에 따르면 한편으로 황제, 다른 한편으로 영주들의 두 단계 통치 방식을 통해서 프랑스와 영국처럼 어느 정도 동질성을 요구할 수 있었다.

뵈멘(Böhmen)의 실례는 다양한 민족 형성 과정을 보여주고, 그곳에서 새로운 민족인 요소들과 연합적인 요소들은 아주 밀접하게 연관되어 있었기에 1409년 프라하 대학교에서 많은 선생들의 이주가 일어났다. 왜냐하면 벤첼 6세(Wenzel IV, 1336-1419) 왕은 장소에 앞서 근거가 되었던 뵈메의 민족에게 법적으로 가치를 부여했기에 어느 특정한 시점에 대학교의 규약에 따라 세 가지 득표율(Stimmenanteile)은 민족에 적합했고, 반대로 민족들로 계획된 또 다른 세 그룹들을 이때 독일 민족으로 정리했던 동시에 한 민족으로 정리했기 때문이다. 이와 같은 논쟁들의 진행과정에서 프라하를 떠났던 선생들은 라이프찌히(Leipzig)에 새로운 대학교를 설립했다.

16) Lexikon des Mittelalters IV,2027.

그로써 새로운 개념의 의미에 관한 최초의 경계들이 제시되었고, 그 경계들은 곧바로 공의회들에서 뚜렷하게 나타났다. 이와 같은 공의회들이 콘스탄츠(Konstanz)에서 1414-1418년 맨 처음 민족들에 따른 분류의 연합체적인 방식을 받아들였다면 바젤 공의회(1431-1449)에서 그것의 중요성은 뚜렷하게 감소되었다. 왜냐하면 그것은 민족들의 관심이 아무런 문제없이 정해진 신학적 혹은 교회적 선택과 함께 일어나는 지에 관해서 질문된 것처럼 보이기 때문이다. 따라서 만일 중세 후기가 '민족'이라는 형태의 위기감과 마찬가지로 동시에 상승을 경험했다면 그럼에도 이 시기 동안 대체적으로 민족 - 물론 계속해서 적게 제시되었던 것이었지만 - 의 범위는 사회적인 공동생활의 정신 질서의 범주가 되었고, 그것 역시 신학 활동에 깊이 있는 영향을 미칠 수 있었을 것이다.

2. 요한 위클리프(John Wyclif)

요한 위클리프(John Wyclif, 1330-1384)의 신학은 점차적으로 먼저 교회정치적인 프로그램, 다음으로 정치적으로 처방된 프로그램이 되었다. 그 자신은 그의 신학을 옥스퍼드 학예과목들의 선생으로서 그리고 설교가로서 전개했고, 그때 진정으로 신학적인 숙고들에서 출발했다. 이점에 있어서 그는 명백하게 대학교 신학에 대해 진술된 발전들에 속하지만 그것들은 어떠한 면에서 개요들에 의해서 파악될 수 없는 것이었다. 이미 위에서 제시했던 것처럼 그는 곧바로 파리 외부에서도 그곳에서 출발한 경향들이 대단히 자유로운 요소들을 조화시켰던 사상을 가능할 수 있도록 했다는 것을 보여주고, 그 요소들은 서로 다른 학파의 전통들의 대륙(Kontinent)에 예속되었을 것이며, 예를 들면 화체설의 논쟁과 더불어 실재적인 보편론에 관한 것이었다.

그의 출발점은 성서 이해에 있었고, 성서가 철저하게 그것의 모든 부분에서 하나님의 말씀이라는 기본 명제에 놓여 있었다.[17] 그러나 그렇게 근거가 된 성서의 근본적인 규정은 그에 의하면 "그리스도의 율법"(lex Christi)[18]으로 하나님의 의지를 드러내고 있었다. 이

17) De Veritate sacrae scripturae c. 5; Latin Works 18/1,103,20-25.

18) De Veritate sacrae scripturae c. 5; Latin Works 18/1,100,15 f.

와 같은 율법은 구원을 가져다 줄 뿐만 아니라 전적으로 완전한 것이었다(completissima et saluberrima).[19] 그의 진술들은 문자 그대로 이행될 수 있고 교회에 있는 모든 규칙들을 위한 유일한 규범(Richtschnur)을 형성했다.[20] 성서에서 명확하게 가르치지 않거나 성서에서 출발하지 않은 것은 어떠한 유효성도 지녀서는 안된다.[21] 물론 위클리프는 기본명제를 경우에 따라 이성(ratio)의 제시를 통해서 그리고 교리의 가능한 근거들로서 특별 계시의 제시를 통해서 상대화했다.[22] 한편으로 그것은 위클리프가 이와 같은 순수한 성서의 의미가 원했던 모든 사람이 접근할 수 있게 함으로써 확실하게 되었고 자국어의 경우도 동일했다. 그 자신 또한 성서 번역작업을 고무시켰고, 성서 번역은 아마도 불가타 성서에서 영어 번역으로서 그의 죽음 이후 비로소 개작되었다.

그러나 실제적인 폭발력은 위클리프가 성서의 중요성을 통해 가난 논쟁을 연상케 했으나 그에 의해서 모든 사회적 의미에서 확장되었던 내용적인 결론들과 관련한 성서 이해를 발전시켰다는 점이다. 가난에 관한 결론은 프란체스코 수도회 수사들이 그것에 대해 자체적으로 이의를 제기했던 것처럼 각각의 교단을 위한 것일 뿐만 아니라 모든 교회들을 위한 것이어야만 했다. 물론 위클리프의 이와 같은 숙고들은 성서주의 혹은 율법주의(Gesetzlichkeit)로 간략하게 이해될 수 있다. 그 숙고들은 아우구스티누스에 기인하는 교회론에 뿌리를 두고 있다. 위클리프에 따르면 교회란 근본적인 의미에서 예정된 자들의 모임이지만 그것은 인간의 눈에는 숨겨져 있고(congregatio omnium praedestinatorum)[23] 교회의 머리는 오직 그리스도이지 교황은 아니다. "어떠한 그리스도의 대변자도 거룩한 가톨릭교회의 머리를 요구할 수 없다."[24] 이와 같은 교회 비판은 위클리프가 교황을 그 자체로 반기독교적으로, 적그리스도로 설명했던 것을 특히 소논문「그리스도와 그를 거역한 적그리스도에 관하여」(De christo et suo adversario Antichristo)에서 발전시킬 수 있었다.

19) De Veritate sacrae scripturae c. 7; Latin Works 18/1,156,1-3.

20) De Veritate sacrae scripturae c. 29; Latin Works 18/3,159,7-10.

21) De eccl. c. 14; Latin Works 4,318,32-319,2.

22) De euch. c. 3; Latin Works 12,61,16 f.

23) De eccl. c. 1; Latin Works 4,2,27 f.

24) De eccl. c. 1; Latin Works 4,5,15 f.: "nullus vicarius Christi debet praesumere assere se esse caput ecclesia santae catholicae".

물론 이와 같은 수많은 예정된 자들(numerus praedestinatorum)[25]이 위클리프에 따르면 하나님과 관련하여 일반적으로 어떠한 그리스도인도 신성함의 차이가 있을 수 없다는 것은 훨씬 더 기본적으로 교회적인 의미를 지니는데 여기서 성직자, 수도사, 교회법학자, 그리고 일반 형제들의 네 부류(sectae)를 명명했으며 차등이 존재하는 것은 하나님을 교회로 데려온 것이 아니라 마귀를 교회로 데려오는 일이었다.(De Antichristo c. 2 ∬ 14)[26]

이와 같은 형태로 위클리프는 당시의 유행하는 성직자 비판을 받아들였고, 거기서 어떠한 교회의 상급자도 신성함으로 인해 평신도의 등급을 주장할 수 있는 것이 아니라 그는 세속적, 투쟁적인 교회 내부에서 그것의 등급 분류를 선행 사역으로 말미암아 이루어져야만 했다. "그러므로 만일 어떠한 교회의 하위자가 상급자에 의해서 이와 같은 열매를 가져오는 공로들을 인식하지 않는다면 그는 이와 같은 상급자를 중요한 것으로 생각할 의무가 없다."[27] 성직자들 가운데 이와 같은 구분 역시 신앙인들의 구원 확신을 위한 직접적인 결과들이었다. 미사의식은 위클리프에 따르면 자체적으로 유효한 것이 아니라 바로 한 사제에 의해서 행해지는 미사는 어떤 다른 사람에 의해서 이루어진 미사보다 더 효과적이었다.[28] 그로써 위클리프는 아우구스티누스 이후로 적용한 사제의 지워버릴 수 없는 특징(character indelebilis)에 대한 교리의 배경을 문제 삼았고, 그 사제는 그의 개인적인 전제조건들과는 완전히 독립적으로 신성함의 전권을 행했다. 오히려 그는 특히 이와 같은 도덕적인 전제조건을 결정적인 것으로 간주했다. 선한 성직자에 대한 중요한 특징들 중 하나는 위클리프에 따르면 성직자들이 이전의 사도들처럼 세속적인 소유물들을 포기해야만 했다.[29] 그것은 직접적으로 교회의 변화(Umbau)를 목적으로 했으나 또한 간접적으로 세속 권력을 의문시했던 요청이었다. 왜냐하면 위클리프는 기본적으로 시민 소유의 모든 형태를 죄라는 의구심 아래 두었기 때문이다.[30] 위클리프 자신은 이와 같은 이론적

25) De eccl. c. 1; Latin Works 4,5,23 f.

26) De Christo et Antichristo; ed. Buddensieg 35.

27) De eccl. c. 2; Latin Works 4,43,29f.: "Quando ergo subditus non cognoscit talia fructuosa opera sui praepositi, non tenetur credere quod sit talis."

28) De euch. c. 4; Latin Works 12,113,22-28.

29) De eccl. c. 3; Latin Works 4,50,28-51,7; c. 14; Latin Works 4,307,3-14.

30) De eccl. 14; Latin Works 4,321,11 f.

인 숙고들을 개혁 프로그램으로 변경했고, 그것과 더불어 그는 왕에게 성직자 형편을 개선할 것을 호소했다. 그럼에도 이론들은 농민 봉기의 급진적인 상황에서 곧바로 적용되었고, 위클리프는 폭력성으로 인해 그것을 비판하긴 했지만 그럼에도 동시에 그것을 농민들의 정의감의 표현으로 해석했다.[31]

물론 이것은 그의 적대자들을 등장시켜 반대하도록 유발했던 것보다 적대자들이 더 많다는 것을 보여주는 것이다. 이미 농민봉기가 일어나기 전인 1381년 옥스퍼드 신학위원회는 위클리프의 성만찬을 대다수 정죄했고, 이 일은 런던공의회에서 1382년 5월 다시 반복되었다. 실제적으로 위클리프가 성례전으로 간주했던 성만찬론을 믿는 것을 통해서 교회 공동체에 가입되었으며[32], 성례전적인 사건을 설명했을 때 위클리프의 관점은 명백히 교회의 교리화 된 가르침으로부터 벗어나 있었다. 명백히 그는 1215년 교리화 된 화체설을 거부했다. 그래서 그는 1328/83년경에 저술했던『성만찬에 관한 소고』(Tractatus de eucharistia)에서 화체설이 가장 최근에 교회의 고안일 뿐[33] 성서에 근거된 것도 성서와 더불어 근거될 수도 없는 것이라고 진술했다. "성서에 근거되지도 않은(non ... fundabilis in scriptura[34]. 그런 까닭에 그의 특별한 시도는 한편으론 화체설의 사색적 어려움을 피하려 했고, 그러나 다른 한편으론 성례전적 사건을 지나치게 비유적 관계에서 해결하려고도 하지 않았다. 왜냐하면 특히 14세기 초 세련된 논증의 표준은 베렝가르(Berengar)가 여전히 그의 심오한 의미를 위해 전제했던 문헌적이고 비유적인 중요성의 혼합을 보다 미약한 정도로 명백하게 했다. 그래서 위클리프는 명확히, 그리고 베렝가르의 견해가 거부되도록 했고 위클리프가 '그라티아인들의 칙령'(Decretum Gratiani)으로 받아들여져서 잘 알려졌던 인식과 논쟁에 있어서 빵과 포도주에 대한 그리스도의 피와 살의 비유를 본질적으로가 아니라 상징적으로 혹은 비유적으로[35] 설명하긴 했지만 이와 같은 상징적인 어투에서 특별한 것은 그것이 유효하다(efficax)라는 또 다른 상징적인 어투와는 다르게 성만찬 안에 있

31) De blasphemia c. 13; Latin Works 13,190,15-17.

32) De eccl. c. 1; Latin Works 4,4,17 f.

33) De euch c. 2; Latin Works 12,47,28-32.

34) De euch. Prol.; Latin Works, 12,3,8.

35) De euch. c. 1; Latin Works 12,26,8-10: "non ... formaliter vel essentialiter ..., sed figurative vel tropipice".

기 때문이다. 그러므로 그것은 "실제적으로"(de facto) 성례전에서 그리스도의 살과 피의 현존을 야기시켰다.[36] 이에 상응해서 그는 성만찬이 진리이자 동시에 상징이라고 설명했다.[37] 위클리프보다 몇 세기 전 라드베르투스(Radbertus)가 성만찬을 표징(Realsymbol)으로 제시하려 했지만 이때 관련시킬 수 있었고 관련시켜야만 했던 것과는 완전히 다른 입장을 취했다. 그는 롬바르두스 학파의 견지에서 폭넓은 사상적 가능성으로 제시된 소멸론(Annihilationstheorie)과 마찬가지로 고전적인 화체설로부터 벗어나게 되었고, 소멸론에 따라 성찬의 요소들이 소멸될 것이지만 그는 아직까진 공재설(Konsubtantiationstheorie)에 도달하지 못했다. 왜냐하면 그는 성찬의 요소들이 존재하는 대로 실제적으로 머물고[38], 머무른 상태로 바로 제공된 그리스도의 현존 또한 완전히 성찬의 요소들로부터 자유롭지 못했다는 것을 강조했기 때문이다. 주로 그의 공간적인 현존에 관련해서 아버지의 우편에 머물려는, 천국에 존재하는 그리스도의 몸[39]은 인간 안에 있는 영혼처럼 모든 면에서 성체(Hostie) 안에 현존하지만 명확하게는 실체적으로도, 평창의 방식으로가 아니라 인간의 몸 안에 있는 영혼과 마찬가지로 성례전적으로, 그리고 영적으로 현존한다.[40] 이와 같은 이론의 고유한 특징은 성찬 요소들의 영속으로 인해 잉여설(Remanenztheorie)이라는 개념과 더불어 표기될 수 있고(Benrath[41]) 혹은 그리스도의 현존 방식을 강조하기 위해 은폐형 혹은 은둔형으로 표기될 수 있다. "축성된 성체만이 성례전이고 그리스도의 일부가 아니라 그리스도가 인지할 수 없는 방식으로 성체 아래 숨겨져 있다."[42] 이와 같은 현존 - 더욱 상세하게는 그리스도의 인성의 현존[43] - 을 근거로 한 성례전의 사건은 자체적으로 육적인 것이 아니고, 거기에 지배적인 가르침과는 반대로 엄격한 구분이 있고, 또한 경건성

36) De euch. c. 4; Latin Works 12,84,1-6.

37) De euch. c. 4; Latin Works 12,98,1: "simul veritas et figura"

38) De euch. c. 2; Latin Works 12,49,5-10.

39) De euch. c. 4; Latin Works 12,84,10-12.

40) De euch. c. 1; Latin Works 12,811,17-12,2; vgl. De euch. 4; Latin Works 12,83,10-13.

41) G. A. Benrath, John Wyclif, in: Ulrich Köpf(Hg.), Theologen des Mittelalters. Eine Einführung, Darmstadt 2002, 197-211,208.

42) De euch. c. 1; Latin Works 12,29,21-23: "sacramentum tantum et non pars Christi est hostia consecrata sed Christus insensibiliter absconsus est sub illa."

43) De euch. c. 4; Latin Works 12,109,18 f.

이 있으며, 성례전적인 축성을 통해서가 아니라 믿음을 통해서 이루어진 사건이다.[44] 이와 상응해서 그리스도의 현존은 이와 같은 수용의 처분에 전적으로 의존한다. 단지 믿는 자만이 그리스도의 몸을 유지하는 것이지, 믿지 않고 비난받은 자는 성만찬에서 그리스도의 몸을 지키지 못한다.[45]

3. 얀 후스(Jan Hus)

특히 위클리프의 교회론은 대륙에 커다란 영향을 미쳤고, 상세히 말하자면 프라하의 선생인 얀 후스(Jan Hus)에 의해서 더욱 그렇게 되었으며 그의 신학은 아마도 급진성 안에서 고유한 특징을 지니지만 근본적인 내용들에 있어서는 결코 일차적인 것이 아니라 많은 부분에서 위클리프의 사상에 의존하고 있다. 그의 저술들은 보헤미아 왕 벤첼(Wenzel)의 안나(Anna)와 왕 리차드 2세(Richard II)의 결혼식의 결과로 1382년 보헤미아에 알려졌고 여기서 위험한 상황을 접하게 되었다. 특히 가난한 교회에 관한 위클리프의 외침은 어떠한 상황에서 특별한 반향을 지녔고, 그 상황에서 실질적인 처분권을 가진 수많은 하층 사제들의 자리가 귀족들에 의해 상실되었으며, 그들은 많은 도피생활을 통해 사제들의 폭넓은 영역에서 가난한 생활로 이끌었다. 국가적인 대립들은 프라하에 있는 대학교와 대학교를 둘러싼 환경에 보다 더 집중시켰다. 왜냐하면 대학교의 규약의 세분화는 네 개의 서로 동일한 권한을 갖은 민족들 - 대략 교수직 초빙과 관련하여 고려했을 때 - 에서 은밀한 보헤미아 민족의 구분으로서 인식되었기 때문이다.

이와 같은 상황에서 위클리프 교리의 내용만이 관심의 대상은 아니었고, 1403년 위클리프의 논제들의 논쟁 금지는 보헤미아의 상황에 대한 위클리프의 교리의 중요성을 보여주는 것이다. 위클리프에게 깊은 인상을 받았던 설교가 역시 후스가 그렇게 했듯이 체코어로 이해했다는 것은 시사해 주는 바가 훨씬 컸다. 그는 1398년 거장(magister regens)이 되었고 신학부에서 박사과정을 위해 노력했다. 그러나 1409/10년 학장직을 수행하면서 그

44) De euch. c. 1; Latin Works 12,17, 15 f.

45) De euch. c. 1; Latin Works 12,18,5-8.

는 통합적인 일의 전환점을 그 시기에 경험했고, 거기서 벤첼(Wenzel) 왕은 위에서 언급했던 의미 안에서 민족들의 찬반비율을 이미 변경시켰다.

이와 같은 실제적인 일은 후스가 1412/13년에 저술했고 위클리프의 근본적인 논제들을 첨예화시켰던 「교회에 관하여」(De ecclesia)라는 소논문을 위한 배경을 형성했다. 그때 후스에 의하면 위클리프에 의해 대변된 예정된 자들(numerus omnium praedestinatorum)[46]과 교회와의 동일화는 중요한 문제였다. 이것은 교회가 어떠한 방식으로든 가시적인 위계질서 안에서 인식될 수 없다는 것을 의미했다. 그러나 후스에 의하면 마태복음 7장 16절 - 인간의 행위 안에서 열매들 - 에 따른 인식의 또 다른 척도가 존재했고 물론 그 척도는 조심스럽게 이용되어야만 했다. 해로운 작품들은 직접적으로 인간의 적그리스도성을 드러낸 것일 수 있긴 하지만 또한 계속해서 위선자들로서 생각될 수 있기 때문에 훌륭한 작품들은 역으로 그리스도에게 속한다고 해서 증명에서 자유로울 수 없는 일이다.[47] 도덕적인 요구는 특히 사제의 비판의 엄격한 척도로서 역할을 했고 위클리프에게서처럼 후스에게도 상위 사제에게 훌륭한 작품들을 보지 못한 신앙인이 이와 같은 성직자를 상관으로 생각하지 말아야만 한다는 사상이 나타났다.[48] 위클리프에게서처럼 성서적인 도덕성의 보편적-기독교적인 척도 아래 지배되고, 그 결과 특별한 봉헌적 기능은 급진적으로 생각된다.

강력한 제국화 - 그리스도와 신앙인들 사이에 모든 인간적인 중간 단계를 뛰어넘어 - 는 이와 같은 모델과 일치한다. 이것은 그리스도의 몸으로서 파울적인 교회 상을 통해 가장 명확하게 되고, 그리스도의 몸은 에베소서의 견해에서 교회의 머리로 제시된다(엡 4:15). "그리스도는 거룩한 보편교회의 머리이고 그것은 그의 몸이자 모든 예정된 자는 그의 지체이며, 따라서 교회의 일부이다."[49] 이것은 교황이 아닌 단지 그리스도만이 기독교의 머리일 뿐이라는 점에서 그의 정점을 획득했다.[50] 에크하르트와 옥캄의 신학들에서와

46) De eccl. c. 1; ed. Thomson 7.

47) De eccl. c. 15; ed. Thomson 130.

48) De eccl. c. 5; ed. Thomson 38.

49) De eccl. c. 3; ed. Thomson 12: "Christus est caput sanctae universalis ecclesiae et ipsa eius corpus et quilibet praedestinatus eius membrum et per consequens pars ipsius ecclesiae"; 동일한 페이지에서 엡4:11절을 또한 제시하고 있다.

50) De eccl. c. 7; ed. Thomson 107.

마찬가지로 교황을 넘어서는 이와 같은 그리스도 중심적인 제국화는 후스에게 훨씬 더 명확하지 못한 주석에 의존했던 동시에, 그 - 베드로의 후계자로서 교황의 입장을 약화시키기 위해 - 베드로가 그리스도가 마태복음 16장 18절에 따라 교회를 세웠던 반석이 아니라 그리스도 자체가 이와 같은 반석이라고 설명했다.[51] 신앙인들을 위한 그리스도의 직접적인 보호효과에 대해 갖는 이와 같은 신뢰는 후스에 의하면 또한 직접적인 결과들을 가져왔다. 그는 '그리스도를 향한 호소'(Appellatio ad Christum)에서 직접적으로 교회 자체의 진실한 머리로 향한 것이고 그것과 더불어 초월적인 영역을 넘어서 똑바른 한계로 향한 것이다. 세속적인 교회는 의와 진리를 더 이상 결정할 수 없다.

그러한 주장은 14세기 초 교황 비판의 목소리를 반복적으로 내도록 했을 뿐만 아니라 서방 기독교가 교황 분열(제5장 C 참조)로 교회의 위계질서의 유효성을 고려하여 매우 불안하게 되었던 상황에서 명백하게 논란을 일으키기도 했다. 후스는 그 시기를 위한 신학을 저술했으나 시간적인 제약을 또한 넘어섰던 동시에, 그는 교회의 외적인 위계적 인식의 모든 형태들을 의심했다. 후스가 1415년 콘스탄츠 공의회 진행 중 화형장에서 생을 마쳤다는 것에는 물론 다양한 이유들이 있었지만 보헤미아에서 민족적인 대립들 역시 교회 논쟁들과 마찬지로 함께 작용했다. 특별히 절박한 일은 독일-로마 왕인 지기스문트(Sigismund, 1410/11-1437)가 후스에게 자유로운 동행을 허락했고 이것이 지켜지지 않았다는 것을 통해서 그의 운명을 알았다. 후스에 대한 재판과정은 마찬가지로 또한 위클리프에 반대한 재판과정이었고 예정론적인 교회이해를 (부정적인) 중심에 두려했다. 이어진 주제는 성만찬론이었다. 후스는 여기에 대해서 어떠한 언급도 하지 않았다. 그럼에도 그는 그의 죽음 직전에 다음과 같은 사상, 즉 주의 만찬에서 평신도들에게 성배가 주어질 수 있다는 것을 인정했다. 그러나 여기에선 민족적인 체코 신학, 특히 정치적인 논쟁의 새로운 상징은 되었고, 그 논쟁에서 후스주의자들은 궁극적으로 보헤미아 내부에서 그들의 교회 실존을 인정해달라고 요청했다.

51) De eccl. c. 7; ed. Thomson 45 f.; c. 9; 동일한 면. 61-66.

C 교회개혁의 상황: 공의회 신학

어떠한 시기에도 14세기와 15세기만큼 교회란 무엇인가에 관해 그렇게 심도 있게 숙고되어진 적은 없었다. 교회의 합법적 권위에 관한 질문은 솔직히 이 시기 신학의 근본 주제였다. 이에 대한 동기는 교회법과 신학이 완전히 새로운 도전을 1378년 교황직에 대한 이중 선거로 말미암아 경험했다. 아비뇽 출신 그레고리 11세(Gregor XI., 1370-1378)의 로마로의 귀환 이후 그의 후계자로서 맨 처음 로마를 지지하는 이탈리아인 우르반 6세(Urban VI., 1378-1389)는 교황으로 선출되었다. 프랑스 출신 추기경 클레멘스 7세(Clemens VII., 1378-1394)는 그를 반대했고, 클레멘스 7세는 아비뇽에 거주를 주장하고자 했고, 그 결과 이때부터 기독교는 한 편으로 로마, 다른 한편으로 아비뇽이라는 두 개의 교황청으로 나뉘어졌다. 이와 같은 문제의 이론 정립은 많은 문헌에 기인할 수 있었고, 그 문헌은 이미 교황의 상위 기관의 질문에 대해 14세기 초에 이미 교회 안에서 발생되었으며, 그것은 윌리암 옥캄의 교회정치적인 소논문들이었고, 그것은 또한 파두아의 마르실리우스(Marsilius von Padua)의 「평화의 수호자」(Defensor pacis)라는 소논문 혹은 요한네스 퀴도르트(Johannes Quidort, ca. 1255-1306)의 「통치권과 교황권에 관한 논고」(Tractatus de regia potestate et papali)가 있었고, 그는 이미 1302/03년에 보편 공의회(Generalkonzil)에서 교회의 안녕을 손상시키는 교황을 면제하는 권한을 언급했다.

이 소논문들은 이때 새롭게 읽혀졌고 널리 퍼져 나갔다. 당시의 구체적인 해결 방안들을 수용할 것을 다루었다기보다는 오히려 이와 같은 저술들이 공급해주었던 논쟁의 자원을 교회의 위기에 이용할 것을 다루었다. 점점 더 강력하게 당시의 양보방안(via cessionis), 두 교황의 퇴임과 합의방안(via compromissi), 두 교황 사이의 통합의 길을 제외하고도 공의회의 방안(via concilii)은 신학 논쟁의 중심에 서있었다. 말하자면 처리할 문제들이 보편 공의회를 통해서 해결될 수 있도록 요청했으며, 이것은 전적으로 퀴도르트의 편에 서지만 제한적으로 옥캄의 것들과 연계해서 이와 같은 논쟁점들에 적어도 위급한 상황에 존재하는 교황에 관한 처분권이 들어있었다.

다시금 특별한 면에서 아비뇽과 가까운 질문들 안에 포함되어 있었던 가까운 프랑스

왕국과 마찬가지로 지적인 수용력들은 파리를 공의회 신학의 중심지로 만들었다. 부분적으로 상호 독립적으로 쓰여진 랑겐스타인의 하인리히(Heinrich von Langenstein, 1325-1397)와 겔른하우젠의 콘라트(Konrad von Gelnhausen)의 작품들이 제시하고 있는 것처럼 이미 1379년부터 분열이 발생한 이후 단지 일 년 동안만 여기서 공의회에 관한 사상이 반복적으로 발생되었다. 1381년 파리 대학교의 모임은 이와 같은 주장을 뒷받침해 주었다.

대학교 총장으로 선임되었던 피에르 달리(Pierre d'Ailly)는 이 시기에 대학교의 주도적인 대변인에 속했다. 토론에 참여한 많은 사람들처럼 그는 서로 다른 가능성들 사이에서 오락가락하고 있었지만 계속해서 공의회가 교황을 폐위시킬 수 있다는 입장으로 되돌아왔다. 그의 소논문「보편공의회의 문제에 관하여」(De materia concilii generalis)에서 그는 교황의 임무인 교회의 갱신에 관한 생각을 논증했다. 즉 그에 의하면, 교황이 이와 같은 과제를 소홀히 하고 교회의 재건에 해를 끼친다면 그를 견제하는 것은 공의회의 임무이다. 피사(Pisa) 공의회에 관련해서 공의회의 토론은 새로운 국면을 맞이했고, 피사 공의회는 통합 대신에 당시 새롭게 선임된 교황을 통해서 두 순종 기관에서 세 개의 순종기관이 존재하도록 해버렸다. 이와 관련해서 중요한 교회법학자는 프란치스쿠스 자바렐라(Franciscus Zabarella, 1360-1417). 그는 거룩한 교회에 대한 신앙고백을 논증했고 이와 같은 근본적인 신앙명제와는 반대로 분열을 저지하려고 설명했다. 그는 실제적인 일치를 단지 그리스도의 신비적인 육체, 신앙인들의 진정한 모임에서 발견했고, 그리스도는 그 모임에 어떠한 오류성도 제시하지 않았다는 것이다. 그는 이와 같은 일치의 대리를 공의회 안에서 보았고, 그와 상응해서 공의회는 근본적인 권위를 가졌던 반면에, 교황은 독립적으로 이 공의회의 첫 번째 봉사자에 불과했다. 그래서 공의회는 근본적으로 교황을 판결할 수 있었고 그를 때때로 폐위시킬 수 있었다.

마찬가지로 피사 공의회와 관련하여 파리대학교의 중요한 대변인인 요한네스 게르송(Johannes Gerson)은 공의회 질문에 대한 소논문들을 저술했다. 이 논문들에서 그는 명확하게 신학적인 입장을 받아들였고 그것들이 자리하는 위치에 있어서 교회법적 논증들을 보다 더 낮게 두려했다. 그러나 이와 같은 근거에서 그는 자신의 관점들 - 달리와 비슷하게 - 을 바로 실제적인 상황에 따라 철저하게 바꾸어 나갈 수 있었다. 처음에 그는 아비뇽 교황청의 변호자였다. 베네딕트 13세(Benedikt XIII, 1394-1417)가 모든 행동의 지침에 대해 거부하고 나서야 비로소 게르송은 통치적인 교황의 퇴각을 요청하는 것에 관련하여 그의 관점을 공의회주의로 더욱 발전시켰다. 그러나 그 경우 그는 엄격하게 위계질서적인 사고 형태의 범주 안에 머물렀다. 그의 공의회 이론은 일종의 교황제의 확장을 의미하는 동시에, 그것을 교황과 마찬가지로 직접적으로 하나님에 의해서 부여된 것으로 제시했다. 이와 같은 직접성과 상응해서 그의 신랑은 그리스도였다. 그리고 이러한 의미에서 공의회는 항상 그의 첫 번째 머리이신 그리스도에 연결되었고 두 번째 머리인 교황과는 구분될 수 있었다. 게르송의 이론들은 설명에서 제시한 것처럼 엄밀히 말해서 항상 일정한 것에 속하지 않지만 그것의 작용은 훨씬 더 확장되었다. 왜냐하면 그것은 실제적인 논쟁에서 직접적으로 이해되었고 공의회적인 결정을 발전시키는데 크게 공헌했다. 콘스탄츠 공의회는 1415년 4월 6일에 '거룩한 이것들'(Haec Sancta)이라는 칙령에서 일종의 비상 공의회주의를 진술했으며 다음과 같이 진술해주고 있다.

> "콘스탄츠 공의회는 성령 안에서 올바르게 모이고, 보편적인 공의회를 해체하며 세속적인 보편 교회를 대표하는 동시에, 공의회의 권위는 직접적으로 그리스도로부터 나온 것이다. 모든 사람은 어떠한 입장을 가지든 어떠한 존엄을 가지든 교황적인 것들과 관련해서 이와 같은 때엔 그리스도에게 순종해야만 하고, 그 기회들은 신앙, 의미된 분열의 근절 그리고 머리와 지체들에 하나님의 교회의 보편적인 개혁과 관련되어 있다."[52]

이러한 원칙적인 진술은 바젤 공의회에서 해체되었고 그 요구는 단지 교황을 고려해서 변화된 교회역사적인 발전을 저해했다.

52) QGPRK Nr. 767: "Haec sancta synodus ... in spiritu sancto legitime congregata, concilium generale faciens et ecclesiam catholicam repraesentans, potestatem a Christo immediate habet, cui quilibet, cuiuscumque status vel dignitatis, etiamsi papalis existat, obedire tenetur in his, quae pertinent ad fidem et exstirpationem dicti schismatis et reformationem ecclesiae in capite et in membris."

D 영적인 상황: 경건신학

신학은 거대한 유럽 정치의 영역뿐만 아니라 외부적인 요구상황들도 지배했다. 신학이 점점 더 중요한 위치를 지니는 현상은 중세 후기 도시들에서 새로운 경건 형태들이 발전되었다는 사실이었다. 이미 오랫동안 북이탈리아와 네덜란드에 있는 도시 중심지들이 존재했고 특히 로마제국의 영토에서, 그러나 또한 역시 프랑스에서도 성장했으며, 도시주민은 계속해서 도시 중심지에서 교육제도를 발전시켰다. 무역에 종사했던 사람은 적어도 계산하는데 있어서 기본 지식을 필요로 했다. 그가 초지역적인 통상관계를 했다면 그것들은 서신왕래 없이, 그리고 그와 더불어 성서의 인식 없이 촉진될 수 없었다. 이와 같은 요구는 중세 중기 이후 수많은 학교 설립을 유도했고 그와 더불어 도시민의 교육 수준의 향상에 관여하게 되었다. 이것은 종교의 영향 없이는 불가능했고 종교는 이때 점차 이성적인 견지 아래서 고찰되었다. 즐겁게 - 올바르게 - 항상 반복적으로 언급된 견지들, 즉 무역을 위해 필요하고 일상적인 계산 역시 면죄부 판매에서 경건의 양성화와 상업화를 이끌었다는 것을 제외하고라도 종교 안에서 성례전적으로 제공되었을 뿐만 아니라 이성적인 이해를 통해서도 종교에 참여하도록 하는 강력한 요청이 드러났다.

그러나 이와 같은 바람은 종종 얼마 교육받지 못한 성직자와 부딪쳤고, 사람들은 성례전의 구원 전달을 받기 위해 성직자에 의존하기는 했지만 성직자는 바로 이와 같은 사건의 실제적인 설명을 전혀 제공할 수도, 제공하려고도 하지 않았다. 따라서 13세기 이후 점점 더 설교에 대한 강력한 요구가 국가 교회 내에서 진술되었다. 교회 중앙통로에 있는 설교단을 향한 독서대의 변화는 완전히 구체적으로 설교의 의미가 13세기 이후 국가교회에서 어떻게 증가했는지를 제시해주고 있다. 주로 설교와 함께 제공하는 것은 탁발수도원을 통해서 이루어졌고, 탁발수도원들은 앞선 수도원과는 달리 이미 걸식을 통해 도시 환경에 의존했었고 - 특히 도미니크 수도원 수사들의 경우에서 - 커다란, 기능적인 교회 설립, 소위 '설교 기피현상'으로 더 많은 설교에 대한 갈망을 발생시켰다.

이것은 15세기 동안에는 더 이상 이루어지지 않았다. 위치에 있어서는 큰 교회, 특히 국가교회에서 정리되었고, 그 위치들은 뚜렷하게 설교자의 과제에 헌신했었다. 이를 통하여 경건은 사실상 상승의 계기에 고정되어 있는 시각적인 태도로부터 청각적인 태도로 변경되기 시작했고, 청각적인 태도는 하나님의 말씀과 그것의 설명을 예배의 중심부에 두도록 했다. 그리고 사람들은 또한 그 고유한 사상을 만들어냈다. 성서 텍스트에 관한 이어지는 질문은 이를 위해 주목할 만한 일이다. 단지 독일어권에서만 종교개혁 이전에 이미 전체 성서 텍스트의 18개 번역서와 다량의 부분적인 번역서들이 있었다. 물론 성서가 관심의 중심부에 있었으나 그 뿐만 아니라 종교 서적들도 있었고, 그것들은 이때 대량으로 저술되고 읽혀졌다. 이와 같은 강력한 경건 요구는 점차 완전히 새로운 유형의 신학이 발생할 수 있도록 한 몫 했다. 사람들에게 성공적인 삶을 향한 신학적으로 반성된 가르침을 제공하는 데 있어서 신학은 의식적으로 대학의 학문적인 상황들 외에 사람들에게도 의존했다.

또한 문헌으로 도시 종교성의 이와 같은 요구를 지배했던 첫 번째 경건운동은 결코 우연히 앞선 도시 문화 공간, 즉 라인강 하류에서 이루어진 것이라 말할 수 없다. 근대경건(Devotio moderna)에서 신비적인 유산은 강력한 일상생활의 경건에 관한 호소와 깊은 연관을 가지고 있다. 여기서 라인강 상류 신비주의와 얼마나 밀접하게 관련될 수 있는지는 지금까지 완전히 해명되지 못하고 있다. 마찬가지로 요한네스 타울러가 근대경건의 설립자인 게르하트 그로테(Gerhard Groote, 1340-1384)와 관련되어 있는 라인은 얀 반 뤼스브렉(Jan van Ruusbroec, 1293-1381)를 거쳐서 진행된다. 뤼스브렉은 구원을 받아들이는데 있어 인간의 수동성의 강조를 타울러와 공유했고, 적어도 타울러와 마찬가지로 뤼스브렉은 인간의 공로(Dispositionen)에 제한되지 않은 자유로운 하나님의 은총의 수여에 관해서 대변했다. 그러나 타울러 외에도 확실히 클레르보 베른하르트는 뤼스브렉의 중요 작품의 제목 -『영적인 결혼』(Die geestelike brulocht) - 에서 이미 제시한 것처럼 뤼스브렉의 중요한 영감을 부여한 사람이었다. 거기서 그는 베른하르트의 중심 주제를 받아들였고 타울러가 이것을 행했던 것보다 덜 중요하게 영혼과 그리스도 사이의 연합을 설명했다. 공동체는 번성으로 서술되었고, 그 결과 인간의 삶을 점점 더 많이 규정했다.

뤼스브렉은 그의 사상의 일부를 기록으로뿐만 아니라 게르하르트 그로테와의 개인적인 만남에서 이어갔고 그로테는 1374년 심도 있게 진행된 논쟁 이후 모니켄후이첸(Monnikenhuizen)에 있는 카르투지오회 수도원에 자신의 재산을 헌납했고, 그곳에서

1377년 설교활동을 펼쳤다. 그 설교활동은 타울러와 유사한 방법으로 전향과 회심에 맞추어져 있었고 내적 경건을 자극해야만 했다. 또한 점점 더 많은 교회 비판적인 성향들을 받아들였던 설교활동을 하는 동안 학생들 모임이 그 주위로 모여들었고 그는 그들과 함께 데벤터(Deventer)에 있는 양로원에서 공동생활 방식을 설립했으며, 그곳에서 나중에 근대경건의 사회사업, 즉 공동생활 형제단과 자매단이 일어났다.

급속도로 성장한 운동은 많은 중요한 저자들을 등장케 했다. 그들 중 가장 박식한 사람은 추펜의 체르볼트(Zerbold von Zutphen, 1367-1398)였다. 그는 증가된 종교 서적의 독서에 대한 관심을 『자유로운 게르만 민족들에 관하여』(De libris teutonicalibus)라는 그의 책에 반영하고 있었던 동시에, 상세하게 성서 강독과 그들의 언어로 영적인 서적들의 강독에 평신도들의 권리를 지지했고 물론 정확하게 어떤 작품들이 평신도들을 위해 유익할 수 있는지를 검토했다. 그는 마이스터 에크하르트를 이단으로 유도할 위험 때문에 결코 염두에 두지 않았다. 그의 작품들의 영적인 중심 내용은 타락한 인간에 대한 반성을 포함했고 타락한 인간은 명상적인 삶을 통해서 다시금 제공된 영혼의 능력들의 재생과 그것과 더불어 결국 하나님 안에서 쉼으로 이끌림을 받아야만 했다.

800개 이상의 복사본이 증명해주듯 『그리스도를 본받아』(Imitatio Christi)는 엄청난 영향을 미쳤고, 그것은 가장 폭넓게 퍼져 있었던 세속 문헌 작품들 중 하나의 작품이었다. 그 경우 아마도 그것은 개인 저술물이 아니었다. 필사본 메모에 그의 이름을 제시하고 있지만 토마스 아켐피스(Thomas von Kempen)의 이름은 아마도 - 저술가의 메모가 중요하다면 - 네 권의 책에 텍스트들을 편집했던 편집자보다 더 중요하지 않은 저자로 여겨질 뿐이고 그 텍스트들은 그리스도의 모방을 세상으로부터 내적인 분리로 진술했다. 이로써 내재성과 세상으로부터 버리고 떠남(Abgeschiedenheit)의 신비적인 이상을 완전히 수도원적인 삶의 형태에서 해방하고 도시 시민들에게 접근하도록 했던 한 방법이 제시되었다. 디오니시우스 혹은 클레르보 베른하르트의 고차원적인 신비주의에서 그들은 시민의 일상생활에서 행해볼 수 있는 신비주의가 되도록 했다.

경건신학은 시민의 상황에서뿐만 아니라 수도원적인 영역에까지 존재했다. 랑겐스타인의 하인리히(Heinrich von Langenstein, † 1397)와 딘켈스빌의 니콜라우스(Nikolaus von

Dinkelsbühl, † 1433)는 1365년에 설립된 빈대학교의 신학부에서 활동을 했고, 그 대학의 설립 학장인 작센의 알브레히트(Albrecht von Sachsen, 1325-1390)는 1384년에 시작했던 신학부의 최초의 중요한 선생들 - 언급된 자들을 제외하고 오이타의 하인리히 토팅(Heinrich Totting von Oyta, 1330-1397) - 과 마찬가지로 파리 대학교의 졸업자였다. 사람들은 기초가 탄탄한 삶들의 편에서 엄격하게 절충적인 입장들에 공동으로 접근했고, 그 입장들은 완전히 서로 다른 방향들에서 사용되었고 한 방향으로 치우치지는 않았다. 서로 다른 것이 받아들여질 수 있도록 한 요점은 수사들의 경건한 삶이었다. 빈의 신학자들은 멜크의 개혁을 위한 중요한 조언자가 되었고, 그 개혁은 베네딕트 수도회의 수도원 멜크(Melk)에서 시작하여 진행된 개혁이었다. 학문적인 저술들을 제외하고도 그들은 특히 신앙적인 저술들을 남겼고, 그것들은 수사들에게 내면화된 수도원의 삶을 수행하게끔 했지만 점차적으로 평신도의 그룹에서 사용되었다. 예를 들면 주기도문 해설 혹은 또 다른 교리문답 형식의 작품들이 이에 속했다.

그 시기의 가장 중요한 신학자들 중 한 사람은 경건신학의 저술가로서 동시대에 활동했다. 그는 바로 요한네스 게르송(Johannes Gerson)이었다. 그는 많은 영역들에서 활동을 했는데 그는 교회비판가로서 그리고 논문 저술가로서와 마찬가지로 학문적인 신학자로서도 활동했다. 그의 학문적인 배경은 발전되고 있는 근대의 길(Via Moderna)에서 찾을 수 있지만 아마도 그가 그것의 잠재성을 고대의 길(Via antiqua)에 관한 비판에 이용했다는 정리가 보다 더 적절하다. 왜냐하면 그의 근본적인 관심은 이와 같은 스콜라 철학 내의 학파들과 더불어 잘못 생각될 수 없기 때문이다. 그는 근본적으로 추상적인 인식의 문제에 집중되어 있는 신학을 거부했다. 그의 출발은 인식에 적대적인 것이 아니라 반대로 지성이 인식을 획득하는데 유일한 방법이 아니라는 점을 명백하게 했다. 그는 『신비신학에 관한 숙고들』(Considerationes de mystica theologia)에서 자신의 생각들을 펼쳤다. 여기서 인식을 획득하는 방법은 지성과 그것의 고유한 추론을 거쳐서 이루어지는 것이 아니라 전적으로 신비적 전통의 의미에서 자기인식의 행위로서 참회를 통해서 이루어졌고, 자기인식은 동시에 하나님의 인식으로 유도되었다. 그러나 이것은 지성적인 덕성들의 인식처럼 진실한 것에 관심을 가진 것이 아니라 선한 것에 관심을 가진 인식이다. 말하자면 두 개의 정체성을 고려해서 존재 자체와 더불어 사실상 어떠한 구분을 하지 않은 개념의 차별화가 존재하는 것이다. 애증적인 방법으로 하나님을 지향하는 것은 모든 견지에서 그것의 고유한 형식을 지니고 있다. 그것은 사랑을 통해서 이루지고, 사람들을 초탈(excessus)로 이끌며, 그것에서 그는 자기 자신을 초월하여 하나님에게로 상승되며 물론 하나님과 구분되는 선에서 머무른다. 게르송의 사상은 본질의 연합이 독일어권 도미니크 수도사들의 신비주의 하나님의 탄생이라는 형태로 제시된 것처럼 하나님과 인간 사이에 있어서 어쨌든 본질의 연합과 같은 것이 아니라 단지 의지의 연합을 의미한다. 자신을 초월하여 사랑으로 들어가는 사람은 그의 의지와 하나님의 의지와 일치되는 것을 경험한다.

신비신학(theologia mystica)으로 진술된 이와 같은 하나님과의 유사함은 이미 클레르보 베른하르트에게서 관찰될 수 있었던 것처럼 공공연하게 신비주의의 고차원적 형태와는 상당히 멀어져 있었다. 말하자면 그것은 신비사상의 요소를 강조하고, 그것은 에크하르트에게서 그리고 특히 타울러에게서 드러났던 것이며, 하나님과 신비적으로 연합되는 사람의 관심은 이웃과의 자선적인 만남을 향한다. 게르송의 신비신학을 진행시키는 협력체계는 이미 주목할 만한 일이다. 한편으로 하나님의 술어로서 선의 강조, 다른 한편으로 인간의 편에서 의지적인 요소의 강조는 이와 같은 신학의 요점이 인간의 도덕적 행위에 놓여있다는 것을 제시하고 있다. 근대경건에서와 완전히 유사하게 신비적인 전통은 일상생활을 극복하기 위해 경건신학으로 바꾸어놓고, 더욱 상세히 말하자면 일상생활을 극복하는 일은 성직자들을 통해서 혹은 학생들을 통해서 수행될 수 있을 뿐만 아니라 세속적인 일상생활과 관련하여 평신도들을 통해서 수행될 수 있다.

게르송이 자신의 많은 저술들에서 자국어로 신앙 내용을 전달하려고 애를 썼다는 것이 여기에 속하는 일이다. 그의 집필에서 나온 죽음의 방법(Ars moriendi)은 뛰어난 것이다. 바로 그렇게 폭넓게 확장된 문학 장르의 표본은 경건한 그리스도인들에게 지침을 제시했고, 그 지침은 그들이 죽음을 잘 준비하여 잘 살 수 있도록 하는 것이다. 그는 또한 평신도들의 지식 수준을 향상시키려고 모든 점에서 애를 썼다. 『영혼의 거울』(Miroir de l'âme)에서 그는 교리문답적인 문학 장르에 속하는 저술을 내놓았다. 십계명의 해설은 창조, 죄의 타락 그리고 구원의 근본적인 신앙적인 내용의 간단한 설명으로 이어지고 있다. 그때 게르송은 교인을 구분된 직간접적 방식으로 사제를 경유해서 도달하기 원했다. 일시적으로 파리 대학교 총장의 신분을 소유했던 모든 사람에 의하면 이것은 완전히 새로운 어조였고, 그 어조는 완전히 새로운 신학의 방향잡기라는 결과로 끝났다. 사실상 일차적인 진행 과정들에 있어 이와 같은 발달 계보 속에 있는 신학은 올바른 삶의 헌신에 속하는 경건신학이 되었다.

경건 신학적인 사상의 새로운 핵심은 당시 대단히 서로 다른 요점들을 가지고 15세기 초 작센(Sachsen)과 이웃지역들에서 발전되었다. 팔츠의 요한네스(Johannes von Paltz, 1445-1511)는 에어푸르트(Erfurt)에서 구원 전달의 객관적인 심급들 안에서, 교회와 성례전에서의 구원의 확증을 추구했다. 그래서 그는 그리스도 이후 선한 질서가 보편교회에서 가장 고귀한 선이다[53]라고 설명할 수 있었고 게다가 다음과 같은 명제 - "주 하나님은 자기 자신을 통해서보다 사제를 통해서 더 자비롭고 자선적인 분이다"[54] - 와 같은 잘못된 사상에 빠질 수 있었다. 팔츠는 그것과 더불어 구원의 객관화된 형태를 진술하고 그 신학은 옥캄과 에크하르트 이후 중세 후기 당시 영향을 미쳤던 제국화의 경향들과는 의식적인 대립 양상에 서게 되었다. 그를 이리로 유도했던 관심은 인간들에게 구원을 향한 가능한 한 안전한 길을 제시해주는데 있었다. 그리고 곧바로 이와 같은 배경 아래 그는 속죄를 합법화 하고 선포할 수 있었다.

가장 중요한 지역으로 새롭게 설립된 국립대학교 비텐베르크에서 역으로 스타우피츠의 요한네스(Johannes von Staupitz, 1467/68-1524)는 신비적인 사상의 유산을 새롭게 결실이 있도록 시도했던 신학을 변호했다. 그의 경건신학은 요한네스 팔츠의 경건신학과 반대로 제도적인 것에 회의적이었고 인간의 내적인 것으로 향했다. 인간은 특히 그리스도를 통해서 은총과 애정을 경험한다. 그래서 스타우피츠는 모든 변호들을 위한 조언자로서 이와 같은 그리스도를 제시하는 것을 그의 메시지(Botschaft)의 중요한 내용으로 삼았다. 이 메시지는 수도원 형제인 마르틴 루터(Martin Luther)에게서 경건과 신학으로부터 새롭게 형성되기 시작하도록 만들었다.

53) Paltz, Werke II, 391,15f.

54) Paltz, Werke I, 264,6 f.: "dominus deus est magis misericors et liberalior per sacerdotes quam per se ipsum."

부 록

색인

KGE 도서목록

색　　　　　인

KGE 도서목록

편집인: 울리히 게블러(Ulich Gäbler), 요한네스 쉴링(Johannes Schling)
출판인: 게르트 핸들러(Gert Haendler), 고(故) 요아힘 로게(Joachim Rogge †)

◈ : 한글출판.

◬ : 독일출판예정.

Ⅰ. 초대교회부터 중세시대까지

Ⅰ-1 ◈
DAS URCHRISTENTUM
von Karl - Martin Fischer †
1986, 2. Aufl. 1991 • 200 Seiten+4 S. Beilage
ISBN 978 - 3 - 374 - 00295 - 1
『원시기독교』, 한정애 옮김
ISBN 978 - 89 - 98741 - 02 - 0
978 - 89 - 98741 - 01 - 3 (세트)

Ⅰ-2 ◈
DAS CHRISTENTUM IM ZWEITEN JAHRHUNDERT
von Karl - Wolfgang Tröger
1988 • 140 Seiten
ISBN 978 - 3 - 374 - 00465 - 2
『2세기 기독교』, 염창선 옮김
ISBN 978 - 89 - 98741 - 03 - 7
978 - 89 - 98741 - 01 - 3 (세트)

Ⅰ-3 ◈
VON TERTULLIAN BIS AMBROSIUS
von Gert Haendler
1978, 4. Aufl. 1992 • 138 Seiten
ISBN 978 - 3 - 374 - 00297 - 8
『테르툴리아누스부터 암브로시우스까지』, 조병하 옮김
ISBN 978 - 89 - 98741 - 04 - 4
978 - 89 - 98741 - 01 - 3 (세트)

Ⅰ-4
DIE KIRCHE DES OSTENS IM 3. UND 4. JAHRHUNDERT
von Hans Georg Thümmel
1988 • 136 Seiten
ISBN 978 - 3 - 374 - 00466 - 0

Ⅰ-5
DIE ABENDLÄNDISCHE KIRCHE IM ZEITALTER DER VÖLKERWANDERUNG
von Gert Haendler
1981, 4. Aufl. 1995 • 152 Seiten
ISBN 978 - 3 - 374 - 00015 - 0

Ⅰ-6
DIE ÖSTLICHEN KIRCHEN IN DER EPOCHE DER CHRISTOLOGISCHEN AUSEINANDERSETZUNGEN(5. BIS 7. JAHRHUNDERT)
von Friedhelm Winkelmann
1981, 4. Aufl. 1994 • 152 Seiten+1 Faltkarte
ISBN 978 - 3 - 374 - 00298 - 6

Ⅰ-7
DIE LATEINISCHE KIRCHE IM ZEITALTER DER KAROLINGER
von Gert Haendler
1985, 2. Aufl. 1992 • 140 Seiten
ISBN 978 - 3 - 374 - 00299 - 4

I - 8

DIE OSTKIRCHEN VOM BILDERSTREIT BIS ZUR KIRCHENSPALTUNG 1054
von Hans - Dieter Döpmann
1991 • 164 Seiten
ISBN 978 - 3 - 374 - 01195 - 0

I - 9

VON DER REICHSKIRCHE OTTOS I. ZUR PAPSTHERRSCHAFT GREGORS VII.
(10. BIS 11. JAHRHUNDERT)
von Gert Haendler
1994 • 176 Seiten
ISBN 978 - 3 - 374 - 01529 - 8

I - 10

DIE KIRCHEN IM ZEITALTER DER KREUZZÜGE
(11. BIS 13. JAHRHUNDERT)
von Friedhelm Winkelmann
1994, 2. verb. Aufl. 1998 • 164 Seiten
ISBN 978 - 3 - 374 - 01465 - 8

I - 11 ◆

THEOLOGIE IM MITTELALTER
von Volker Leppin
2007 • 184 Seiten
ISBN 978 - 3 - 374 - 02516 - 1
『중세신학』, 이준섭 옮김
ISBN 978 - 89 - 98741 - 05 - 1
978 - 89 - 98741 - 01 - 3 (세트)

I - 12 ◆

DIE ABENDLÄNDISCHE KIRCHE IM HOHEN MITTELALTER
(12./13. JAHRHUNDERT)
von Heinrich Holze
2003 • 304 Seiten
ISBN 978 - 3 - 374 - 02047 - 8
『중세 전성기의 서방교회(12 - 13세기)』, 최영재 • 권진호 • 황훈식 옮김
ISBN 978 - 89 - 98741 - 06 - 8
978 - 89 - 98741 - 01 - 3 (세트)

Ⅱ. 중세 후기, 개혁, 종파 시대

II - 1 ▲

ENTMACHTUNG UND SELBSTZERSTÖRUNG DES PAPSTTUMS (1302 BIS 1414)
von Volker Gummelt

II - 2 ◆

VON DEN REFORMKONZILIEN BIS ZUM VORABEND DER REFORMATION
von Michael Basse
2008 • 224 Seiten
ISBN 978 - 3 - 374 - 02494 - 0
『개혁공의회부터 종교개혁 전야까지』, 홍지훈 • 이준섭 옮김
ISBN 978 - 89 - 98741 - 07 - 5
978 - 89 - 98741 - 01 - 3 (세트)

II - 3, 4 ◆

ANFÄNGE DER REFORMATION / DER JUNGE LUTHER(1483 - 1521), DER JUNGE ZWINGLI(1484 - 1523)
von Joachim Rogge †
1983,2. Aufl. 1985 • 312 Seiten
ISBN 978 - 3 - 374 - 00300 - 1
『종교개혁 초기 / 청년 루터(1483 - 1521), 청년 츠빙글리(1484 - 1523)』, 황정욱 옮김
ISBN 978 - 89 - 98741 - 08 - 2
978 - 89 - 98741 - 01 - 3 (세트)

II - 5 ◆

EVANGELISCHE BEWEGUNG UND FRÜHE REFORMATION(1521 - 1532)
von Rudolf Mau
2000 • 250 Seiten
ISBN 978 - 3 - 374 - 01795 - 9
『복음주의 운동과 초기개혁(1521 - 1532)』, 권진호 옮김
ISBN 978 - 89 - 98741 - 09 - 9
978 - 89 - 98741 - 01 - 3 (세트)

II - 6 ◆

REFORMATIONSGESCHICHTE(1532 - 1555/1556) / FESTIGUNG UND REFORMATION, CALVIN, KATHOLISCHE REFORM UND KONZIL VON TRIENT
von Hubert Kirchner
1988 • 178 Seiten
ISBN 978 - 3 - 374 - 00016 - 9
『종교개혁사(1532 - 1555/1556) / 종교개혁의 강화, 칼빈, 가톨릭개혁과 트렌트 공의회』, 정병식 옮김
ISBN 978 - 89 - 98741 - 10 - 5
978 - 89 - 98741 - 01 - 3 (세트)

II - 7 ▲
DIE ENTSTEHUNG EVANGELISCHER LANDESKIRCHEN
(1530 - 1580)
von Günther Wartenberg

II - 8 ◆
DAS KONFESSIONELLE ZEITALTER - KATHOLIZISMUS, LUTHERTUM, CALVINISMUS(I563 - 1675)
von Ernst Koch
2000 • 356 Seiten
ISBN 978 - 3 - 374 - 01719 - 3
『교파주의 시대 / 가톨릭주의, 루터교, 칼빈주의
(1563 - 1675)』, 이성덕•이상조 옮김
ISBN 978 - 89 - 98741 - 11 - 2
978 - 89 - 98741 - 01 - 3 (세트)

II - 9 ◆
DIE ORTHODOXEN KIRCHEN(1274 - 1700)
von Erich Bryner
2004 • 168 Seiten
ISBN 978 - 3 - 374 - 02186 - 7
『동방 정교회(1274 - 1700)』, 구영철 옮김
ISBN 978 - 89 - 98741 - 12 - 9
978 - 89 - 98741 - 01 - 3 (세트)

III. 근 대

III - 1 ◆
DER PIETISMUS(1675 - 1800)
von Peter Schicketanz
2001 • 196 Seiten
ISBN 978 - 3 - 374 - 01858 - 0
『경건주의(1675 - 1800)』, 김문기 옮김
ISBN 978 - 89 - 98741 - 13 - 6
978 - 89 - 98741 - 01 - 3 (세트)

III - 2 ◆
THEOLOGIE UND KIRCHE IM ZEITALTER DER AUFKLÄRUNG
von Wolfgang Gericke
1990 • 140 Seiten
ISBN 978 - 3 - 374 - 00859 - 3
『계몽주의 시대의 신학과 교회』, 이은재 옮김
ISBN 978 - 89 - 98741 - 14 - 3
978 - 89 - 98741 - 01 - 3 (세트)

III - 3
DER PROTESTANTISMUS IN DEUTSCHLAND(1815 - 1870)
von Martin H. Jung
2000 • 164 Seiten
ISBN 978 - 3 - 374 - 01794 - 0

III - 4
AUSSERKIRCHLICHE RELIGIÖSE PROTESTBEWEGUNGEN
=DER NEUZEIT
von Helmut Obst
1990 • 120 Seiten
ISBN 978 - 3 - 374 - 00964 - 6

III - 5
DER PROTESTANTISMUS IN DEUTSCHLAND(1870 - 1945)
von Martin H. Jung
2002 • 232 Seiten
ISBN 978 - 3 - 374 - 01994 - 3

III - 6
FREIKIRCHEN IN DEUTSCHLAND
(19. UND 20. JAHRHUNDERT)
von Karl Heinz Voigt
2004 • 272 Seiten
ISBN 978 - 3 - 374 - 02230 - 8

III - 7
KIRCHENGESCHICHTE GROSS - RITANNIENS VOM 17. BIS ZUM 20. JAHRHUNDERT
von William Reginald Ward aus dem engl. Manuskript
Übers. von Sabine Westermann
2000 • 204 Seiten
ISBN 978 - 3 - 374 - 01750 - 9

III - 8
DER KATHOLIZISMUS(1648 - 1870)
von Klaus Fitschen
1997, 2. Aufl. 2001 • 182 Seiten
ISBN 978 - 3 - 374 - 01633 - 2

III - 9
DAS PAPSTTUM UND DER DEUTSCHE KATHOLIZISMUS(1870 - 1958)
von Hubert Kirchner
1992 • 138 Seiten
ISBN 978 - 3 - 374 - 01406 - 2

III - 10
DIE OSTKIRCHEN VOM 18. BIS ZUM 20. JAHRHUNDERT
von Erich Bryner
1996 • 144 Seiten
ISBN 978 - 3 - 374 - 01620 - 0

III - 11 ▲
KIRCHENGESCHICHTE SKANDINAVIENS (17. BIS 20. JAHRHUNDERT)
von Heinrich Holze

Ⅳ. 현 대

IV - 1
DIE RÖMISCH - KATHOLISCHE KIRCHE VOM II. VATIKANISCHEN KONZIL BISZUR GEGENWART
von Hubert Kirchner
1996 • 192 Seiten
ISBN 978 - 3 - 374 - 01621 - 9

IV - 2 ▲
DER PROTESTANTISMUS IM WESTEN DEUTSCHLANDS (1945 - 1990)
von Martin Greschat

IV - 3
DER PROTESTANTISMUS IM OSTEN DEUTSCHLANDS(1945 - 1990)
von Rudolf Mau
2005 • 248 Seiten
ISBN 978 - 3 - 374 - 02319 - 3

IV - 4 ◆
PROTESTANTISCHE MINDERHEITENKIRCHEN IN EUROPA IM 19. UND 20. JAHRHUNDERT
von Klaus Fitschen
2008 • 184 Seiten
ISBN 978 - 3 - 374 - 02499 - 9
『19 - 20세기 유럽의 개신교 소수교회』, 백용기 옮김
ISBN 978 - 89 - 98741 - 15 - 0
978 - 89 - 98741 - 01 - 3 (세트)

IV - 5
DAS CHRISTENTUM IN NORDAMERIKA
von Mark Noll aus dem amerik. Manuskript Übers, von Volker Jordan
2001 • 268 Seiten
ISBN 978 - 3 - 374 - 01814 - 7

IV - 6
DAS CHRISTENTUM IN LATEINAMERIKA
von Hans - Jürgen Prien
2007 • 448 Seiten
ISBN 978 - 3 - 374 - 02483 - 4

IV - 7 ◆
DAS CHRISTENTUM IN AFRIKA UND DEM NAHEN OSTEN
von Klaus Hock
2005 • 264 Seiten
ISBN 978 - 3 - 374 - 02089 - 5
『아프리카 및 근동의 기독교』, 공성철 • 민관홍 옮김
ISBN 978 - 89 - 98741 - 16 - 7
978 - 89 - 98741 - 01 - 3 (세트)

IV - 8
DAS CHRISTENTUM IN OST - , SÜD UND SÜDOSTASIEN SOWIE AUSTRALIEN
von Friedrich Huber
2005 • 312 Seiten
ISBN 978 - 3 - 374 - 02119 - 0

IV - 9 ▲
DAS CHRISTENTUM IM 20. JAHRHUNDERT
von Hartmut Lehmann

CIP-Kurztitelaufnahme:

Theologie im Mittelalter
/ Volker Leppin

Kirchengeschichte in Einzeldarstellungen
ISBN 3-374-00017-7
Bd. I/11 ISBN 3-374-02516-9

1. Aufl. Leipzig: Evangelische Verlagsanstalt, 2007. 184 S.

www.eva-leipzig.de

KGE 교회사 전집
KIRCHENGESCHICHTE IN EINZELDARSTELLUNGEN

I /11 - 중세신학
(Theologie im Mittelalter)

저　　자　폴커 레핀 (Volker Leppin)
역　　자　이준섭
초판발행　2014년 12월 20일
발 행 처　호서대학교 출판부
발 행 인　강일구
편 집 인　염창선
출 판 팀　김애리
등　　록　제 452 - 2011 - 000004호
주　　소　충남 천안시 동남구 호서대길 12
　　　　　호서대학교 천안캠퍼스 1호관 411호
전　　화　(041)560 - 8591
팩　　스　(041)560 - 8593
이 메 일　press@hoseo.edu
I S B N　978 - 89 - 98741 - 05 - 1
　　　　　978 - 89 - 98741 - 01 - 3 (세트)

※ 도서 가격은 뒷 표지에 있으며, 잘못된 책은 구입하신 곳에서 교환하여 드립니다.